U0503495

教育部哲學社會科學研究重大課題攻關項目“楚簡綜合整理與研究”成果

楚地出土戰國簡册合集

（六）

包山楚墓竹簡

武漢大學簡帛研究中心
湖北省文物考古研究院　編著

文物出版社

圖書在版編目（CIP）數據

楚地出土戰國簡册合集．六，包山楚墓竹簡／武漢大學簡帛研究中心，湖北省文物考古研究院編著；陳偉，彭浩主編．--北京：文物出版社，2024.1

ISBN 978-7-5010-8306-0

Ⅰ.①楚… Ⅱ.①武… ②湖… ③陳… ④彭… Ⅲ.①竹簡文-研究-中國-楚國（？-前223） Ⅳ.①K877.54

中國國家版本館CIP數據核字（2024）第001411號

楚地出土戰國簡册合集（六）
包山楚墓竹簡

編　　著：武漢大學簡帛研究中心　湖北省文物考古研究院
主　　編：陳　偉　彭　浩
著　　者：劉國勝　胡雅麗　陳　偉

責任編輯：蔡　敏　吴　然
封面設計：張希廣
責任印製：張　麗

出版發行：文物出版社
社　　址：北京市東城區東直門内北小街2號樓
郵政編碼：100007
網　　址：http://www.wenwu.com
經　　銷：新華書店
印　　刷：寶蕾元仁浩（天津）印刷有限公司
開　　本：889mm×1194mm　1/16
印　　張：18
版　　次：2024年1月第1版
印　　次：2024年1月第1次印刷
書　　號：ISBN 978-7-5010-8306-0
定　　價：320.00圓

主　　編　陳　偉　彭　浩

本册撰著　劉國勝　胡雅麗　陳　偉

本書出版得到
國家古籍整理出版專項經費資助

目　次

序　言

一

1925年，王國維先生敏鋭地提出："今日之時代，可謂之發見時代，自來未有能比者也。"[1] 20世紀50年代以來，在先秦楚國故地，今湖北、河南、湖南省境，出土大量戰國時代的竹簡（參看"簡册出土地點示意圖"），爲這一論斷增添了更加豐富的内涵。據不完全統計，迄今發現的這類簡册，共有30多批、10萬字以上。其中如荆門包山簡、江陵望山簡、隨州曾侯乙簡、信陽長臺關簡、新蔡葛陵簡，有墓主生前卜筮方面的記録和關於喪葬的記録；包山簡的大部分和江陵磚瓦廠簡是司法、行政文書；信陽長臺關簡的一部分、荆門郭店簡、江陵九店簡、上海博物館購藏竹簡以及新近披露的清華大學購藏竹簡，則是各種珍貴的思想文化和數術方面的典籍。對這些簡册的整理和研究，吸引了海内外衆多學者的關注和參與，在中國出土文獻這門學問中，開闢出一個生機勃勃、前景寬闊的新領域。

在一般意義上，人們習慣把這些簡册稱作"楚簡"。或者用"楚系簡牘"的叫法，把與楚國關係密切的曾侯乙簡也包括進來。隨着研究的深入，有學者認爲有些書籍類簡册可能來自其他諸侯國，不宜徑稱作"楚簡"。我們采用"楚地出土戰國簡册"一名，希望避免這些不確定因素，把楚人控制地區出土的簡册全部包含進來。在今湖北雲夢，出土有戰國晚期的秦簡。如果把楚地理解爲楚人控制之地，這些資料應該可以分别開來。

二

本書是2003年底立項的教育部哲學社會科學研究重大課題攻關項目"楚簡綜合整理與研究"（03JZD0010）的基本成果。

2002～2003年，在實施教育部人文社會科學重點研究基地重大項目"戰國楚簡綜合整理與研究"（2001ZDXM770006）期間，我們就已收集到部分竹簡照片，

[1] 《最近二三十年中中國新發見之學問》，《王國維文集》第4集，33頁，中國文史出版社1997年5月。

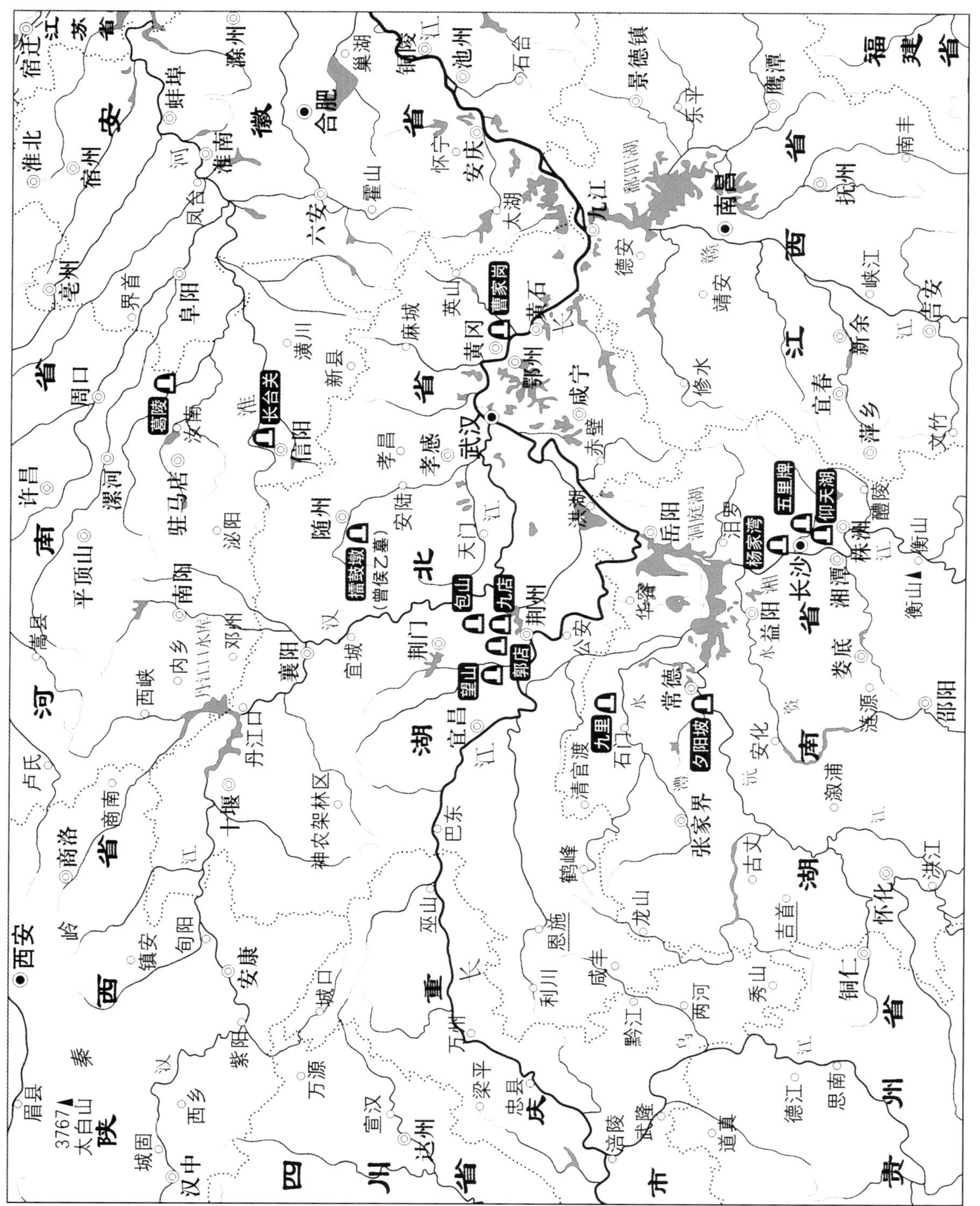

簡册出土地點示意圖（審圖號：GS[2021]8698號）

并使用湖北省博物館配備的20世紀90年代出産的紅外成像系統拍攝湖北省博物館、考古所收藏的幾批楚簡，但效果欠佳。攻關項目啓動後，利用日本早稻田大學提供的新型紅外成像系統（IRRS－100）重新進行拍攝，先後取得望山簡、九店簡、曹家崗簡、曾侯乙簡全部，長臺關簡大部以及包山簡約半數的紅外影像，效果大多比較好，同步還套拍了一些數碼照片。同時，花氣力搜求先前拍攝的各種圖像資料，在中國社會科學院考古研究所《考古》編輯部檔案中找到20世紀50年代編寫《長沙發掘報告》時的五里牌簡工作用照片；在文物出版社庫房中找到20世紀80年代出版《信陽楚墓》使用的長臺關簡照片，在河南省文物考古研究所資料室找到部分底片；包山簡得到照片和底片；郭店簡得到兩種照片和底片，後來又得到文物出版社出版字帖用的部分彩色照片；曾侯乙簡照片找到兩種；仰天湖簡、楊家灣簡也都找到底片，夕陽坡簡則是新作了拍照。這些簡長、寬、契口位置等數據，也儘量測量、記録。這樣，納入研究計劃的14種簡册都取得了在現有條件下最好的圖像資料和相關數據，爲整理、研究打下堅實的基礎。

2004年底，轉入整理、研究階段。至2007年夏，項目基本成果《楚地出土戰國簡册合集》（含全部竹簡圖録、釋文和完整的注釋）完成初稿。

2007年8月至2008年3月，以《楚地出土戰國簡册合集》稿本爲基礎，撰寫項目最終成果《楚地出土戰國簡册（十四種）》。這個本子不包括竹簡圖版；注釋大多衹交待基本結論，而略去分析、引證的文字。2008年4月通過專家組鑒定結項。其後，根據專家組意見，課題組對《楚地出土戰國簡册（十四種）》與《楚地出土戰國簡册合集》的書稿又作了一次全面核對和修訂。

三

在項目設計時，我們就考慮像上海博物館藏戰國楚竹書這樣尚在陸續公布的資料，應該成爲參考、綜合研究的對象，而不宜納入綜合整理的範圍。《楚地出土戰國簡册合集》包括包山、郭店、望山（2批）、九店（2批）、曹家崗、曾侯乙、長臺關、葛陵、五里牌、仰天湖、楊家灣、夕陽坡等14種簡册資料，共計整簡、殘簡3500多枚，竹簡文字將近50000個。這些資料中，内容較多的每種一册，如包山簡、郭店簡、望山簡、曾侯乙簡等；内容較少的則合數種爲一册。每種簡册有説明、釋文和注釋。其後列出主要參考文獻。

書稿的撰寫，以普遍得到改善的竹簡圖像，尤其是多批紅外影像爲基礎，匯集、吸納海内外學者幾十年來的研究成果，并融入課題組成員各自探究和相互切磋的諸多心得，在十四種簡册資料的文本復原和内涵揭示方面，都取得大量、重要的進展。這主要表現在：

一、閲讀、利用海内外學者大量文獻。爲反映最新成果，引述文獻不設時間下限，引證的最新成果晚至2008年冬定稿之時。通過梳理、分析，采用合理和比較合理的觀點，那些可備一説者也收録備考。凡編聯、釋文、句讀、解釋有异處，對諸家之説給出交待，便於參考、核閲。先前有的著述在徵引時核校未精或筆誤處，也因而得到訂正。如包山簡原考釋引“蕭何發關中老弱未傅者悉詣軍”出處作《漢書·景帝紀》，今改作《漢書·高帝紀》；劉信芳（2003，130頁）引《璽彙》“里閭愄大夫鉨”編號作0318，今改爲0183。

二、盡可能收集簡册照片，研摩竹簡實物，并利用紅外成像系統檢視多批表面没有字迹的竹簡，發現了一些先前無記録的簡文。如九店56號墓45號簡頭4字右半和下文“南”字殘片、曾侯乙1號簡背面題字“右令建馭大旆”，原無圖像記録，現取得紅外影像。在曾侯乙簡先前被當作空白簡的資料中，新發現一枚有字簽牌。望山1號墓簡146號，看原物，其下端削尖，改歸於簽牌。

三、通過研讀竹簡照片和紅外影像，比對新出土資料，改釋或新釋多處簡文。利用紅外影像讀出的，如包山74號簡的“率”，82號簡的“遠”，120號簡的“周”，122號簡的“大夫”合文，256號簡的“皆又”，260號簡簡首的“一”，272號簡的“金釛”合文；望山1號墓138號簡的“辛”和兩處“甲戌”，178號簡的“門”“城”；望山2號墓28號簡的“黄”；九店56號墓36號簡的“莔”，116號簡的“夫”；九店621號墓47號簡的“幽”，78號簡的“内”；曾侯乙174號簡的“馼”，184號簡的“蒖”，78號簡的“裹”，183、185、199號簡的“驕”，等等。新讀出的字中，有的涉及很重要的問題。比如包山120號簡的“周”下爲“客”字，“周客”即周國使者。先前所知楚簡中衹見有“東周之客”。“周客”的發現，對戰國時周王室以及東西周二國的研究，提供了新綫索。又如122號簡“大夫”上接“亞”字，“亞大夫”一職曾見于《左傳》昭公七年，在戰國簡册中是首次出現。

課題組一直對陸續刊布的簡牘新資料作跟踪研究，用以驗證、修訂先前的認識。郭店竹書《六德》22號簡“以奉”下合文，陳偉（1999，32頁）疑爲“社稷”二字，後（2002，120頁）改從他人之説；上博竹書第五册出版後，我們以《姑成家父》3號簡的“社稷”與《六德》22號簡的合文比勘，確認爲“社稷”。郭店竹書《老子甲》1號簡“弃”下一字，衆説紛紜。崔仁義（1998，44頁）釋爲“慮”，裘錫圭（2000A，26～27頁）支持此説。我們指出上博竹書《三德》15號簡原釋爲“且事不成”的“且”應改釋爲“慮”，此字寫法與《老子甲》的這個字相同，爲崔、裘二氏之説提供了佐證。

四、對先前整理者的綴合、編聯有一些重要改進。如郭店竹書《五行》19號簡上段殘缺。先前列爲“竹簡殘片”的21號殘片寫有“始亡”二字，通過對字形、筆畫的對比，可判定爲19號簡所殘。曾侯乙78號簡簡首“裹”字據紅外影像釋出後，再比勘辭例，可知其上當與53號簡連讀。曾侯乙52號簡開頭二字“馬尹”之間，整理者原以爲有扁圓形墨塊，歸於A類中。看紅外影像，此處實無墨塊，根據書寫風格和内容，可以放心地接在210號簡之下。葛陵簡殘缺嚴重，綴合、編聯的餘地也大。如我們提出甲三198、199－2與甲三112二簡可連讀，進而發現這條簡文記有三次命辭、兩次占辭，連續作有三次貞問；這種一次數貞、步步深入的做法，與包山簡中衹有一次貞問的情形頗不相同。

五、對于簡文詞語的注釋，也在借鑒成説的基礎上，提出許多有依據的新解或補證。如包山151～152號簡的“城田”，我們提出：“疑當是田名，與154號簡‘啻苴之田’相當。”對“一索畔（半）畹”，劉釗（2002，123頁）認爲：“索”或與“一”連讀，指一種民間的計量單位。“畹”由徐在國（1998，80頁）、李零（1999A，159頁）等人釋出。我們進而把“畔”讀爲“半”，指出：“索”與“畹”對文，分别位于“一”“畔（半）”後，均當是長度單位。劉釗之説可從。《玉篇》田部：“秦孝公二百三十步爲畝，三十步爲畹。”如依此推算，番戌食田長八十尺，寬十五步。對這份記録土地交易的文件，作出進一步探討。卜筮禱祠簡中，常常有祭祀連續五位先人的記録。我們推測：楚簡所見禱祠五世王父王母以至父母的記録，大概與親屬制度有關。在先秦古人的親屬制度中，五世是一個很重要的界限。《禮記·大傳》云：“四世而緦，服之窮也。五世袒免，殺同姓也。六世，親屬竭矣。”鄭玄注：“四世共高祖，五世高祖昆弟，六世以外，親盡無屬名。”從語義詮釋推進到制度探索。郭店竹書《太一生水》10號簡“青昏其名”的“青昏”，原整理者讀作“請問”，後來有好幾種猜測，其中李零（1999B，319頁）引Donald Harper説：“青昏”即天地的“名”，馬王堆帛書《却穀食氣》篇講天地六氣有“青昏”，或即這裏的“青昏”。我們指出：馬王堆漢墓帛書《却穀食氣》篇所列可食之氣有“朝霞”“輸陽”“銚光”“行暨”等，“昏清”是其中一種氣名，與本篇“青昏”不同。上博竹書《季康子問於孔子》2號簡“青昏”正用作“請問”。對原整理者之説作出有力的支持。葛陵甲三31號簡中的“繇”，整理者讀爲“謠”，陳偉（2004C，38頁）指出：葛陵簡的主體是卜筮記録，“其繇曰”與《左傳》多處“其繇曰”相當，其後言辭簡短有韵，作爲繇辭顯然比作爲一般歌謠之辭的可能性要大。率先揭示了簡册中的這一重要信息。

四

簡牘整理和研究，需要面對種種全新的問題，極富挑戰性，是一個充滿艱辛和興味的學術領域。我們曾經説過：“任何一批時代較早的出土文獻，都會在原始資料公布之後有一個歷時較長、由較多相關學者參加的討論過程，纔能在文本復原和内涵闡釋上，達到較高的水平，形成大致的共識。對於用古文字寫成的先秦竹簡資料來説，由於文字辨識和簡序排定上的難度，尤其如此。那種畢其功於一役的願望或期待，是很不切實際的。”[1] 合集的編撰工作極爲繁雜和艱巨，我們自己又存在眼光、學養方面的局限，其中肯定存在種種不足和瑕疵。我們期待着同行專家批評、指正。

五

在人文學科中設置大型、集體項目的必要性，人們可能有不同看法。毋庸置疑的是，對於大批簡牘資料綜合整理與研究這類課題，如果没有一個成規模而又能够有效合作的學術團隊，完全無法想象。從2003年底“楚簡綜合整理與研究”作爲教育部哲學社會科學研究重大攻關項目立項到合集陸續出版，耗費了五六年時間。這些年中，課題組同仁爲踐履投標評審書中的設計目標，盡最大努力做好項目，傾注了大量心血。其中的艱辛，不親身經歷，難以有真切體會。

合集中各種簡册釋文、注釋作者是：包山簡陳偉、劉國勝、胡雅麗，郭店簡李天虹、彭浩、龍永芳、劉祖信，九店簡李家浩、白於藍，望山簡許道勝，曾侯乙簡蕭聖中，長臺關簡劉國勝，葛陵簡彭浩、賈連敏，湖南諸簡陳松長。“簡册出土地點示意圖”由凡國棟初繪，卜慶華幫助清繪。具體各批簡册出土地點示意圖由李静制作。造字是葉芃、劉净。

課題組中主要負責專題研究的陳偉武教授、虞萬里研究員、晏昌貴教授、丁四新教授、吴良寶教授、蕭毅博士、曹建國博士、陳仁仁博士、宋華强博士、李明曉博士、范常喜博士、禤健聰博士、工藤元男教授，對合集的完成也有直接、間接的貢獻。他們的參與項目的主要成果，將在《楚地出土戰國簡册研究》這套書中體現。

本項目順利完成，高度依賴於竹簡資料的有效獲取。作爲項目合作單位的領導，湖北省博物館館長兼湖北省文物考古研究所所長的王紅星先生、河南省文物考古研究所孫新民所長和張志清副所長、湖南省博物館陳建明館長、荆門市博物館劉祖信副館長和龍永芳副館長，在原有照片、底片的搜取和紅外影像拍攝方面，給予了關鍵性支持。已故湖北省博物館前館長舒之梅先生、湖北省文物考古研究所前所長陳振裕先生和該所的楊定愛先生、文物出版社的蔡敏先生、中國社會科學院考古研究所資料室前主任李健民先生，荆州博物館老領導滕壬生先生，也都給過重要幫助。湖北省博物館的郝勤建先生，在照片拍攝上出力尤多。

早稻田大學長江流域文化研究所工藤元男教授，作爲項目合作者，提供日本21世紀COE計劃購置的紅外綫成像系統，讓我們看到了肉眼無法辨認的字迹。香港

---

[1] 陳偉《郭店竹書别釋》“緒言”，湖北教育出版社2002年12月。

大學單周堯教授用“香港資助局”項目與武漢大學簡帛研究中心合作開發的“楚簡字形、辭例數據庫”，大大提高了字形比對、研究的效率。

項目立項後，根據評審專家組的建議，課題組聘請李學勤教授、裘錫圭教授、曾憲通教授、林澐教授、龐樸教授擔任顧問。五位先生對項目順利實施給予了多方面的指導和幫助。

項目竞標評審組專家項楚教授、張忠培教授、姜伯勤教授、林澐教授、榮新江教授，項目結項鑒定組專家李學勤教授、林澐教授、李均明教授、王子今教授、卜憲群教授，對項目的實施和成果的修訂，提出過重要意見和建議。

武漢大學領導，學校社科部、人事部領導，歷史學院領導，對項目的申報和實施，給予了政策支持和制度保障。在學校主要領導的直接關心下，武漢大學簡帛研究中心得以創建并健康發展，成爲項目運行的可靠平臺。學校實行的訪問教授制度，使課題組最重要成員之一——彭浩先生住校研究成爲可能。

在合集出版之時，對于上述各位同事、師友和領導，對於曾經給予各種幫助而未能一一提到的諸多朋友，心中充滿感激之情。

陳　偉

2009年初

凡　例

一、本合集收録歷年楚地出土戰國簡册14批：包山簡、郭店簡、望山簡（兩批）、九店簡（兩批）、曹家崗簡、曾侯乙簡、長臺關簡、葛陵簡、五里牌簡、仰天湖簡、楊家灣簡、夕陽坡簡。

二、每批簡册包含關於發現、整理和資料發表的介紹（内容比較複雜的部分，有的另加説明）、釋文與注釋，其後附主要參考文獻。

三、釋文一般按内容分篇。簡册原有篇名的，保留原篇名。原無篇名的，基本沿用原整理者所用篇名。原無篇名或原擬篇名不宜沿用的，據文意擬加。

四、沿用先前發表時的竹簡編號和基本順序。簡序調整的各家意见，在釋文之前或相應位置説明。衹對有一定共識、并且影響簡文閲讀、理解的地方，纔對編聯作必要改動。改動後編號不變。圖版按新釋文顺序排列。

五、釋文一般用通行字寫出，不嚴格按簡文字形隸定。難以隸定的字用簡文圖片表示。内容相接的簡文，釋文連寫；分段、分章者另起行。不連接和不能確定連接的簡文，釋文空一行書寫。

六、異體字、假借字隨文注出通行字，寫在（）號内。確認的錯字隨文注出正確字，寫在〈〉號内。根據殘畫和文意可以確認的字寫在【】號内。根據文意或他本可以確切補出的缺文，也寫在【】號内。筆畫不清或已殘去的字，用□號表示，一□對應一個字；字數無法確認的，用……號表示。竹簡殘斷，用〼號表示。奪字或衍字，釋文照録，而在注釋中説明。

七、簡文中原有符號一般不保留。合文和重文號一般直接析書。釋文另加標點。

八、注釋中，引述原先整理者的釋文、注釋，一般徑稱爲“原釋文”“原考釋”或者“整理者”，不標出作者、版本和頁碼。本次整理者的意見，用“今按”表示。

九、注釋中的引述儘量簡明扼要，一般擇要引述論點和主要論據。引述其他學者的表述，凡有明顯筆誤或者核對未精者，徑行改過。

十、參考文獻中，有些論文先在會議、網絡上發表，再由刊物、文集刊載或收録。如果會議、網絡發表與刊物刊載相隔時間不長，一般衹給出刊物刊載的數據。如果相隔時間比較長，或者後來有修訂，則附加説明。多位學者大致同時提出相同觀點時，大體按正式發表時間的先後揭舉二三位，不逐一交待。

十一、圖版在常規或紅外影像中選用效果最佳者，必要時同時采用。圖版編號與釋文對應。紅外影像編號下加波浪綫，以與常規圖版區别。

前 言

包山楚簡於1986年湖北省荆沙鐵路考古隊發掘荆門包山2號墓時出土。墓葬位於湖北省荆門市十里鋪鎮王場村的包山崗地上，南距江陵楚紀南故城約16千米。2號墓爲戰國中期偏晚楚墓，椁分五室，墓主是担任楚國左尹的昭𬺈。發掘報告推斷其下葬年代爲公元前316年。

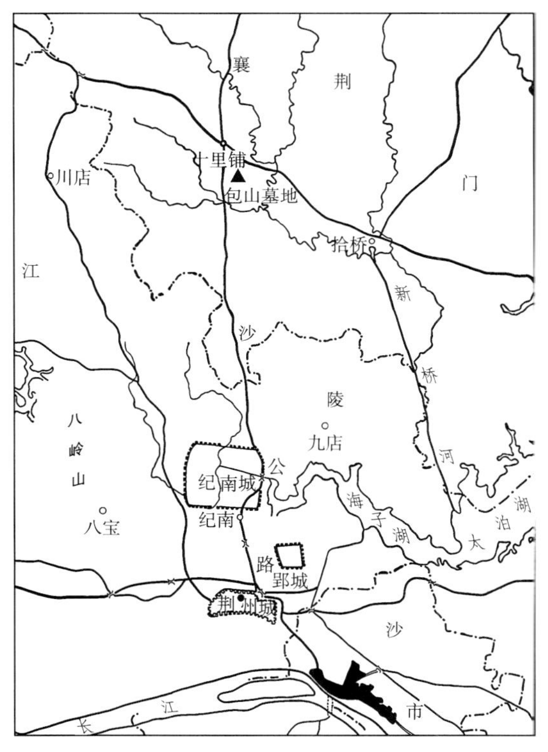

包山楚墓位置示意圖

墓葬上有盜洞，但未至椁室。出土各類器物約2000件。另有竹簡448枚，其中有字簡278枚，[1] 包括文書、卜筮禱祠記録和喪葬記録。其中東室8枚，爲喪葬記録；南室13枚，爲喪葬記録；西室分兩處，位于南端的129枚除一枚簡背有字外，其他均未書寫，位于北端底部的6枚，爲喪葬記録；北室亦分二束，54枚

〔1〕 如果將喪葬記録中的可能不當綴合的260、264號簡析開（參看《遣策賵書》説明），實有280枚。

爲卜筮禱祠記録，196 枚爲司法文書。南室馬甲中有一枚竹牘，也是喪葬記録。此外，還發現原本繫於竹簡、竹笥、陶罐、衣物上的 30 枚簽牌。

包山墓地竹簡整理小組在《文物》1988 年第 5 期發表《包山二號墓竹簡概述》，對竹簡作有初步介紹。1991 年，湖北省荆沙鐵路考古隊在文物出版社出版《包山楚墓》和《包山楚簡》，發表全部竹簡的照片和劉彬徽、彭浩、胡雅麗、劉祖信（以下稱“整理者”）所作的《包山二號楚墓簡牘釋文與考釋》。2004 年，“楚簡綜合整理與研究”項目課題組對湖北省博物館保存的部分簡拍攝了紅外綫和數碼照片。2018 年，課題組對湖北省博物館保存的全部包山竹簡進行了紅外綫掃描。

今釋文沿用整理者的編號；在分類和排序上，也大致維持原貌。先是文書類簡册（其中又分爲“集箸”“集箸言”等），其次是卜筮禱祠記録，接着是遣策、賵書，簽牌附列於最後。

這次包山楚簡的整理工作，由武漢大學簡帛研究中心與湖北省文物考古研究院合作進行。釋文和注釋由劉國勝、胡雅麗、陳偉撰稿，陳偉、彭浩審定。圖版由劉國勝、雷海龍、劉松清、孫夢茹處理，劉松清、趙翠翠、朱迪協助核對文稿與造字。

一　文　書

文書類竹簡共196枚（1～196）。長度大多數在62～69.8厘米之間，記載貸金的一組簡（103～114）比較短，衹有55厘米左右。在竹簡偏上或偏下處，往往留有編聯用的契口。這些簡均出土於北室。另在西室南端出有129枚簡，衹有一枚（278）背面寫有文字。湖北省荆沙鐵路考古隊（1991A，3頁）稱之爲文書簡，但釋文却列於遣策中。今附在“案卷”之末。

湖北省荆沙鐵路考古隊（1991A，9頁）認爲：文書類竹簡是若干獨立的事件或案件的記録，都是各地官員向中央政府呈報的文書。陳偉（1996B，36～66頁）説明：文書簡大多爲左尹官署製作，衹有少數由地方官員報送。

整理者根據對篇題的認識和内容分析，把文書簡分作7類（前4類有篇題）：①“集箸”13枚簡（1～13），是有關驗查名籍的案件記録；②“集箸言”5枚（14～18），是有關名籍糾紛的告訴及呈送主管官員的記録；③“受期”61枚（19～79），是受理各種訴訟案件的時間與審理時間及初步結論的摘要記録；④“疋獄”23枚（80～102），是關於起訴的簡要記録；⑤17枚（103～119），是貸金糴種的記録；⑥42枚（120～161），是一些案件的案情與審理情况的記録；⑦35枚（162～196），是各級司法官員審理或復查訴訟案件的歸檔登記。陳偉（1996B，60頁）認爲：分篇構想還有一些因素必須考慮進來。首先，對初步認定的4個篇題，現爲平行看待，但其間也許存在統屬關係。其次，《疋獄》《受期》體例單一，時間相近；其他文書則内容龐雜，時代跨度也很大。這些其他文書與其他篇題可能完全對應，各有統攝；也可能不完全對應，即有的文書散出在篇題之外。復次，簡9、簡148字數都很少，并且難以與其他簡書連讀，或許也屬於篇題。考慮到這些因素，文書簡分篇會有多種可能性。今按：釋文分篇沿用整理者的處理，而將相關問題在各篇下説明。編聯的改動僅限於少量影響閲讀的部分，即131～139號簡和“所詎”簡中的兩組（162～170、179～186）。

與文書簡共存的“廷等（志）”簽牌（440－1），湖北省荆沙鐵路考古隊（1991B，266頁）以爲“似與簡1～18有關”。周鳳五（1996，23頁）認爲：這枚簽牌應當也是某一種簡文的標題，或者竟是整個文書簡的總標題。李家浩（2001，34頁）提出：據出土時位於司法文書簡上的440－1號竹簽，司法文書簡原名“廷等”，即法廷文書的意思。同氏（2006，30～32頁）又云：竹簽當是繫在裝司法文書簡絲囊上的標題簽，“廷等（志）”二字無疑是司法文書簡的大題。劉國勝（2006，328頁）：“廷等（志）”簽牌可能是這批文書的“楬”，也就是説“廷等（志）”是爲這批文書起的一個標題，可能是左尹屬下整理檔案時所爲。

集箸

集箸[1]1

魯昜（陽）公以楚帀（師）逡（後）𩫱（城）奠（鄭）之戢（歲）冬柰之月，[2]𠛱敂（令）彭圍命之於王大子而以𨻰（登）𠛱人所2幼未𨻰（登）𠛱之玉賓（府）之典。[3]𠛱𣪘之少僮𥁤族𨛭一夫、㾜一夫，[4]凥（處）於𨜒迻（路）區湶邑，[5]3凡君子二夫，𢿦是其箸（書）之。[6]▼遴（魯）昜（陽）公以楚帀（師）逡（後）𩫱（城）奠（鄭）之戢（歲）屈柰之月丁巳4之日，[7]佧大敂（令）悆以爲𠛱敂（令）圍𨻰（登）𠛱人。[8]其厚（溺）典，[9]新官帀（師）瑗、新官敂（令）邚（越）、新官婁5頶（履）犬、新官連囂郙𧾷趞、犇得受之。[10]6

齊客墬（陳）豫訋（賀）王之戢（歲）八月乙栖（酉）之日，[11]王廷於藍郢之遊（游）宮，[12]安（焉）命大莫囂屈昜（陽）爲命邦人内（入）其㝒（溺）典。[13]臧王之墨以内（入）其臣之㝒（溺）典：[14]憙（喜）之子庚一夫，[15]凥（處）郢里，7司馬徒箸（書）之；庚之子昭一夫、昭之子疕一夫，未才（在）典。8

廷等（志）所以内（入）[16]9

鄵𣪘上連囂之還窠（集）瘳（廖）族䲷（㵎）一夫，[17]凥（處）於鄵𢦏（國）之少桃邑，[18]10才（在）墬（陳）豫之典。[19]11

東周之客䜌（許）緹至（致）倌（胙）於㠯郢之戢（歲）頣（夏）𡰥之月甲戌之日，[20]子左尹命漾陵宫大夫諓（察）郜室人某瘽之典之才（在）漾陵之厽（參）鉨。[21]漾陵大宫㾓、大駐（駟）尹帀（師）、鄩公丁、士帀（師）墨、士12帀（師）鄢慶吉啓漾陵之厽（參）鉨而才（在）之，[22]某瘽才（在）漾陵之厽（參）鉨閼（間）御之典匱。[23]　大宫㾓内（入）氏（是）等（志）。[24]13

---

[1] 集箸，湖北省荆沙鐵路考古隊（1991A，9頁）：即集著，共13枚簡。是有關驗查名籍的案件記録。原考釋：箸，通作著。《漢書·高帝紀》“蕭何發關中老弱未傅者悉詣軍”，師古曰：“傅，著也。言著名籍，給公家徭役也。”張光裕、袁國華（1992，緒言1頁）讀爲“雜箸”。李零（1998，134頁）：題目“集（雜）箸（書）”是雜録之義，并非專指名籍登録。如下“案例”類簡139反提到“爲陰人舒盈盟其所命於此箸（書）之中，以爲證”，是講殺人案，其中的“箸”字就是指一般的案卷記録。周鳳五（1996，24～26、41～45頁）：箸字用爲動詞便是著録、登記之意。至於“集”字，《包山楚簡》針對卜筮祭禱簡考釋以爲“集歲即三歲”。《包山楚簡》雖然没有明確將集箸解作三合，但在復原《集箸》簡時，安排了三個紀年的簡文。注釋者之一彭浩也指出《集箸》簡記載的是“三年中發生的有關查驗名籍的幾個案件”（彭浩《包山楚簡反

映的楚國法律與司法制度》,《包山楚墓》附録二二)。可見他們傾向於以集箸的集爲三年。《説文》所謂“三合”,其實是衆多、會聚之意。《周禮》所謂“三年大比”當是連續的三年。但《集箸》簡所見三個紀年,依整理者編次分别是“魯陽公以楚師後城鄭之歲”“齊客陳豫賀王之歲”“東周之客許綎致胙於蔵郢之歲”,其年代據《包山楚簡》一書考證爲公元前320年、前321年與前317年,即楚懷王九年、八年與十二年。這三個年代之間仍然有一個不連續。暫時解作會聚户籍,即户籍資料彙編,應該是比較妥當的。126~128號簡與124~125號簡,似皆可歸入集箸類。陳偉(1996B,59~60頁)提到一種可能:文書簡的内容雖然相當龐雜,但却大致可分爲記言、記事兩類。前者約包括簡15~17、90、120~123、124~125、126~128、129~130、131~139、140、141~144、145、151~152、155、157等,共13件(組)。往往以“言謂”“言曰”或“告”“謂”引出有關人的話語。其他簡書則直接陳述某一事實。傳説先秦史官有記言、記事之分。包山文書簡的分篇也許是將記言、記事文書分開編列。具體説來,上述13件(組)屬於《集箸言》,在這13件(組)以及《疋獄》《受期》之外的全部文書屬於《集箸》。劉信芳(2003,5頁):箸,讀爲“書”。《説文》:“書,箸也。”郭店《性自命出》15、《六德》24“箸”亦讀爲“書”。“集書”即登記彙集名籍。李家浩(2006,25~26頁):居延漢簡有“第五丞别田令史信元鳳五年四月鐵器出入集簿”“肩水候官元康四年十二月四時雜簿”,尹灣漢墓木牘有“集簿”。陳槃先生説“集”“雜”古通,“集簿”即“雜簿”。楚簡文字多以“箸”爲“書”。把“集箸”讀爲“雜書”是可取的。包山楚簡“集(雜)書”猶漢代文書“集(雜)簿”,“集(雜)書”和“集(雜)書言”的内容應該比較龐雜。

〔2〕　原考釋:《淮南子·覧冥訓》高誘注:“魯陽,楚之縣公……今南陽魯陽是也。”“魯易公……之歲”,以事紀年。李學勤(2004B,32頁):城鄭之戰應在公元前394年,包山簡這條紀年是追記。李學勤(2011,200頁):清華簡《繫年》第二十三章簡134~135:“魯陽公率師救武陽,與晉師戰於武陽之城下,楚師大敗。”包山簡之“魯陽公後城鄭之歲”當與此有關。前一次城鄭在簡文中悼王即位第二年,此次城鄭是悼王五年之後。若此,武陽當距鄭地不遠。但悼王初年下距包山簡的下葬年代有八十多年,楚國公文是否能保存這麼長時間尚待證明。鄭伊凡(2015,68頁):“魯陽公以楚師後城鄭之歲”是指“魯陽公率師救武陽”一事,據《繫年》記載,爲楚悼王六年(公元前395年)。楚簡大事紀年一般用前一年發生的大事作爲此後一年的紀年,“魯陽公以楚師後城鄭之歲”的絶對年代可能是公元前394年。

逡,原考釋:通作後。《吕氏春秋·長見》“知古則可知後”,注:“來也。”劉樂賢(2003,211頁):似應讀爲“厚”。後(厚)城,是大規模築城的意思。劉信芳(2003,6頁):據文意城鄭之事非止一次,故用“後”以别於前此之城鄭。

𩫖,原考釋:與《説文》籀文城字形似,即城字。

奠,原考釋:讀如鄭。《説文》:“鄭,京兆縣,周厲王子友所封……今新鄭是也。”今河南省新鄭縣有鄭韓故城遺址,即爲鄭。

栾,王勝利(1990,67~68頁):雲夢睡虎地秦簡日書對應月名寫作“夕”。

〔3〕　剢,原考釋:地名,字不識。黄錫全(1992,190頁):古從大與從人每不别,疑爲“份”字。作爲地名疑假爲“汾”。《左傳》襄公十八年楚“子庚帥師治兵於汾”,杜注:“襄城縣東北有汾丘城。”湯餘惠(1993A,69頁):簡文左旁疑從粦省,字可釋剡。何琳儀(1993,55頁):左從“尖”,其“小”與“大”借用中間竪筆。應釋“剡”。張桂光(1996,280頁)疑即“剡”字。其地或即《漢書·地理志》會稽郡剡縣,在今浙江省嵊縣西南。

敂,整理者讀爲令。劉信芳(2003,7頁):楚簡凡職官“令”多作“敂”。

𨻰,原考釋:從升得聲,通作徵。《尚書·洪範》“念用庶徵”,鄭注:“驗也。”李零(1998,135頁):讀爲“登”。簡文稱登名於册爲“登人”,包括居民的“居處名族”。“登人”亦見甲骨卜辭。黄盛璋(1994,188頁):登記户口的專門名詞。此字就是升降之升的專字。“升”“登”音同,簡文之“證”就是從“言,升聲”。

彭,原釋文作“壴”,劉信芳(2003,8頁)讀爲“僖”。李零(1998,134頁)讀爲“彭”。李守奎(2006,25~31頁)對此字釋“彭”有專門論述。

圍,原釋文作“宜”,劉釗(1998,47頁)、李天虹(1993,84頁)改釋。

幼,彭浩(1991B,548頁):這裏的“幼”,一般是指未成年人。劉信芳(2003,8頁):二十歲行冠禮前皆可稱幼。

玉賓,原考釋引《周禮·天官》“玉府”作解。周鳳五(1996,27頁):“玉府”一詞,大約如金匱、石室,取其珍重之意,不必求之過深。劉信芳(2003,8頁):楚簡“玉府”與周官“玉府”不同,而與所謂“天府”相類。《周禮·秋官·大司寇》:“凡民之大盟約,莅其盟書,而登之於天府。”又《小司寇》:“及大比。登民數,自生齒以上。登於天府。”鄭玄注

“天府”云：“祖廟之藏。”

典，原考釋：典册。彭浩（1991B，550頁）：登記名籍的“典”是按行政隸屬關係分别收藏。陳煒湛（1998，588頁）：簡文實從册從丌，望山二號墓楚簡“車與器之典”，“典”字與此近是。

今按：此句原釋文讀作“𠛱令壴圍命之於王大子而以隥𠛱人，所幼未隥。𠛱之玉府之典……”李零（1998，135頁）讀作“𠛱令彭圍命之於王大子而以登𠛱人。所幼未登𠛱之玉府之典……”劉信芳（2003，5頁）讀作：“𠛱令壴圍命之於王大子而以隥𠛱人。所幼未隥𠛱之玉府之典……”今作一句讀。

〔4〕 戡，黄錫全（1992，190頁）：疑爲“戡”之别體。作爲地名當即湛。劉信芳（1999B，157頁）在黄氏釋字基礎上，讀爲“沈”，以爲是特殊行政區域單位，管理“沈”的官員稱“沈尹”。李天虹（1993，85頁）：疑爲鋭字異體。李運富（1997，105～106頁）則以爲“𠜱”字。今按：上博簡《容成氏》16號簡亦有此字。李零（2002，262頁）：戡役，“戡”字楚簡或用爲“列”，疑是古“烈”字。這裏讀爲“癘疫”或“疠疫”。上博簡《周易》45號簡有㓞字，對應傳世本的“洌”。49號簡有𠟋字，對應傳世本的“列”。應即李氏所云。從這三例看，楚簡中這類字應可釋爲“列”或從“列”得聲的字。列有市肆之義。《漢書・食貨志》：“商賈大者積貯倍息，小者坐列販賣。”顔注：“列者，若今市中賣物行也。”“列”抑或讀爲“連”。連有行政區劃名的用法。《國語・齊語》：“管子於是制國：五家爲軌，軌爲之長；十軌爲里，里有司；四里爲連，連爲之長；十連爲鄉，鄉有良人焉。”此字也有指某級政區的可能。

少僮，原考釋：僮，《説文》：“未冠也。”少僮即小僮。彭浩（1991B，548頁）：在籍之人有“少（小）僮”，即未成年人。陳偉（1996B，115頁）：簡3“少僮”與簡180“少童”應即一事。“少僮（童）”可能與“少妾”相對，表示未成年男性，而不是身份性概念。

夫，原考釋：《説文》：“丈夫也。”此指成年之人。

𧆓，何琳儀（1993，55頁）：所從“西”乃“鹵”之省，即“鹽”字。楚簡習見，又見《璽彙》3444、3558，均姓氏，讀作“苦”。湯餘惠（1993A，74頁）、劉釗（1998，47頁）略同。劉信芳（2003，10頁）疑讀爲“胡”，以爲楚地二胡邑之一。

族，陳偉（1996B，128頁）：姓氏。《國語・魯語》“老請守龜卜室之族”，韋昭注：“族，姓也。”

郕，袁國華（1993A，432頁）釋。今按：郭店簡《老子》乙組2號簡、《緇衣》2號簡中的“國”字與此字同。

疾，劉釗（1998，47頁）釋“瘥”。

〔5〕 凥，林澐（1992，83頁）：處之異文。今按：參看郭店竹書《老子》甲22號簡注釋。

𨛬，何浩、劉彬徽（1991，576頁）針對172號簡“𨛬君”云：鄂君啓節舟節有𨛬地，同於包山簡中的𨛬。鄂君啓節中的𨛬，殷滌非、羅長銘釋爲黄。何浩認爲大致不出漢水中游，今宜城東南至天門一帶。相對於淮、潢地區的黄國來説，可稱爲“西黄”。包山簡中這個黄君的封地，亦應在“西黄”境内。巫雪如（1996，69～70頁）：𡉚，包山簡中或加“人”旁，或加“邑”旁。𨛬爲地名，故𨛬氏當以地爲氏者。今按：此字所從在楚簡中讀爲“廣”，見《孔子詩論》10號簡、《容成氏》31號簡、曾侯乙墓18號簡等。

逄，裘錫圭、李家浩（1989，520頁）：即“路”的異體，“辵”旁“足”旁古或通用。李零（1998，133頁）：行政區劃的一種。劉信芳（2003，11頁）：疑是楚國的行政建置名。

湶，李運富（1997，107頁）：釋爲淵，簡文中用爲地名和姓氏。“淵邑”與簡86、143“𣶒邑”相應，淵邑與𣶒邑應是同一個地方。李守奎（2003，644頁）釋爲“湶”。劉信芳（2003，11頁）：《成之聞之》14“窮湶（源）反本”，知字應讀爲“源”。今按：李運富指出本字與86、143號簡之字對應，當是。後二字當依吴振武（1996，47～51頁）釋爲“泉”，與劉氏據《成之聞之》14號簡改釋爲“湶（源）”相應。又，86號簡“羕陵君之陳泉邑”，143號簡“鄝國囂敔郢君之泉邑”，當各爲一地。

〔6〕 𣪠，原考釋：讀如罪，借作致。《周禮・地官・遂人》：“凡治野，以下劑致甿。”鄭注：“致猶會也。”劉釗（1998，48頁）：讀爲“最”，聚也。劉信芳（2003，11頁）於“是”後着句號，以爲猶言“自此”。李零（1998，135頁）：皋是其，人名。與下“司馬徒箸（書）之”同例。朱曉雪（2013，334頁）：作爲姓氏應讀爲“翠”。今按：整理者釋文“是”後有逗號，今從李零改讀。

〔7〕 遊昜公，原考釋：即魯陽公。

〔8〕 佯，原釋文作“伅”。黄錫全（1992，191頁）讀爲“頓”，認爲即見於《左傳》僖公二十三年的“頓”地，在今河南項城縣西。劉釗（1998，48頁）改釋爲“佯”，疑讀爲“邦”。清華簡《禱辭》簡4類似字，黄德寬（2019，182頁）讀爲“邦”。
愈，劉釗（1998，48頁）釋，簡文中用爲人名。李零（1999A，150頁）：用爲舒氏之舒。今按：此人可能氏“愈”名“以”。135號簡背面等處有“舒”字，從余從予。此處可能是“舒”氏異構，也可能是“余”氏之字。

〔9〕 孠，原考釋：簡7此字作㴱，讀如没。《史記·屈原賈生列傳》“沕深潛以自珍”，徐廣注：“沕，潛藏也。”“㴱典”當是隱匿名籍。湯餘惠（1993A，74頁）：從休勿聲，即淹没之“没”。“没典”指不見於名籍。黄盛璋（1994，187～188頁）：當即“休”字。《説文》：“休，没也，從水，人。讀與溺同。”段注：“此沈溺之本字，今人多用溺水水名爲之，古今異字爾。《玉篇》引孔子曰：君子休於口，小人休於水。顧希馮所見《禮記》尚作休。”簡246“㴱人”即溺人。劉信芳（1996B，13頁）：溺典就是“没有正式户籍的人口典册”。陳偉（1996B，130頁）：“其溺典”三字連上讀。由“登”“内”這些動詞連及的“溺典”，似乎不好看作隱匿名籍這一違法行爲。“溺典”似當是一種私人的人口名册。陳偉（2001，14～18頁）：根據郭店《老子》甲33、37號等簡的用法，包山簡此字可讀爲“弱”，弱典可能是“弱冠”之典。今按：從郭店竹書《老子》用字看，此字當依黄盛璋説，釋爲“溺”。其在文書簡中的具體含義待考。

〔10〕 郕，劉釗（1998，53頁）釋爲越。
官，劉信芳（2003，13頁）：讀爲“館”，“新官”乃官署名。《説文》：“館，客舍也。”“新官”又見曾侯乙簡57、143等。簡文又有“宵倌”“勞倌”“竽駐倌”“竽倌”“酷倌”“游宫坦倌”“鄦陽之檐官”諸名目，或爲作坊，或爲客舍。
婁，劉信芳（2003，13頁）：與“師”“令”“連囂”對舉，知是“新官”官署的屬員。
履，黄錫全（1992，191頁）、湯餘惠（1993A，69頁）、何琳儀（1993，55頁）、劉釗（1998，48頁）釋。
連囂，原考釋：也稱作連敖。陳穎飛（2014，91頁）：包山楚簡的年代，即戰國中后期，“連放”作爲地方政府和特殊機構的屬官，疑已脱離軍事官的身份，而是僅作爲行政職官執行地方或機構事務。
犇，原釋文釋爲“奔”。史傑鵬（2014，328～329頁）包山簡的“犇”是三個“牛”組成的，不宜當成後世由“奔”字訛變的“犇”來看待。清華簡《繫年》中屢見“奔”字，皆從“夭”從三“止”，可見楚簡中的“犇”確實不是“奔”字，而可能是“牛”字的繁寫。
受，熊賢品（2011，40頁）認爲簡6、18、58、63、85、87、124、128中的“受”字，似乎與“保”同義，即指互相擔保。當時有在基層之庶民互相擔保之制度，如《管子·小匡》：“故卒伍之人，人與人相保，家與家相受”，《吕氏春秋》卷一二《季冬紀第十二》：“凡在天下九州之民者……四鄰（鄙）入保”。今按：也許讀爲“授”。

〔11〕 客，整理小組：使臣。
訑，原考釋：讀如賀。徐在國（1998，80頁）：“賀”字異體。

〔12〕 廷，張光裕、袁國華（1992，緒言7頁）釋。李零（1998，135頁）：此處“廷”指楚王召見群臣。“廷”是古代對受訟之所的泛稱，上見下叫“廷”，下見上也可以叫“廷”。
藍郢，原考釋：楚别都之一。《左傳》定公五年記有藍尹，可能是藍縣之尹，藍郢或許就在藍縣一帶。劉彬徽、何浩（1991，564頁）：《續漢書·郡國志》南郡“編”縣原注“有藍口聚”。
遊，白於藍（1999，177頁）：即《説文》游字。

〔13〕 安，周鳳五（1993，371～377頁）釋，讀爲“焉”，連詞。
邦人，原考釋：國人。劉釗（1998，48頁）：應讀作“封人”。封人見《周禮·地官》。由簡文可知還主管户口名籍。

〔14〕 臧王之墨以，陳偉（1996B，113頁）：人名。董珊（2008）：“臧王之墨”爲人名，“以”是介詞。劉信芳（2003，15頁）於“臧王之墨”後着句號，以爲指書寫副本，藏於王室。

〔15〕 一夫，今按：一人。指男人。《書·君陳》：“爾無忿疾于頑，無求備于一夫。”孔穎達疏：“無求備于一人。”

〔16〕 廷，滕壬生（1995，165頁）釋。
篙，字又見於13號簡，原考釋：讀作等。《説文》：“齊簡也。”湯餘惠（1993A，73頁）：“等”當訓簡策。《説文》對等字的釋語，應在中間斷讀，即“等，齊，簡也。”李零（1998，135頁）：典册所著之辭叫“等”。等與辭爲之、蒸對轉字，古音相近。葛英會（1996A，86頁）：《説文》：“等，齊簡也。從竹寺，寺官曹之等平也。”所謂齊簡，即官有司等平法度

之簡策。陳偉武（1997，640 頁）讀作“證”。何琳儀（1998，46 頁）：等，從竹，從寺，會法庭簡册之意。包山簡等，訴訟之簡册。荆門市博物館（1998，132 頁）：郭店竹書《緇衣》4 號簡“等”，讀爲“志”。陳偉（2003，329 頁）：將包山簡原先釋爲“等”的字，改釋爲“志”，看作記録或文書，似無不允當。李零（2004B，269 頁）：《曹沫之陳》41 號簡的“周等”疑讀爲“周志”。包山簡 133、132 反有類似用法的“等”字，疑亦讀爲“志”。李家浩（2006，30～32 頁）釋爲“等”，讀爲“志”。

所，劉國勝（2006，328 頁）據紅外影像釋出，認爲“廷等（志）所以内（納）”大概是指要上報的案件記録。

原釋文 7～9 號簡作一件文書。陳偉（1996B，29、60 頁）從形制和内容推測，9 號簡與 7～8 號簡無關，或許也屬於篇題。

〔17〕 郙，徐少華（1996A，113～120 頁）：在古之大復山附近的兩漢復陽縣一帶，今河南桐柏縣西北。劉信芳（2003，16 頁）疑讀爲“父”，《漢書・地理志》潁川郡有“父城”。

還，李零（1998，135 頁）讀爲“縣”。周鳳五（1996，31 頁）：人名。也可能指歸還、回來。今按：還集，似是身份用語。

瘳，何琳儀（1993，55 頁）、劉釗（1998，48 頁）釋。何琳儀讀爲“廖”，劉釗讀作“鄝”。劉信芳（2003，16 頁）讀與“蓼”同。今按：包山簡另有地名鄝（29 號簡等）、鄝陽（153 號簡等），與此字有别。恐以何氏之説爲是。

䲸，湯餘惠（1993A，69 頁）、劉釗（1998，49 頁）釋爲澗。李零（1998，135 頁）釋爲“衍”。周鳳五（1996，31 頁）：“翏族澗”是名族。澗爲名；翏爲族，也就是氏。名族就是名姓，也就是姓名。今按：此字亦見於上博竹書《周易》50 號簡和《三德》12 號簡。關於《周易》之字，濮茅左（2003，204 頁）：釋爲澗，通“干”。簡文作“澗”與今本作“干”相印證。

〔18〕 䆁，李零（1998，135 頁）讀爲“域”。徐少華（1996D，60 頁）：“域”是某一地區的泛稱，還是指某種特别地域，有待於進一步研究。陳偉（1996B，74 頁）：簡書此字指特定的地域範圍。銀雀山漢簡《田法》：“州、鄉以地次受田於野，百人爲區，千人爲或（域）。人不舉或（域）中之田，以地次相……”這裏的區、域，分别是指百人和千人受田的範圍。由於受田有定數，所以這裏的區、域也就應是特定的地域概念。在現有資料中，包山簡此字的含義當與《田法》的“或（域）”最爲接近。藤田勝久（1999，28～29 頁）根據郭店簡《緇衣》9 號簡“誰秉國成”中“國”的寫法，指出楚簡此字可以讀作“國”。今按：上博簡《曹沫之陳》16 號簡“大國親之”的“國”也是這種寫法，可支持藤田氏之説。這種“國”，也許是“國野”的“國”，指以某一大邑爲中心的地域。

邑，陳偉（1996B，76 頁）：簡書所見楚國的邑分布於鄉間野外，各有一定的地域範圍；其土地（至少是其中一部分）可由國家分授和收回，在邑（至少有一部分邑）之上還存在敔、國等層級較高的單位，邑中及其以上的層級均設有官吏。這樣的邑，應該屬於一種居民組織或者説行政區域；邑及其以上層級，構成一種居民組織或者説行政區域系統。

〔19〕 周鳳五（1996，31 頁）：此處“陳豫”是“齊客陳豫賀王之歲”的省稱，由此可知楚國户籍以年爲類，分年編次保存。

〔20〕 東周，原考釋：國名。公元前 367 年東周王室争立，分裂成西周、東周兩個小國。東周建都於鞏（今河南鞏縣境内），公元前 249 年爲秦所滅。今按：《史記・周本紀》：“考王封其弟於河南，是爲桓公，以續周公之官職。桓公卒，子威公代立。威公卒，子惠公代立，乃封其少子於鞏以奉王，號東周惠公。”戰國中晚期的東西周，是兩個小國，而周王室在名義上依然存在。參看 120 號簡注釋。

醬緹，原考釋：東周使者名。醬，讀如許。緹，簡文中或作桯。劉信芳（2003，17 頁）：緹，讀爲“盈”。

至隻，原考釋：致胙。致，送詣。胙，《説文》：祭福肉也。”

蔵，原考釋：讀作栽，部分簡文中也直接寫作栽郢。楚都名。這批楚簡中楚都名有：郢、栽郢、藍郢、郲郢、倗郢，當有正式都城與别都。何琳儀（1988，97～98 頁）、黄錫全（1992，191 頁）釋爲蔵。

戹，王勝利（1990，67～68 頁）：睡虎地秦簡日書寫作“夷”“屎”或“尸”。

〔21〕 子，何浩（1993，66 頁）：官職前的這個“子”字，是一種尊稱。周鳳五（1996，32 頁）：左尹冠以“子”字，是楚國上行公文對長官表示尊敬的用語。

漾陵，黄盛璋（1988，49～51 頁）：曾姬無卹壺“用茲漾陵”，此漾當即《水經注》汝水支流之養水，漾陵當在養水之上。何浩、劉彬徽（1991，572～573 頁）：羕陵君應釋爲養陵君。楚有養邑。《左傳》昭公三十年載：“吴子使徐人執燭庸，二公子奔楚。楚子大封，而定其徙，使監馬尹大心逆吴公子，使居養，莠尹然、左司馬戌城之；取於城父與胡田以與之，將以害吴也。”養在今沈丘、界首之間。劉信芳（2003，19 頁）：漾陵，簡 128 作“羕陵”，簡 117 作“鄴陵”。知三字通用，并讀爲“養”。簡 86 有“羕陵君”，《包山楚墓》附録二五釋其封地爲今沈丘縣，又曾簡 192、119 有“鄴君”，考釋者亦釋以沈丘縣。包山簡除“鄴陵”外，又有地名“鄴”，見簡177、184、186，爲二地。“羕陵”之“羕”或從水作“漾”，應與《水經注》養水有關，而“鄴”之地望乃在今河南沈丘東。

宮，曹錦炎（1993，70頁）：宮字習見於楚璽，或釋“宮”，或釋“序”，其實即邑字異構。從包山簡看，“宮”似專指“城邑”之邑，而“邑”疑指“四井爲邑”這種小邑。陳偉（1996B，100頁）：“宮大亓”很可能是戰國時楚縣長官的一種稱謂。其所以作“宮”，大概是爲了同前面説到的規模很小、層級低下的“邑”區別開來。劉信芳（1996A，78頁）：“邑”是地名用字，“宮”是職官用字。簡12、62中的“大”“少”是職官名，不可理解爲大的城邑、小的城邑。李家浩（2000A，115頁）釋爲序，讀爲“舍”。認爲名詞的“舍”大概是指館舍，“舍大夫”是管理館舍的大夫；動詞的“舍”是居止的意思。趙平安（2003，529～540頁）釋爲“宛”，讀爲“縣”。游逸飛（2014，79～85頁）：疑“宮大夫”是爵稱。李家浩（2015A，253～256頁）：“宮”應分析爲从“宀”“邑”聲，“宮”所從聲旁“邑”有“邑（苑）”音。“宮”讀爲“館”。作爲客舍的“館”，是行旅宿食之所。“宮（館）大夫”是管理這些機構的長官。今按：疑當讀爲“苑”。《説文》：“苑，所以養禽獸也。”

諓，整理者隸作謹，讀如對，應對。裘錫圭（1998B，151頁）針對郭店竹書《五行》8號簡“思不清不”下一字説：帛書本與此字相當之字爲“察”，簡文此字似亦當讀爲“察”。此字在包山簡中屢見，讀爲“察”，義皆可通。裘錫圭（2004，254～255頁）：包山和郭店簡所見的“督（察）”“竊”和郭店簡所見的“淺”“俴”等字的聲旁，其實已見於三體石經。石經《春秋》“踐土”之“踐”的古文，所從聲旁與郭店簡“淺”字所從，寫法幾乎全同。李家浩（2006，18頁）從之，將簡文中的這個偏旁寫作“戔”。劉信芳（2003，20頁）：此字應分析爲从言、丵聲，讀爲“督”。《説文》：“督，察也。”

郜室：原考釋：即造室。周鳳五（1996，48頁）：可能是簡173、簡192的“愄王俈室”的省稱。俈室不詳，疑與祭祀有關，猶漢代的宣室，爲君王齋戒之所。劉信芳（2003，21頁）疑是告祖之室，亦即祖廟。

某，何琳儀（1993，55頁）釋，讀“謀”。《風俗通》“周卿士祭公謀父之後，以字爲氏。”李零（1998，135頁）、黄盛璋（1994，187頁）讀爲“梅”。

參鉨，原考釋：鉨，借作璽。參璽即三合之璽。黄盛璋（1994，188頁）：三合就是把一個全印分爲三塊，合起來纔成爲印文全文。必須三人共同合作使用。

〔22〕 痃，原釋文隸作疘。張光裕、袁國華（1992，緒言11頁）於此及簡126依從原釋文，而將簡13、127同人之名隸作痎。白於藍（1999，190頁）則把此字釋作瘦，另將簡13、126、127之字釋爲“痎”。劉信芳（2003，21～22頁）：字又見簡13、126、127。原簡書寫不規範，姑從簡127之字形隸定作“痎”。

駐，原考釋：所從爲社字古文。李天虹（1993，84頁）、何琳儀（1993，55頁）讀爲“牡”。劉釗（1998，60～61頁）：釋爲牡。“大牡尹”疑讀爲“大社尹”。社指私社，即“二十五家爲一社”之“社”。簡文大牡尹參與整理户籍之事，應爲管理社之官吏。李家浩（1998B，662～671頁）：字從馬從坴（執），“執”“日”音近古通，疑是馹字異體。今按：上博《簡大王泊旱》16號簡“發馹跖四疆”，可印證李氏釋讀。

鄵，李學勤（2000，11頁）釋。

在，陳偉（1996B，125頁）：《爾雅·釋詁》：“在，察也。”簡文“在”也是這種用法，爲察看、查驗名籍一類意思。

〔23〕 間御，陳偉（1996B，127頁）：可能是甘固的假借。間御之典是甘固之歲所記名籍。由此推測，楚國名籍是按登記年份的不同分開存放於地方官府的。

匱，原考釋：《説文》：“匣也。”

〔24〕 氏，黄盛璋（1994，187頁）讀爲“是”。

集箸言

集箸言〔1〕**14**

僕（僕）五帀（師）宵倌之司敗若敢告視日：〔2〕卲行之大夫盤（盤）𠛬（擒）䟫（執）僕

（僕）之倌登（鄧）虡（虩）、登（鄧）昇（期）、登（鄧）僕（僕）、登（鄧）𨟻而無古（故）。[3]僕（僕）以告君王，君王誼（屬）僕（僕）**15**於子左尹，[4]子左尹誼（屬）之新俈𨑓尹丹，[5]命爲僕（僕）至（致）典。既皆至（致）典，僕（僕）又（有）典，卲行無典。新俈𨑓尹不爲僕（僕）剆（斷）。[6]僕（僕）褮（勞）倌，[7]頸事𨟻（將）灋（廢）。[8]不朁新俈𨑓**16**尹。[9]不敢不告視日。[10]**17**

五帀（師）宵倌之司敗告胃（謂）：卲行之大夫䆸（擒）𩌏（執）其倌人，新俈𨑓尹不爲其譺（察）。不慭。[11]**15背**

十月甲申王誼（屬）。[12]**16背**

\ 左尹[13]**17背**

郗（蔡）遇（遺）受盥（鑄）鐱（劍）之官宋𢎘（强）。[14]宋𢎘（强）灋（廢）其官事，命受正以出之。[15] 中酴讐（許）适内（入）之。[16] 兒逄（路）公角戠之，[17]義得。[18]**18**

---

〔1〕 整理者（1991A，10頁）：《集箸言》有簡5枚，是有關名籍糾紛的告訴及呈送主管官員的記録。黄盛璋（1994，189頁）：言就是訟告法律文書，《疋獄》類訟告某人某事，皆用“言謂”或“謂”以表告發的事由，所以《集箸言》就是關於户口登記的違法訟告事。18號簡實和“集箸”“集箸言”皆無關，應移列於没有篇題的94簡之後。李零（1998，136頁）：“集”字亦雜鈔之義。“箸（書）言”見簡145反，是記一“歸金”之案的訟辭，可見這裏的“集箸（書）言”也并非限於與登録名籍有關的訟辭，而可以泛指一般的訟辭。周鳳五（1996，36頁）：簡文所謂“言”，應當指與司法訴訟有關的訴狀、供詞等，而《集箸言》這一標題，應該理解爲與户籍登録有關的司法訴訟文書。劉信芳（2003，23頁）：《離騷》王逸注：“言，猶議也。”“集箸言”即有關名籍方面的争議。

〔2〕 僕，原考釋：是“五師宵倌之司敗”的自稱。

五師，劉信芳（2003，23頁）：疑是直屬楚國的軍隊。

宵倌，李零（1998，136頁）：疑即《周禮·地官》的“稍人”。在《周禮》中，“稍”是大夫的采邑。周鳳五（1996，37頁）：掌管官營手工作坊及工匠的官署。究竟職司何事已不能詳考。劉信芳（2003，24頁）：宵，夜也。宵倌司敗應是軍隊負責管理司夜小臣。

司敗，原考釋：《左傳》文公十年“歸死於司敗也”，杜預注：“陳、楚名司寇爲司敗。”主司法。

視日，“視”原釋文作“見”，考釋説：從簡文内容看，指左尹。在釋“見”基礎上，學者有多種推測。裘錫圭（1998A，2頁）據郭店簡資料改釋爲“視”，指出：《史記·陳涉世家》：“周文，陳之賢人也，嘗爲項燕軍視日。”項燕爲楚將，其軍中所設之視日，與包山簡之視日，性質當相類。《史記集解》引如淳説，以“視日時吉凶舉動之占”釋《陳涉世家》的“視日”，恐非是。李零（2004A，286頁）：包山簡的“視日”顯然不是一般的日者，而是負責有關事務的當職官員，有點像齊國銅器和陶器上的“某某立事歲”，是稱某官莅政爲“立（莅）事”。上博竹書《昭王毁室》公布後，范常喜（2005）提出：在處理這個事件時是“卜命尹陳眚”當的“視日”。“卜命尹”爲官名，“視日”不會再是官名，理解成“主審官”則文意可通。陳偉（2006B，168～170頁）則認爲：視日是將“告”上呈楚王的人，或許與“當日”“直日”相關。

司敗若，整理者（1991A，11頁）：即簡176所記誼告者宵倌之司敗若。

〔3〕 盤，巫雪如（1996，155～156頁）：通凡。《通志·氏族略》云：“周公第二子凡伯之後，爲周畿内諸侯。”

㪍，今按：楚文字力、人作義符時或可替换，上博竹書《周易》23號簡的“何”即從“力”作。

夸，簡15背寫作“䆸”，李守奎、邱傳亮（2012，72～73頁）、劉國勝（2013，176頁）釋爲“擒”，上博簡《容成氏》

“禽獸”之“禽”寫作“肣”，上博簡《凡物流形》甲本13號簡“禽獸”之“禽”寫作“含”。《隋書·文學傳·王頍》：“不能坐受擒執，以成豎子名也。”

倌，原考釋：《説文》“小臣也”。彭浩（1991B，549頁）：倌人據《説文》的解釋是小臣，也就是奴僕。陳偉（1996B，115～120頁）：作爲身份性稱謂的“倌（官）”或“倌（官）人”，大概是因爲從屬於作爲官府的某“官”而得名。孫詒讓《籀膏述林·官人義》指出典籍中倌人爲“庶人在官者”。簡書倌或倌人應大致相當。周鳳五（1996，29～30頁）：“官”或“倌”，也稱作“官人”或“倌人”，指官營手工作坊的工匠。而無論官營或私營的手工作坊也都可以稱作官。簡121“競不害之官”，就是競不害私營的手工作坊。

登，原考釋：簡文中鄧字均寫作登。

虖，原考釋：讀爲號。今按：郭店竹書《五行》25號簡、《緇衣》16號簡“號”皆如此作。

昇，原考釋：似爲期字異體。今按：郭店竹書《忠信之道》4號簡“期”字二見，皆如此作。

〔4〕　詎，原考釋：借作讀。陳偉（1996B，30頁）比勘簡文辭例後認爲：“詎”是上級對於下級的行爲。讀爲“屬”，委托交付之意。陳偉（2003，329頁）：郭店簡本《老子》甲2號簡云“或命之或乎豆”，豆，整理者讀爲“屬”。在傳世本和長沙馬王堆漢墓所出帛書本中，此字均作“屬”。

〔5〕　新倍，周鳳五（1996，48頁）：“新倍”應即文獻中的新造。《戰國策·楚策一》載申包胥對秦王自稱其官職爲“楚使新造盩”。

辻，原釋文作“迅”。李零（1999A，141頁）：釋爲“辻”，“赴”之異文。劉信芳（2003，26頁）：不大可能讀爲“卜”。從中央到地方有如此衆多的神職人員，很難理解。應是“赴”之異構。簡265記有“走缶”，猶行缶，因疑諸以“赴”爲名職官乃“行人”之類，爲外交、禮儀官員。

〔6〕　剆，原考釋：從叀從刀，叀聲，讀如“斷”。白於藍（1999，181頁）據《説文》斷字古文認爲：此字從刀從叀，即斷字無疑。

〔7〕　袋，原考釋：《説文》古文和金文“勞”字與簡文形似。文炳淳（2000，4～5頁）：郭店簡《緇衣》6、7號簡“勞”字同此。今按：《淮南子·精神》“使人之心勞”，高誘注：“勞，病。”勞倌，爲倌的短缺而困苦。原釋文連下讀，今斷讀。

〔8〕　頸，袁國華（1993A，436頁）釋，疑可讀爲“驚”。文炳淳（2000，4～5頁）：頸疑讀如“經”，訓爲“常”。頸事指平常工作。劉信芳（2003，27頁）亦讀爲“經”，指經營。今按：《史記·太史公自序》：“守經事而不知其宜，遭變事而不知其權。”經事與變事相對，指常規性事務，與文氏之説合。

瀍，原考釋：借作廢。

〔9〕　惁，原考釋：讀如隊。《廣雅·釋詁二》：“隊，陳也。”李零（1998，136頁）從原釋文解爲“不服”。史傑鵬（2005，63頁）：此字從“豙”得聲，和15號簡反面的“慭”可能是通假字。劉信芳（1998A，616頁）視爲簡15反“慭”之異體，説：“不慭”爲古代常用語，《詩·小雅·十月之交》：“不慭遺一老。”鄭玄箋：“慭者，心不願自彊之辭也。”“不慭新造尹”，意謂不服新造尹之斷案。

〔10〕　陳偉（1996B，63頁）：個人致官府的文書，最明顯的有簡15～17和簡132～135兩件，均是呈送“見日”的上訴狀，程式、用語非常近似。陳偉（1998C，116～121頁）對江陵磚瓦廠370號楚墓竹簡作復原分析，認爲也是訴狀。其格式與包山簡所見完全一致，更可相信這代表了當時楚人向視日提出訴狀的固定格式。

〔11〕　慭，原考釋：《説文》云：“一曰説也”。史傑鵬（2005，63頁）：《説文》：“慭，問也。……一曰説也，一曰甘也。”“説也”“甘也”的意思有相通之處，也就是表示“滿足”的意思。林素清（2006，1～18頁）對文獻和出土資料中的“慭”字有詳論。

陳偉（1996B，29頁）：15號簡背面是正面三簡的摘要。李零（1998，136頁）亦謂之“摘要”。

〔12〕　周鳳五（1996，37頁）：這是楚王交辦的記録。

〔13〕　陳偉（1996B，29、65頁）：古人書寫、閲讀自右而左。正面順序爲15至17的簡書，翻轉之後則當是17至15。依簡15～17背面所記，宵倌司敗若呈遞楚王的訴狀於十月甲申“詎”於左尹，而簡176所記䑋於宵倌司敗若的時間是在5天之後的十月己丑。後者所詎的多半就是楚王日前“詎”於左尹的申訴。周鳳五（1996，37頁）：這是左尹收文批閲的記録。十月甲申楚王交代左尹之後，至己丑日，即甲申之後的第五天，左尹已經將案子交給屬下的發尹利進行審理了。

〔14〕 受，陳偉（1996B，117 頁）：簡 18 中的兩處“受”，也許讀作“授”，指授予鑄劍之官的身份。李零（1998，136 頁）徑讀爲“授”。周鳳五（1996，39～40 頁）：“受”指收留，宋强因廢其官事成爲亡人，蔡遺窩藏之。劉國勝、劉彬徽（2017，255 頁）：“受”似當表示擔保。宋强是在鑄劍作坊從業，由於宋强終止了其在作坊的工作，因此“受正”被要求將宋强帶到廷，接受質詢及處理。“受正”可能指的是蔡遺，是首要的擔保人。

鑄劍之官，劉信芳（2003，28 頁）：鑄劍的作坊。李零（1998，136 頁）：簡 18 是記官吏任免。蔡遺授“鑄劍之官”於宋强。

弝，原考釋：裘錫圭先生釋作强字。今按：此字亦見於郭店竹書《老子》甲 6、7 號簡等多處，爲楚文字“强”字。

〔15〕 受正，陳偉（1996B，117 頁）：應是掌管受或授的官職。周鳳五（1996，40 頁）：授正，指長官。劉信芳（2003，28 頁）：受正，猶言“受中”。中、正義通。受中是司法常用語。《周禮・秋官・鄉士》：“獄訟成，士師受中，協日刑殺。”鄭玄注：“受中，謂受獄訟之成也。”

出，陳偉（1996B，117 頁）：可能表示去職、除名一類意思。也可能讀作“黜”，貶斥意。劉信芳（2003，28 頁）：命依法將宋强逐出鑄劍之館。

〔16〕 中酴，周鳳五（1996，40 頁）：中酴即中舍，官名，爲楚王宫中的舍人之官。酴字從酉、余聲，字也從害，如簡 145“中舍”、簡 145 反“舍人”均作此形。唯無論從酉、從害均屬形訛。此字左旁正確的寫法應即舍字。劉信芳（1996A，83～84 頁）：隸作酴。簡 132“酴慶”，137 作“舒慶”。“舒”古讀如“舍”。知酴亦可讀“舍”。“中舍”是職官名，又見簡 145。簡 145、145 反記“中酴”“酴人”負責分發各國來客之月俸，知其職守與周官“舍人”相類。上博竹書《簡大王泊旱》簡 9、10 有“中余”，陳偉（2007B，267 頁）：當即古書中的“中謝”或“中射”。《史記・張儀列傳》云：“越人莊舄仕楚執圭，有頃而病。楚王曰：‘舄故越之鄙細人也，今仕楚執圭，貴富矣，亦思越不?’中謝對曰：‘凡人之思故，在其病也。彼思越則越聲，不思越則楚聲。’”索隱云：“蓋謂侍御之官。”《韓非子・説林上》：“有獻不死之藥於荊王者，謁者操之以入，中射之士問曰：‘可食乎?’曰：‘可。’因奪而食之。”中謝（射）當是楚官名。今按：中酴似與“中余”同，亦即文獻中的中射（謝）。

适，黄德寬、徐在國（1999，75 頁）、李零（1999A，159 頁）據郭店簡《緇衣》“話”字釋。

〔17〕 兕，原釋文作“羸”，李零（1999A，151 頁）、李守奎（2003，261 頁）釋作羸。徐在國（2017，10 頁）釋爲“兕”，字形分析爲從“兕”，加注“厶”聲。

戠，21 號簡原考釋云：借作識。《周禮・秋官・司刺》：“壹宥曰不識”，注：“審也”。黄德寬（1992，4 頁）：“戠”猶志、記。陳偉（1993，77 頁）：“受期”簡與審理并無直接關係。簡 103 反、119 反也書有某某戠之，却是講黄金借貸，完全與治獄無關。《漢書・匈奴列傳上》“於是説教單于左右疏記，以計識其人衆畜牧”，顔注云：“識亦記。”讀“戠”爲“識”，訓爲“記”，以某某戠之爲記事者的簽名，則無所不合。陳偉（1996B，42～43 頁）又説：可以確認的“疋獄”簡，大多衹是關於受理訴訟的記録，少數涉及處理訴訟的某些安排，并没有審理、裁斷的内容。這就是説，“疋獄”簡的書寫，當在審理之前。將戠者看作審理人，顯然不確。作爲另一種可能，戠也許是後世“職”字。《爾雅・釋詁》：“職，主也。”戠者即主理其事（訴訟或其他）的人。從前引簡 141～142 的記載看，由於上面還有左尹及其屬員，這種主理實爲具體操辦。其工作可能包括記録。李零（1998，136 頁）亦以爲記録。周鳳五（1996，40 頁）：“戠之”即“職之”。職，主也，即主持、主辦之意。

〔18〕 義得，周鳳五（1996，40 頁）：姓義名得。巫雪如（1996，147 頁）：包山楚簡中，義或從邑作。義氏，《元和姓纂》引《風俗通》曰：“義伯，湯卿也。漢有南陽太守義縱。世居河東。”金文中亦有義伯、義仲，爲義國公族。是西周時有義國，其後或有以義爲氏者。劉信芳（2003，29 頁）：義字簡文屢見，小吏之名。

李零（1998，136 頁）、周鳳五（1996，40 頁）并謂“義得”後略去“爲李”二字。

受幾

受㠯（幾）〔1〕**33 背**

頣（夏）柰之月乙丑之日，郊（鄢）正婁剢虘（虩）受旮（幾），[2]八月乙亥之日不遥（將）龏（龔）倉以廷，[3]阩門又（有）敗。[4]　義䏿。[5]19

頣（夏）柰之月乙丑之日，鄗司敗李𢼸受旮（幾），[6]九月甲唇（辰）之日不貞周惃之奴以至（致）命，[7]阩門又（有）敗。　秀免。20

八月己巳之日，司豊司敗鄝頛（傾）受旮（幾），[8]辛未之日不遥（將）襍（集）戰（獸）黄辱、黄蝕（蚰）以廷，[9]陞（阩）門又（有）敗。　正旦臺（塙）戠之。[10]21

八月己巳之日，邛司馬之州加公李瑞、里公隓（隋）得受旮（幾），[11]辛未之日不諓（察）墬（陳）宔䣓（傾）之剔（傷）之古（故）以告，[12]陞（阩）門又（有）敗。　鄱（羅）慬。[13]22

八月己巳之日，邻少司敗臧未受旮（幾），[14]九月癸丑之日不遥（將）邻大司敗以䝉（盟）邻之檩里之敀無又（有）李𢼸囟（思），[15]阩門又（有）敗。　秀不孫。[16]23

八月辛未之日，邛司馬豫之州加公李逗、里公陭（隋）得受旮（幾），[17]癸栖（酉）之日不諓（察）墬（陳）觟（雒）之剔（傷），阩門又（有）敗。　正羅憲。24

八月辛未之日，司敗黄貴鈉受旮（幾），癸巳之日不遥（將）玉敂（令）䨓、玉婁𤸰以廷，[18]阩門又（有）敗。　秀㑭（倅）。[19]25

八月壬申之日，鄗昜（陽）大正登（鄧）生弦（肱）受旮（幾），[20]八月癸巳之日不遥（將）鄗昜（陽）宦大夫以廷，阩門又（有）敗。　正羅壽戠之。26

八月癸栖（酉）之日，邸昜（陽）君之州里公登（鄧）睘（瞏）受旮（幾），[21]乙亥之日不以死於其州者之諓（察）告，阩門又（有）敗。　正邱塙。27

八月甲戌之日，䔲尹之司敗邰旮臺（夷）受旮（幾），[22]辛巳之日不遥（將）䔲尹之鄺（鄗）邑公遠忈（忻）、莫囂遠䣓以廷，[23]阩門又（有）敗。　疋胥。[24]28

八月甲戌之日，鄝莫囂之人周壬受旮（幾），[25]癸未之日不廷，阩門又（有）敗。　正坒得。29

八月戊寅之日，邛司馬之州加公李偳、里公隓（隋）得受旮（幾），[26]辛巳之日不諓（察）墬（陳）䣓（傾）之剔（傷）以告，阩門又（有）敗。30

八月戊寅之日，邛司敗鄦（蔡）丙受旮（幾），[27]己丑之日不遥（將）邛之己里人青辛以廷，阩門又（有）敗。　正秀不孫。31

八月戊寅之日，邸昜（陽）君之州里公登（鄧）緩（纓）受旮（幾），[28]辛巳之日不以所死於其州者之居凥（處）名族至（致）命，[29]阩門又（有）敗。　旦臺（塙）戠之。32

八月辛巳之日，臨昜（陽）之馯（御）司敗黄異受旮（幾），[30]癸巳之日不遥（將）五皮以廷，[31]阩門又（有）敗。33

八月辛巳之日，郙舉（舉）之闖（關）戠公周童耳受旮（幾），[32]己丑之日不遥（將）郙舉（舉）之闖（關）人周敓、周琛（瑶）以廷，[33]陞（阩）門又（有）敗。　洍忈（忻）戠之。[34]34

八月癸未之日，新遊（游）宫中醠之州加公俩𡕒受旮（幾），[35]乙栖（酉）之日不遥（將）孂

（鬻）以廷，[36]阩門又（有）敗。　僅得 35

八月丙戌之日，竊（宰）㣛受旮（幾），[37]九月乙巳之日不遅（將）㓷君以廷，阩門又（有）敗。　疋异（期）。36

八月己丑之日，福昜（陽）竊（宰）尹之州里公婁毛受，[38]壬唇（辰）之日不遅（將）苛唇以廷，阩門又（有）敗。　旦塙。37

八月己丑之日，𢎭（射）叴君之司敗臧㣛受旮（幾），[39]癸巳之日不遅（將）𢎭（射）叴君之司馬駕與𢎭（射）叴君之人南軽（輊）、登（鄧）敢以廷，[40]阩門又（有）敗。　疋詈。38

八月己丑之日，付舉（舉）之閘（關）敔公周童耳受旮（幾），九月戊申之日不遅（將）周敓、周瑈（瑤）以廷，阩門又（有）敗。　正疋忈（忻）戠之。39

八月乙未之日，菖（薔）陵司敗墬非受旮（幾），[41]九月己栖（酉）之日不遅（將）李羕以廷，陞（阩）門又（有）敗。　鄯（義）弜（强）戠之。40

八月乙未之日，龏（龔）夫人之大夫番兒受旮（幾），[42]九月戊申之日不遅（將）𥫗鄒以廷，[43]陞（阩）門又（有）敗。　羕逄（路）公。41

八月丙申之日，雷（霝）里子之州加公文壬、里公苛譀受旮（幾），[44]九月戊戌之日不譏（察）公孫𧗚之佢之死，[45]阩門又（有）敗。　囟勁，[46]囟鬫（猬）。[47] 42

九月己亥，[48]鄒君之右司馬均臧受旮（幾），[49]十月辛巳之日不逯（歸）板於登（鄧）人以至（致）命於郢，[50]阩門又（有）敗。　秀不孫。43

九月己亥之日，鄿（畢）右仔尹李拡（肱）受旮（幾），[51]十月辛巳之日不逯（歸）登（鄧）人之金，阩門又（有）敗。　秀不孫。44

九月辛丑之日，五帀（師）倍𠷎司敗周國受旮（幾），[52]己栖（酉）之日不遅（將）登（鄧）扉以廷，阩門又（有）敗。　秀不孫。45

九月甲唇（辰）之日，郕（越）異之司敗番𩑋受旮（幾），[53]戊申之日不遅（將）郕（越）異之大帀（師）郕（越）賫（償）以廷，[54]阩門又（有）敗。　浞硍。[55] 46

九月甲唇（辰）之日，𩒨司敗李𡖅受旮（幾），十月辛巳之日不遅（將）𩒨宫大夫㸦（胡）公遊（魯）异（期）、[illegible]昜（陽）公穆痌與周愲之分譏以廷，[56]阩門又（有）敗。47

九月戊申之日，龏（龔）夫人之大夫番兒受旮（幾），癸亥之日不遅（將）𥫗鄒以廷，[57]陞（阩）門又（有）敗。　王婁。48

九月戊申之日，郊（鄢）喬差（佐）宋加受旮（幾），[58]乙丑之日不遅（將）郊（鄢）左喬尹穆巽以廷，[59]阩門又（有）敗。　義𡉚戠之。[60] 49

九月戊申之日，邨少司敗鄱（蔡）丙受旮（幾），乙丑之日不遅（將）鄁辛以廷，阩門又（有）敗。　秀不孫。50

九月己栖（酉）之日，郐（陰）侯之正差（佐）㸦（胡）瘦受旮（幾），[61]乙丑之日不遅（將）郐（陰）大辻尹宋𢁉以廷，[62]阩門又（有）敗。　宵辟（親）。[63] 51

九月己栖（酉）之日，郕（越）異司敗番豫受旮（幾），癸丑之日不遅（將）郕（越）異之大

市（師）貸（債）以廷，阩門又（有）敗。　沍瘧。[64] **52**

九月辛亥之日，臨昜（陽）之宮司馬李㓐受旮（幾），戊午之日不量廡下之貣，[65] 阩門又（有）敗。　秀免。**53**

九月辛亥之日，彭君司敗史善受旮（幾），[66] 丙唇（辰）之日不詧（察）長陵邑之死，[67] 阩門又（有）敗。　秀頧（履）。**54**

九月癸丑之日，郕（越）異之司敗番逭受，[68] 癸亥之日不遅（將）大市（師）貸（債）以廷，阩門又（有）敗。　沍㟪。[69] **55**

九月癸丑之日，彭君之司敗遠緦受旮（幾），己未之日不遅（將）郈邐、𥫗慶以廷，[70] 阩門又（有）敗。**56**

九月癸丑之日，佶[illegible]之司敗周慁（惑）受旮（幾），[71] 辛梄（酉）之日不遅（將）登（鄧）厞以廷，阩門又（有）敗。　秀頧（履）。**57**

東周之客䜌（許）㖤逯（歸）倠（胙）於蔵郢之戢（歲）九月戊午之日，[72] 宣王之𡨥州人苛朧（矍）、登（鄧）公䎨之州人苛瘻、苛𩜁以受宣王之𡨥市之客苛适。[73] 㲋（執）事人㬋（早）募（暮）救（求）适，[74] 三受不以出，[75] 阩門又（有）敗。**58**

九月戊午之日，長𡪰（沙）正龏（龔）㥶（懌）受旮（幾），[76] 十月壬午之日不以廷，阩門又（有）敗。　秀免戠之。**59**

九月戊午之日，弞（射）𠮢君之司敗臧㓐受旮（幾），十月辛未之日不遅（將）弞（射）𠮢君之司馬周駕以廷，阩門又（有）敗。　㘝讓，句[illegible]。[77] **60**

九月辛梄（酉）之日，新大廄（厩）𨻰（陳）漸受旮（幾），[78] 十月辛未之日不行代昜（陽）廄（厩）尹郙之人戓䖍（戟）於長𡪰（沙）公之軍，[79] 阩門又（有）敗。　疋郕（越）。**61**

九月壬戌之日，𨛋郢司惪䣕（秀）鄏受旮（幾），[80] 十月辛巳之日不遅（將）安陕（陸）之下隓（隋）里人屈犬、少宮㙲申以廷，[81] 阩門又（有）敗。　疋䐗。[82] **62**

九月癸亥之日，鄵之市里人𣪊（殷）㓐受其𤝵（兄）𣪊（殷）朔。[83] 㲋（執）事人㬋（早）募（暮）求朔，[84] 㓐不以朔廷，阩門又（有）敗。**63**

十月乙亥之日，郕（越）異之司敗番𧻚受旮（幾），戊寅之日不遅（將）郕（越）異之大市（師）郕（越）貸（債）。[85]　疋㟪。**64**

十月戊寅之日，周賜之大夫㙲義受旮（幾），[86] 己丑之日不遅（將）𡟤（胡）𡰥𡎜（夷）、𡟤（胡）䐗以廷，[87] 阩門又（有）敗。　王婁、逯。[88] **65**

十月戊寅之日，郊（鄒）正婁䣓（蔡）玄受旮（幾），[89] 壬晨（辰）之日不遅（將）登（鄧）歆之子娭以廷，阩門又（有）敗。[90]　秀義。**66**

十月戊寅之日，䢵邮大宮屈㞋、大佯尹頣（夏）句浩受旮（幾），[91] 負（爨）月辛未之日不軋丝䖒（且）逯（歸）其田以至（致）命，[92] 阩門又（有）敗。　㘝紩。**67**

十月辛巳之日，鄗（鄗）君之耆（耆）州加公周适受旮（幾），[93] 丙戌之日不遅（將）競（景）梄之司敗[illegible]惪（愴）以廷，[94] 阩門又（有）敗。　羅壽。**68**

十月辛巳之日，大廄（厩）馯（御）司敗雩（雩）虘（且）受旮（幾），己丑之日不選（將）大廄（厩）馯（御）墬（陳）㝵以廷，[95]阩門又（有）敗。　王婁。69

十月己丑之日，筆敔公若（若）䧺（雄）受旮（幾），[96]乙未之日不選（將）䌛（繇）發以廷，[97]阩門又（有）敗。　疋謷。70

十月己丑之日，审（中）昜（陽）司敗黄猷（勇）受旮（幾），[98]負（爨）月辛亥之日不選（將）审（中）昜（陽）之仔門人軋（范）慶以廷，[99]阩門又（有）敗。　宵逆。71

十月壬唇（辰）之日，大臧之州人盜（盜）聃受旮（幾），[100]負（爨）月辛丑之日不謯（屬）人於郚豫，[101]阩門又（有）敗。　宵裹。[102]72

十月壬唇（辰）之日，仿敂（令）㝈（堅）受旮（幾），[103]負（爨）月辛亥之日不量駐（駟）奉，[104]阩門又（有）敗。73

十月癸巳之日，辻大敂（令）珊之州加公周遝（畢）、里公周默受旮（幾），[105]乙未之日不選（將）辻御衠（率）嘉以廷，[106]阩門又（有）敗。　王婁、逯。74

十月乙未之日，羕陵正婁郘奇受旮（幾），[107]負（爨）月乙巳之日不選（將）䵦（胡）旃以廷，[108]阩門又（有）敗。　宵逆。75

十月乙未之日，鄢君之司敗季（舒）丹受旮（幾），[109]負（爨）月辛丑之日不選（將）周緩以廷，陞（阩）門又（有）敗。　邱塙。76

負（爨）月辛未之日，辻命（令）人周甬受正李圂耴以數田於章寏（國）鄘邑。[110]　正義牢哉之。[111]77

負（爨）月己亥之日，長鄝（沙）之旦墨倚受旮（幾），[112]甲唇（辰）之日不選（將）長遻（沙）正差（佐）㺃思以廷，阩門又（有）敗。　秀免。78

☐□之日，[113]上臨邑公臨尨、下臨邑臨得受旮（幾），[114]己未之日不廷，阩門又（有）敗。　疋獻。[115]79

---

〔1〕　旮，原考釋：從几從日，與《説文》古文期字從丌從日不盡相同，應是期字的異體。袁國華（1994C，187頁）："期""旮"二字古音有别，没有成爲異體字的充分條件。然而由包山楚簡"旮"字的用例來看，"旮"與"期"同義。白於藍（1999，189頁）引林澐説：几、期音異，韵部相隔甚遠，釋期可疑。裘錫圭（2006，250～256頁）：旮應該釋讀爲訓作"期"的"幾"（音"機"）。《詩·小雅·楚茨》"卜爾百福，如幾如式"，毛傳："幾，期。"

受旮，有多種理解。原考釋：根據簡文可知爲受理各種訴訟的時間及初步審理結論的記録。彭浩（1991B，552頁）：受理告訴的官吏必須把告訴的日期、受理人、被告人、原告及案情記録在案，然後送往具有審理權的縣廷。《受旮》就是各地送報的告訴記録摘要。簡上的第一個日期是官吏接受告訴的時間，第二個日期則是接受告訴後，縣廷决定不對被告起訴的時間。陳偉（1993，74～79頁）：應是左尹官署向被告責任人或其本人下達指令的記録。簡中第一個日期，是對方接到指令的時間；第二個日期，是要求對方執行指令的時間。指令的具體内容，大多是要求出庭對質或説明情况；另有爲數不多的，如簡44、53所記，則是有了初步裁决而要求執行的。李零（1998，137頁）：簡文并非"初步審理結論的記録"，而是講由於何種原因，無法審理。簡文所録都是未能結案的案例。黄盛璋（1994，191～193頁）讀"旮"爲"稽"，以爲指訟案稽審。葛英會（1996A，87頁）：簡文所謂受旮，就是授以期日，就是限定聽訟治獄的日期。《秋官·朝士》："凡士之治有期日，國中一旬，郊二旬，野三旬，都三月，邦國朞。期内之治聽，期外不聽。”孫詒讓謂“此士治有期日，蓋有二義，一則民以事來訟，士官爲約期日以治之；二則獄在有司而斷決不當者，許於期内申訴。”《包山》受幾簡文，大都屬於孫氏所説的第一種情况。劉信芳（1996B，17頁）：“受旮”就是接受訴訟的期約。蘇杰（2002，219頁）：所謂“受旮”，如果站在製作文書者的立場上則應讀爲“授期”。“授期”就是文書製作者左尹官署向下級官吏人等下達的指令，要求在限定時日爲某特定行爲。李家浩（2006，16頁）：旮，傳世文獻作“幾”。《詩·小雅·楚茨》“如幾如式”，毛傳：“幾，期也。”儘管過去人們誤釋爲“期”，但并不影響對文意的理解，“受幾”之“幾”仍然像過去陳偉等人認爲的那樣，是期會的意思，指約定時間。

陳偉（1993，74～79頁；1996D，47～49頁）以寫有標題的33號簡爲准，推斷58、63、77號簡體例不同，應從“受幾”簡中剔出。陳偉（1996B，206～215頁）依邏輯次序，將“受幾”簡列於“疋獄”簡之後。

〔2〕郯，原釋文隸作郘。張光裕、袁國華（1992，緒言7頁）釋爲鄩。周鳳五（1993，371～377頁）釋爲“鄟”，劉信芳（2003，30頁）從之。

剗，亦見於36、140號簡，這個字帶邑旁的寫法又見於43號簡和140號簡背面。原釋文隸作剶、鄭。白於藍（1999，182頁）針對前三例云：左旁所從實爲菐。137反兩個僕字所從之菐旁正與此字左旁形同，故此字應隸作剶。劉信芳（2003，31頁）：并讀爲“僕”。楚有“僕氏”，《國語·楚語上》：“靈王城陳、蔡、不羹，使僕夫子晰問於范無宇。”韋昭注：“子晰，楚大夫，僕晰父也。”劉信芳（2003，49頁）又云：字讀與“鄭”通。《春秋》隱公四年“衛人殺州吁於濮”，杜預注：“濮，陳地水名。”李家浩（2006，17～18頁）：所從聲旁舊釋爲“菐”，被後來公布的郭店楚墓竹簡證明是有問題的。郭店竹簡中用爲“察”“淺”和“竊”的字，其所從聲旁與此相同或相近。裘錫圭先生指出“察”“淺”“竊”三字古音相近，其所從聲旁即三體石經古文“踐”所從聲旁。爲排印方便，暫且按照“踐”字所從聲旁釋寫。“剗”亦見於上海博物館藏戰國竹書《容成氏》18“田無剗”，整理者讀爲“蔡”，謂“指野草”，可從。今按：參看43、183號簡注釋。

虘，施謝捷（2003A）釋。

〔3〕遅，原考釋：簡文或作迖，徐中舒先生讀作將（參看《金文嘏辭釋例》，《歷史語言研究所集刊》第6册第1分）。將，率也。何琳儀（1998，673～674頁）：包山簡讀將。黄德寬（2002，272～276頁）對金文、簡文此字有詳細討論。劉信芳（1996A，85頁）把從匚與否區别開來，認爲迖讀爲“將”，而遅讀爲“詳”。他説：遅全部用例俱見於“受幾”簡，讀如“詳”。《尚書·吕刑》：“度作詳刑以詰四方。”鄭玄注：“審察之也。”字又作“行”，簡61“不行代昜厩尹郙之人戜戟於長沙公之軍”。“行”與“詳”音近義通。谷口滿（2003，5頁）：常德夕陽坡楚簡“遅其衆”即率其衆，正與受幾簡此字的解讀一致。

廷，原考釋：縣廷。李零（1998，137頁）：“將某以廷”與簡7“王廷於藍郢之游宫”的“廷”字不同，不是指廷官見下，而是指帶被告或證人到廷。睡虎地秦律多以“廷”稱受訟之所，如《法律答問》稱郡守、縣令爲“廷”，《封診式》把出廷叫“詣廷”。陳偉（1996B，39～40頁）：“廷”用作動詞。簡文“廷”字，似應是指折獄斷訟之事。“將以廷”，大約是説帶着出庭受審。

〔4〕門，原考釋：借作問，《説文》：“訊也”。徵問，驗問，召問。敗，借作害，又敗即有害。彭浩（1991B，553頁）：“阩門有敗”可以理解爲經徵召被告審核後，有危害他人的行爲。陳偉（1993，75頁）：“阩門又敗”的確切含義待考，大致應是對抗命者不利的某種處置。葛英會（1996B，93頁）：簡文阩即爲登、上之義。《説文》：“門，聞也。”“阩門”即登聞，上聞。《爾雅·釋言》：“敗，覆也。”《冬官·考工記》注：“詳察曰覆。”“阩門有敗”當即將治獄文書上報司寇并乞以詳察。李零（1998，137頁）：似指升堂開庭而審理失敗。《封診式·治獄》曰：“治獄，能以書從迹其言，毋治（笞）諒（掠）而得人請（情）爲上，治（笞）諒（掠）爲下；有恐爲敗。”蘇杰（2002，221頁）：“阩門”當從葛英會解爲“登聞”。司敗的“敗”，義爲過失。“有敗”可訓爲“有過”。“登聞”、“有敗”是聯合關係。“阩門有敗”當讀爲“登聞、有敗”，解作“報告、有過錯”。劉信芳（2003，32頁）：楚之所謂“阩門”，周、魯之所謂“雉門”。“阩”讀與“蒸”通，“蒸”乃麻幹名，凡柴草粗曰“薪”，細曰“蒸”，是蒸亦可作爲柴草之泛稱。“阩門”作爲司法官府的代稱，其門已不必執實爲柴草之門。“阩門又敗”猶言敗壞法廷。谷口滿（2003，5頁）：是審理中出現障礙的意思。廣瀨薰雄（2001，61頁）同意谷口等人的看法，認爲：“阩門又敗”中的“阩”字也很可能假借爲“證”。“阩（證）門又敗”，是調查發生困難的意思。史傑鵬（2005，65頁）讀爲“徵問”。李家浩（2006，19～20頁）從葛氏讀爲“登聞”，説：《晋書·刑法志》載《魏律

序》説漢律《厩律》有“登聞道辭”科，應是有關上聞的科條。“登聞有敗”跟漢律“登聞道辭”科應有一定的關係，大概是説如果受幾者不按照文件所説的指示辦，就以上聞有敗論處。

“不……阩門有敗”，陳偉（1993，75頁）：受幾簡簡文的後一部分，一概寫作：不如何如何，阩門有敗。“不”字引起的一句，除多作不將某某以廷之外，還有一些别的説法。如簡32説“不以所死於其州者之居處名族至命”，簡43説“不歸板於登人以至命於郢”。簡128記左尹之命云：“羕陵宣大夫司敗察羕陵之州里人陽鏑之不與其父陽年同室。夏柰之月己酉之日，思一戠獄之主以致命；不致命，阩門有敗。”左尹的命令是要求“思一戠獄之主以至命”。隨後説“不致命，阩門有敗”，則是針對可能出現的違命（不致命）情况而言的。受幾簡所謂不以什麽致命，不將某某以廷，應是截取這種表達方式的後半部分，用假設的否定句式表示肯定性的指令，實際是要求以什麽致命或將某某以廷。陳偉（1996B，52頁）補充説：類似句式也在古人盟誓時用到。《左傳》僖公二十四年記晋公子重耳云：“所不與舅氏同心者，有如白水！”

〔5〕 䚷，整理者釋爲“覩”。何琳儀（1998，517頁）：覩，從見，者聲。睹之繁文。李守奎、賈連翔、馬楠（2012，358頁）：應从見从旨。

陳偉（1996B，54頁）通過對受幾簡後面簽署人涉及事件地域的梳理認爲：這些人均爲左尹部屬。李零（1998，138頁）：這批簡文，每條後面衹有“識者”没有“李者”，并且常將“識之”二字略去。

〔6〕 鄗，原釋文作郜。劉信芳（2003，33頁）：簡47作“顴”，字并讀爲“釐”。《左傳》成公十七年：“舒庸人以楚師之敗也，道吴人圍巢，伐駕，圍釐、虺。”杜預注：“巢、駕、釐、虺，楚四邑。”簡54記“喜”之地名有“長陵邑”，其地在今河南新息縣東80里，則喜應在新息一帶。

李，舊釋不一。鄭剛（1988，11~13頁）認爲從“來”聲，釋爲“李”。何琳儀（1993，57頁）從之，認爲：《禮記·月令》“令理瞻傷”，注“理，治獄官也。”亦作“李”。《史記·天官書》“左角李”，索隱：“李即理，法官也。”包山簡中“某某爲李”句式屢見，應即“某某爲法官”。其他“李”或爲姓氏，或爲人名。李零（1998，136頁）：美國弗利爾美術館整理新發現的子彈庫帛書殘片，其中也有這個字，辭例作“□梪（樹）桑、桃、李”，後來整理其他新發現的楚文字材料，我們也屢次見到這個字，可以證明鄭剛先生的看法是正確的。今按：上博竹書《容成氏》29號簡“乃立皋陶以爲李”，李零（2002，273頁）認爲：李，法官。字亦作“理”。《書·皋陶謨》説舜命皋陶作士，《管子·法法》“皋陶爲李”。可以作爲前揭李零説的補充。這裏爲姓氏。

[illegible]，簡47作[illegible]。黄錫全（1992，192頁）釋爲聽。蘇建洲（2011）認爲右旁從“妾”，釋爲“聆”。肖攀（2013，97頁）：釋“聽”自有道理，但考慮到人名用字中罕用“聽”字，釋爲“聖”字異體更合理。

〔7〕 貞，原考釋：貞，《周禮·春官·大卜》“凡國大貞”，鄭司農注：“問也。”劉信芳（2003，33頁）：讀爲“正”。《周禮·地官·小司徒》：“凡民訟，以地比正之。”鄭司農注：“正，斷其訟。”今按：也可能讀爲“偵”，偵問意。

悒，李家浩（1999A，343~344頁；1999C，139~147頁）、黄德寬、徐在國（1999，76~77頁）釋。

致命，周鳳五（1994，11頁）：對上級命令的回復。李家浩（2006，19頁）：報命的意思。

〔8〕 豊，原釋文作“豊”。劉信芳（2003，34頁）：司豊，又見簡124、145反。郭店簡屢見“豊”字，多假作“禮”。司豊作爲職官名，略與《周禮·秋官》“司儀”同。今按：這個字上部與上博竹書《周易》51號簡的“豐”字近似。疑當釋爲“豐”。124號簡、145號簡背面的“司豐”與此恐即一事。郭店竹書《語叢一》103號簡“奉”讀爲“豐”。此處或可讀爲“俸”，“司俸”司掌俸禄。

䡴，黄錫全（1992，193頁）、劉釗（1998，49頁）及白於藍（1999，181頁）引林澐説釋爲領。

〔9〕 集獸，劉信芳（2003，34頁）：楚職官名。依簡文文例，是“司禮”管束範圍内的官員，其職略與周官“獸人”同。《周禮·天官·獸人》：“凡祭祀、喪紀、賓客，共其死獸、生獸。”今按：《鄂君啓節》有“集尹”，壽縣楚器中有“集脰”（參看朱德熙、裘錫圭1972，80~83頁）。“集”或是職司或府署名。獸，疑當讀爲“守”。

蛊，何琳儀（1998，1237頁）、劉釗（1998，49頁）釋爲蚍。

〔10〕 正，原考釋：縣正。劉信芳（2003，34~35頁）：簡文“正”并非僅爲縣正，簡19“郯正”，59“長沙正”，75“羕陵正”等，可以認爲是縣正。102“右司寇正陳得，正史炎”，其“正”爲右司寇的屬官。“受幾”簡中的“正邱塙”“正宔得”“正秀不孫”，“疋獄”簡中的“正義强”“正秀齊”“正義牢”等，皆是左尹官署的屬官。李家浩（2006，20頁）針對“正秀不孫”説：《禮記·王制》“成獄辭，史以獄成告於正。”秀不孫擔任的“正”，當是這種掌獄訟的“正”。

旦塙，劉信芳（2003，35 頁）：又見簡 21、27、32、76。簡 27、76 作“郘塙”。旦，服徭役者，參簡 78 注。“正旦塙”，其職爲“正”，其身份爲“旦”，其名爲“塙”。巫雪如（1996，41～42 頁）：包山簡中，旦、但、郘爲一字之異體。《通志·氏族略》平聲條下有但氏：“漢有西域都護但欽，又濟陰太守但巴。”

〔11〕 郕，黄錫全（1992，193 頁）、湯餘惠（1993A，69 頁）、劉釗（1998，49 頁）、夏渌（1993，80 頁）諸氏釋。徐少華（1996B，99 頁）：郕爲楚地，從簡文所載其地有“司馬”諸官的情况看，亦應是一處縣級政區單位。戰國中期的楚郧縣，位於今湖北鐘祥縣北境。谷口滿（2006，35 頁）：郭店竹書《緇衣》35 號簡“大雅云”的“云”與此字右旁近似，釋“郕”於此得到證實。《鄂君啓節·舟節》中的郕是作爲河流名出現的。受幾簡中的郕位於郕水流域，并且臨近河流，大概是没有問題的。

州，原考釋：《周禮·地官·大司徒》“五黨爲州”，鄭司農云：“二千五百家爲州。”按《周禮》記載，州是鄉的下屬行政單位。湖北省荆沙鐵路考古隊（1991B，274 頁）：州在里之上，如“司馬之州”下設有里。羅運環（1991，78 頁）：州是一種民户編制。凡州前冠以人名和官名的都是一種食税州。陳偉（1996B，86～92 頁）：從受幾簡所記日期推測，有十個州位於楚都一帶。這幾乎占了包山簡所見全部州數的四分之一，相反的例證則無一發現。因而這些州的分布可能具有代表性，也就是説當時楚國的州大概皆位於首都一帶。至於里的分布，雖然有的可能在楚都一帶，但約略可考者大多與楚都相去較遠。這意味着，州、里的分布地域可能互有不同，因而不存在發生隸屬關係的前提。有學者指出：前面冠以官名、人名的州應是一種食税單位。在簡書出現的 41 處州中，冠以官爵名的高達一半以上。其中有的僅書官爵名，有的還帶有人名，彼此應無大的區别。戰國時官吏的薪俸，有以田邑支付的記載。帶有官名的州，很可能就是這些官員的俸邑。

州加公，原考釋：州的官吏。彭浩（1991B，552 頁）：州加公或許與《周禮·地官》中的州長相近，“各掌其州之教治政令之法”。今按：里也有加公，參看 120～123 號簡注釋。

里公，湖北省荆沙鐵路考古隊（1991B，274 頁）：里有里公，負責全里的管理，接受里人的訴訟，當是最低一級行政組織。陳偉（1996B，90～91 頁）：簡書中某某之州里公有時與某某之州加公連稱，如簡 22、42；有時則單獨出現，如簡 27、37。這些里公應與加公一樣爲州之官吏，而不會屬於某個毫無交待的里。簡 27 要求邸陽君之州里公登嬰“以死於其州者之察告”，簡 32 要求同一位里公“以所死於其州者之居凥名族致命”，可見這些里公均對本州事務負責、爲一州主事之人，顯然是州中官吏。劉信芳（2003，37 頁）：“里公”居於“加公”之下，由此可知“州”指整個封地，包括山林川澤等，而“里”則以“州”範圍内的居住區爲標志。“里公”之職或與《周禮·地官·里宰》“里宰”相當。

隓，原釋文作“隋”。李守奎（1998A，24～26 頁）釋爲“隨”，隨州之“隨”，隋姓之“隋”。

〔12〕 宔，劉信芳（2003，37 頁）：簡 24、30 無“宔”字。此字原簡不清晰，似有塗抹，疑是衍文。

剔，原考釋：借作傷字。湯餘惠（1993A，73 頁）疑是戕字。陳煒湛（1998，588 頁）疑爲傷本字。今按：郭店竹書《太一生水》12 號簡、《語叢四》2 號簡中的“傷”字正如此作。

〔13〕 罷，原釋文徑釋爲“羅”。

慌，李天虹（1993，84 頁）、白於藍（1999，196 頁）釋爲“狂”。

〔14〕 邻，原考釋：疑讀如陰。劉信芳（2003，38 頁）：簡文另有地名“陰”，見簡 51、131、133 等。邻、陰不是一字。疑“邻”讀爲“黔”，《戰國策·楚策一》：“楚地西有黔中、巫郡。”今按：《説文》淦：“水入船中也。一曰泥也。从水金聲。汵，淦或從今。”邻或讀爲“淦”。《漢書·地理志》豫章郡有新淦縣。

〔15〕 盟，原釋文讀爲“盟”。今按：看 137 號簡此字的用法，原釋文有據。但在此句中恐當讀爲“明”，查明一類意思，與“察”略同。

櫰，何琳儀（1993，57 頁）釋。劉信芳（2003，39 頁）釋爲“懷”。

玫，黄錫全（1992，193 頁）釋，指出：下從丁。同一人名，簡 97 作[illegible]，96 作[illegible]，可證。李天虹（1993，85 頁）同之。白於藍（1999，179 頁）認爲偏旁攴、手可通用，徑釋爲“担”。劉樂賢（1997，624～626 頁）：此字和 90 號簡中的旦字同義。90 號簡説，繁丘之南里“信有龔酉”，繁易“旦無有龔悚”。信是誠、確的意思。旦當讀爲亶。《爾雅·釋詁》“亶，信也”，“亶，誠也”。“旦無有龔悚”，是説確無龔悚其人。

[illegible]，黄錫全（1992，193 頁）疑釋爲“兢”。劉信芳（2003，38 頁）釋爲兢，讀爲“景”。李守奎、邱傳亮（2012，70～71 頁）：疑此字從“夸”從“刀”，可隸作“刳”，即“刈”字。

由，李學勤（1989，82頁）、李零（1993，442頁）釋爲“思”。今按：這裏是人名。思字的其他用法，看128號簡注釋。

〔16〕秀，劉信芳（2003，39頁）：小吏之名。今按：62號簡有“郢司德郝（秀）陽”，秀恐是姓氏用字。

〔17〕李逗，原考釋：即簡22之李瑞（引按：簡22，原文誤作簡21）。

陆，整理者釋爲“脩”。李守奎（1998A，26頁）：可能是“隨”字異體。

〔18〕玉敵，楚國歷史文化辭典（1996，93頁）：可能是玉器製作部門的官員。

壴，原釋文作“步”，劉釗（1998，50頁）釋爲“陟”。李零（1999A，141頁）疑應釋“壴”。張新俊（2005，11頁）據上博竹書《周易》4號簡從此形從心之字釋爲“壴”。劉洪濤（2007）從字形演變方面作有進一步説明。

玉婁，楚國歷史文化辭典（1996，94頁）：疑是玉令輔佐，爲玉器製作部門的官員。

瘷，劉信芳（1998A，618頁）釋“瘷”。劉國勝、孫夢茹（2018，10頁）：“疒”下所從偏旁的筆畫與簡210的“柬”字比較接近，似當釋爲“瘷”。今按：此字又見於安大簡《詩經·召南·行露》，毛詩作“速”，黄德寬、徐在國（2019，89頁）：從“疒”，“束”聲，不見於《説文》。古文字“束”或寫作“柬”形。據此，包山簡此字也可能釋爲“瘷”。

〔19〕俘，劉信芳（2003，40頁）：原隸作“偎”，《字表》隸作“腰”，皆未妥。該字左部稍殘，右部作“罕”，應是《説文》“臎”之異構。今按：此字左從人，右旁爲楚簡“卒”字，應釋爲“倅”。

〔20〕鄟，整理者釋爲“鄟”，考釋云：本簡又作郙，似郙爲是。顔世鉉（1997A，192頁）引述黄錫全、何琳儀對於楚金版文字考訂意見，認爲原釋爲郙的字也當釋“鄟”。白於藍（1999，187頁）也將此字改釋鄟。劉信芳（2003，41頁）：《左傳》桓公十一年：“鄖人軍於蒲騷，將與隨、絞、州、蓼伐楚師。”杜預注：“蒲騷，鄖邑。”鄖地在今湖北安陸西南。鄟、蒲讀音相近，“鄟陽”應在“蒲騷”附近。

生，曹錦炎（1993，70頁）：“生”字是否和西周金文一樣也讀爲“甥”，抑或“生”上一字是本人的氏，尚需作進一步推敲。

抾，原釋文作“鉣”。徐在國（1998，83頁）：此字從“手”，乃“肱”字或體。劉信芳（2003，41頁）釋爲“雄”。

〔21〕邸陽君，原考釋：楚國封君，也見於天星觀一號楚墓竹簡，名番勳。何浩、劉彬徽（1991，569頁）：《水經·潁水注》“邸鄉城”是在故沈丘城（今沈丘集）西、鯛城東北的泥河、汾河之間，邸陽則當在漢、晋邸鄉之北的今沈丘南境。潘勳在王廷供職，死後葬於江陵，而未歸葬於其封地。史傑鵬（1998，137頁）：《左傳》僖公三十三年：“晋陽處父侵蔡，楚子上救之，與晋師夾泜而軍。”泜水即滍水，今河南省葉縣東北的沙河。“邸”“泜”二字皆從“氐”聲。“邸陽”大概是位於泜水北面的一個城邑。今按：番勳之墓所在，或許就是邸陽君之州的所在。

睘，劉釗（1998，50頁）釋爲嬰。

〔22〕蔵，黄錫全（1992，193頁）：應該就是金文的䰩，義同厘。簡28“䰩尹”爲官名，從内容分析，其地位不低。劉釗（1998，50頁）李天虹（1993，85頁）、劉信芳（1998A，615頁）所釋亦同。相同官名亦見於曾侯乙墓簡158等，裘錫圭、李家浩（1989，498頁）即釋䰩。又見於上海博物館藏戰國楚竹書《簡大王泊旱》簡2、21等。濮茅左（2004，197頁）：䰩尹，官名，據簡文司卜筮、祭祀。陳劍（2005）讀爲“釐”。周鳳五（2006，122頁）讀爲“賚”，説：本篇下文“賚尹爲楚邦之鬼神主”，賚尹的地位、職掌當與《周禮·春官》“大宗伯”類似。今按：據《簡大王泊旱》，蔵尹當是楚國主持宗教事務的長官。

郇，巫雪如（1996，39～40頁）：句、后古音近可通，“句”或可讀爲后。《潛夫論·志氏姓》謂后氏爲魯之公族，楚簡中之郈氏可能是由魯地來到楚國之人。今按：也可能讀爲“苟”，漢代有苟参，見《漢書·陳湯傳》。

旮，施謝捷（2003B，335、337頁）：與“咎”“皋”古音相近，同屬見系幽部字，往往可以通用。包山28號簡中這個字應讀爲“皋”。

臺，湯餘惠（1993A，69頁）：臺、夷古通用，侯馬盟書成語“麻夷非是”亦作臺。施謝捷（2003B，337頁）：臺即夷字。春秋時晋臣即有名皋夷的，見《左傳》定公十三年、哀公三年。

〔23〕鄘，參看106號簡“鄌陵”注釋。

遠，劉信芳（2003，43頁）：讀爲“薳”。《左傳》桓公六年有“薳章”。

䁈，劉釗（1998，51頁）、白於藍（1996，36頁）隸作覞，釋爲覞。

〔24〕疋，劉釗（1998，50頁）：名前冠以“疋”或“疋”者，似應讀作“胥”。胥，疑即《周禮·地官》“胥師”之“胥”。

巫雪如（1996，43 頁）：疋、浞在簡文中應該是姓氏。除受幾簡、疋獄簡外，還出現在其他地方，如謳告簡中的疋起（簡 164），其中“疋”爲姓氏，應該沒有問題。今按：疋、浞疑可讀爲“蘇”。

胥，269 號簡原考釋讀如旌。

〔25〕 鄝，原考釋：《左傳》文公五年“楚滅蓼”，釋文云：“字或作鄝。”《穀梁傳》宣公八年“楚人滅舒鄝”，釋文云：“本又作蓼。”簡文之蓼有可能位於今河南省固始縣境內。徐少華（1996C，61～62 頁）：簡文之鄝爲戰國中期楚縣之一。古蓼國、漢晉蓼縣應在今固始縣城一帶。楚蓼縣（蓼陽）的地望亦應在此。

〔26〕 㣥，原考釋：22 號簡寫作瑞。

隨，李守奎（1998A，24～26 頁）：隨的省形。

〔27〕 郕，徐少華（1996D，62 頁）：當爲堂（亦作棠）溪，應在今河南省遂平縣西北一帶。劉信芳（2003，45 頁）：讀爲“棠”。《左傳》襄公十四年：“子囊師於棠以伐吳。”在今江蘇六合縣。簡 165、180 有“郕君”，此郕君的封地亦應在“棠”。“棠”與“棠谿”是二處地名，似不宜相混。

司敗，劉信芳（2003，45 頁）：簡 50 作“少司敗”，按有“少”字是。

蔡丙，劉信芳（2003，45 頁）：簡 191 亦有，疑是同一人。

〔28〕 緩，白於藍（1999，200 頁）、李零（1999A，152 頁）釋爲纓。

〔29〕 凥，原釋文作“處”。張光裕、袁國華（1992，緒言 8 頁）改釋“凥”。陳偉（1996B，128～129 頁）：“居凥名族”連稱，顯示居、凥二字古人有別。“居”在簡書中也用作表示居住的動詞，見於 90、126～127 號簡。龔西被稱爲“繁丘之南里人”，陽錆被稱爲“（漾陵之）州里人”，然而當時他們却都住在外地。“居”用在外地的住址之前，可能有遷居或臨時居住一類意思。他們被稱爲“繁丘之南里人”或“漾陵之州里人”，當因這是名籍登記中的地址。簡書裏的“凥”，應是用來表示這種居地。劉信芳（2003，46 頁）：居，住址。凥，身份（供職處所）。鄂君啓節“王凥於蔵郢之游宫”，“凥”强調楚王現時處所。簡 7“凥郢里”，强調現時正在郢里。凡此“凥”均不可以“居”簡單代之。

名族，劉信芳（2003，46 頁）：名字、氏族。今按：《戰國策・秦策二》“秦武王謂甘茂”章：“昔者曾子處費，費人有與曾子同名族者而殺人。”高注：“名，字。族，姓。”簡文“名族”含義同。

〔30〕 臨，滕壬生（1995，679 頁）釋。今按：上博楚竹書《簡大王泊旱》1 號簡中的“臨”字與此略同。53 號簡亦有臨陽。

馯，白於藍（1999，194 頁）釋爲御。

〔31〕 五，巫雪如（1996，27 頁）：五、伍古籍通用，蓋伍姓字本作五。伍氏見於經傳者最早爲伍参，爲楚莊王嬖臣。

〔32〕 郙鼎之閘，39、91 號簡“郙”作“付”。閘，原考釋：闢字，亦見於《鄂君啓節》。何琳儀（1993，56 頁）讀“付與”爲“扶予”，見於《水經・溵水注》，在今河南泌陽西北七十里潕水發源處。徐少華（1997，105 頁）：付與之關，應即《戰國策・秦策三》“謂魏冉曰楚破”章所載“符離之塞”，鮑彪注認爲即漢代沛郡之符離縣，在今安徽宿州市東北不遠處。史傑鵬（1998，138～139 頁）懷疑“付與之關”有兩種可能性：一是見於《左傳》定公四年的“柏舉”，一是見於《史記・越世家》的“無假之關”。

敔公，原考釋：敔，讀如敔，朱駿聲云：“敔，御也；御，止也。”闕敔公，守關官吏。湯餘惠（1993A，72 頁）：敔通“圉”，指牢獄。124 簡“死於敢國東敔”、125 簡“死於小人之敔”，敔字疑皆指牢獄而言。125 簡又有“東敔公”“敔司馬”，大概相當於後世獄丞、獄吏一類職官。陳偉（1996B，75 頁）：簡書“敔”中有邑。邑是具有一定面積的地域概念，因而很難把“敔”看作牢獄。簡 143 記“鄝國囂敔郢君之泉邑”。含有封君之邑的囂敔自然更不好用牢獄作解。目前衹能說“敔”是介於國、邑之間的一種地域概念，具體内涵有待進一步探討。徐少華（1997，105～106 頁）：“付與之關”四字連讀，爲戰國中期楚境一處關隘之名；“敔公”應是“付與之關”所在的楚敔縣之縣公。敔應是西漢楚國、東漢彭城國所屬的梧縣，符離之塞所在。劉信芳（2003，69～70 頁）針對陳偉之說云：“敔”下有行政單位“邑”并不奇怪，秦始皇築阿房宫，用“隱宫徒刑者七十餘萬人”（《史記・秦始皇本紀》。“宫”應爲“官”字之誤），是“敔”中之“邑”乃刑徒、隱官居住區。至於 143 簡“鄝國囂敔郢君之泉邑人黄欽”，是說“黄欽”的身份是“郢君之泉邑人”，該簡不可作爲“敔”下設“邑”之例。羅運環（2005，9 頁）：敔出現於付與之關，可能與某些地區因特殊需要而特設的掌管山林川澤的地方虞官有關。其下轄之邑，則應是虞官之邑。其上直屬某個封國或直屬其他機關。付與之關的虞官機構也直屬該關管轄，故虞官下轄之人亦可稱爲“關人”。

〔33〕 琜，何琳儀（1993，60 頁）、劉釗（1998，50 頁）指出字從肉，劉釗隸作“琜”。李零（1999A，159 頁）、劉信芳（2003，47 頁）讀爲“瑶”。劉信芳：郭店《性自命出》24“訶詠”即“歌瑶”，知“琜”乃“瑶”字。

〔34〕 沚，白於藍（1999，197 頁）：即《説文》湑字，胥從疋聲，故湑亦可從疋聲作。

〔35〕 酴，施謝捷（2003A）隸寫。今按：中酴即“中射（謝）”，看 18 號簡注釋。

傴，原釋文作弼。巫雪如（1996，131 頁）：弼氏可能即費氏。《左傳》昭公十五年有費無忌。李運富（1997，123～124 頁）應釋爲“宿”，用爲姓氏字。

罷，白於藍（1999，191 頁）：從网彪聲，即《説文》罠字異構。彪、包均是幫母幽部字，可相通假。《易·蒙》“包蒙。”陸德明《釋文》作“苞蒙”，云：“鄭云‘苞當作彪’。”是故罠亦可從彪聲。

〔36〕 嫷，今按：卜筮簡中用作鬻熊之“鬻”。詳看 217 號簡注釋。

〔37〕 宨，白於藍（1999，182 頁）：《説文》宰之繁構。何琳儀（1993，61 頁）：此處爲姓氏。《姓解》“周卿士宰孔之後，又周太宰後，以官爲氏。”劉信芳（2003，48 頁）以爲職名。今按：《論語·雍也》有宰我。此處“宰”可能是封邑之宰。

炣，劉釗（1998，50 頁）、李家浩（1993B，33 頁）釋。劉氏云：“奇”字以“可”爲聲，可將“炣”釋爲“猗”。

〔38〕 福陽，徐少華（1996C，63 頁）：有宰尹，當即地方行政單位，很可能是縣。其所在，當是西漢扶陽縣，在今江蘇蕭縣西南。劉信芳（2003，49 頁）：讀爲“逼陽”。《春秋》襄公十年“遂滅逼陽”，杜預注：“逼陽，妘姓國，今彭城傅陽縣也。”在今江蘇徐州東北。

“受”字後，原考釋：脱“期”字。

〔39〕 弢台，何琳儀（1993，61 頁）、劉釗（1998，51 頁）：“射”字從“弓”從“矢”字倒書，見於鄂君啓節，朱德熙、李家浩先生釋爲“射”。顏世鉉（1997B，225～227 頁）：“弢台”極可能讀爲“澤臯”，澤指彭蠡澤，臯指澤邊地。也可能讀作“澤九”，其地望在戰國的“彭弢”一帶，也就是在今江西省九江市、湖口縣附近。史傑鵬（1998，136～137 頁）：疑即“橐皋”，見於《左傳》哀公十二年，在今安徽巢縣境内。

〔40〕 南，巫雪如（1996，84 頁）：《通志·氏族略》：“姬姓，衛靈公之子公子郢，字子南，以字爲氏。或言周宣王南仲之後。又魯亦有南氏，又楚有子南氏，亦爲南氏，是皆以字爲氏者。”

〔41〕 莤，林澐（1992，84 頁）、湯餘惠（1993A，69 頁）釋爲蓍。湯氏云：莤即蓍字古文。

鄚，巫雪如（1996，134～137 頁）：與作爲姓氏的陽可能分别表示兩個不同的姓氏。李零（1998，141 頁）：與“埸”爲一字，讀爲唐。

〔42〕 龔夫人，彭浩（1991B，552 頁）：龔，讀如共，共夫人是楚共王之夫人。番嬴是管理共王夫人封地的大夫。劉信芳（2003，51 頁）：楚恭王夫人，又見簡 48、188 等。簡 132 記有“秦景夫人”，即楚平王夫人。167“惠夫人”，即楚惠王夫人。84、179“聖夫人”，即楚聲王夫人。142、185“君夫人”，即楚懷王夫人。可知楚國於先王夫人之親屬及其僕役，設有專門居住地，有專門職官管理。在先夫人去世後，此類人等繼續留居，侍奉陵寢，被稱爲“某夫人之人”。

〔43〕 𨚗，黄錫全（1992，193 頁）釋爲“吐”。今按：此字不帶邑旁的寫法又見於 48 號簡，參看該簡注釋。

〔44〕 霝，陳偉（1996B，93 頁）：《楚辭·九歌·東皇太一》“靈連蜷兮既留”，王逸注：“靈，巫也。楚人名巫爲靈子。”簡文中的“霝”，也許是巫官之稱。

〔45〕 虩，李零（1999A，145 頁）：字同甲。除 42 號簡爲人名，餘皆用爲“甲胄”之“甲”。

侸，原考釋：讀作鬭。陳偉（1996B，115 頁）：“公孫虩之侸”與某人之臣妾同例。“侸”當爲表示身份的名詞，可能讀作豎。《淮南子·人間》“豎陽穀奉酒而進之”，高誘注：“豎，小使也。陽穀其名。”簡文之“侸（豎）”大概是未成年的奴隸。陳絜（2009，36 頁）讀爲“屬”。

〔46〕 剌，巫雪如（1996，52 頁）：又作㓹，簡 42 剌勁簡 82 又作㓹勁可證。簡文中又有作毆者，古文字中偏旁從刀從戈往往可互作，因此毆與剌當亦爲一字。李天虹（1993，85 頁）亦云㓹、毆同字。劉信芳（2003，52 頁）以爲官名。馬楠（2014，268 頁）：讀爲洩，楚國有洩氏。今按：上博楚竹書中用爲“列”的字，《容成氏》16 號簡中的從戈，《周易》45、49 號簡中的從刀，可見巫氏、李氏之説可從。作爲姓氏字，疑當讀爲“列”或“連”。《元和姓纂》卷一〇：“列，《風俗通》古帝王列山氏之後，子孫氏焉。”春秋齊大夫連稱，見《左傳》莊公八年。參看 3 號簡注釋。

勁，劉釗（1998，51 頁）釋。

〔47〕 䶂，湯餘惠（1993A，72頁）：楚簡文字從豸、從犬之字多從鼠作，字可釋猬，簡文用爲人名。

今按：42、43號簡與140號簡相關。

〔48〕 “己亥”字下，原考釋：按文例，脱“之日”二字。

〔49〕 郯，李家浩（2006，17～18、28頁）釋，讀爲“酇”。吴良寶（2008，429～436頁）讀爲“蔡”。參看19、183號簡注釋。

均，黄錫全（1992，187頁）、李天虹（1993，85頁）、劉釗（1998，51頁）釋。劉信芳（2003，52頁）：應讀爲荀卿之“荀”。

〔50〕 板，原考釋：讀如版，《周禮・秋官・職金》：“則供其金版。”楚國金幣有版金，自銘爲“郢爯”“陳爯”等。陳偉（1996B，51頁）：聯繫140號簡所載，43、44號簡“歸板（金）於鄧人”當是針對兩地官員向鄧人課取税金之事。

登人，劉信芳（2003，53頁）：簡文涵義似有不同。疑此爲掌管山林材木的小吏。

〔51〕 畢，劉釗（1998，51頁）釋。劉信芳（2003，53頁）讀爲“密”，以爲見於《左傳》僖公二十五年的商密，在今丹江口庫區。今按：如果44、140號簡中的“登”指鄧人，則畢地應與鄧相近。

仔，何琳儀（1993，56頁）釋，説：仔尹可讀“芋尹”，見於《史記・楚世家》。

〔52〕 㛤[illegible]，劉信芳（2003，54～55頁）：官署名。今按：“㛤”下一字，簡57又作[illegible]，從字形看，左旁釋作“日”“月”或“肉”，存疑。

〔53〕 越異，參看103號簡注釋。

〔54〕 大師，原考釋：即太師，楚官名。《史記・楚世家》：“穆王立，以其太子宫予潘崇，使爲太師，掌國事。”潘崇爲楚國太師，簡文中的太師是越異之太師，掌管地方政務。

儥，李學勤（1992，3版）、黄錫全（1992，194頁）、陳偉（1996B，212頁）釋。劉釗（2002，123～132頁）有詳論。

〔55〕 硍，黄錫全（1992，187頁）、劉釗（1998，51頁）釋。

〔56〕 宦，原釋文作“宫”，張光裕、袁國華（1993，302頁）改釋。

“大夫”後原釋文施頓號，陳偉（1996B，212頁）連讀。

𦑞，劉釗（1998，51頁）釋。金文用爲“胡”，簡文中用爲姓氏，應讀作胡姓之“胡”。

[illegible]，原釋文疑爲“朝”，劉樂賢（1997，630～631頁）隸作槷，以爲聲旁可能是臬，也許可以讀爲涅。《史記・項羽本紀》：“封吕勝爲涅陽侯。”漢屬南陽郡，在今河南省鎮平縣南。何琳儀（1998，1116頁）隸作從真從斤之字，讀爲“慎”，以爲地名慎陽，《漢書・地理志》屬汝南郡，在今河南正陽北。施謝捷（2003A）隸作勭，讀爲“葥”。今按：看紅外影像，此字左旁與216號簡“長”下一字左旁相同。

穆，何琳儀（1993，56頁）、劉釗（1998，52頁）、李天虹（1993，85頁）釋。

分諓，劉信芳（2003，56頁）：釋作“分督”，是對原告和被告分别進行法廷調查。游逸飛（2014，83頁）：讀作“分辯”。今按：“周惃之分諓”疑與20號簡“周惃之奴”、43號簡“公孫甲之豎”、83號簡“會傷之妾”類似，“分諓”表示身份。或“分”表示身份，“諓”爲其名。

〔57〕 [illegible]，劉信芳（2003，361頁）：上博藏《緇衣》13號簡“則民有[illegible]心”，其字郭店簡《緇衣》23號作“歡”，裘錫圭讀爲“勸”，今本《緇衣》作“格”。包山簡此字用作姓氏。楚有權氏、觀氏，亦有人名公子格（姓氏分派，“格”亦有可能作爲姓氏），此或可作爲進一步思考綫索。何有祖（2005）疑當讀爲“酄”。

〔58〕 喬差，劉信芳（2003，57頁）：職官名，“差”讀“佐”。“喬差”又見簡108、128反，下文有“左喬尹”，117有“喬尹”，107有“與喬尹”，108有“與喬差”，128、141諸簡有“少里喬與尹”。“喬”讀爲“矯”，假也。《史記・項羽本紀》：“相與共立羽爲假上將軍。”《正義》：“假，攝也。”諸以“喬”爲名之職官并爲攝行代理之職。今按：“差”讀爲“佐”，當是。喬差爲下文左喬尹之佐，屬於以“喬”爲名的官系，職掌待考。

〔59〕 喬尹，何琳儀（1993，56頁）：又見107，疑讀“囂尹”。《左傳》昭公十二年“囂尹午”。

〔60〕 㑊，原考釋將135號簡背面這種寫法的字讀作“僕”，裴大泉（1998，30～34頁）以爲“僕”字異體。白於藍（1999，179頁）以爲“臣附”之“附”的專用字。今按：135號簡正面的“僕”，背面寫作此字，可見二字相通。

〔61〕 郐，考釋云：陰，地名。《左傳》昭公十九年“楚工尹赤遷陰於下陰”，杜預注：“今屬南鄉郡。”在今湖北省光化縣境内。

何浩、劉彬徽（1991，570頁）：楚國封君有兩種名號，一種稱作“君”，一種稱作“侯”。楚宣王時有州侯，頃襄王時有夏侯、州侯，與此陰侯一樣。簡131還記有“陰之正”“陰人”，此簡之“陰”似指陰縣，“正”爲陰縣官員。果如此，則陰侯封地在楚之陰縣境内。胡雅麗（1994，516頁）：《左傳》言遷不言滅，即表明楚人并未滅陰，而是將其遷至楚境，存其社稷以爲附庸。

㾇，劉釗（1998，52頁）釋爲“瘧”或“疸”。朱曉雪（2013，200頁）釋爲瘥。

〔62〕　费，劉釗（1998，52頁）：應釋爲“勑”，見於《玉篇》。高智（1996，184頁）據《汗簡》釋爲弼。劉信芳（2003，58頁）：《玉篇》勑、费重出，“费，皮筆切，古弼字”。《汗簡》亦以“费”爲“弼”之古文。唯楚簡另有“弼”字，見簡35、139和楚帛書甲篇。费、弼恐非一字。

〔63〕　辟，原考釋：讀如親。今按：此字又見於上博竹書《曹沫之陳》27、33號簡，蓋是親字異構。

〔64〕　㥞，原釋文隸作憓。何琳儀（1998，315頁）釋爲㥞。

〔65〕　量，原考釋：《説文》：“稱輕重也。”

廡，劉釗（1998，52頁）：字從厂從無，應釋爲“廡”。古文字“厂”“广”乃一字之分化。《説文》：“廡，堂下周屋。”《漢書·竇嬰傳》：“陳賜金廊廡下”，注“廡，門屋也。”簡文“廡”字用法與之相似。劉信芳（2003，59頁）：“廡下”似代指庫房。

貣，原考釋：《説文》：“從人求物也。”劉信芳（2003，59頁）：文獻多作“貸”。“不量廡下之貣”，不依約支付廡下借貸。

〔66〕　史，原釋文隸作叏，考釋云：李家浩（《釋弁》，《古文字研究》第1輯）釋作皃。袁國華（1994B，87～88頁）：釋爲“史”，“史”爲戰國時大姓。張桂光（1994，75～77頁；2001，186～187頁）亦釋“史”。今按：《通志·氏族略四》“史氏”：“周有史佚、史興，晋有史蘇、史黯、史趙、史黿、史墨，楚有史猈、史皇，衛有史鰍、史狗、史朝，齊有史嚚。凡此之類，并以史爲氏。”此字釋爲“弁”、用作弁（卞）氏之字的可能性也不能排除。

〔67〕　死，今按：也許讀爲“尸”。《漢書·陳湯傳》“漢遣使三輩至康居求谷吉等死”，顔注：“死，尸也。”

〔68〕　逭，原釋文作“追”，考釋云：46號簡作䢔。黄錫全（1992，187頁）改釋。今按：郭店竹書《窮達以時》6號簡“齊桓”之“桓”同此字，可證黄説是。

“受”字後，原考釋：脱“旮”字。

〔69〕　峎，今按：疑讀爲“巍”。

〔70〕　䆠，今按：楚簡“間”字有時從“外”作，如上博竹書《容成氏》6號簡、《莊王既成》3號簡所見。間、干音近可通。於此或應讀爲“干”。《通志·氏族略四》：“干氏，宋大夫干犨之後。”

〔71〕　[illegible]，原釋文作“暖”。李守奎（2003，263頁）釋爲“脮”。

惑，何琳儀（1993，56頁）：應釋惐。“周惐”45號簡作“周國”，可知“惐”爲“國”之繁文。

〔72〕　浧，原釋文作“緹”，李守奎（2003，790頁）改釋。

〔73〕　受，陳偉（1996B，90頁）：這裏所説的“受”，從“受”者有責任讓所“受”之人“以出”“以廷”來看，大概是一種擔保制度。《周禮·地官·大司徒》云：“令五家相比，使之相保；五比爲閭，使之相受。”同書《地官·比長》云：“五家相受相和親，有罪奇邪則相及。”《鶡冠子·王鈇》云：“若有移徙去就，家與家相受，人與人相付，亡人奸物無所穿竄。”

宣王，原考釋云：楚宣王，公元前369～前340年在位。

窀，原釋文作“垞”。林澐（1992，83頁）：應隸定爲窀，即窀穸之窀。《左傳》襄公十三年“唯是春秋窀穸之事”，杜預注：“窀，厚也；穸，夜也。厚夜猶長夜。春秋謂祭祀，長夜謂葬埋。”簡文有“威王窀”（166號）、“肅王窀”（174號），“宣王窀市”（191號），則歷代楚王皆有窀。可知窀爲名詞，當指厚葬之大墓。又可知楚王諸陵旁已有如漢朝之奉陵邑，故不但有民人，有州里，且有市。黄錫全（1992，194頁）、何琳儀（1993，56頁）略同。李家浩（2013，247頁）：頗疑包山楚簡“𡉏人”之“𡉏”和睡虎秦簡“甸人”之“甸”，都應該讀爲“陵”。楚簡和秦簡把陵墓之“陵”寫作“𡉏”和“甸”，可能是爲了跟山陵之“陵”相區别而有意改寫的。今按：郭店竹書《老子》甲9號簡中的“坉”字與此字所從相同，隸作“窀”可信。古書中“窀”字并没有墓葬、墓地一類含義。疑當釋爲“坉”，讀爲“屯”。“屯”有戍守義。

《左傳》哀公元年："夫屯晝夜九日，如子西之素。"

䶬，原釋文作"題"。劉信芳（2003，60 頁）釋爲"䶬"。

市，原考釋據裘錫圭（《戰國文字中的"市"》，《考古學報》1980 年第 3 期）釋。

适，黃德寬、徐在國（1999，75 頁）釋。

〔74〕 㫷，黃德寬、徐在國（1998，101 頁）釋爲早。

萛，黃錫全（1992，187 頁）釋爲暮。今按：早暮，早晚、隨時。《越絶書・越絶請糴內傳》吴王對太宰嚭說："寡人屬子邦，請早暮無時。"

救，陳偉（1996B，48 頁）讀爲"求"。

〔75〕 三受，原考釋：三次接受告訴。陳偉（1996B，90 頁）："三受"即苛䕢、苛疸、苛題以三位"受"者的居地必相鄰近（唯其如此纔能共"受"一人），從而登公𨜒之州當與宣王之㝁州相近，也與楚都相隔不會太遠。

〔76〕 㞧，林澐（1992，83 頁）、黃錫全（1992，194 頁）、何琳儀（1993，56 頁）、湯餘惠（1993A，70 頁）、劉釗（1998，52 頁）釋爲沙。何氏云：長沙見《史記・越王句踐世家》。

㥶，劉釗（1998，52 頁）、李天虹（1993，86 頁）釋爲懌。

〔77〕 [illegible]，原釋文作"栽"。劉釗（1998，53 頁）：字從巠從戈，待考。劉信芳（2003，62 頁）：字左上與簡 269 "朮"字同形；下部與郭店《成之聞之》13 號簡"戎"字同形。

〔78〕 廄，原考釋：廄字。簡文中的廄字均作此形。新大廄，負責管理馬匹的機構。

〔79〕 行，原考釋：《廣雅・釋詁一》："行，往也。"廣瀨薰雄（2001，99 頁）：派遣。

代昜，劉釗（1998，52 頁）：應讀作"弋陽"，《漢書・地理志》汝南郡屬縣，在今河南省潢川縣西。古璽有"弋陽邦粟鉨"（《古璽彙編》0276），"㢤陽君鉨"（《彙編》0002），皆爲楚璽。

戠䵜，原考釋：戠，讀如鬭。䵜，戟字，從裘錫圭先生説（《談談隨縣曾侯乙墓的文字資料》，《文物》1979 年第 7 期）。劉信芳（2003，63～64 頁）讀爲"戲戟"。今按：簡文"之人"後例接人名，"戠戟"亦當如此看。"戠"在郭店簡《語叢四》8 號簡中讀爲"誅"。

〔80〕 𨜒，原考釋：楚别都之一。據簡文，可能在安陸不遠處。何浩、劉彬徽（1991，565 頁）：邾邑當即西漢時的平林。劉信芳（2003，64 頁）：字從"并"聲，讀爲"競"，其地應在竟陵。《戰國策・楚策一》："扞關驚，則從竟陵以東盡城守矣。"《水經注・沔水》楊守敬疏："在今鍾祥縣，南接天門縣界。"黃錫全（1992，194 頁）：此字如果不從戈，釋其爲邾是可以的。但這個字所從的[illegible]是一個整體，爲會意字，應釋戋，地點待考。

司㥁，原考釋：楚職官名，職掌不詳。何琳儀（1993，56 頁）、劉釗（1998，53 頁）：應讀作"司直"。陳穎飛（2016，192 頁）：可能僅"某郢"的司法官設爲"司直"，而縣所轄同類官爲"司敗"。

〔81〕 安陸，原考釋：古地名，今湖北安陸縣。據簡文，戰國時就已稱安陸。

〔82〕 䑓，劉釗（1998，53 頁）釋爲䑓。今按：上博竹書《周易》17、48 號簡等此形與傳世本"獲"對應。從爪从隻，象獲隹之形。119 號簡背面人名"獲志"，爲古人習語。

〔83〕 鄵，原考釋：《春秋》襄公七年："鄭伯髡頑……卒於鄵。"杜注："鄵，鄭地。"在今河南新鄭至魯山一帶。劉信芳（2003，65 頁）：《説文》："鄛，南陽棘陽鄉。"鄵、鄛通。今按：鄵下轄里，大致是一處楚縣。也可能是《左傳》文公十二年所載位於江淮之間的"巢"地。

之市，簡文爲合文，原釋文讀作"市之"。陳偉（1996B，78～79 頁）：簡書中"之"字與他字合文，析讀時皆是"之"字在前。簡 63 所記"鄵之市里人殹㤫"，與簡 184 所記"鄵人殹何"，顯然是同一個人。與此類似，簡 150 記"正陽之酷里人邵㚏"，簡 193～194 記"正陽邵㚏"，後者也是前者的省稱。這裏略而不提的是邵㚏所在的里名。由此反觀前一例，略去的內容也當是里名。

殹，李零（1999A，160 頁）釋。今按：上博竹書《容成氏》53 號簡殷商之"殷"二見，與此字相同。這裏用作姓氏字。

〔84〕 求，黃錫全（1992，187 頁）、何琳儀（1993，56 頁）、湯餘惠（1993A，70 頁）釋。

〔85〕 原考釋：據簡 45、51，此簡脱"以廷，阩門有敗"。

〔86〕 周賜，劉信芳（2003，66 頁）：簡 163 作"周惕"。是有私官"大夫"的楚國貴族。

〔87〕 弡，黄錫全（1992，187 頁）釋。

〔88〕 逯，原釋文與上文連讀。劉釗（1998，53 頁）：逯讀作録，記也。史傑鵬（2018，452 頁）附記：李家浩先生懷疑“王婁逯”可能是“王婁爲逯”的省略，“逯”有可能讀爲“录囚”的“录”。今按：王婁另見於 48、69 號簡，74 號簡在婁、逯二字下均加有點狀標記，逯恐亦是人名。

〔89〕 玄，陳煒湛（1998，589 頁）釋。

〔90〕 敨，原釋文釋爲姑。何琳儀（1998，171 頁）：釋爲敁。李守奎、賈連翔、馬楠（2012，44 頁）：右所从或为欠旁。

〔91〕 邮，白於藍（1996，37～38 頁）釋。

伂，何琳儀（1993，61 頁）、劉釗（1998，48 頁）釋。劉釗云：“大伂尹”疑讀爲“大邦尹”。劉信芳（2003，67 頁）：讀爲“封”。楚職官有“封人”，《左傳》宣公十一年：“令尹蔿艾獵城沂，使封人慮事。”

〔92〕 炱，曾憲通（1996，58～59 頁）釋爲焌。白於藍（1999，194 頁）：楚之“焌月”於秦簡中寫作“爨月”是由於焌、爨二字音通義同之故。從字義上看，爨字亦有燃火燒煮之義。王勝利（1990，67～68 頁）：雲夢睡虎地秦簡日書對應月名寫作“爨”。

軺，劉信芳（2003，68 頁）：讀爲“範”，《爾雅・釋詁》：“範，常也。”謂常法也。《易・繫辭上》：“範圍天地之化。”鄭玄注：“範，法也。”《漢書・嚴安傳》“非所以範民之道也”，顏注：“範謂爲之立法也。”今按：範有規範、約束義。又，或是范姓之范（參看 71 號簡注釋），連“兹”爲人姓名。在這種情形下，“不”字後應有脱文。

兹，劉釗（1998，53 頁）釋。李運富（1997，136 頁）：兹且爲姓名。《通志・氏族略四》：“兹氏，姬姓，魯桓公之孫公孫兹之後。”劉信芳（2003，68 頁）依原釋文作丝，説：作爲姓氏，應讀爲“欒”。該句謂：不依法使丝且歸還其田并向左尹官署復命。今按：這種寫法的字在郭店簡《成之聞之》39 號簡中與《尚書・康誥》“兹”（刑兹無赦）字對應，在《唐虞之道》23 號簡中讀爲“慈”，可證劉釗説。

虘，曾憲通（1993，423 頁）：且之作虘，楚系文字所習見。《汗簡・且部》引王庶子碑且正作虘。

〔93〕 鄗，賈連敏（1992，11 頁）：釋爲“鄚”，《説文》“南陽有鄚縣”，在今湖北老河口市。今按：鄗君亦見於曾侯乙簡 42、60、150 號簡等。

耆州，原釋文作“耆州”。陳偉（1996B，92 頁）：180 號簡有“尚君新州”，耆指老，正與新相對。耆州、新州的稱述，使人想到這種俸邑一般一人一處，但有的可多至二處。朱曉雪（2013，217 頁）認爲此字從“老”省形，隸作“耂”，讀爲“故”。

逩，白於藍（1999，177 頁）：即《説文》徛字。偏旁彳、辵可通用。

〔94〕 𠁁，原考釋：上部與卜筮祭禱簡中“賽”字相似。劉信芳（2003，68 頁）：該字未詳，又見 78、163、174，頗疑是“郍”字訛形，參簡 165“郍”字。李守奎、賈連翔、馬楠（2012，284 頁）隸作郱。疑從弃，讀爲弊。蘇建洲（2021，150 頁）認爲右旁即“匈”的異體，可以釋爲“郇”。

〔95〕 㠱，李運富（1997，132 頁）釋。今按：此形在郭店簡《緇衣》11 號簡、《尊德義》5 號簡、上博簡《從政》甲 18 號簡中，用作“己”。

〔96〕 筐，白於藍（1999，182 頁）從林澐説釋爲匩（匡）。劉信芳（2003，69 頁）匡本鄭地，在今河南扶溝西。今按：依下揭劉信芳説，匡、鄞爲同一地名的不同寫法。

鴥，黄錫全（1992，187 頁）釋出“鳥”旁。劉信芳（2003，70 頁）釋爲“雄”。郭店《語叢四》14、16、26 號簡“雄”字皆如是作。

〔97〕 繇，巫雪如（1996，172 頁）：《潛夫論・志氏姓》云偃姓之後有謠氏，《後漢書・郅惲傳》有西域督郵繇延，章懷注：“繇姓，咎繇之後。”包山簡繇亦爲地名，繇氏可能是以地名爲氏。今按：楚簡中繇多用爲“由”，如上博竹書《弟子問》17 號簡、《季康子問於孔子》13 號簡。《通志・氏族略四》“由氏”云：“楚王孫由于，亦爲由氏。”

發，袁國華（1994A，225 頁）釋。劉信芳（2003，70 頁）：繇發，即簡 172“鄞君繇發”。

〔98〕 审陽，原考釋：卜筮祭禱簡“期中”之“中”與簡文相同。“中”寫作𠁧是楚國文字特有的寫法。“中昜”亦見於湖南省桃源縣三元村一號楚墓出的銅鼎銘。

戜，湯餘惠（1993A，70 頁）釋爲“勇”。今按：郭店《成之聞之》9、21 號簡，《尊德義》35 號簡、《語叢》四 24 號簡“勇”字皆如此作。

〔99〕　仔門，今按：江陵磚瓦廠307號墓竹簡有“仔門之里”（參看陳偉1998C，116～121頁），與此簡“仔門”或即一事。

郫，劉釗（1998，53頁）：用爲姓氏字，應讀作範姓之範或范姓之范。巫雪如（1996，88頁）從劉釗説讀爲“范”，《左傳》文公九年楚有范山。今按：上博竹書《景公瘧》4號簡“范武子”之“范”正用此字。

〔100〕　大臧，陳偉（1996B，93頁）：72、80號簡分別記有“大臧之州”“少臧之州”。《周禮·春官·宰夫》“五曰府，掌官契以治藏”，鄭玄注：“治藏，藏文書及器物。”簡文“大臧”“少臧”，或許是掌管這些收藏的官員。劉信芳（2003，71頁）：臧讀爲“藏”。大臧、少臧疑即大府、少府之職官。

寍，原考釋：簡文與《蔡侯紳鐘》寍字形近。巫雪如（1996，129～130頁）：寍氏或即甯氏。《左傳》文公五年寧嬴爲晋人，閔公二年、僖公二十八年等數見寧氏爲衛人。

聅，李零（1999A，150頁）釋爲“聯”。劉信芳（2003，71頁）：聅，䏈之省形，“䏈”見簡265，讀爲“貫”。以之爲人名，或取其穿耳之義。

〔101〕　郊，巫雪如（1996，107頁）：字從邑，爲地名，或即《左傳》文公十二年之“宗”國。宗滅於楚，郊氏當是其後以國爲氏者。劉信芳（2003，71頁）：楚有賨氏，見《姓觿》卷一。白於藍（1999，188頁）據林澐説改釋爲“郐”。李守奎（2011B，231～232頁）：此字與包山127號簡的“郐”并當讀爲“徐”。今按：楚簡中有些“余”的寫法與“宗”字類似。姑從原釋文。

〔102〕　褭，原釋文作“被”。何琳儀（1993，56頁）：應釋“褭”。劉信芳（2003，71頁）據郭店《緇衣》41號簡釋爲“褭”。

〔103〕　仿，徐少華（1996B，96～98頁）讀爲“房”，縣名，在今河南遂平縣城一帶。劉信芳（2003，72頁）：仿令應是徵收貢賦的職官，簡100有“走仿”，182省稱爲“仿”，皆是徵税官的屬官。

臤，原釋文釋爲“賢”。李運富（1997，125～126頁）釋爲“堅”。

〔104〕　奉，劉信芳（2003，72頁）：貢奉。今按：或當讀爲“俸”，指俸禄。

〔105〕　珊，徐在國（1998，79頁）：此字從玉朋聲，似是“朋”字異體。

䢵，今按：上博竹書《容成氏》9號簡“畢能其事”的“畢”字同此。

〔106〕　率，據紅外影像釋出。率可能是姓氏，也可能與“辶御”連讀，爲職名。

〔107〕　郘，劉釗（1998，53頁）：字亦見於184頁。簡文中用爲姓氏字，讀作吕姓之吕。

〔108〕　旱，何琳儀（1993，61頁）、劉釗（1998，54頁）釋爲“䡖”。劉釗云：即韓字。古音韓、旱相同，85號簡從言之字應釋爲“諿”，168號簡從金之字應釋爲“銲”。今按：此形從水的寫法見於上博竹書《簡大王泊旱》1、11、12、18諸簡，用作“旱”。

〔109〕　䣙，原考釋：讀作鄂。鄂君，楚國封君，在今湖北省鄂城境内。陳偉（1986，88～90頁）通過對“油”字的釋讀和“逾”字的分析，認爲䣙君封邑在今河南南陽市北。

舒，劉釗（1998，53頁）釋。

〔110〕　命，原釋文隸作畝，張光裕、袁國華（1992，緒言9頁）改釋。

受，史傑鵬（2001，21～23頁）以爲“訟”字誤寫。參看下注。

散，原釋文隸作“敾”，考釋云：從乘省，讀如乘。《淮南子·泛論》“强弱相乘”注：“加也。”此指擴大土地面積。史傑鵬（2001，24頁）：從乘得聲，李家浩懷疑讀爲“徵”，“徵田”與“征田”同義。黄錫全（1992，195頁）、何琳儀（1993，57頁）、劉釗（1998，53～54頁）隸作散。何琳儀云：賛與“贅”音近可通。《説文》“贅，以物質錢。從敖、貝。敖者猶放，謂貝當復取之。”“散田”“賛田”均讀“贅田”。這涉及到戰國土地買賣。劉釗云：應讀作“輟”。輟，已也，止也，歇也。輟田即停耕。劉信芳（2003，74～75頁）：讀爲“畷”，《説文》：“畷，兩百間道也，百廣六尺。從田，叕聲。”畷可理解爲田界，《禮記·郊特牲》：“饗農及郵表畷。”孔穎達《疏》：“畷者，謂井畔相連畷。”“畷田”亦即重修田間之道而正封疆，簡文中實指非法擴大田界。今按：散或可讀爲掇。掇有掠奪義。《史記·張儀列傳》：“中國無事，秦得燒掇焚杅君之國。”索隱：“謂焚燒而侵掠。”

鄜，袁國華（1993A，437～439頁）以爲從衰從月從邑。高智（1996，184～185頁）：左旁上從衰，下從刖，爲衰之本字。作爲地名用字，當是崔。

〔111〕 本簡陳偉（1996B，49 頁）認爲體例不同，當從“受期”簡中剔出。史傑鵬（2001，21～23 頁）將“受”看作“訟”之誤字，把這枚簡歸入疋獄類。

〔112〕 劉信芳（2003，76 頁）：楚簡之“旦”於文獻無徵，從簡文内容看，應是官府屬員，屬於庶民供職於官府者。若擬於周官，則可與“徒”相比附。今按：包山簡的“旦”多可看作姓氏字，有的可能還有其他用法，參看 21、23 號簡注釋。本例則應依劉氏之説看作職官名。

〔113〕 原釋文在“之日”前加“□”，今按：“受期”類簡文起首一般爲月份加干支日。“之”上一字有殘筆，其爲“巳”字的可能性較大。

〔114〕 何琳儀（1998，1415 頁）：臨邑，地名。連劭名（2017，207 頁）：上臨邑、下臨邑，當爲采邑。兩位邑公名爲臨它、臨得，顯然是以邑爲氏。

〔115〕 獻，李守奎（2003，577 頁）釋。

疋獄

疋獄〔1〕**84** 背

冬柰之月甲唇（辰）之日，少臧之州人冶士石巵訟其州人冶士石膋，〔2〕言胃（謂）剔（傷）其弟石耴鴇。〔3〕　既發䒒，〔4〕䍒（執）勿遊（佚）。〔5〕　泟异（期）戠之，秀顏（履）爲李。〔6〕**80**

冬柰之月癸丑之日，周賜訟郊（鄢）之兵䩜（甲）䍒（執）事人宫司馬競（景）丁，〔7〕以其政其田。〔8〕　旮（幾）甲戌之日。〔9〕　郯逄（路）公蠹戠之，〔10〕泟豸爲李。**81**

遠柰之月甲寅之日，〔11〕畬（舒）快訟邵䝞（堅）、邵䍐、邵惥（懌）、邵壽、邵𠅤（卒）、邵賭，〔12〕以其不分田之古（故）。　旮（幾）乙丑。　郯逄（路）公蠹戠之，圂勁爲李。**82**

冬柰之月壬戌之日，䍐（羅）之壦里人湘痼訟羅之廡窢（國）之𡈼者邑人邷女，〔13〕胃（謂）殺嗌昜（陽）公會剔（傷）之妾𠯑舉（舉）。〔14〕　正泟异（期）戠之，旦坪爲李。**83**

𠛅（荆）𡰥之月己丑之日，膚人之州人墬（陳）德訟聖夫人之人郘鯬、郘未，〔15〕胃（謂）殺其𡦄（兄）、臣。〔16〕　正義弝（强）戠之，秀异（期）爲李。**84**

𠛅（荆）𡰥之月辛巳之日，䟽缶公德訟宋䍐、宋庚、差（佐）敂（令）悹（愆）、鄀（沈）繩、黄鴉、黄𤽈、墬（陳）欥、番班、黄行、登（鄧）蔓（莬）、登（鄧）迿、登（鄧）䝞（堅）、登（鄧）諒、登（鄧）𨻰、登（鄧）譕、㾈（胡）上、周敓、奠（鄭）𡨦、黄爲余、畬（熊）相𪊧、苛胼、𩃬（雷）牢、墬䏍、鄀（沈）敢，〔17〕以其受䟽缶人而逃。〔18〕　疋吉戠之，秀滭爲李。**85**

既發䒒，𨔶（將）以廷。**85** 背

𠛅（荆）𡰥之月戊戌之日，䣓昜（陽）君之蒝阬邑人紫訟羕陵君之墬（陳）泉邑人𡌬塙，〔19〕胃（謂）殺其弟。　兕逄（路）公角，宵采爲李。〔20〕**86**

八月辛巳之日，鄦昜（陽）大兮尹宋欵訟墊（范）慶、屈賂（貉）、墬䮮、墬軍、墬（陳）

果,〔21〕以受鄗易（陽）之檐（檐）官墬逿逿逃之古（故）。　宵逆，圭愿（慍）。87

八月壬午之日，楚斯司敗攸須訟鹽逄（路）斨邑箮軍、箮𦷫,〔22〕以反其官。〔23〕　旦孪（娩）戠之,〔24〕旦䏍。〔25〕88

八月乙栖（酉）之日，遠乙訟司衣之州人苛䢅,〔26〕胃（謂）取其妾媺（嫐）。〔27〕　秀齊戠之，鄞是𢍰（舉）爲李。〔28〕89

競（景）得訟緐（繁）丘之南里人龏（龔）悉（悚）、龏（龔）栖,〔29〕胃（謂）殺其䍚（兄）。九月甲唇（辰）之日，緐（繁）丘少司敗遠𩵦𧫫,〔30〕言胃（謂）：緐（繁）丘之南里信又（有）龏（龔）栖,〔31〕栖以甘匿之戢（歲）爲偏於鄗,〔32〕居𦼮里。緐（繁）易（陽）旦無又（有）龏（龔）悉（悚）。〔33〕　正秀齊戠之，邸（旦）尚爲李。90

九月戊申之日，佶大戲六敂（令）周霰之人周雁訟付𢍰（舉）之関（關）人周琜（瑤）、周敓,〔34〕胃（謂）甏（葬）於其土。〔35〕琜（瑤）、敓𢍰（與）雁成,〔36〕唯周龓之妻甏（葬）安（焉）。〔37〕　疋忌（忻）戠之，郘從爲李。〔38〕91

九月戊申之日，郁（宛）陻（陳）午之里人藍訟登（鄧）賹尹之里人苛𨞝,〔39〕以其桑（喪）其子丹,〔40〕而得之於𨞝之室。　義癸，圭還。92

九月戊申之日，郁（宛）人軋（范）紳訟軋（范）駁,〔41〕以其敓其逡（後）。〔42〕　邸（旦）岳，羅軍。93

九月己栖（酉）之日，苛膢訟聖冡（蒙）之大夫軋（范）豎（豎）以貣田。〔43〕　邾逄（路）公壽，義得爲李。94

九月戊午之日，卲無戠（害）之州人敳（鼓）䰙（𩐁）張怵訟郯（鄢）之鳴䴙（狐）邑人某𢡄與其䮝大市米堣人杏（本）,〔44〕胃（謂）杏（本）䢅其弟䎀而𢡄殺之。〔45〕95

十月辛巳之日，濬㝉人軋（范）臣訟瀲㝉之南易（陽）里人墬緩、李𡑡,〔46〕胃（謂）殺其䍚（兄）。　正疋𢍮（期）戠之，但捭爲李。96

十月戊戌之日，审（中）易（陽）古盤（盤）邑人鄀（沈）𩵦以訟坪易（陽）之枸里人文适,〔47〕以其敓妻。　義牢戠之，旦捭李。97

十月辛丑之日，瞽（許）黯以訟邸易（陽）君之人郱公番申以責（債）。〔48〕　濬公朔，宵吴。98

臭（爨）月辛栖（酉）之日，邬易（陽）之佶筴筴公遫、教敂（令）䒾訟其官人番遻、番向、番𢍮（期）,〔49〕以其反官，自致於新大廄（厩）之古（故）。〔50〕　正義牢，圭坷。99

臭（爨）月辛栖（酉）之日，郲（滕）敓之䢵邑人走仿登（鄧）城訟走仿郘繈,〔51〕以其敓湯汸與䨻淏（澤）之古（故）。〔52〕　正義牢，圭坷。100

臭（爨）月癸亥之日，章郕（越）訟宋𠨘以敀田。〔53〕　義牢，秀紳。101

上新都人鄐（蔡）𨓹訟新都南陵大宰緣瘖、右司寇（寇）正墬（陳）得、正史赤,〔54〕以其爲其䍚（兄）鄐（蔡）䆞剆（斷）,〔55〕不灋（法）。〔56〕　邸（旦）佗，鄞㚣爲李。　既詞（治）,〔57〕𨟻（將）須逾,〔58〕䞜（執）。〔59〕102

䆞既逾於郢,〔60〕𨟻（將）須訟。102背

〔1〕　疋，原考釋：《説文》："記也。"獄，《周禮·秋官·大司寇》"以兩劑禁民獄"，注："謂相告以罪名者。"疋獄即獄訟記録。本篇有關内容與《受期》互爲關聯。劉信芳（1996B，22頁）：疋獄即"疏獄"，分條記録獄訟之辭。陳偉（1996B，44～45頁）提出三種可能：其一，讀爲"胥"，相互之意。胥獄或即相獄。其二，等待義，等待審理之意。其三，從疋得聲的還有"疏"字。疋獄也可能讀作疏獄，指對訴訟之事的分條記録。

"疋獄"簡，整理者認爲包括80號至102號，共23枚。陳偉（1996B，36～42頁）以寫有篇題的84號簡爲基準，推斷90、91號簡體例顯異，應剔出。李家浩（2001，27頁）認爲80～83號簡所記月名是冬柰，84～86號簡所記月名是荆尸。包山簡曆法以荆尸爲歲首，80～83號簡應移到這類簡末尾，簡的編排順序是84～101、80～83。"疋獄"位於該篇第一簡簡背。劉信芳（2003，81頁）指出84號簡所記"己丑之日"在85號簡"辛巳之日"之後，前者應排在後者之後。

〔2〕　少臧，原考釋：職官名。今按：參看72號簡"大臧"注釋。

冶，原釋文作"佁"，考釋云：楚國銅器銘文的冶字多作此形。湯餘惠（1993A，70頁）：戰國文字中冶字從刀作，此篆左旁亦應是"刀"。朱曉雪（2013，121頁）："冶士"或與楚幽王諸器"冶師"有關。

膂，何琳儀（1993，61頁）釋爲"脖"。

〔3〕　鴇，何琳儀（1993，57頁）釋。

〔4〕　笀，原釋文作箾，85號簡背面考釋云：讀如引。《漢書·律歷志》："引者，信也，信天下也。"湯餘惠（1993A，70頁）：此字下從孑省，即孑（孑、孓古本一字，後世分化）。笀從孑聲，疑即簡札之本字。筀（剳）是寫在竹簡上的官方文書。劉信芳（1996C，188頁）：字從竹從孓，孓用與"孑"同。《左傳》莊公四年："楚武王荆夷，授師孑焉，以伐隨。"從《左傳》文例看，"孑"是一種象徵軍事指揮權的特殊兵器。簡文"笀"字從竹作，應是一種以竹爲杆，用作授以使命的信物。葛英會（1996B，95頁）讀爲節。史傑鵬（2001，19～21頁）：從字形上看，劉氏的釋法更確切。上古音"契""孓"二字都屬見母月部，當可通假。戰國兵器銘文"戟"多寫作從"丯"聲。"孑"可以與從"丯"聲的"栔"相通，也應該可以與從"丯"聲的"契"相通。包山竹簡所説的"笀"也是記獄訟之辭的，與《周禮》《左傳》所説的"契"性質相似。"笀"應該讀爲"契"。謝輝基（2016，140頁）：當釋爲"笀/筀"，作"節"之異體解，有"官行文書"之意。是"符節"之"節"在楚地社會生活中的一種具體應用。

〔5〕　遊，郭店竹書公布前，有一些猜測。在郭店竹書（如《老子》甲11號簡、《緇衣》18號簡）中，此字與傳世文獻中的"失"對應。針對《老子》甲11號簡中此字，荆門市博物館（1998，114頁）指出："它本均作'失'，此字楚文字中屢見，皆讀爲'失'，字形結構待考。"李家浩（1999A，344～346頁）釋爲"迭"，趙平安（2000，275～277頁）釋爲"逸"，劉信芳（1999A，72頁）釋爲"亡"。今按：比照傳世本《老子》《緇衣》，此字與"失"字關係甚密。包山簡中，讀爲"佚"，指逃逸。

〔6〕　爲李，參看20號簡注釋。史傑鵬（2018，451頁）："李"讀爲"史"。"××戠之，××爲李"，意思是"××主管此案，××爲記录文書的史"。今按：上博竹書《容成氏》29號簡"乃立皋陶以爲李"，包山簡"爲李"者是左尹官署隨員，與皋陶任法官不同。141～142號簡記聽取告訴的是左尹等人，署於其後的戠、李之人，不能看作審理人。103～119號簡記述貸金事，爲李者更與斷獄無關。疑李（理）爲操作、從事義，"爲"作介詞。爲李（理）是爲戠者操作的意思。這與戠讀爲"職"，訓爲"主"一義相應。

〔7〕　虙，整理者：訓作甲（參看朱德熙、裘錫圭《平山中山墓銅器銘文的初步研究》，《文物》1979年第1期）。李家浩（1993B，20頁）：從虍夅聲，其義同甲。張政烺讀爲"介"，于豪亮讀爲"甲"。"介""甲"同源詞，應按古人語言習慣作不同讀法，不必强求一致。

〔8〕　政，原考釋：借作正。《周禮·夏官·司勳》："惟加田無國正。"司農注："税也。"或曰徵，《史記·貨殖列傳》："故物賤之徵貴。"索隱："求也。"

〔9〕　旮，整理者：期，受期。今按：參看33號簡背面注釋。

〔10〕　蠹，原考釋：圭字。

〔11〕　遠，原釋文作"冬"。今按：據紅外影像改釋。按月序，應列在83號簡之後。

〔12〕　䣕，袁國華（1995，255 頁）以爲簡文左旁從“害”，李零（1999A，141 頁）釋爲“䣕”。劉信芳（1996A，83 頁）、徐在國（1996，178 頁）指出：135 號簡與 136 號簡背面所記的“舒慶”，在 132、137 號簡中“舒”作此形，可見爲“舒”字異體。

快，湯餘惠（1993A，71 頁）、劉釗（1998，54 頁）釋。

鼉，原釋文隸作鼈。李零（1995，268 頁）疑右上爲“丮”旁的省略，全字疑是表示灼龜之義的“爇”字。劉信芳（2003，79 頁）將其右上隸作“斤”。沈培（2006）：簡 125 有人名“黄齊、黄鼈”，就是簡 124 的“黄齊、黄鼉”，可證“鼉”與“鼈”同字。“鼈”在作地名時又寫作“鱉”。相關字又見於簡 85、103、115、194 等簡，它們應該都是同一個字。幾種不同的寫法往往被大家隸定爲“匕”“斤”的偏旁，很可能都是“易”的訛變。

䁼，黄錫全（1992，188 頁）釋。劉信芳（2003，80 頁）：此字從視，昔聲，應是昔字異構。

〔13〕　鄹，原考釋：又稱羅，古國名。《漢書・地理志》：“江沱出西，東入江是也，其故地故羅國，蓋羅徙也。羅故居宜城西山，楚文王又徙之於長沙，今羅縣是也。”

壗，徐在國（1998，83 頁）：《玉篇・土部》堙字古文或作“壗”。則“壗”字似應釋爲“堙”。

坙，原考釋：亦見於楚銅器銘文，不識。今按：參看 269 號簡“柽”字注釋。

邷，李家浩（1996B，7 頁）釋，讀爲“枝”。枝陽可能因位於枝水之陽而得名。劉信芳（2003，93 頁）：又見簡 173、188，讀爲“枳陽”。《戰國策・燕策一》“楚得枳而國亡”，鮑彪注“屬巴郡”。漢、晉枳縣治所在今長江、烏江會合處。李家浩：讀爲“枝”，“枝陽”可能因位於枝水之陽而得名。《水經注・沔水》記枝水㠯大洪山，西南流經襄陽鄀縣、湫城，而注於敖水。今按：《漢書・地理志》南郡有枝江縣，邷陽或與之有關。

〔14〕　嗌，黄錫全（1992，195 頁）、何琳儀（1993，57 頁）釋。何氏云：“嗌昜”即“益陽”，屬《漢書・地理志》長沙國。在今湖南益陽市東。今按：今益陽市東兔子山城址出土秦漢益陽縣簡牘文書，楚益陽縣蓋即在此。

會，陳煒湛（1998，589 頁）釋。今按：會，姓氏用字。《通志・氏族略六》：“會氏有二，鄶國去邑爲氏，又會乙之後亦爲會氏。”會傷爲嗌陽公姓名，原釋文在“傷”前斷讀，恐不確。

〔15〕　膚人，原考釋：膚，借作盧，古國名，在今湖北省南漳縣境内，後入楚。陳偉（1996E，93 頁）：《考工記・廬人》記：“廬人爲廬器，戈柲六尺六寸，殳長尋有四尺，車戟常，酋矛常有四尺，夷矛三尋。”爲製作長兵器柲柄的工匠。“膚”或借作“廬”，膚人之州爲廬工聚居之地。

郣，整理者釋。白於藍（1999，188 頁）釋爲“郃”，李家浩（2006，24 頁）釋爲“徐”。

𣻘，劉釗（1998，55 頁）：按字從“水”、從“軫”，應釋爲“漸”。

聖，原考釋：借作聲。《曾姬無卹壺》銘文有“聖超夫人”，劉節先生指出即聲超夫人（參看《壽縣所出楚器考釋》，《古史考存》）。聖夫人即聲夫人，楚聲王之妻。

〔16〕　䂤，原考釋：讀如兄。

臣，原釋文在其前着頓號，考釋云：臣，《尚書・費誓》“臣妾逋逃”，鄭注：“臣妾廝役之屬。”李家浩（2006，24 頁）屬上讀，以爲“其兄”的名字。

〔17〕　䲨，原釋文作蚌，吴振武（1993，283 頁）：右旁可隸定作豖，鍾的異體。《集韵》：“量名，六斛四斗曰鍾。……通作鍾。”劉信芳（2003，82 頁）：或可隸定作“鍾”，讀爲“鍾”，疑“鍾缶公”是量器製作的監造官。陳劍（2010，167 頁）釋作䲨，“甂”之異體。今按：此字亦見於郭店竹書《語叢四》26 號簡。

缶、德，劉釗（1998，55 頁）釋。

鄀，徐在國（1998，82 頁）：從“冘”，可隸作“邥”，釋爲“沈”。簡文中用作姓氏，即沈姓之沈。《廣韵・寢韵》：“沈，古作邥，亦姓。”

鴳，黄錫全（1992，188 頁）釋。白於藍（1999，181 頁）：即《説文》鷃字。李零（1999A，144 頁）釋爲“鶩”。朱曉雪（2013，64 頁）：上博楚簡《孔子詩論》中“鴳”讀爲“燕”，本簡之“鴳”亦可讀爲“燕”。

班，袁國華（1995，223 頁）、張守中（1996，6 頁）釋。

蔞，劉釗（1998，55 頁）：從“艸”、“臺”聲，釋爲“黄”。

迿，劉信芳（2003，82 頁）："逅" 之異構。

謜，吴振武（1996，50 頁）釋，似即見於《説文》言部的 "謜" 字異體。鄔可晶、郭永秉（2017，235～236 頁）："謜" 可能是 "詮" 或其他音近之字的異體。

諱，張光裕、袁國華（1992，緒言 10 頁）釋。劉釗（1998，54 頁）釋爲誖。

余，原釋文作宗，朱曉雪（2013，67 頁）釋爲 "余"。

熊相，劉信芳（2003，82 頁）：姓氏。《左傳》宣公十二年有 "熊相宜僚"，昭公二十五年有 "熊相禖"。

靁，原釋文讀爲 "雷"。白於藍（1999，198 頁）以爲《説文》靁（雷）字異構。

牢，原釋文釋作 "宋"。今按：當釋爲 "牢"。

〔18〕 受，今按：也許與 58、63 號簡的 "受" 相同，是接受骯岳人而承擔擔保人的責任。

〔19〕 鄐，原考釋從于省吾釋（《"鄂君啓節" 考》，《考古》1963 年第 8 期）。何浩、劉彬徽（1991，572 頁）：詹、鄐音近。詹陽或指鄐地之陽。鄐城在今河南永城縣西約 50 里處。何琳儀（1998，1456 頁）：詹陽，疑與澹水有關。今按：或可讀爲 "聃"。

萰，白於藍（1999，176 頁）從林澐説釋爲 "蘭"。

阬，吴振武（1993，283 頁）釋 "陻"。陳劍（2010，166 頁）釋爲 "阬"。

[illegible]，原釋文釋爲 "逍"。陳偉武（1997，641～642 頁）讀爲 "週"，以爲周姓之周。劉信芳（2003，83～84 頁）：讀爲 "朝"，《左傳》昭公十三年記有 "朝吴"。李零（1995，273 頁）釋爲 "巡"。今按：此字所從與上博竹書《周易》6 號簡中的 "朝" 字類似，可分析爲從辵潮得聲。

〔20〕 采，原釋文作陎。何琳儀（1993，58 頁）釋爲采。劉信芳（2003，84 頁）：又見 185 號簡，字從阜，委省聲，讀音如 "危"，郭店《緇衣》31 號簡陎即 "恑" 字。今按：郭店《緇衣》31 號簡對應之字，傳世本作 "危"，裘錫圭（1998B，135 頁）：字當從 "禾" 聲，讀爲 "危"，"禾" "危" 古音相近。又，185 號簡之字從木不從禾。

〔21〕 鄦陽，顏世鉉（1997A，210～211 頁）：仰天湖楚簡有 "鄦陽公"，舒之梅、何浩定在今湖南芷江縣北。包山簡 "鄦陽" 正在此地。

兮，何琳儀（1998，840 頁）釋。

貉，劉釗（1998，55 頁）釋。

疆，張光裕、袁國華（1992，緒言 10 頁）釋。

果，原釋文作 "杲"。劉國勝、孫夢茹（2018，10 頁）改釋。

〔22〕 斨，劉釗（1998，55 頁）：簡文從 "疒" 的字常省作 "爿"。此字應釋爲 "瘀"。劉信芳（2003，85 頁）：讀爲 "莊"。"楚莊" 本指楚莊王，後以謚爲族名，爲姓氏。190 號簡有 "楚斨邻"，"楚斨" 是複姓，應是莊氏之别枝。

攸，徐在國（1996，178 頁）連同下文二 "郷" 字并釋爲攸，爲姓氏。

逄，原釋文作 "道"，袁國華（1994A，221 頁）改釋。

[illegible]，原釋文隸作𩍐。何琳儀（1993，61 頁）、劉釗（1998，55 頁）據朱德熙説將右旁釋爲 "曷"。徐在國（2004B，347～351 頁）根據郭店竹書《緇衣》40 號簡中傳世本對應爲 "轍" 的字，參照《古文四聲韵》收録的 "轍" 字，將其釋爲敵。

〔23〕 反官，陳偉（1996B，117 頁）：大約是指放棄、擺脱倌人身份。

〔24〕 孞，李零（1999A，146 頁）、李家浩（2000A，146 頁）、趙平安（2001A，56～58 頁）釋，作娩。

〔25〕 餵，整理者將左旁隸作 "臣"，右旁以爲 "蜀之省形"。黄錫全（1992，195 頁）、李天虹（1993，85 頁）將右旁徑釋爲 "蜀"。其左旁，李天虹釋爲 "印"，陳秉新、李立芳（1998，89 頁）釋爲 "目"，陳煒湛（1998，589 頁）釋爲 "今"，劉信芳（2003，86 頁）釋爲 "色"。今按：劉氏近是。

〔26〕 司衣，黄錫全（1991，232 頁）：應是官名，類似於《周禮・春官》之 "司服"。

〔27〕 取，原考釋：借作娶。

媸，黄錫全（1992，188 頁）釋作孌，讀爲 "孌"。李天虹（1993，86 頁）：疑從女孌省聲，當釋作孌。劉釗（1998，56 頁）：右旁所從即 "兹"，可釋爲 "嬨"。今按：劉氏説是，參看 67 號簡注釋。

〔28〕 鄞，劉信芳（2003，200 頁）：作爲姓氏用字，讀如 "匡"。作爲地名，讀爲 "黄"。

〔29〕　繁，原釋文作“緐”。劉釗（1998，56頁）：“緐”乃“繁”字初文，應直接釋爲“繁”。

〔30〕　諴，原釋文作“信”。彭浩（1991B，549頁）隸作諴。陳偉（1996B，23頁）徑釋爲“復”。白於藍（1996，39頁）：字從言從复，應爲復言、復書之“復”的專字。此字前，原釋文着頓號，陳偉、白於藍指出其不確。

〔31〕　信，原考釋：《説文》：“誠也。”

〔32〕　臣，白於藍（1999，199頁）：即《説文》䀇字（高明説）。今按：看上博竹書《從政》甲5號簡、《季康子問孔子》22號簡，也可用作“固”。

甘臣之歲，原考釋：以事紀年的省稱。

偊，原考釋：《汗簡》㒸字與簡文所從相似。劉信芳（2003，87頁）：讀爲“隸”，《周禮·秋官·司隸》鄭玄注：“隸，給勞辱之役者。”“爲隸於鄗”，即在“鄗”地服勞役。

〔33〕　旦，彭浩（1991B，549頁）讀爲“但”。劉樂賢（1997，626頁）：旦當讀爲亶。《爾雅·釋詁》：“亶，信也。”“亶，誠也。”

〔34〕　霰，劉釗（1998，56頁）：字從“雨”，從“殺”聲，應釋爲“霰”。

付，原考釋：據簡文34，又寫作㣥。

〔35〕　㽵，簡文所從“臧”省“口”。原考釋：讀如葬。周鳳五（1994，10頁）徑釋爲“葬”。

〔36〕　成，陳偉（1996B，41頁）：是表示争訟獲得解決的用語。《周禮·地官·調人》：“凡過而殺傷人者，以民成之。”鄭玄注：“成，平也。”

〔37〕　鼷，原釋文隸作䶅。劉釗（1998，56頁）：簡文中從“豸”的字皆從“鼠”作，應釋爲“貕”。

妻，原考釋：長沙子彈庫帛書的“妻”字與簡文相同。

自“瑤、敚”以下句讀，從陳偉（1993，77~78頁）改。

〔38〕　𨛜，右旁原釋文作“缶”，林澐（1992，84頁）改釋。袁國華（1993A，431頁）：疑字從“旨”，爲人的姓氏。朱曉雪（2016，118頁）讀作“黎”。今按：《元和姓纂》卷三“稽”姓云：“黄帝臣大山稽之後。《風俗通》云：稽黄，秦賢人。”稽從旨得聲，字或讀爲“稽”。

〔39〕　郁，陳偉（1998B，105~108頁）從字音、“子郁公”在司法組織中地位以及秦漢南陽郡與陰縣關係等方面推斷當讀爲宛。宛公爲宛郡長官，宛郡治所約在今河南南陽市。李零（1999A，147頁）：應即楚宛邑。季旭昇（2002，388~390頁）從上博楚竹書《孔子詩論》“小宛”之“宛”的寫法，進一步證實此説。今按：宛在包山簡中有三種用法：①郡名，即“宛公”之“宛”；②姓氏，見於122、164號簡等簡。③本簡與93號簡等，大概是縣名。兩漢南陽郡有宛縣，與郡同治。

䵹，簡文左旁，原釋文隸作臾，劉釗（1998，56頁）釋爲“畀”。簡文右旁，白於藍（1999，201頁）釋爲“譻”；馮勝君（2005，477頁）：右旁上部的“黽”用作“黿”字；禤健聰（2010，104頁）隸定作“譻”。宋華强（2016，4頁）：“䵹”是人名，疑可讀爲“繩”。劉洪濤（2018，13~14頁）：楚文字確定無疑的用作“黿”之字一定不加“甘”旁，而加“甘”旁之“譻”字没有一例可以確定是用作“黿”或與之有關之字的，“譻”不可能是“黿”字。“譻”是“蠅”字的異體。蘇建洲（2017，18~19頁）：上博簡《孔子詩論》簡28“蠅”、清華簡《皇門》簡11及《芮良夫》簡19“繩”，都從“興”旁。簡文右旁可隸定作“譻”。

〔40〕　桑，湯餘惠（1993A，71頁）釋爲“喪”。李零（1999A，141頁）釋爲桑，讀爲喪。

〔41〕　紳，湯餘惠（1993A，71頁）、劉信芳（1996A，82~83頁）釋爲“緟”；何琳儀（1998，1121~1122頁）、徐在國（1998，83頁）、李守奎（1998B，79~81頁）釋爲“紳”。今按：郭店竹書《緇衣》37號簡、上博竹書《平王與王子木》1號簡均有此字，當釋爲“紳”，讀爲“申”。

駁，湯餘惠（1993A，71頁）、何琳儀（1993，58頁）、劉釗（1998，57頁）、李天虹（1993，86頁）釋。

〔42〕　敚，原考釋：《説文》：“强取也。”

逡，原考釋：後，《詩·瞻卬》“式救爾後”，鄭玄箋：“後，謂子孫也。”或曰置後，即繼承權。彭浩（1991B，551頁）：文書簡把繼承權稱作“後”。93號簡從争訟雙方姓名看，似乎是同族。

〔43〕　蒙，劉釗（1998，57頁）：字表隸作“冡”，可是考釋中謂“冡，塚字”，可見注釋者并不認識這個字。這個字應釋爲“冡”，即“蒙”字初文。簡文中用法不詳。今按：“聖蒙之大夫”應與“卲行之大夫”（15號簡）、周賜之大夫（65號

簡）類似。卲行、周賜、聖蒙似均爲貴族人名。《通志・氏族略四》："聲氏，姬姓。蔡大夫聲子之後也。公孫歸生字子朝，故爲朝氏。謚聲子，故又爲聲氏。"聖疑讀爲"聲"，指聲氏。

賫，今按：參看77號簡注釋。

〔44〕 戠，劉信芳（2003，90頁）："割"之異構，古文字從刀從戈往往互作。"無割"讀爲"無害"。今按：左旁"害"的寫法與郭店竹書《語叢四》16、18號簡所見略同，從害從戈的"割"亦見於郭店《緇衣》37號簡。

䠷，何琳儀（1998，313頁）：從壴（鼓之初文），兆聲。鞀之異文。李守奎（2003，165頁）：《説文》鞀之或體作鼗，壴即鼓之初文。今按：鼓鞀應是張怺的身份。《周禮・春官・小師》："掌教鼓、鞀、柷、敔、塤、簫、管、弦、歌。"鼓鞀大概是掌管這兩種鼓具的樂人。

怺，湯餘惠（1993A，71頁）、何琳儀（1993，61頁）、劉釗（1998，57頁）釋。

鳴，曾憲通（1996，63頁）、黄錫全（1992，189頁）、何琳儀（1993，59頁）釋。

鼫，原考釋：狐字。楚簡文字中從"豸"往往以從"鼠"代之，從豸又與從犬相通。

慗，劉信芳（2003，90頁）讀爲憏。

𩠐，黄錫全（1992，188頁）作𩠐。何琳儀（1998，1277頁）作𩠐。劉洪濤（2011）：疑"𩠐"字就是饔飧之"飧"的異體，應該是在日常生活或禮儀中負責供應饔飧之食的膳食機構。郭永秉（2012，84～112頁）：從"爻"聲，讀爲"庖"。

大市，今按：《周禮・地官・司市》："大市日昃而市，百族爲主；朝市朝時而市，商賈爲主；夕市夕時而市，販夫販婦爲主。"賈疏："向市人多，而稱大市。"

堛，今按：《周禮・地官・司市》："凡市入，則胥執鞭度守門，市之群吏平肆展成奠賈，上旌於思次以令市，市師莅焉，而聽大治大訟。"鄭注："思次，若今市亭也。"簡文"堛"似即《周禮》之"思次"之"思"，爲市中管理機構。

杏，何琳儀（1993，58頁）：應釋"味"。或釋"本"之繁文。

〔45〕 𣯲，原釋文隸作䨲。劉釗（1998，57頁）：上部應即"雜"，從"毛"應爲贅加義符。邴尚白（1999，58頁）：雜爲會聚義。李零（1999A，148頁）：應讀捽。陳偉武（1997，642～643頁）則從曾憲通將𦍒釋爲"裼"，認爲此字上部爲翟字異體，似可讀爲"提"，有控持、執持義。"明珍"（2015）：左上從"𦍒"，右上從"手"，下部從"毛"，或許是"𣯲/毴"字。今按：字當隸定作"𣯲"，"捽"字繁構。《説文》釋爲"持頭髮也"。

而，原釋文其後斷讀。陳偉（1996B，26～27頁）："謂本雜其弟㚸而慗殺之"實爲一句。"本"即前述"腏大市米堛人本"，"慗"即"鄢之鳴狐邑人某慗"，"㚸"當即張怺之弟的名字，"而"則應是連詞。

〔46〕 灊，劉釗（1998，57頁）：這個字見於曾侯乙墓鐘磬銘文，裘錫圭、李家浩認爲字從𡕒從𦥑（臽）。史傑鵬（1998，134頁）依裘錫圭、李家浩説，認爲字從欠聲，與湛字讀音相近，灊㝉或即《左傳》襄公十六年的湛阪。此形郭店竹書二見，《老子》甲組22號簡中一字，傳世本對應之字作"逝"，馬王堆帛書甲乙種作"筮"，孟蓬生（2002，406～407頁）釋爲"澨"；《語叢四》19號簡一字，孟蓬生（2002，406～407頁）釋爲"噬"。上博簡《周易》33號簡睽卦一字，馬王堆帛書本對應之字作"筮"，今本作"噬"。今按：《書・禹貢》"過三澨，至於大别"孔傳："三澨，水名，入漢。"《太平寰宇記》淮南道十安州應山縣"汉水"條："在舊縣南一里。源出郢州長壽縣磨石山，東南流，名澨水。至復州景陵縣界，名汉水。又東南流入當縣。"在今湖北天門境内。簡文或與澨水有關。

㝉，李天虹（1993，86頁）、張光裕、袁國華（1993，303頁）釋寫。今按：若澨與澨水有關，此字或如史傑鵬説讀爲"阪"。《説文》："阪，坡者曰阪。一曰澤障。"段注："陂爲澤障，故阪亦同。"

〔47〕 古，朱曉雪（2013，106頁）似"古"字。

〔48〕 郚，李零（1999A，146頁）：淅川下寺、和尚嶺和徐家嶺楚墓爲楚蒍（或薳）氏墓，字作鄬、鄖、郚三體，這裏的"郚公"應即該地所設縣公。劉信芳（2003，92頁）：郚疑讀爲"蒍"，據《左傳》僖公二十七年，地在楚宋邊境。"郚"爲"邸陽君"私邑。邸陽君封地在今河南襄城至偃城一帶的大沙河北岸，正在楚宋邊境。

責，原釋文隸作𧷷。考釋云：責字，讀作債。

〔49〕 筭，原考釋：李家浩同志釋𠓗作𠔉（參看《信陽楚簡"澮"字及從"𠔉"之字》，《中國語言學報》第一期，1982年12月）。劉釗（1998，57頁）：字從竹從𠔉，應釋爲簽。簡文中讀作"券"，"佶簽公"即"造券公"。白於藍（1999，182頁）引李家浩説即《説文》莞字。今按：筦亦通"管"，有管樂器、鑰匙、管轄等義。簡文所指待考。參看133號簡注釋。

邅，原釋文隸作遈，高智（1996，184 頁）以爲“遮”字。今按：此字所從與郭店竹書《緇衣》36 號簡釋爲“廛”、讀爲“展”的字類似，應釋爲“邅”。

萿，周鳳五（1996，30 頁）釋寫。

向，湯餘惠、吴良寶（2001，201 頁）釋。

〔50〕 豉，周鳳五（1996，30 頁）讀爲“屬”。白於藍（1999，179 頁）：即《説文》豉字。劉信芳（2003，94 頁）：郭店簡《五行》35：“有大辠而大豉之。”其字帛書本作“誅”。“自誅”猶言自我陳述。今按：當從周氏之説讀爲“屬”，歸屬、隸屬義。

〔51〕 郲，劉釗（1998，57 頁）：簡文中用爲姓氏字，讀作滕氏之“滕”。劉信芳（2003，94 頁）：滕敓“疑是人名”。今按：“滕敓”也許是地名。“敓”也可能是某種行政區域的名稱。

郑，整理者釋。白於藍（1996，40 頁）：此字左旁筆劃，非爲米，中間一豎筆并没斷開，而是上下相連，故字當隸作“郲”，釆、番音近，應是“鄱”字。春秋時楚有番邑，秦置鄱縣，西漢改名番陽。劉信芳（2003，94 頁）從之。今按：楚簡中從米之字亦有類似者，如郭店《語叢四》13 號簡的“迷”字。

走仿，劉信芳（2003，94 頁）：徵税官的屬員。今按：走仿當是某種身份名詞。

繾，原釋文隸作縜，劉信芳（2003，94 頁）釋爲“緰”，施謝捷（2003A）釋爲“緒”。

〔52〕 敓，劉信芳（2003，94 頁）疑讀爲税。

汸，陳偉（1996B，25 頁）：在“汸”“澤”之下，各有一點狀符號，爲地名標識。白於藍（1999，197 頁）：《説文》方之或體與此形同。劉信芳（2003，94～95 頁）：“汸”字簡 149 作“澇”，字從网從汸，并讀爲“防”，古代捕魚用防，又稱梁，故字又從网作。《左傳》襄公二十五年“町原防”杜預注：“防，堤也。”簡文“源防”與《左傳》“原防”同。今按：《左傳》“原防”杜注作：“廣平曰原；防，隄也。隄防間地不得方正如井田，别爲小頃町。”楊伯峻注：“《爾雅・釋地》：‘可食者曰原。’防，亦隄防間可耕之地。原防同義，俱謂隄防間之狹小耕地。”是指可耕地。

罼，黄錫全（1992，188 頁）、劉釗（1998，57 頁）隸寫。李零（1999A，148 頁）隸作罝。

溴，劉釗（1998，57～58 頁）、李天虹（1993，86 頁）釋爲“澤”。

〔53〕 [illegible]，原釋文隸作僞。李零（1999A，148 頁）以爲所釋可疑。

攼，原考釋：攼，讀如巨，《説文》：“規巨也。”字亦作矩。劉釗（1998，58 頁）：古文字中“攴”旁與“手”旁在用爲表意偏旁時可以通用，故此字應釋爲“拒”。劉信芳（2003，95 頁）：簡 153 作“岠”，字從巨聲，文獻多作“矩”。岠田猶言量田。簡文既述因“岠田”引起訴訟，則是借量田爲名侵占他人田界。今按：《韓非子・揚權》：“數披其木，無使木枝外拒；木枝外拒，將逼主處。”陳奇猷校注：“《孟子・盡心篇》‘來者不拒’，《荀子・君道篇》‘内以固城，外以拒侮’，是‘拒’字有推而向外之意。”（《韓非子新校注》，178 頁，上海古籍出版社 2000 年 10 月）拒田蓋是將其田向外推移。

〔54〕 上新都，原考釋：新都在今河南新野縣東，上新都地望不詳。劉信芳（2003，96 頁）：上新都應在新都所臨比水之上游。

viii，黄錫全（1992，188 頁）隸作䀎。

大宰，劉信芳（2003，96 頁）：曾侯乙簡 175、211 亦有“大宰”。《左傳》成公十六年：“子重使大宰伯州犁侍於王後。”

䜌，巫雪如（1996，173～175 頁）：宋公䜌戈銘“宋公䜌”即宋景公欒，䜌書缶銘“䜌書”即欒書，䜌即欒氏。今按：李学勤（2005，195～196 頁）讀“䜌書缶”之“䜌”爲楚地“䜌”氏之“蠻”。簡文“䜌”亦可能讀爲“蠻”。

㾓，劉釗（1998，58 頁）：憂之異構。古璽中多有名“亡㾓”者，“亡㾓”即無憂，古人常用名。

右司寇，原考釋：司寇主刑，楚名司敗。新鄭出土韓國兵器的銘文中，督造者除鄭令外，還有司寇（參看郝本性《新鄭“鄭韓故城”發現一批戰國銅兵器》，《文物》1972 年第 10 期）。

正史，今按：蓋即右司寇正之史。

赤，白於藍（1996，40 頁）釋。

〔55〕 瘻，原釋文隸作瘻。劉釗（2000，89 頁）疑即《説文》訓爲跛病的“瘟”字。劉信芳（2003，96 頁）釋爲“瘴”。此字不從疒旁的寫法見於郭店《性自命出》64 號簡，周鳳五（2004A，185～186 頁）釋爲“暴”；又見於上博二《從政》甲 15 號簡，陳劍（2003）、周鳳五（2004B，189～190 頁）釋爲“暴”。張新俊（2005，15～16 頁）從而指出本簡此字所從

亦是這種寫法的“纂”字。

〔56〕 不灋，彭浩（1991B，552 頁）：“不法”即違反法律規定。廣瀨薰雄（2001，97 頁）：法通“廢”，廢棄義。今按：《管子・明法解》：“法者，天下之程式也，萬事之儀表也。”不法，習見於先秦古書，指不照章行事。

〔57〕 既，今按：據紅外影像釋出。

詞，原釋文疑釋詢，劉信芳（2003，95 頁）疑爲“詬”。今按：此字與郭店竹書《老子》甲組 19、20 號簡，丙組 12 號簡讀爲始、殆的“詞”字相同，似當讀爲“治”。

〔58〕 逾，原釋文缺釋，劉信芳（2003，95 頁）疑爲“御”字。何有祖（2005）釋爲“逾”，訓爲越、進，疑指由水路至郢。今按：參看紅外影像，釋“逾”是，下、降義（參看陳偉 2002，19～21 頁）。這裏可能是指蔡𤁾由新都至郢之行。

〔59〕 執，今按：執有決斷義。《禮記・中庸》：“發强剛毅，足以有執也。”孔疏：“執，猶斷也。”《禮記・樂記》：“請誦其所聞，而吾子自執焉。”鄭注：“執，猶處也。”

〔60〕 逾，“舟”形不清晰，原釋文疑爲“旅”字，劉信芳（2003，96 頁）疑爲“御”字，何有祖（2005）釋爲“逾”。今按：從字形輪廓及文意推測，當與正面“逾”爲同一字。

〔61〕 諡，原釋文缺釋，劉信芳（2003，96 頁）以爲“執”字，何有祖（2005）釋爲“謐”，“謐”之省體，慎重義。今按：看紅外影像，何釋是。疑當讀爲“比”，考校義，參看陳偉（2012，32～34 頁）。

原考釋：本簡無紀年，故列於本篇之末。

貣金〔1〕

大司馬卲（昭）鄒（陽）敗晉帀（師）於䢵（襄）陵之䢜（歲）亯（享）月，〔2〕子司馬以王命命蘘陵公鼂、宜昜（陽）司馬弝（强）貣（貸）郕（越）異之黄金，〔3〕以貣（貸）鄗㚤（鄗）以糴（糴）穜（種）。〔4〕103

旹（幾）至屈柰之月賽金。〔5〕104

鄝莫囂遼、左司馬敃（殹）、安陵莫囂緣㠱（狎）爲鄝貣（貸）郕（越）異之黄金七益（鎰）以翟（糴）穜（種）。〔6〕 逃（過）旹（幾）不賽金。〔7〕105

鄘（鄗）陵攻尹産、少攻尹㦤（惑）爲鄘（鄗）陵貣（貸）郕（越）異之黄金七益（鎰）以翟（糴）穜（種）。〔8〕 逃（過）旹（幾）不賽金。106

鄴（漾）陵攻尹㤅與喬尹黄驨爲羕（漾）陵貣（貸）郕（越）異之黄金三十益（鎰）二益（鎰）以翟（糴）穜（種）。〔9〕 逃（過）旹（幾）不賽金。107

株昜（陽）莫囂邵壽君與喬差（佐）瘥爲株昜（陽）貣（貸）郕（越）異之黄金七益（鎰）以翟（糴）穜（種）。〔10〕 逃（過）旹（幾）不賽金。108

蔓（莬）昜（陽）司馬寅、黄辛、宋𤁾爲蔓（莬）昜（陽）貣（貸）郕（越）異之黄金七益（鎰）以翟（糴）穜（種）。〔11〕 逃（過）旹（幾）不賽金。109

鄗連囂競（景）愋〈快〉、攻尹賹、波尹宜爲鄗貣（貸）郕（越）異之黄金七益（鎰）以翟（糴）穜（種）。〔12〕 逃（過）旹（幾）不賽金。110

正昜（陽）莫囂達、正昜（陽）[illegible]公𡡞、少攻尹忞（哀）爲正昜（陽）貣（貸）郕（越）異之黄金十益（鎰）一益（鎰）四兩以翟（糴）穜（種）。〔13〕 逃（過）旹（幾）不賽金。111

易（陽）陵連囂達、大让尹足爲易（陽）陵貣（貸）郞（越）異之黄金四益（鎰）以翟（糴）種（種）。[14]　迦（過）旮（幾）不賽金。112

新者（都）莫囂勳（勝）、新都桑夜公達爲新都貣（貸）郞（越）異之黄金五益（鎰）以翟（糴）種（種）。[15]　迦（過）旮（幾）不賽金。113

州莫囂疥、州司馬庚爲州貣（貸）郞（越）異之黄金七益（鎰）以翟（糴）種（種）。[16]　迦（過）旮（幾）不賽金。114

王婁逯戠之，尘頣（夏）、尘[illegible]爲李。[17]103背

大司馬卲（昭）鄥（陽）敗晉帀（師）於鄴（鄴）陵之戢（歲）頣（夏）柰之月庚午之日，命（令）尹子士、大帀（師）子繍（佩）命蘘陵公邘讎爲鄗邸（鄳）貣（貸）郞（越）異之鍒金一百益（鎰）二益（鎰）四兩。[18]115

鄝莫囂卲（昭）䨱、左司馬[illegible]（魯）敀（殹）爲鄝貣（貸）郞（越）異之金七益（鎰）。[19]　丨鄺（鄗）陵攻尹産、兮尹[illegible]爲鄺（鄗）陵貣（貸）郞（越）異之金三益（鎰）剕（半）益（鎰）。[20]116

鄴（漾）陵攻尹快、喬尹驜爲鄴（漾）陵貣（貸）郞（越）異之金三十益（鎰）二益（鎰）。　丨株易（陽）莫鄳（囂）壽君、安陵公憖（優）爲株易（陽）貣（貸）郞（越）異之金五益（鎰）。[21]117

鄯（夷）易（陽）司馬寅、競（景）軔爲鄯（夷）易（陽）貣（貸）郞（越）異之金七益（鎰）。　丨鄗連囂競（景）快、攻尹駼（舒）賹爲鄗貣（貸）郞（越）異之金六益（鎰）。118

鄎（正）易（陽）司馬達、芙公駉（騎）爲鄎（正）易（陽）貣（貸）郞（越）異之金十益（鎰）一益（鎰）四兩。[22]　丨易（陽）陵司馬達、右司馬志爲易（陽）陵貣（貸）郞（越）異之金四益（鎰）。119

宵惪戠之，[23]秀陷、秀翏、秀[illegible]、鄞賞、宵隙、秀亞、秀膢（獲）志、鄞遠。[24]119背

---

〔1〕　這是整理者列爲無篇題竹簡的第一類，17 枚（簡 103～119）。記録中央官員爲多個地方貸金的情形，似屬於簿册。其中 103～114 號簡爲一組，115～119 號簡爲一組，彼此相關。116～119 號簡似爲分欄書寫。

〔2〕　大司馬卲陽敗晉師於襄陵之歲，原考釋：以事紀年，首見於《鄂君啓節》。此事即《史記・楚世家》所載楚懷王六年（公元前 323 年）之事。徐少華（1989，75 頁）：卲、恖應是當時楚國的兩氏稱。卲鄥，《戰國策》《史記》并作“昭陽”。

〔3〕　子司馬，游逸飛（2015，115 頁）：中央政府負責貸金之事的官吏。

蘘，顔世鉉（1997B，242 頁）：可能讀作選。《左傳》文公十六年：“麇人率百濮聚於選”，楊伯峻《春秋左傳注》：“當在今湖北枝江縣境。”

宜陽，原考釋：《漢書・地理志》弘農郡有宜陽。王先謙云：“戰國韓地，秦武王拔之，昭襄王會魏王於此。”此宜陽未屬楚，或另有所指。顔世鉉（1997A，146 頁）：宜陽在曲沃的東南方，楚懷王時，宜陽可能曾爲楚所占取。故包山楚簡宜陽可能就是原韓地宜陽，在今河南宜陽縣西 25 里的韓城鎮。徐少華（1998，102～103 頁）：即“義陽”，兩漢平氏縣有義陽

鄉，魏晉置縣，在今河南桐柏縣東境至信陽縣西北境一帶。

貣，原考釋：《説文》："從人求物也。"李零（1998，140頁）、黄盛璋（1994，195頁）讀爲"貸"。劉信芳（2003，98頁）引《説文》段注："求人施人，古無貣、貸之分。"今按：此句如字讀，指借入。下句讀爲"貸"，指借出。

越異，羅俊揚（1997，62頁）："越異金"同"朱提銀""丹陽銅"一樣，是以産地定名的品質標準名稱。劉信芳（2003，98～99頁）：楚官府名，又見46、52、55諸簡。本組簡帶有發放緊急貸款以救災的性質。若僅據此而言，"異"應指災異，越異即渡災。作爲官府名，應是救災機構。

〔4〕 鄗鄏，"鄏"，湯餘惠（1993A，71頁）、林素清（1992，3頁）、李零（1998，140頁）、李天虹（1993，87頁）釋。李零（1999A，145頁）："蒿間"是包括許多楚縣在内的地區名，位置在淮水和淮水支流一帶。劉信芳（2003，98～99頁）：曾姬無卹壺銘作"蒿間"，謂墓地。簡文"鄗鄏"指墓地管理區，楚國王陵管理區有衆多的人口居住，設有關市，有大夫、門禁官等官員從事管理。李學勤（2002，62頁）：應讀作"郊間"，是指農民而言。馬楠（2011，96頁）："郊間"讀爲"郊縣"，係城邑及其所轄鄉遂稍縣之泛稱。魯鑫（2013）："郊縣"是對楚"郊"範圍内所設縣邑的通稱。"郊"僅是一個地域概念，而非地方行政單位。

糶，原考釋：借作糴。以下各簡均作翟。

穜，湖北省荆沙鐵路考古隊（1991A，10頁）徑寫作"種"。王准（2016，52頁）：不能理所當然地認爲貸金簡中的"種"衹是指種子，用來指代穀物的可能性是存在的。

〔5〕 賽，原考釋：借作塞。《禮記·孔子閒居》"志氣塞乎天地"，注："滿也。"李零（1998，140頁）："賽金"爲"償金"。湯餘惠（1993A，71頁）："塞"當訓爲報，意謂償還。黄盛璋（1994，196頁）：賽即報神福，引申用於還貸金，必須厚報酬償，亦即高利息。今按：塞有充實義。這裏也許是指在享月之前領取貸金。

〔6〕 簡首一字，原釋文缺釋，考釋云：據簡文下段，此字爲鄴。

安陵，原考釋：地名。《戰國策·楚策一》："江乙説於安陵君。"《戰國策釋地》："鄢陵、召陵皆有安陵，鄢陵屬魏，召陵屬楚。鄢陵故城在今縣西南四十里，安陵城在今縣西北十五里。召陵故城在今郾城縣東四十五里。"

鬳，劉信芳（2003，100頁）："狎"字異構。高智（1996，183頁）以爲獻字。

益，黄錫全（2000，59頁）：楚國當時實行的是鎰、兩制，而不是斤、兩制。長沙出土的一套十枚完整砝碼，重八兩、契刻"間益"的一枚正好是半斤。按這套砝碼，一銖折重0.69克，一兩爲15.5克，一鎰爲251.3克。

〔7〕 逃，原考釋云：讀作過。陳偉武（1997，651頁）：當是與訛、譌、吪意義相同的分化字，"逃幾"猶言誤期。白於藍（1999，177頁）：所從釋化無據。楊澤生（2002，78～79頁）：字從"乙"聲，乙、乞音近可通，讀作以"乞"爲聲的"迄"。"迄幾"和104號簡"幾至"都是"到期"的意思。劉信芳（2003，362頁）：疑"乞"本有從人、乙聲之構形，該字可直接隸定爲"迄"。

〔8〕 鄘，顔世鉉（1997A，217～219頁）根據疽讀爲"瘥"提出兩種可能：①與漢沛郡酇縣相關。《漢書·地理志》沛郡酇縣顔注引應劭曰："音嵯"。在今河南永城縣西。②與溠水有關。見於《左傳》莊公四年，可能在今隨州市西北一帶。劉信芳（2003，100頁）："鄘"從"虘"聲，《説文》作"䣜"，沛國縣，從邑虘聲，今酇縣。字又作"柤"，疑"鄘陵"在柤。

戁，劉釗（1998，58頁）：戰國文字好重疊，此字應釋爲"惑"。李零（1999A，150頁）疑爲"誖"。

〔9〕 怠，原釋文作"恫"。張光裕、袁國華（1992，緒言12～13頁）、何琳儀（1993，58頁）、李天虹（1993，86頁）釋爲"忛"。劉釗（1998，58頁）釋爲"悬"。李零（1999A，150頁）：應釋怠，用作"怠"或"怡"。劉樂賢（1997，622～624頁）：與117號簡的"鄴陵攻尹快"是同一個人，此字所從是"夬"的異寫。今按：此處與117號簡同人之名，疑有一誤。

與，原釋文以頓號與上文斷開。劉信芳（2003，57頁）以爲"與喬尹"爲官名。陳偉（1996B，223頁）連讀。今按：本簡與下簡"與"字并當爲連詞，比較117號簡可見。

〔10〕 疫，李零（1996A，160頁）釋作疫或癘。李守奎（2003，470頁）釋作疲。

〔11〕 薑，原考釋：讀作"夷"，《水經注》："夷水，蠻水也。"又名鄢水。源出湖北保康西南。夷陽疑在夷水北。劉信芳（2003，101頁）：《左傳》昭公九年："楚公子棄疾遷許於夷，實城父。"疑在城父附近。

〔12〕 鄗，劉釗（1998，58頁）："鄗"用作地名，應即見於楚"鄗爯"之"鄗"，何琳儀（1998，764頁）：讀爲"鄗"，在今

河南南陽北。徐少華（1996D，64 頁）："郙再" 金版，朱活讀爲 "櫟"，即春秋櫟邑、今河南禹縣。然禹縣之櫟戰國已改稱 "陽翟"，見於 193 號簡。與郙同時貸金諸邑如鄴、鄗陵、正陽等均在淮河中上游地區，郙（櫟）亦當相近，應是《左傳》昭公四年楚 "入棘、櫟、麻" 之 "櫟"，在新蔡縣北。顔世鉉（1997A，195～196 頁）在朱活之説外，還提到討論 "郙再" 金版中的另外三種説法：①黄盛璋、何琳儀認爲 "郙" 通 "鄘"，約在今河南南陽縣北。②蔡運章認爲鬲通 "歷"，即歷陽之地，在今安徽和縣西三十里。③黄錫全認爲 "郙" 通 "棘"，在今河南永城縣南。顔氏還提出見於《左傳》昭公四年的 "櫟" 地（今新蔡西北）一説，認爲郙地所在，仍有這四種可能。

慑，原釋文隸作愕。劉釗（1998，58 頁）、李天虹（1993，86 頁）改釋。劉樂賢（1997，622～624 頁）：釋爲 "快"，與 118 號簡競快的 "快" 同字。劉信芳（2003，102 頁）：簡 118 作 "競快"，"慑" 是 "快" 字之假。"競快" 讀爲 "景缺"，《史記·楚世家》楚將軍 "景缺"，《秦本紀》作 "景快"。簡文景快與《楚世家》景缺所處時代相同，疑是同一人。今按：慑、快蓋是形近而誤。

賹，原考釋：《汗簡》益字與簡文所從相同。

波，劉信芳（1997C，146 頁）、文炳淳（1997，160 頁）讀爲 "陂"，疑陂尹是管理陂澤的官員。

〔13〕正陽，劉釗（1998，59 頁）：119 號簡有字從邑從定，應釋爲 "定"。定從正聲，"正陽" "定陽" 都應讀爲 "正陽"，即今河南正陽。顔世鉉（1997A，123～125 頁）：1958 年湖南常德德山也出土正陽鼎，劉彬徽説：包山楚簡中有此地名，在長沙也出土過有 "正陽" 銘文的銅鼎。這種一般的鼎不會來自較遠的安徽，應在墓葬所在不遠的地點，具體位置待考。（《楚系青銅器研究》第 348 頁）包山簡的 "正陽" 極可能和正陽鼎的 "正陽" 爲同一地，約在今湖南常德、長沙附近。徐少華（1998，101 頁）亦云：當即兩漢之慎陽，在今河南正陽縣北。

達，徐在國（1997，83 頁）、李零（1999A，141 頁）據九店簡 "達日" 釋。

阝，原釋文隸作隆。黄錫全（1992，188 頁）疑釋 "陶"。劉信芳（2003，103～104、107 頁）隸作陶，讀爲 "芻"，疑爲草料官。李守奎（2011B，229 頁）：字當隸作 "𨸏"，是個雙音符字。"正易𨸏公异" 就是 119 號簡的 "郕易芺公騎"。"𨸏"、"芺" 并當讀爲 "胡"。朱曉雪（2013，240 頁）：或可釋爲 "隋"。單育辰（2021，67 頁）：釋 "隨" 的可能性很大。今按：單育辰將此字與上博九《陳公治兵》簡 19 的 "𨼆" 聯繫起來是有道理的，兩字很可能是一個字，左旁從 "阜"，可能用作 "隨" "隋" 或 "墮"。

悉，劉信芳（2003，104 頁）據郭店《尊德義》31 號簡認爲 "哀" 字異體。

〔14〕陽陵，顔世鉉（1997A，161 頁）：《戰國策·楚策四》"莊辛謂楚襄王" 章："於是乃以執珪而授之爲陽陵君，與淮北之地也。" 何浩説在今安徽淮河北（《戰國時期楚封君初探》，《歷史研究》1984 年第 5 期）。《左傳》襄公十年 "陽陵" 楊伯峻注："陽陵，鄭地，在今許昌市西北。" 簡文 "陽陵"，當在今安徽淮河北之地，或今河南禹州市附近。徐少華（2001，37～38 頁）以爲陽通朗，在漢晉朗陵縣，今河南確山西南。

連囂達，劉信芳（2003，104 頁）：簡 119 作 "司馬達"，應是同一人。若非誤記，則達兼領二職。今按：二簡相隔一月，或許此人職務有變動。

〔15〕勳，徐在國（1998，83 頁）、李零（1999A，153 頁）、白於藍（1999，202 頁）釋勝。

桑夜，劉信芳（2003，105 頁）：疑是新都下屬地名。

〔16〕州，原考釋：地名。《左傳》桓公十一年杜注："州國在南郡華容縣東南。" 與簡文所記郙間之地不合。或指今河南沁陽縣境内的州邑。《左傳》昭公二年："晉人以州賜鄭公孫段。" 七年，"子産歸州田於韓宣子，宣子因徙居之。" 顔世鉉（1997A，128～129 頁）：《左傳》桓公十一年："鄖人軍於蒲騷，將與隨、絞、州、蓼伐楚師。" 楊伯峻注："州，國名，即今湖北省監利縣東之州陵城。" 今按：沁陽在黄河之北，遠離楚地，當非簡文所指。

〔17〕篖，原釋文作 "筩"。劉國勝（2013，181 頁）釋作 "篖"。

〔18〕令尹，原考釋：《資治通鑑·周紀》赧王三十四年胡注："令尹，楚上卿，執其國之政，猶秦之丞相也。"

緍，原釋文作 "紼"。湯餘惠（1993A，71 頁）、袁國華（1994A，224 頁）改釋。今按：朱德熙（1992，291 頁）云：從玉從巿之字大概是佩玉之佩的專字，從糸從巿是其異體。

鼈，此字上部筆畫欠清晰，原釋文隸作鼅，劉信芳（2003，105 頁）隸作鼅。今按：姑依 103 號簡所書隸定。

鋷，原考釋云：從簡文内容可知是黄金。似借作采，《漢書・魏相傳》“又數表采易陰陽”，注：“撮取也。”鋷金或指砂金，以區别於版金。夏渌（1993，83頁）：簡文作金旁加禾穗的“穗”初文，似假爲“税”。也可能假爲“碎”，指小額貨幣。黄盛璋（1994，196頁）：綵金亦指黄金。黄金有光彩，前加“彩”字，專指黄金。劉信芳（2003，106頁）以爲所從是𥝌即𤔲之異構，釋爲鍎，讀爲“傜”，《説文》：“自關以西，物大小不同謂之傜。”“鍎金”應是較黄金質次之金。

〔19〕 㫼，原考釋：古文作㧂，從二人，此字從三人，疑爲旅字異體。許全勝（1997，3頁）：旅當讀爲魯。今按：此字釋“旅”存疑。

殹，原考釋：簡文把字的左右兩部分合成上下相疊。

〔20〕 産，原釋文隸作䵭，考釋云：從乘從産省。簡106有“攻尹産”，爲同一人名。劉釗（1998，58頁）：釋“産”是。省去“産”字的上部并加上一個聲符“乘”。白於藍（1999，186頁）：即《説文》産字異構。

䌛，劉釗（1998，58頁）釋爲“纛”。今按：下部是否從“纛”，待考。

㓹，原釋文作“刖”，考釋云：簡146作㓹，似是同一字的兩種寫法。何琳儀（1993，58頁）：從肉從刀，應釋㓹。《集韵》剥“亦作㓹”。《説文》：“剥，削也”引申爲减少。㓹益謂不足一益。黄錫全（2000，56～62頁）：釋爲間，間鎰就是鎰之中間，取義於鎰的一半，也就是中鎰、半鎰。白於藍（2001B，160～161頁）：當釋爲“胖”，用爲“半”。李學勤（2002，63、64頁）：釋爲辨，古音與“半”相通。今按：此字具體釋讀待考，其義爲“半”，則應可大致認定。

〔21〕 㤅，劉釗（1998，58頁）：簡文從人從㤅。㤅即“愛”字，從心從既得聲。故應釋爲“僾”。朱曉雪（2013，247頁）：所從是“㤅（氣）”字。今按：此字右旁從心從既，隸定爲“㤅”可從。“㤅”字屢見於包山卜筮禱祠簡，與“𣱛（氣）”是同一個字。

〔22〕 �，徐少華（1996D，64頁）：當即金文之㝬，即文獻中的歸姓胡國，今安徽阜陽市西北。

駉，劉釗（1998，59頁）：應釋爲“騎”。奇從“可”聲，故從“奇”聲的騎可從“可”聲作。今按：郭店《老子》甲31號簡“奇物”的“奇”正從“可”作。

〔23〕 㥶，劉信芳（2003，106頁）釋爲“懷”。

原考釋：以下各人應爲審訊人。今按：本組簡并不涉及審訊，此説未允。

〔24〕 陌，裘錫圭（2006，253頁）：應即阢之異體。

㚤，劉國勝、孫夢茹（2018，8頁）釋。

𦀚，原釋文缺釋右旁，劉信芳（2003，106頁）釋爲“紓”。朱曉雪（2013，249頁）：應釋爲“紴”。

陳，原釋文作“陵”，據紅外影像改釋。

亞，劉國勝、孫夢茹（2018，9頁）釋。

遶，劉信芳（2003，106頁）釋。

案卷〔1〕

周客監匿迈楚之戢（歲）亯（享）月乙卯之日，〔2〕下郗（蔡）蕁（蕁）里人酓䦹（猬）告下郗（蔡）執敦（執）事人、昜（陽）成公𤕍睪。〔3〕䦹（猬）言胃（謂）：邦俸䧿（竊）馬於下郗（蔡）而賃（僨）之於昜（陽）城，〔4〕或（又）殺下郗（蔡）人酓睪，〔5〕小人命爲晉（肝）以傳之。〔6〕昜（陽）成公𤕍睪命倞邦、解句傳邦俸得之。〔7〕**120** 亯（享）月丁巳之日，下郗（蔡）山昜（陽）里人邦俸言於昜（陽）成公𤕍睪、大敏尹屈逵（達）、鄟昜（陽）莫囂臧獻、酓羊。〔8〕俸言胃（謂）：小人不信䧿（竊）馬。〔9〕小人信與下郗（蔡）閘（關）里人雁（應）女丞（返）、東邔里人場賈、荖里人競（景）不割（害）𦣞殺酓睪於競（景）不割（害）之官，〔10〕而相與弃之於大逄（路）。競（景）不割（害）不至（致）**121** 兵安（焉）。〔11〕𠬪敦（執）場賈,[12]里公郑𦉢、士尹紬𡡉（慎）𨑐（返）𠂔,[13]言胃（謂）：埸賈既走於前,[14]𠂔弗返（及）。[15]𠂔敎（執）雁（應）女𨑐（返），加公臧申、里公利臤𨑐（返）𠂔,[16]言胃（謂）：女𨑐（返）既走於前，𠂔弗返（及）。𠂔敎（執）競（景）不割（害），里公𠂔拡、亞大夫郙（宛）䡈（乘）𨑐（返）𠂔,[17]言胃（謂）：不割（害）既走於前，𠂔弗返（及）。𠂔收郑倴之伎（孥）,[18]加公軋（范）戌、里公畬**122**□𨑐（返）𠂔，言胃（謂）：郑倴之伎既走於前，𠂔弗返（及）。郑倴未至剸（斷），有疾，死於窨。[19]　雁（應）女𨑐（返）、埸賈、競（景）不割（害）皆既盟（盟）。[20]**123**

司豐之𡰥（夷）邑人桯甲受沍昜（陽）之酷官黃齊、黃鼈。[21]黃齊、黃鼈皆以甘固之戠（歲）負（爨）月死於鄦𢧢（國）東敔卲戊之笑邑。[22]**124**

宋客盛公䳁蓴（聘）楚之戠（歲）屈𡢃之月戊寅之日,[23]邸昜（陽）公命鄦𢧢（國）之客、蓒𢾊尹癸諓（察）之。[24]東敔公𦥾（舒）捭、敔司馬𨻰牛皆言曰：[25]邸昜（陽）之酷倌黃齊、黃鼈皆以甘固之負（爨）月死於小人之敔卲戊之笑邑。[26]**125** 既發𡴘，廷疋昜（陽）之酷官之客。　　𡶼倚爲李。**125 背**

東周之客𦏵（許）緹至（致）𩏂（胙）於葴郢之戠（歲）𩒨（夏）𡨄之月癸卯之日，子左尹命漾陵之𠂤大夫諓（察）州里人𨻰𨼁之與其父𨻰年同室與不同室。[27]大𠂤痎、大𩣱（䮠）尹帀（師）言胃（謂）：𨻰𨼁不與其父**126**𨻰年同室。𨼁居郢，與其季父𠂔連𨌊𨻰朩同室。[28]　大𠂤痎內（入）氏（是）等（志）。[29]**127**

左尹與鄰公賜、正婁宏、正敓（令）翌、王厶（私）司敗逿、少里喬𡐦尹羿、郯逄（路）尹㽵、發尹利之命胃（謂）：[30]羕陵𠂤大夫司敗諓（察）羕陵之州里人𨻰𨼁之不與其父𨻰年同室。𩒨（夏）𡨄之月己栖（酉）之日，囟（思）一戠獄之宔（主）以至（致）命；[31]不至（致）命，逬（升）門又（有）敗。**128**

𩒨（夏）𡨄之月癸卯之日，戠言市以至,[32]既涉於喬與,[33]喬差（佐）僕（僕）受之。[34]其諓（察），戠言市既以迈郢。**128 背**

東周客郙（鄦）緹逯（歸）複（胙）於葴郢之戠（歲）𩒨（夏）𡨄之月,[35]死（期）思少司馬登（鄧）𤻮言胃（謂）：[36]甘固之戠（歲），左司馬适（适）以王命命死（期）思舍柊黃王之𩞁（爨）一青義（犧）之𩟗足金六勻（鈞）。[37]**129** 是戠（歲）也,[33]死（期）思少司馬屈𦥑以足金六勻（鈞）聖（聽）命於柊,[39]柊𠂤大夫左司馬郕（越）虓（虩）弗受。𩵦公䳁之戠（歲）,[40]死（期）思少司馬郙勳（勝）或（又）以足金六勻（鈞）舍柊，柊𠂤大夫集昜（陽）公鄒（蔡）逯𠂔受。[41]**130**

須左司馬之羿行,[42]𨟻（將）以𨚍（問）之。[43]**130 背**

秦競（景）夫人之人𩵦（舒）慶坦尻䣕（陰）𨚗（侯）之東𨛗（窮）之里，[44]敢告於視日：䣕（陰）人苛冒、趄（桓）卯以宋客盛公𨚕之戢（歲）𦗟（荆）𡰥之月癸巳之日，[45] 132 𢦟殺僕（僕）之𤼈（兄）䏌。[46]僕（僕）以詣告子郙（宛）公，[47]子郙（宛）公命鄖右司馬彭𢙼（懌）爲僕（僕）笶䇃（志），[48]以舍侌（陰）之𢿏客、侌（陰）𨚗（侯）之慶李、百宜君，[49]命爲僕（僕）搏（捕）之。[50]得苛 133 冒，趄（桓）卯自殺。𢿏客、百宜君既以至（致）命於子郙（宛）公：得苛冒，趄（桓）卯自殺。子郙（宛）公詎（囑）之於侌（陰）之𢿏客，囟（思）剸（斷）之。含（今）侌（陰）之𢿏客不爲其剸（斷），[51]而 134 倚𡙇（執）僕之𤼈（兄）綎。[52]侌（陰）之正或（又）𡙇（執）僕（僕）之父𨗸。[53]苛冒、趄（桓）卯𢦟殺僕（僕）之𤼈（兄）䏌，侌（陰）人𨻰（陳）𢾰、𨻰（陳）旦、𨻰（陳）𨛫（越）、𨻰（陳）𨛮、𨻰（陳）寵、連利皆智（知）其殺之。僕（僕）不敢不告於視日。[54] 135

左尹以王命告湯公：[55]𦕲（舒）慶告胃（謂）：苛冒、宣（桓）卯殺其𤼈（兄）䏌。[56]䣕（陰）之戥客敷（捕）得冒，[57]卯自殺。䣕（陰）之戥客或（又）𦤎（執）𠈇（僕）之𤼈（兄）𡰥，而舊（久）不爲剸（斷）。[58]君命速爲之剸（斷），[59]𩂈（夏）𡖊之月，命一𦤎（執）事人以至（致）命於郢。[60] 135背

𧥹（許）綎之𠅘月甲午之日，[61]𥡴尹傑駐（馹）從郢以此等（志）𨑗（來）。[62] 132背

東周之客𧥹（許）𡰥𢓜（歸）𠈌（胙）於葳郢之戢（歲）𩂈（夏）𡖊之月癸丑之日，䣕（陰）司敗某𣅳（早）告湯公競（景）軍言曰：𦤎（執）事人詎（屬）䣕（陰）人𢔁（桓）𥼶、苛冒、𦕲（舒）𨕖、𦕲（舒）𡰥、𦕲（舒）慶之獄於䣕（陰）之正，[63] 131 囟（思）聖（聽）之。[64]𨕖、𡰥皆言曰：苛冒、𢔁（桓）卯𢦟殺𦕲（舒）䏌。小人與慶不信殺𢔁（桓）卯，[65]卯自殺。𢔁（桓）𥼶、苛冒言曰：𦕲（舒）慶、𦕲（舒）𡰥、𦕲（舒）𨕖殺𢔁（桓）卯，慶逃。　𩂈（夏）𡰥之月癸亥之日，[66]𦤎（執）事人爲之 136 𥂴（盟）𧬘（證）。[67]凡二百人十一人，既𥂴（盟），皆言曰：信𧬪𦉜智（知）𦕲（舒）慶之殺𢔁（桓）卯，[68]𨕖、𡰥與慶皆（偕）；[69]𧬪𦉜智（知）苛冒、𢔁（桓）卯不殺𦕲（舒）䏌。𦕲（舒）𡰥𦤎（執），未有剸（斷），𨑩𧗠而逃。[70] 137

以至（致）命於子左尹。　僕（僕）軍造言之：[71]視日以䣕（陰）人𩵦（舒）慶之告詎（囑）僕（僕），命速爲之剸（斷）。䣕（陰）之正既爲之𥂴（盟）講（證）。[72]慶逃，𡰥𨑩𧗠，其余𦤎（執），𤄭（將）至時而剸（斷）之。[73]視日命一𦤎（執）事人至（致）命以行古（故），[74]𢿤上𢝊（恒），[75]僕（僕）徛之以至（致）命。[76] 137背

䣕（陰）人𦕲（舒）𡰥命講（證）䣕（陰）人御君子𨻰（陳）旦、𨻰（陳）龍、𨻰（陳）無正、𨻰（陳）𡗜，[77]與其戥客、百宜君、大史連中、左闈（關）尹黄𢙼（惕）、䣱（沈）差（佐）鄒（蔡）惑、坪㚟（射）公鄒（蔡）冒、大𨜩尹連𧆞（且）、 138 大脰尹公𡡫赤，[78]與𢿟三十。[79] 139

左尹以王命告子郙（宛）公：命灊上之戠獄爲䣕（陰）人𦕲（舒）𡰥𥂴（盟）其所命於此箸（書）之中以爲講（證）。[80] 139背

囟（思）𡰥之𢦏（仇）叙於𡰥之所講（證）。[81]與其𢦏（仇），有𢙇（怨）不可講

（證），[82]同社、同里、同官不可講（證），[83]匿（暱）至从（從）父兄弟不可講（證）。[84]**138**背

東周之客譻（許）緹逯（歸）復（胙）於葳郢之哉（歲）十月辛巳之日，單（畢）𨛜尹栖糬與剔君之司馬奉爲皆告城（成），[85]言胃（謂）：小人各政（征）於小人之陛（地），無静（争）。[86]登（鄧）人所漸（斬）木四百岦於**140**鄗君之陛（地）蘘（襄）溪之中，[87]其百又八十岦於單（畢）陛（地）郑中。[88]**140**背

東周之客譻（許）桯逯（歸）複（胙）於葳郢之哉（歲）負（爨）月乙巳之日，秦大夫惥之州里公周瘠言於左尹與鄴公賜、僑尹嫌、正婁宏、正敵（令）翌、王厶（私）司敗逿、少里喬畢（與）尹羿、郯逄（路）尹犇、發尹利。[89]瘠言曰：甲唇（辰）之日，小人**141**之州人君夫人之故悆（愴）之徇一夫遊（佚）趣（趣）至州衕（巷）。[90]小人牆（將）敷（捕）之，夫自剔（傷）。[91]小人安（焉）獸（獸）之以告。[92]　　郝齊哉之，刓鄱（蔡）爲李。**142**

負（爨）月乙巳之日，鄝寏（國）礌敔郢君之泉邑人黄欽言於左尹與鄴公賜、僑尹嫌、正婁宏、正敵（令）翌、王厶（私）司敗逿、少里喬畢（與）尹羿、郯逄（路）尹犇、發尹利。[93]欽言曰：鄗逄（路）尹憃（憍）䡆（執）小人於君夫人之故悆（愴），甲唇（辰）之**143**日，小人取悆（愴）之刀以解小人之桎，[94]小人逃至州遳（巷），州人牆（將）敷（捕）小人，小人信以刀自䖖（傷），[95]州人安（焉）以小人告。**144**

東周之客繿（紳）朝、郹（鄽）客登（鄧）余善、秦客陳新（慎）、鄖（魏）客鄖（魏）畜（奮）、鄖（魏）客公孫哀、郕（越）客腞穖、郕（越）客左尹輊、鄖（魏）客䲜梟、鄗客坒（望）困㦸之宫犬叙鳶，[96]肉豪旦灋之，[97]無以歸（歸）之。[98]　　审（中）舒（舒）哉歸（歸）之客。[99]成昜（陽）辻尹戌以告子司馬。**145**

八月戊寅，子司馬逗（囑）之。　　九月甲申之日，司豐之客須□箸言胃（謂）：[100]小人以八月甲戌之日，舍肉豪之舒（舒）人豪遣賫（歸）客之齎金十兩又一兩。[101]　　義亞爲李。**145**背

所又（有）責於寢戯五帀（師）而不交於新客者，[102]家玫苛畋利之金一益𠄎益。[103]　　秀几、[104]戯緭（紳）爲李。[105]　　所又（有）責於剁帰（寢）戯、寢戯、繇戯五帀（師）而不交於新客者，佶辻六敵（令）李恖（怲）之金五益。**146**

墬（陳）㥯、宋獻爲王煮盧（鹽）於泀（海），受屯二儋之飤（食）、金鉻二鉻。[106]　　牆（將）以成收。[107]**147**

客發𧱓。[108] **148**

陵让尹塙以楊虎斂（斂）闡（關）金於邾敓，[109]𥵱仿之新昜（陽）一邑、雷（霝）地一邑、鬵一邑、鄭一邑、房一邑、俈楮一邑、新俈一邑，[110]與其䜭：[111]女𦂿一賽、浧䜭一賽、滾䜭一賽、䜶䜭一賽，[112]不量其闡（關）金。𨡕（將）誁之於其尹畬（令）。　陵让尹之相墨余可内（入）之。[14] **149**

邛昜（陽）之酷里人卲𡗝、郲轤、盤（盤）己，[114]邛昜（陽）之牢审（中）戰（獸）竹邑人宋𪓐，[115]𨞦陵之㕸里人石紳貣（貸）徒蓄（藁）之王金不賽。[116]　徒蓄（藁）之客苛昍内（入）之。　白逄（路）公䜣（慎），[117]登（鄧）行。**150**

客發𧱓。**150背**

左馹（御）番戌飤（食）田於邙寢（國）䜭邑城田，[118]一索畔（半）葋（畹）。[119]戌死，其子番𪓐逡（後）之。[120]𪓐死無子，其弟番䵢逡（後）之。[121]䵢死無子，左尹士命其從父之弟番𢿾逡（後）**151** 之。[122]𢿾飤（食）田，疠（病）於責（債），[123]骨賷（價）之。[124]左馹（御）遊（游）𢈪骨賈之。[125]又（有）五𨟻、王士之逡（後）鄵賞閯（間）之，[126]言胃（謂）番戌無逡（後）。左司馬适（适）命左畬（令）𪑲定（正）之，[127]言胃（謂）戌有逡（後）。**152**

【啻】蘆之田，[128]南與𨜒君𣪕（距）疆，[129]東與菱君𣪕（距）疆，[130]北與鄝昜（陽）𣪕（距）疆，[131]西與鄱君𣪕（距）疆。[132]　其邑：笑一邑，郯一邑，竝（并）一邑，郶一邑，[133]余爲一邑，鄭一邑，[134]凡之六邑。**153**

王所舍新大厰（厩）以啻蘆之田，[135]南與𨜒君𤔲（執）疆，[136]東與菸（菱）君𤔲（執）疆，[137]北與鄝昜（陽）𤔲（執）疆，西與鄱君𤔲（執）疆。**154**

□南陵公郘㢆：[138]𧟄（襄）陵之行僕（僕）宫於郊（鄢）。[139]郢只命𧁐（葬）王士，[140]若𧁐（葬）王士之𡰥（宅）。[141]僕（僕）命佢媛只，[142]若只命。[143]郊（鄢）少司城𢍜（龔）頡爲喪，[144]媛只於僕（僕）。方郊（鄢）左司馬競（景）慶爲大司城喪客，[145]𧆓（且）政五連之邑於𧁐（葬）王士，[146]不以告僕（僕）。**155**

既言之，䛥（屬）之左尹。**155背**

白𤔲（執）命爲王㪤（穀），[147]取邾，[148]不浧㪤（穀）而逃命。[149]䛥（屬）之政（正）。　左尹𡩜（冠）以其不得𤔲（執）之𡰥，弗能詣。[150]　䫤（夏）柰癸丑，子陵尹䛥（屬）之。**156**

郊（鄢）宫大夫命少𡨥（宰）尹鄩詨諓（察）䎽（問）大杺（梁）之戠舊之客苛坦。[151]苛坦言胃（謂）：郊（鄢）攻尹屈惖（惕）命解舟蔆、舟䙚、司舟、舟斨、車輣圣斨、牢审（中）之斨、古斨、䆳竽駐（馹）倌、竽倌之䆐貣（貸）解。[152] **157**

負（爨）月己亥之日，郊（鄢）少宰尹鄩詃以此等（志）至（致）命。[153] **157**背

畢（畢）得厠爲右史於莫囂之軍，[154] 死疠（病）甚。[155] **158**

畢（畢）緰（紳）命以頙（夏）逄（路）史、逿史爲告於少帀（師）。[156] 鄧公嘉之告言之攻尹。[157] 鄎畬（令）詔（荆）之告、墜（陳）興之告言之子司馬。[158] **159**

臧奠（鄭）言之少帀（師）。**160**

厩仿司馬婁臣、厩仿史婁佗諍事命，[159] 以王命詎（屬）之正。**161**

条脰尹之人盬弡（强）告絅多命以賏（嬰）贅。[160] **278**背

---

〔1〕　這是整理者列爲無篇題竹簡的第二類，共42枚（簡120～161）。湖北省荆沙鐵路考古隊（1991A，10頁）認爲是一些案件的案情與審理情況的詳細記録，以及呈送給左尹的情況彙報。李零（1998，141頁）稱爲“案例”類。今姑以“案卷”稱之。

〔2〕　周，原釋文缺釋，周鳳五（1994，6頁）擬釋爲“齊”。今按：據紅外影像釋出。“周客”應與“東周之客”有别，或是周王使者。

迈，原釋文作逅，考釋云：讀如遇。李家浩（1995，508頁）釋作迈，讀爲趂。陳偉（1998A，154頁）釋爲跖即蹠字，訓爲適。李零（1999A，142頁）：此字見於九店簡32，睡虎地《日書》作“之”。二字顯然是含義相近的詞，用法類似於“徂”。李家浩（2000A，48頁）：與九店日書31、32號簡“迈”相當的字秦簡《日書》甲種楚除外陽日作“利以遮野外”。“遮”從“庶”聲。按“庶”本從“石”聲，故“石”“庶”二字作爲聲旁可以通用。疑楚簡“迈”應當是“遮”字異體。楚簡“迈（蹠）”字和秦簡“遮”字，都應當讀爲“蹠”。“蹠楚”“蹠郢”之“蹠”訓爲“至”。

〔3〕　下蔡，原考釋：公元前493年，蔡昭侯自新蔡遷都州來，稱爲下蔡。蔡滅於楚後，仍沿用舊稱。在今安徽省鳳台縣。

蔌，郭店《成之聞之》34號簡“席”上一字，竹頭以下部分與此字艸頭以下部分相同，李零（1999B，515頁）隸作從尋之字，疑讀“簟”或“衽”。李學勤（2000，11頁）讀郭店竹書之字爲“簟”，以包山簡此字爲蕁字的繁寫。

敍，劉釗（1998，59頁）：簡文從余從甘，應釋爲“舍”。在簡文用爲姓氏字，應讀作余姓之“余”。何琳儀（1993，58頁）：舍，姓氏。《路史》“微子後有舍氏。”劉信芳（2003，109頁）：即後世“佘”字。李守奎（2011B，231頁）：釋爲“舒”。

䦷，湯餘惠（1993A，72頁）釋爲“猬”。

訄，原考釋：讀如咎。周鳳五（1994，15頁）：咎，過失。咎執事人職司罪咎、過失的處理。陳宗棋（2000，5頁）：讀爲“厩”，“厩執事人”，即馬厩的主管官員。劉信芳（2003，109頁）：字從九得聲，讀爲“糾”。《周禮·夏官·大司馬》：“制軍詰禁，以糾邦國。”鄭注：“糾猶正也。”李守奎（2010，205頁）：“廄執事人”是管理廄事的辦事官吏。

敎，原釋文釋爲“執”，李守奎（2003，596頁）疑爲執字異體。

陽城，周鳳五（1994，8頁）：楚地名，在今河南省商水縣西南。劉信芳（2003，109～110頁）：應與下蔡相鄰，宋玉《登

徒子好色賦》："嫣然一笑，惑陽城，迷下蔡。" 吴良寶（2010，124 頁）：包山簡的"昜城公"還是看作下蔡縣屬下的陽城邑的"邑公"爲妥，它應與曾侯乙墓竹簡、《登徒子好色賦》中的楚"陽城"并非一地。今按：陳勝籍貫，《史記·陳涉世家》記在陽城，《淮南子·兵略訓》高誘注則説"汝陰人也"。恐是秦陽城并入汝陰縣。兩漢汝陰縣治在今安徽阜陽市。楚、秦陽城大概在此一帶，與下蔡相鄰。陽城、下蔡爲二地，"陽城"前應斷讀。

[illegible]，此字見於上博竹書《周易》23 號簡，對應之字，帛書本作"瞿"，傳世本作"衢"。在此恐亦用作"瞿"，姓氏字。《通志·氏族略五》引《風俗通》："漢南太守瞿茂梁，鎮北將軍瞿延唐，絳州刺史瞿禎。" 張世超（2012，589 頁）釋作"茉"，分析爲從"木""丘"聲。

〔4〕　郙，黄錫全（1992，196 頁）、何琳儀（1993，58 頁）釋。今按：作爲姓氏字，疑當讀爲傅或甫。《左傳》莊公十四年鄭大夫傅瑕，《史記·鄭世家》作甫假。

[illegible]，整理者隸作糤，讀爲敖。李零（1998，141 頁）釋爲"竊"。黄德寬、徐在國（1998，109 頁）：郭店竹書《語叢四》8 號簡有字作[illegible]，裘按讀爲"竊"。李零懷疑包山簡此字應讀爲"竊"，甚是。此字所從與《語叢四》8 號簡的字形體相同，所從"米"與"竊"字篆文所從同，可分析爲從"米""[illegible]"聲，釋爲"竊"。

而，周鳳五（1994，7 頁）釋爲市，讀爲遂。陳偉（1996B，224 頁）釋爲而。李零（1998，141 頁）釋爲垂，疑讀郵。何琳儀（1998，868 頁）釋爲垂，以爲人名。劉信芳（2003，110 頁）：應是"耐"字，讀爲"而"。今按：楚簡"而"字有多種寫法，郭店《老子》31 號簡作[illegible]，《語叢》二 53 號簡作[illegible]。本簡此字兼有這兩種寫法的特點，據文意應可釋爲"而"。

儥，整理者隸作賫，讀爲置。李學勤（1992，3 版）釋爲儥，説：字見於《周禮》，即今鬻字，意爲賣。劉釗（2002，123～132 頁）對"儥"有專論。

〔5〕　或，陳偉（1996B，224 頁）讀爲又。劉信芳（2003，110 頁）：不定代詞，指殺人者。今按：楚簡中"或"往往讀爲"又"。如郭店《老子》乙 3～4 號簡"損之或損，以至亡爲也"。

〔6〕　命，李守奎（2010，205 頁）：義當"請求"。

砮，何琳儀（1993，58 頁）、劉釗（1998，59 頁）釋。劉釗云：《説文》"盱，蔽人視也。一曰直視也。"《説文》引"盱"字異體作"砮"，結構與簡文同。《集韵》載"盱"字爲"詰計切，讀如契同"。疑簡文讀爲"契"。李守奎（2010，206、208 頁）：疑在簡文中"砮"與"竽""孑""笑"等字記録的是同一個詞。"爲砮"即發布拘捕文書。劉國勝（2013，179 頁）："砮以"可能是人名。今按：《説文》"蔽人視"，徐鍇《繫傳》云："映人而視也。"意思是説暗中觀察。張家山漢簡《奏讞書》210～211 號簡云："訮詷謙（廉）問不日作市販、貧急窮困、出入不節，疑爲盜賊者。"訮蓋讀爲"盱"，"訮（盱）詷"指暗中偵察。

傳，原釋文釋爲"傳"，借作轉。《禮記·内則》"枕几不傳"，注："移也。" 陳偉（1996B，139 頁）：傳，逮捕。《漢書·劉屈氂傳》"以奸傳朱安世"，師古曰："傳，逮捕也。" 劉信芳（1996B，25 頁）説同。劉國勝（2013，178 頁）：釋爲"傳"，讀爲"捕"。

〔7〕　倞，何琳儀（1993，58 頁）、劉釗（1998，59 頁）釋。何氏云：應讀"倞"，姓氏。《路史》"老子後有京氏。" 劉釗以爲人名。周鳳五（1994，9 頁）：《禮記·郊特牲》"祊之爲言倞也"，注："倞，猶索也。" 簡文"倞郙解拘傳郙倴"，是要求郙解拘捕郙倴送交官署。劉信芳（2003，111 頁）釋爲剠，以爲黥字異構。李守奎（2010，210 頁）：似可釋"停"，讀爲"亭"。郙解任職於亭，可能就是亭卒，所以令其拘捕疑犯。

句，原考釋：借作拘。陳偉武（1997，638～639 頁）：讀爲枸。睡虎地秦簡《秦律十八種·司空律》："毋赤其衣，勿枸櫝欙杕。" 又，"皆赤其衣，枸櫝欙杕。" 整理小組注云："枸櫝欙杕，均爲刑具。枸櫝應爲木械，如枷或桎梏之類。""枸"指用以拘執罪犯的木制刑具。包山簡"解句"就是打開桎梏的意思。劉信芳（2003，111 頁）：讀爲"拘"，拘禁也，用如名詞則謂拘禁之所。"剠郙解句"，對郙倴施以黥刑并解押至拘所。今按：郙倴不當簡稱"郙"。此時郙倴未捕未判，亦無由黥之。疑倞郙、解句并是人名，應連下讀。春秋晋國有解狐，見《左傳》襄公三年。

〔8〕　鮌，劉釗（1998，59 頁）：疑讀作"虞"。虞即虞衡之虞，乃掌山之官。今按：上博竹書《景公瘧》8 號簡云"今新（薪）登（蒸）使吴（虞）守之，莩（澤）梁使鮌守之"，鮌與吴（虞）并列，應是另一職官。

遖，何琳儀（1993，58 頁）、劉釗（1998，59 頁）釋爲遥。李零（1999A，142 頁）以爲達字異寫。劉信芳（2003，112

頁）：字又見於郭店《六德》48 號簡，讀爲“戚”。

郙陽，劉信芳（2003，112 頁）以爲即《史記·楚世家》中的卑梁。

獻，右下部原釋文作“厷”。今按：看紅外影像，實爲犬。下部從貝從犬，與獻字的一種寫法相同。因疑上部爲虎形之訛，字應釋爲“獻”。

〔9〕　信，原考釋：借作身，親自。周鳳五（1994，9 頁）：《說文》：“信，誠也。”

〔10〕　與，周鳳五（2003，10 頁）：據上下文意推測，似是“牙”字，讀爲“與”。朱曉雪（2011A，110 頁）：從字形上看，此字不是“牙”字，應是“與”字的省體。

闈，黄錫全（1992，188 頁）釋爲“闢”。

雁，原釋文作雇，巫雪如（1996，121 頁）讀爲“顧”。白於藍（1999，181 頁）以爲雁字。李守奎（2010，212 頁）釋爲“雁”，讀爲“應”。

邗，黄錫全（1992，188 頁）釋。

埸，李零（1998，141 頁）：讀爲唐。簡文也寫作從陽從土。

賈，劉釗（1998，60 頁）、周鳳五（1994，10 頁）從李學勤釋。

蓎里，1975 年安徽阜陽地區博物館徵集到“蒝里貣鉨”。韓自强、韓朝（2000，178 頁）：鉨在今阜陽市插花廟鄉發現，離下蔡（今鳳台縣）100 華里。滕壬生（1995，68 頁）：釋作“蓎”。滕壬生（2008，61、72 頁）：分別釋作“蔓”、“蓎”。今按：《楚系簡帛文字編》初版釋作“蓎”，但在增訂本中此字放在“蒝”字頭下，同時保留了“蓎”的字頭。可能增訂本是采納釋“蔓”的意見，但未將釋“蓎”條刪除。初版考釋意見實不誤，此字“艸”頭下所從偏旁的上部當是“虍”形的訛變。

割，黄錫全（1992，168 頁）、湯餘惠（1993A，72 頁）、劉釗（1998，60 頁）釋。劉釗云：讀作“害”。“不害”乃古人常用名。

𦉢，整理者隸作𦋔，讀爲“并”。何琳儀（1993，58 頁）：應釋“㒸”。《正字通》“㒸同昆。”《說文》“昆，同也。从日从比。”劉釗（1998，60 頁）釋爲“僉”。周鳳五（1994，10～11 頁）依劉釗釋字指出：僉訓皆、夥。僉殺即夥同殺害。陳偉（1994，68 頁）：《說文》：“僉，皆也。”《小爾雅·廣言》：“僉，同也。”僉殺即共同殺害。僉殺也許比單個殺人罪責更重，所以需要特別指出。

官，劉釗（1998，60 頁）讀爲“館”。周鳳五（1994，11 頁）：《詩·緇衣》“適子之館兮”傳：“館，舍也。”即住處。周鳳五（1996，30 頁）改而認爲：官營或私營手工業作坊也都可以稱作“官”。“兢不害之官”即兢不害私營的手工作坊。

〔11〕　兵，原釋文缺釋。劉信芳（2003，113 頁）釋爲弃。今按：看紅外影像，上部大致可見的左側筆畫，應非弃字所有，當是“斤”。不致兵，没有用兵械，即未親自動手殺人。

安，原釋文釋爲女，白於藍（1999，199 頁）釋爲安，讀爲焉。

〔12〕　𠃞，今按：似是孚之省寫，參看 80 號簡注釋。

〔13〕　士尹，何琳儀（1993，58 頁）：亦見《璽彙》0146，楚國官名。《吕氏春秋·召類》：“士尹池歸荊。”

縝，李零（1999A，143 頁）：疑是慎字的一種特殊寫法。陳偉武（2000，253 頁）：此字是訢字異構，從言忻聲，“彡”爲贅加聲符。曹錦炎（2014，176 頁）：隸作“𧮯”，讀作“縝”。今按：此字右下部似是糸形，應可釋爲“縝”。

返𠃞，“𠃞”原釋文屬下讀，周鳳五（1994，11、14 頁）改屬上讀，釋爲“孑”，讀爲“札”。并説：返札，回覆公文。90 號簡作“复札”。

〔14〕　走，原考釋：趨也。

〔15〕　返，湯餘惠（1993A，72 頁）、周鳳五（1993，371 頁）、劉釗（1998，60 頁）釋。

〔16〕　利，巫雪如（1996，53 頁）：利氏。《史記·高祖本紀》有利幾。

臤，原釋文作“舀”。

〔17〕　𡗜，黄錫全（1992，188 頁）以爲“吴”字。今按：疑是𡗝字異寫。

𢩊，滕壬生（2008，1005 頁）釋。

亞大夫，“大夫”二字合文，右下有合文符。原釋文缺釋，今據紅外影像釋出。《左傳》昭公七年：“朔於敝邑，亞大夫也。”即中大夫。

〔18〕 伎，李天虹（1993，87 頁）：即奴字。《説文》奴字古文亦從人從女。周鳳五（1994，12 頁）：應讀爲“孥”，字又作帑。《史記·孝文本紀》集解引應劭曰：“帑，子也。秦法一人有罪，并坐其家室。”

〔19〕 宿，原考釋：讀如拘，牢房。李零（1999A，147 頁）：從宀從句（或從佝），簡文中似讀爲“獄”（表示拘人之所的“獄”）。劉信芳（2003，111 頁）：讀爲拘，拘禁也，用如名詞則謂拘禁之所。史傑鵬（2005，63 頁）：宿、徇，有可能讀爲“囚”。今按：文書簡另有“獄”字。郭店竹書《窮達以時》7 號簡“宿繇束縛”，裘按云：“繇疑當讀爲囚。”若然宿也不應讀爲“囚”。疑劉氏之説是。

〔20〕 盟，原考釋：簡文作䀄。盟詛。《周禮·秋官·司盟》：“有獄訟者則使之盟詛。”

〔21〕 豊，原釋文作豊，周鳳五（1996，43 頁）讀爲“醴”，以爲司豊職司釀酒。陳偉（1996B，225 頁）、白於藍（1996，41 頁）釋爲“豊”。今按：參看 21 號簡注釋。

酷，文炳淳（1997，3 頁）：楚簡“告”字中的上端皆是直筆，而“造”字所從的“告”旁上部的竪筆幾乎都向左彎曲。郭店竹簡中的“造”字可省略作“告”，如《窮達以時》11 號簡。“酷”所從的“告”應是“造”省，即從酉從造省的字，就是釀酒之意。《周禮·天官》有“酒正”和“酒人”，酷官可能是其屬官。

鼈，劉信芳（2003，115 頁）釋作鼈。

〔22〕 甘固，劉彬徽（1991，544 頁）：□客監固迈楚之歲，在簡 124、125、129 中簡稱爲“甘固之歲”，甘、監二字古音相同，可通用。周鳳五（1994，6 頁）：即監固。

鄗，原考釋：左旁與《説文》“敢”字古文同。劉信芳（2003，115 頁）：《説文》：“南陽新野有㺇鄉”，疑即此地。

筷，李天虹（1993，87 頁）：當讀作簠。陳逆簠器名、信陽簡簠字，均從竹夫聲。今按：上博竹書《慎子曰恭儉》5 號簡有“茅芺”，何有祖（2007）讀爲“茅蒲”，引《國語·齊語》“首戴茅蒲”爲據。可參。

〔23〕 宋，原考釋：國名，在今河南商丘。戰國初年遷都彭城（今江蘇徐州），公元前 286 年爲齊所滅。“宋客……之歲”，以事紀年。

䝼，何琳儀（1993，58 頁）：所從畀爲叠加聲符。畀、甹雙聲。

萼，原考釋：讀如聘。《禮記·曲禮》：“諸侯使大夫問於諸侯曰聘。”

〔24〕 原釋文在“韋”後以頓號斷讀。今按：簡文其他“毆”字之前或冠以地名，或冠以人名，而“客”字之後則或者不帶人名（125 號簡背面“疋昜之酷官之客”、133 號簡“陰之勤客”）。因而改讀。

〔25〕 捭，原釋文隸作犤。施謝捷（2003A，25 頁）釋作捭。

〔26〕 原考釋：“甘固之”後脱“歲”字。

〔27〕 鍵，劉釗（1998，60 頁）：應釋爲“鉳”。黄錫全（1992，189 頁）釋爲鏞。李守奎（2010，389 頁）：當是從金，延聲。《説文》：“鋋，小矛也。”今按：當分析爲從金㢟聲。

室，原考釋：《國語·楚語》“施二帥而分其室”，注：“家資也。”同室，共有家資，也即後世所謂同居。《睡虎地秦墓竹簡·法律答問》：“何爲同居？户爲同居。”彭浩（1991B，549 頁）：同室即爲同居一室，也即同户。這裏的“室”與指妻子、財産的“室”含義不同，而專指同爲一户。周鳳五（1996，42 頁）：除了血緣關係以外，同室至少還涉及兩個問題，一是户籍所在地，一是賦税。根據雲夢秦簡與其他先秦文獻的記載，同居者有罪當連坐。左尹指示核對陽鏞是否與其父陽年同室，可能與罪刑連坐有關。朱曉雪（2020，116 頁）：唐鋋遷徙户籍而與其季父同室，可能有“移户”和“歸户”兩種情況。移户直接將唐鋋的户籍從以其父唐年爲户主的户籍上遷徙到其季父唐必的户籍上，歸户是唐鋋當時已經别爲户，他將户籍重新遷徙到其季父唐必的户籍上。

〔28〕 季父，原考釋：《史記·項羽本紀》索隱引崔浩云：“伯、仲、叔、季，兄弟之次，故叔云叔父，季云季父。”

𨛜，何琳儀（1993，58 頁）：應釋“郘邦”合文，即“宗正”，見《璽匯》0092，官名。史傑鵬（1998，140 頁）：簡文不可能將兩個官名排在一起。此字隸作郐，讀爲舒。春秋舒國、漢舒縣故城在今安徽廬江縣西。𨛜連囂即舒縣連囂。劉信芳（2003，118 頁）隸作郘，讀爲“宗”，古國名。在今安徽廬江、舒城一帶。李守奎（2011B，232 頁）：從史傑鵬隸作郐，讀爲“徐”。

朩，原釋文作必，劉樂賢（2013）將清華三《赤鵠之集湯之屋》13、14 號簡中兩個“𡍮”字的上部釋爲“朩”，今按：簡文此字及139號簡原釋爲“必”的字也當從劉氏。

〔29〕 氏，陳偉（1996B，63頁）、李家浩（1998B，667頁）讀爲“是”。

〔30〕 與，今按：動詞，指發布命令。鄝公賜等七人爲接受命令者，而不是與左尹共同發布命令。

鄝，原釋文作隊，考釋云：鄝字異體。袁國華（1995，242頁）：從邑不從阜，當隸作鄝。白於藍（1999，189頁）引林澐說：右旁乃羌字，羌字從糸，甲骨文即有之。當隸作郑。劉信芳（2003，118頁）：“鄝公賜”爲左尹官署的屬官，非鄝之地方官。

宖，黃錫全（1992，188頁）、袁國華（1994A，222頁）、劉釗（1998，61頁）釋爲“怰”。今按：楚簡文字或從宀作，應是怰字異構。

垩，白於藍（1999，180頁）釋。

私，劉釗（1998，61頁）釋。

庤，白於藍（1999，184頁）引林澐說：與叔夷鎛“虔”同，亦是虔字異構。

〔31〕 囟，原釋文作由，考釋云：借作畀。《爾雅·釋詁》：“畀，予也。”李學勤（1989，82頁）：讀作思或斯，意義同於尚。李零（1993，442頁）：思，表示願望語氣的詞。曾憲通（1993，412頁）、何琳儀（1993，60頁）：思，發語詞。陳偉（1994，69頁）：通過一些簡文（128與135背、238與250）對比，可發現思字用例與“命”相當。《説文》：“命，使也。”思、使古韵均在之部，思或爲使字的假借。劉信芳（1998B，37頁）：思讀如使，包山簡習見。大西克也（2000，1～13頁；2006，310～318頁）、陳斯鵬（2003，393～413頁）、沈培（2005，353～360頁）對“甶、思”讀爲“使”有詳論。

宔，原考釋：負責斷獄之人。

〔32〕 戠言市，李家浩（2000A，89頁）：“戠”即128頁“戠獄之主”，“言市”是“戠”的名字。劉信芳（2003，118頁）：“戠言”猶128號簡“戠獄”。市讀爲“等”，“戠言等”謂記獄訟之簡册。今按：戠言應如劉信芳所云，即“戠獄”“戠獄之主”。市，人名。簡文是説戠言市帶着案卷來到。

〔33〕 涉，原考釋《漢書·高帝紀贊》“涉魏而東遂爲豐公”，晉灼曰：“猶入也。”劉信芳（2003，119頁）：《穀梁傳》襄公二十七年：“嘗爲大夫，與之涉公事矣。”楊士勛疏引徐邈云：“涉猶歷也。”該簡謂“識言等”歷經喬與以呈左尹官署。今按：涉訓渡，疑指公文移交。

喬與，劉信芳（2003，119頁）：即上文“少里喬與尹”之省稱。

〔34〕 僕，李零（1998，142頁）：喬佐之僕。今按：僕應是喬佐之名。

馬楠（2020，17頁）：簡128反所書“其察”之前尚有一段空白，并非一次書寫。前一部分是接收記録，後一部分是發送記録。

〔35〕 郜，原釋文隸作鄦，考釋云：他簡作鄦。劉釗（1998，61頁）、劉信芳（2003，121頁）沿其説云：古音“鄦”在曉紐魚部。“曲”在溪紐屋部，音近可通。何琳儀（1993，58頁）改隸作郜，解釋説：“鄦”與“郜”屬魚陽對轉。信陽簡“結芒之純”（2.023）即包山簡“結無之純”（263）。周波（2010，353頁）：“郜”應當是“鄦”字一種比較常見的異體。今按：郭店竹書《六德》43號簡“曲”與此字所從類似。不過，上博竹書的“亡”字亦多與北字所從相近（如《民之父母》5號簡、《采風曲目》3號簡、《内禮》6號簡所見），而楚簡“亡”字多與古書“無”字對應。何氏之説似更勝。

〔36〕 死，徐少華（1994，322頁）釋爲亟，讀爲“期”，以爲楚邑期思。徐少華（1996B，91～93頁）：亘、期音近義通，可以互用，恒思即期思。古蔣國、楚至漢晉期思縣在今河南固始縣東北。陳偉（1996B，100頁）亦釋爲亟，讀爲“期”。劉樂賢（1997，626～630頁）：《通志·氏族略》引述《風俗通》“楚大夫恒思公”，《戰國策·秦策》記“恒思有神叢”，這些恒思有可能同指一地，爲楚國北部地名。顏世鉉（1997B，233頁）：亘爲匣紐蒸部，期爲群紐之部，之蒸陰陽對轉，匣群同爲牙音旁紐，二字聲韵均相近，故“恒思”之“恒”可讀作“期”，“恒思”就是“期思”。李零（2000，51頁）：楚簡中有些“錯字”反復出現，其實是被當時的書寫習慣和閱讀習慣所認可。我把它叫作“形近混用”。如“恒”和“極”。今按：楚簡中雖有直接寫作“亟”的字，但寫作“死”而用作“亟”的情形每每可見。此處當可用作“亟”，通爲“期”。

〔37〕 逌，原釋文隸作迠，劉信芳（2003，121頁）釋爲迪。朱曉雪（2013，439頁）：釋爲“逌（适）”。

舍，李零（1998，142 頁）：給予。劉信芳（2003，122 頁）：畬，讀如“佘”，假爲“賒”。《説文》：“賒，貰買也。”

柊，原釋文作桊，顔世鉉（1997A，158～159 頁）：通葉，爲楚葉縣。在今葉縣南舊縣鄉的“昆陽城”。李零（1998，142 頁）：葉縣。白於藍（1996，42 頁）改釋。

黄，原釋文作具。張光裕、袁國華（1993，304 頁）：疑乃貞字，讀爲“真”（慎）。劉釗（1998，61 頁）釋爲“黄”。白於藍（1996，43 頁）釋爲“煮”，以爲與 147 號簡中的“煮”字比較，祇是略簡單而已。劉信芳（2003，123 頁）：簡文另有“黄”字，例多見，與此字形不同。句中讀爲“廣”，“廣王之爨”即擴大楚王爨祭的規模。單育辰（2012A，66 頁）：“黄王之臭”是人名。

臭，原考釋：爨字。《儀禮・少牢禮》“摡鼎匕俎於雍爨”，注：“竈也。”曾憲通（1996，60 頁）：即烄字，在此當讀爲爨，炊煮義。白於藍（1996，43～44 頁）：《詩・楚茨》“執爨踖踖”，《傳》：“爨，饔爨、廩爨也。”《疏》：“饔爨以煮肉，廩爨以炊米。”簡文之“爨”很可能是用來亨煮牲臘魚的“雍爨”。劉信芳（2003，123 頁）：應理解爲祭名，《禮記・禮器》：“夫奥者，老婦之祭也。”鄭玄注：“奥當爲爨，字之誤也。”

義，整理者看作“狄羊”合書。陳偉武（1997，644 頁）：犧之異體，指祭祀用的豬。徐在國（2003A）與葛陵簡乙一 15“青義（犧）”比照，釋爲“義”。

齎，原考釋：《周禮・天官・外府》“共其財用之幣齎”，注：“行道之財用也。”劉釗（1998，61 頁）：應釋爲“齎”，讀爲資。資，貨也。今按：齎有費用、錢財義，似即簡文之意。

鈞，原考釋：重量單位，《説文》：“三十斤也。”

〔38〕 是，陳偉（1996B，226 頁）釋。

〔39〕 獒，此字上部從幸從攴，爲“執”字異寫（參看 120 號簡注釋）。下部所從，原釋文作“矛”，劉信芳（2003，121 頁）作“夷”。朱曉雪（2013，441 頁）釋爲“獒”。

聖，原考釋：借作聽。

〔40〕 餓公騁之歲，原考釋：紀年省稱。餓，原釋文隸作鉽。徐在國（1998，81 頁）：右旁爲“成”，從“食”“成”聲，釋爲“盛”。

〔41〕 邢，朱曉雪（2016，118 頁）隸作“邪”，可讀爲“巩”。

[illegible]，原釋文疑作虐。今按：疑是“弗”字異寫。

〔42〕 羿，陳劍（2009，155 頁）：曾經考慮過讀爲“徼”，裘錫圭先生也指出應該讀爲“徼”。“徼”意謂巡視、巡邏。李守奎（2011A，77 頁）：羿即樊字，當讀爲“反”。“反行”亦即出行結束返回。

〔43〕 餌，原考釋：聞字古文。史傑鵬（2001，23 頁）讀爲“問”。

〔44〕 秦競夫人之人，陳偉（1996B，110～112 頁）：某人之人，表示人際間的隸屬關係。

坦，陳偉（1996B，111 頁）：《漢書・冀奉傳》記翼奉上疏建議徙都説：“臣奉誠難亶居而改作，故願陛下遷都正本。”“坦尻”或猶“亶居”，指原址、舊居。劉信芳（2003，130 頁）：《説文》：“坦，安也。”坦處作爲法律用語，含有一直安定居處，未曾有獄訟的意思。今按：疑當讀爲邅。《離騷》“邅吾道夫昆侖”，王逸注：“邅，轉也。楚人名轉曰邅。”坦尻猶徙居。

鄃，原釋文隸作窮。今按：疑讀爲“窮”。

〔45〕 超，巫雪如（1996，76 頁）：當即“桓”氏，乃楚聲桓王之後以謚爲氏者。

卯，原考釋：與《説文》卯字古文同。

原考釋：此紀年應在“東周之客許雇歸胙於栽郢之歲”前一年，即案發之年。

〔46〕 [illegible]，裘錫圭（2000B，225 頁）：“戔”字變體，讀“戔”或讀“殘”均可。廣瀨薰雄（2016，278 頁）：上博《用曰》17 號簡的[illegible]和包山簡所見的[illegible]無疑是一個字，此字是“僉”字的簡省體。今按：是 121 號簡[illegible]字的異寫。

〔47〕 詰，整理者釋爲“詰”。劉信芳（2003，130 頁）：詰，責問，此指追究凶犯罪責之辭，猶後世狀子。陳偉（1994，68 頁）：釋爲詰，似是起訴狀的專稱。李守奎（2003，144 頁）亦釋“詰”。劉莉（2012，38 頁）、劉國勝（2013，181 頁）：隸作“詁”，疑爲“諎”的訛體，“諎”是“詩”的異體，在此讀爲“辭”，指訟辭。

〔48〕 鄍，原考釋：簡文中的魏、威等字均用“畏”作聲符。鄍疑讀作魏。劉信芳（2003，130 頁）：楚地未見以“魏”名者，

字應讀爲“威”。《璽彙》0183“愄大夫”即“威大夫”，管理楚威王墓地的大夫。“鄎右司馬”與“愄大夫”同例。李世佳（2017，122～124頁）：“鄎”指的是楚國鄎邑，“鄎右司馬”是“宛公”屬官，其所任職的“鄎”邑理當在宛郡治理之下。楚國“鄎邑”因《楚居》篇所見“鄎山”而得名，其地望在“鄎山”（今河南新鄭、密縣一綫）之下、方城之外的某地，此地恰好是楚與韓展開長期拉鋸、争奪的地方。

悬，李天虹（1993，86頁）釋作“愳”。

笑篰，原考釋：讀如券等。《説文》：“券，契也。”《釋名·釋書契》：“券，綣也，相約束繾綣以爲限。”券等似指文書。李家浩（1982，195～196頁）將望山簡中的“笑”讀爲“莞”。劉信芳（2003，131頁）：笑又見簡99，據文意應是將訴狀轉録爲官方文書，以移送陰之地方官。笑等的性質類似於秦漢“爰書”。劉國勝（2013，181頁）：“笑”或可讀爲“爰”，“笑（爰）志”即爰書。杜新宇（2015）：當是“筦”或“管”的通假字，“筦”或“管”字皆有主理、分管、掌握等延伸義。今按：或可讀爲“關”，通的意思。參看99號簡注釋。

〔49〕　歏，原考釋：疑讀作勤。勤客，負責勤務之人。劉釗（1998，68頁）：應釋爲“㦿”。周鳳五（1994，14頁）：似爲捕盜之官。李家浩（2004，14～16頁）：字從土戠聲，讀爲“職”，“職客”即《周禮·秋官》“掌客”的異名。李氏（2004，20頁）又云：上博竹書《緇衣》4、17號簡亦有此字，郭店竹簡《緇衣》6、33號簡作“慬”，整理者都讀爲“謹”。古文字中有異讀現象，此字在包山簡作爲“戠”字異體而讀爲“職”，因爲它從“堇”，故又有“堇”聲，在上博竹簡中假借作“謹”。今按：從上博竹書《緇衣》看，此字似應讀爲“謹”。《荀子·王制》：“易道路，謹盜賊。”楊倞注：“謹，嚴禁也。”謹客或是維護治安的臨時職務。陳斯鵬（2018，329頁）：“歏（戠）客”讀爲“謹客”，“謹”言其職司範疇。

慶李，劉信芳（2003，131頁）：讀爲“卿理”，職官名。曾侯乙簡62、142“慶事”，172、199作“卿事”，文獻作“卿士”。卿理應與卿士相類。陳偉（2011A）：陰侯之邑應無“卿士”。包山簡前文稱“慶李百宜君”，後文衹稱“百宜君”，“慶李”很可能是“百宜君”的修飾語而不是相與并列的官員。如果包山簡“慶李”與清華簡《繫年》“鄉/鄉李”相關，後者作爲“卿士”或官職的可能性也將因此而降低。在包山簡方面，“慶李”讀作“鄉里”，似亦可通。

〔50〕　搏，原考釋：從隻從専，讀如獲。劉釗（1998，61頁）：左旁從手，右從専。應釋爲“捕”。135背“敷得”亦應讀爲“捕得”。劉信芳（2003，128頁）釋爲“搏”，讀爲“捕”。

〔51〕　含，原考釋：讀作今。劉釗（1998，69頁）：字亦見於信陽簡，應釋爲“含”，借爲“今”。今按：郭店竹書《語叢一》38號簡、上博竹書《容成氏》50號簡等多處“今”字皆如此作。

〔52〕　倚，原考釋：借作掎。《國語·魯語》“掎止晏萊焉”，注：“從後曰掎。”《漢書·叙傳》“劉秀逐而掎之”，注：“偏持其足也。”掎執，偏執。劉信芳（2003，131頁）：偏倚。《荀子·解蔽》“倚其所私以觀異術”，楊倞注：“偏倚也。”今按：《管子·樞言》：“名正則治，名倚則亂。”《韓非子·揚權》：“名正物定，名倚物徙。”《禮記·中庸》：“中立而不倚，强哉矯！”這裏指不公正。

虪，白於藍（1999，195頁）：從執虍聲，即《説文》虜字異構。

倚虪，劉國勝（2013，178頁）：疑當讀爲“羈執”或“羈縶”，是拘禁之義。

〔53〕　𨗨，原釋文隸作遆，考釋云：簡131作逿，爲同一人名。周鳳五（1994，13頁）、袁國華（1995，236頁）釋爲“逾”。今按：此字當與131、136、137號簡“逿”字爲同一字。

〔54〕　陳偉（1996B，31頁）：131～139可分爲三組文書。132～135正面爲第一組文書中的第一件，爲舒慶致楚王的訴狀。

〔55〕　王命，原考釋：楚王之命。左尹當指邵𬶍。

湯公，陳偉（1996B，101頁）：大致介於陰地官員和左尹之間，似乎與郡級官員相當。劉信芳（2003，128頁）：湯讀爲“唐”。古國名，楚滅之設縣。

〔56〕　宣，原考釋：他簡也作佢、趄，爲同一人之姓。

〔57〕　敷，劉釗（1998，61頁）：“敷得”應讀爲“捕得”。白於藍（1999，179頁）：偏旁攴、手可通用，此實搏之異構。

〔58〕　舊，原考釋：借作久，留滯。今按：久指時間長，亦通。

〔59〕　速，曾憲通（1993，422頁）釋。今按：郭店竹書《尊德義》28號簡有“速乎置郵而傳命”，可證。

〔60〕　陳偉（1996B，31頁）：135背面是第一組文書中的第二件。爲左尹向湯公轉述楚王之命。其前一部分，簡要復述132～135正面舒慶訴狀的内容。

〔61〕 許緝，原考釋：即“東周之客許緝歸胙於栽郢之歲”之略稱。

〔62〕 旓，何琳儀（1998，1277 頁）釋。

傑，原釋文隸作桀。李零（1999A，148 頁）釋爲“傑”。劉信芳（2000，44 頁）亦據郭店竹書《尊德義》5～6 號簡夏桀之桀改釋。

逨，何琳儀（1998，80 頁）釋，逨之省文，“來去”之來的繁文。

陳偉（1996B，31 頁）：132 背面爲收件記録，是第一組文書中的最後一件。

〔63〕 䏝，白於藍（1999，189 頁）：右旁所從乃肙字。李守奎、邱傳亮（2012，71 頁）：右下所從是“月”，懷疑這個字從“䏝”，“目”聲，是“粘（飴）”字的異體。今按：桓䏝當是桓卯親屬，在桓卯死後爲其訴訟。

迶，陳偉武（1997，641～642 頁）：即“週”字。

正，原考釋：縣正。《禮記・王制》：“史以獄成告於正。”

〔64〕 聖，陳偉（1996B，141 頁）：讀爲“聽”。聽獄是審理案件的重要環節。《左傳》襄公十年：“王叔之宰與伯輿之大夫瑕禽坐獄於王庭，士丐聽之。”劉信芳（2003，133 頁）：讀爲“聲”。“使聲之”，使聲言之。

〔65〕 信，原考釋：借作親。今按：應是果真、確實之意。參看 121 號簡注釋。

〔66〕 李佳興（2000，3 頁）：夏层當爲夏柰之誤。今按：在六十甲子中，癸亥晚於癸丑十日，夏层月名應無誤。蓋是陰司敗接到湯公轉發王命後，將先前聽獄、盟證的記録呈上。

〔67〕 李零（1998，143 頁）：盟證，起誓作證。證，釋文缺釋，且斷在下句。今按：“謍”在紅外影像中較清楚。

〔68〕 諓䎽，陳偉（2003，331 頁）讀爲“竊聞”。史傑鵬（2001，23 頁）：讀爲“察問”，察問見於古書（如《管子・小匡》），考察訊問的意思。朱曉雪（2013，462 頁）：“信”與“察問”應該斷讀。劉信芳（2003，133 頁）：讀爲“督聞”。督，視也。信督聞，確實看到或聽到。

〔69〕 皆，原釋文與後文連讀。陳偉（1996B，142 頁）讀“皆”爲“偕”，并在其後斷讀。

〔70〕 迲笱，原考釋：迲，讀如圭。《禮記・儒行》“篳門圭窬”，注：“穿牆爲之如圭矣。”笱，讀如拘，意爲牢房。陳偉武（1997，638～639 頁）：讀作“解构”。今按：參看 123 號簡注釋。

陳偉（1996B，31 頁）：131、136、137 號簡正面爲第二組文書第一件，是陰司敗致湯公競軍的報告。

〔71〕 造言，原考釋：造，《廣雅・釋言》：“造，詣也。”此謂向左尹復命。劉信芳（2003，132 頁）：告言，簡 159“告言之攻尹”。

〔72〕 誁，原考釋：讀如證，作證。吴雪飛（2015，57 頁）：可徑釋爲“徵”，在包山簡記載的司法程序中或表示名詞的“證據”，或表示動詞的“作證”，是一個司法術語，與《左傳》記載的訴訟中的“徵”含義相同。

〔73〕 時，簡文作旹，原考釋：《説文》時字古文。

〔74〕 原釋文在“至命”後斷讀。今按：“古”字下有一標識，在原圖版中隱約可見，而在紅外影像和數碼照片中很清晰。當表示斷讀。

〔75〕 瀆上恒，劉信芳（2003，132～133 頁）：第一字讀爲“讞”，指議罪。上恒，據文意應爲議罪之所，具體含義有待研究。陳偉（2003，331～333 頁）：第一字從“訔”得聲，讀爲“遣”。上，是地位偏低的湯公對地位在上的左尹所使用的與“遣”有關的一個動詞。恒，傾向於看作是所“遣上”之人的名字。139 號簡背面説遣上之“戠獄”，“戠獄”當是此人的職掌。賈連翔（2020，56 頁）讀作“褻上亟”，意謂急需對妨礙司法公正的涉案執法人員進行盟證。今按：第一字疑當讀爲“逝”。《老子》“大曰逝”王弼注：“逝，行也。”

〔76〕 徛，劉信芳（2003，133 頁）：同“倚”，諉也。

陳偉（1996B，32 頁）：137 號簡背面爲第二組文書第二件，爲湯公致左尹的報告。

〔77〕 命，劉信芳（2003，134 頁）：《廣雅・釋詁》：“命，呼也。”“命證”，即要求盟誓作證。今按：《諸子平議・管子六》“特命我曰”俞樾按：“命猶告也。……以君告臣謂之命，以臣告君亦謂之命也。”

賈連翔（2020，57 頁）：这四人身份爲“御君子”，應是有爵禄的，他們是舒慶在訴狀中提到的所謂知情證人，是最直接的作僞證人。所不見的陳鄎、連利應該就是不符合參加盟證要求的人。

〔78〕 史，張桂光（1994，75～77 頁）釋。

酷，徐在國（1998，84 頁）：應分析爲從酉冘聲，隸作“酖”，讀爲“沈”。酖尹即典籍中習見的“沈尹”。今按：上博竹書《莊王既成》中的酖尹子桱即《吕氏春秋·贊能》中的沈尹莖，可證徐説是。

睸，左旁原釋文作“貝”，黄錫全（1992，188 頁）、李天虹（1993，87 頁）、劉釗（1998，61 頁）改作“見”，白於藍（1999，192 頁）：即矆字。偏旁目、見可通用。葉從枼聲，故矆亦可從枼聲。何琳儀（2002，144 頁）：從見從枼，疑“睸”之繁文。劉信芳（2003，135 頁）：字從視，枼聲，讀爲“貰”。疑“大貰尹”是管理貰貸的官員。今按：上博竹書《曹沬之陳》31 號簡有一從見從枼之字，注釋云：疑同睸，疑讀爲“閒諜”之“諜”（馬承源 2004，263 頁）。

大脰尹，劉釗（1998，61 頁）：“脰”字楚文字中用爲“厨”（見朱德熙、裘錫圭《戰國文字研究（六種）》）。“大脰尹”應讀爲“大厨尹”，是掌管庖厨的官吏。

夙，巫雪如（1996，131 頁）：或係殀字異體。殀氏可能即費氏。李運富（1997，123 頁）應釋讀爲宿。《説文》宿字古文作“夙”，也從夕，正與此同。

〔79〕 𢽤，李天虹（1993，87 頁）釋爲“熾”。劉信芳（2003，135 頁）：字與《説文》“熾”之古文同形，疑讀爲“戠”。古代訟獄須納財物於官府，“與戠三十”，乃舒𡰧爲要求盟證所付的訴訟費。湯餘惠（1993A，72 頁）、何琳儀（1993，56 頁）以爲左旁所從爲“尞”，湯氏疑即古“敹”字，何氏讀爲“轑”。李零（1999A，149 頁）隸作“戭”。李春桃（2014，17 頁）：隸作“戭”，是以“炅”爲基本聲符。陳偉（1996B，143 頁）：疑讀爲僚。《左傳》文公七年：“同官爲僚。”簡 138 背面所謂“同官”，蓋即指此。賈連翔（2020，57～58 頁）：讀爲僚可備一説。這些人自然不是舒𡰧的“同官”，而是參與拘捕苛冒、桓卯以及最初審判的一些官吏、雜役，他們由於身份較低，故不稱名姓，以人數泛言之。簡 138～139 列出的人員，應該都是“褻上之職獄”。

陳偉（1996B，32 頁）：138～139 號簡正面爲第三組文書中的第一件，是舒𡰧重新舉證的請求。

〔80〕 箸，原考釋：借作書。

陳偉（1996B，32 頁）：139 號簡背面爲第三組文書的第二件，爲左尹向宛公轉告王命。

〔81〕 𢧵，原釋文隸作𢧵。考釋云：讀如來，《爾雅·釋詁》：“來，至也。”劉國勝（1999，43 頁）：從來得聲，疑爲“賴”之異體。《方言》卷二：“賴，仇也。南楚之外曰賴，秦晋曰仇。”簡文是説排除其中與舒𡰧有所親近而可能對公正舉證不利的人。孔仲温（2002，247 頁）：《包山楚簡》釋爲“來”，是。簡文是説思𡰧他來述説事情於𡰧的處所，以作爲呈堂供證。王輝（2001，172 頁）：字從戈求聲，救字異體，讀爲仇。《説文》：“仇，應也。”《玉篇》：“仇，對也。”“仇叙”就是“對叙”。“與其仇”，就是“與之對勘、對證”，也就是對證人進行口頭瞭解、審查。大西克也（2000，9 頁）：簡文讀作“仇”，意思是説讓𡰧的敵對者就𡰧證言的内容進行陳述。劉信芳（2003，134 頁）：讀爲“仇”，仇，讎也。讎者，對也。陳偉（2003，334 頁）：仇，是指與舒氏在訟獄中處於對手地位的苛冒、桓卯等人。

叙，原考釋：《説文》：“次第也。”孔仲温（2002，247 頁）、大西克也（2000，9 頁）理解爲叙述。劉國勝（1999，43 頁）：排除。劉信芳（2003，134 頁）：“仇叙”猶對質。陳偉（2003，334～335 頁）：可能是取比次之意，也可能讀爲“除”，訓爲“去”。大概是讓舒氏訟事的對手對舒𡰧提出的證人資格作出認定。

〔82〕 怠，裘錫圭（1998B，133 頁）針對郭店竹書《緇衣》10、22 號簡中的同形之字云：此字應從今本釋作“怨”，字形待考。

陳偉（1998B，106 頁）：包山簡中的這句話也可能應讀作“有怨不可證”。

〔83〕 社，原考釋：地神。《説文·示部》：“地主也。……《周禮》二十五家爲社，各樹其土所宜木。”彭浩（1991B，553 頁）：同社，同祀一社。

同官，彭浩（1991B，553 頁）：一同供職的官吏。周鳳五（1996，30 頁）：同一手工作坊。今按：陳偉（1996B，115～120 頁）以爲官、倌爲庶人在官者。依此，“同官”也許指同在一個官署供任雜務的人。

〔84〕 匿，原考釋：借作暱，《爾雅·釋詁》：“暱，近也。”

從父兄弟，原考釋：《爾雅·釋親》：“兄之子、弟之子相謂爲從父晜弟。”

賈連翔（2020，57 頁）：這裏抄録的也許是楚國當時的律條。

陳偉（1996B，32 頁）：138 號簡背面爲第三組文書的第三件，大概是陰地官員關於重新取證的報告。劉信芳（2003，127 頁）、王捷（2015，168 頁）以 139 反、138 反、138、139 爲序。

〔85〕 䍐，劉釗（1998，51 頁）：應釋爲“畢”，“䍐”即“畢”之繁文。

[illegible]，原釋文左旁隸作貝，右旁未釋。李零（1999A，154 頁）：從照片看，右半似從二酉。劉信芳（2003，140 頁）隸作鶹。李家浩（2006，17 頁）隸作賟。今按：右旁所從應如李零所云，從二酉。左旁待考。

栖，劉信芳（2003，140 頁）：楚系文字多假“栖”爲“西”。作爲姓氏，字讀爲“柳”，馬王堆漢墓帛書《五行》第 216 行“西子下”即“柳子下”。

糙，原釋文隸作稓。李零（1998，143 頁）讀爲“粢”。蕭毅（2010，238 頁）：可能是“粡”字異體。《玉篇》：“粡，胡達切，白米也。”“害”“曷”古音同屬匣母月部。今從劉信芳（2003，140 頁）隸寫。

城，彭浩（1991B，551 頁）讀爲“成”。陳偉（1996B，146 頁）：成指達成調解。李零（1998，143 頁）：告成，報告賦斂結果。

〔86〕 諍，整理者隸作譹，讀爲假。李家浩（2006，21～22 頁）：可能是“加”字異體，與“誣”同義。“無加”就是“無誣”。陳偉（1996B，227 頁）釋爲“諍”，讀爲“争”。荆門市博物館（1998，133 頁）同。

〔87〕 漸，原考釋：借作斬，《國語·齊語》“斬孤竹而南歸”，注：“伐也。”陳劍（2008，81 頁）：在“漸（斬）木”後斷讀。

光，整理者釋作“先”，疑爲“失”字之誤。李零（1998，143～144 頁）：此字也可能是量詞。白於藍（2001B，155～156 頁）：似當釋爲生長之“長”。李家浩（2006，22～23 頁）：即“微”字所從聲符“㣲”，用爲“微”，取的意思。類似寫法的字還見於上博竹書《采風曲目》2 號“將㣲（微）人”。陳劍（2008，81～82 頁）：釋爲“光”，讀作“枚”，“枚”常可用於計量樹木。今按：《采風曲目》2 號簡的同形之字，整理者釋爲光，疑讀爲“媺”（馬承源 2004，166 頁）。包山簡此字或可讀爲“微”。《左傳》哀公十六年：“白公奔山而縊，其徒微之。”杜預注：“微，匿也。”簡文是説把砍伐的樹木隱藏在某處。

襄溪，原考釋：地名。

〔88〕 其，李家浩（2006，23 頁）：訓爲“又”。《左傳》僖公二十三年：“其波及晋國者，君之餘也，其何以報君?”《國語·晋語四》記此事，跟“其何以報君”相當的文字作“又何以報”。陳劍（2008，81～82 頁）：“四百光（枚）……”“其百又八十光（枚）……”云云，均是對“鄧人所斬木”所作出的具體説明。前者在句子結構上緊接於“鄧人所斬木”之後，故不用“其”字；後者則因距離“鄧人所斬木”已較遠，故其前加一用以指代的“其”字。此“其”字不必解釋爲“又”。

〔89〕 怠，李天虹（1993，86 頁）釋爲“忕”。李零（1999A，150 頁）：應釋怠，用作“怠”或“怡”。

瘠，白於藍（1999，191 頁）引林澐之説云：應隸作瘠，從次聲。次聲不僅通齊聲，也通疾聲。應即《説文》疾字異構。

㯳，李零（1999A，148 頁）釋。李守奎、張峰（2012，83 頁）：隸作“㫑”，是“傑”字的異體。今按：此人之名 132 號簡背面寫作“傑”。

〔90〕 攼愴，整理者讀作帛倉。

䢐，原考釋：讀如趣。《列子·湯問》“汝先觀吾趣”，注：“行也。”

衖，白於藍（1997，44～45 頁）：字爲巷的原始寫法。“州巷”一詞亦見於《禮記·祭義》，指里中道路。趙平安（1998，80～81 頁）同釋。劉信芳（2003，142 頁）：郭店竹書《緇衣》簡 1“巷”亦如是作。

〔91〕 夫，今按：第三人稱代詞。

〔92〕 安，周鳳五（1993，13～17 頁）釋作“焉”。

獸，原考釋：借作守。劉信芳（2003，143 頁）：《説文》：“守備也。”“獸之”，意即拘留之。今按：《玉篇·宀部》：“守，收也。”收捕之意。

〔93〕 礨，劉釗（1998，61 頁）：所從乃石字之省。楚文字中嚚、敓二字用作聲符時可以互换，此字應釋爲“礅”。

郹，李零（1999A，147 頁）：所從右旁乃榠字。“榠”即“榠樝”之“榠”，見《玉篇》《廣韵》《集韵》。此字右旁見於上博竹書《周易》15 號簡，徐在國（2004A）云：當分析爲從“木”“冥”聲，釋爲“榠”。馬王堆漢墓帛書本、今本均作“冥”。

〔94〕 桎，原考釋：《説文》：“足械也。”何琳儀（1998，1087 頁）：從木，侄聲。李零（1999A，146 頁）：從木從侄。

〔95〕 戭，白於藍（1999，199 頁）：傷字異構。

〔96〕 郾，原考釋：讀作燕，國名。白於藍（1999，187 頁）引林澐説：即《説文》郾字。

新，李零（1999A，153 頁）：楚“慎”字。陳偉武（2000，251～256 頁）、陳劍（2001，207～214 頁）有專門考釋。陳偉（2004B，343～346 頁）：慎通“軫”，陳慎疑即見於《戰國策》《史記》的陳軫。

郻，徐在國（1998，82 頁）：從邑畏聲，即“魏”字異體。

畲，湯餘惠（2001，235 頁）徑釋“畲”。劉信芳（2003，144 頁）據郭店竹書《性自命出》24、34 號簡“畲”字釋出。

鼙，白於藍（1996，43 頁）：字從壴從卑。壴、鼓通用，應即鼙字。簡文用作姓氏字，疑當讀爲卑，見於《通志・氏族略》。

朢，李天虹（1993，87 頁）：疑此字從壬亡聲，即望字異體。巫雪如（1996，61 頁）：“望”字在包山楚簡中用作姓氏，《通志・氏族略》列望氏於以名爲氏條下，云：“姜姓，《風俗通》：‘齊太公望之後。’”劉信芳（2003，145 頁）隸作“朢”，讀爲“望”。

䊀，原釋文作“業”，高智（1996，184 頁）：即“茣”字。李守奎（2003，156 頁）先釋“茣”字，同時提出此字也可能與䇷相關，并非茣字。蘇建洲（2010，87 頁）：此字應該釋爲“䇷”，是人名。

郘，原考釋：亦稱吕，國名，在今河南南陽西，春秋時爲楚所滅。今按：李學勤（2004A，14～17 頁）讀爲“巴”，看 226 號簡注釋。

宎宮，簡文合書，原釋文析讀作“宮犬”，陳偉（1996B，228 頁）析讀爲“宎邑”。李家浩（2015A，270 頁）：疑“宮犬”應該讀爲“黬犬”，指黄黑色的犬。

鳶，何琳儀（1993，59 頁）釋爲“顏”。白於藍（1996，42 頁）釋爲“雁”。今按：郭店竹書《性自命出》7 號簡中的“雁”與此字略同。《禮記・内則》：“舒雁翠，鵠鴞胖。”鄭玄注：“舒雁，鵝也。”叙雁或即舒雁。朱曉雪（2011B，243 頁）：“宮犬”與“叙雁”相對應，應即動物之“犬”。“宮犬”與“叙雁”均爲發放給外國客使的類似薪俸或者薪俸之外的東西。

〔97〕 肉，原釋文作月，白於藍（1999，189 頁）改釋。

寀，劉信芳（2003，145 頁）：讀爲禄。《周禮・天官・大宰》“四曰禄位”，鄭玄注：“禄若今月俸也。”“肉禄”謂客卿就官事之所食，折算成金額發放。

旦，劉信芳（2003，146 頁）：一旦，副詞。李家浩（2015A，270 頁）：讀爲“亶”，訓爲“蚩”。今按：看 145 號簡背面，肉寀爲官署名，旦爲職役名或人名。

瀳，劉信芳（2003，146 頁）：讀爲“廢”。今按：發有奔走義。《文選・西京賦》：“鳥不暇舉，獸不得發。”薛綜注：“發，駭走也。”如果叙雁即舒雁，“瀳”恐當讀爲“發”。

〔98〕 歸，原考釋：讀如歸，歸還。劉信芳（2003，146 頁）：《論語・陽貨》“歸孔子豚”，何晏集解：“遺孔子豚。”

〔99〕 中舒，参看 18 號簡注釋。李家浩（2015A，270～271 頁）：疑“中舍”與洛陽金村出土的銀小匜銘文中的“中舍”同義，也應該是機構名，可能就是東周、燕等國賓客食宿之所。

原釋文在“戠”後斷讀，陳偉（1996B，228 頁）連讀。

〔100〕 司豊，李家浩（2015A，272 頁）：釋爲“豊”，從劉信芳“豊”假作“禮”，“司禮之客”當是楚國主管外交禮儀的官。

〔101〕 舍，何琳儀（1993，59 頁）釋。

寀遣，原釋文缺釋。張伯元（2014，211 頁）：可能是人名。劉松清（2019，52 頁）釋出。

䶒，朱曉雪（2011B，243 頁）釋。

〔102〕 寢，原考釋：地名。《左傳》宣公十二年“沈尹將中軍”，杜注：“沈或作寢，寢縣也。”寢，在今河南固始縣。劉信芳（2003，148 頁）：寢廟。

客，劉信芳（2003，148 頁）：應指工匠，所欠金額似是購物賬。

〔103〕 刹，参看 116 號簡考釋。

〔104〕 几，原釋文作“期”，劉信芳（2003，148 頁）、裘錫圭（2006，253 頁）釋爲“几”。

〔105〕 紳，劉信芳（2003，148 頁）釋爲“纓”。今按：字當隸定作“緭”，讀爲“紳”。

〔106〕 獻，簡文從“貝”作。原考釋：似爲獻字異體。今按：葛陵簡甲三 342－2“獻馬之月”的“獻”正如此作。

煮，林澐（1992，84 頁）、劉釗（1992，3 版）、黄錫全（1992，188 頁）、何琳儀（1993，59 頁）釋。

盡，林澐（1992，84 頁）：可能是鹵之繁體，甚至就是未加聲符的鹽字初文。劉釗（1992，3 版）：鹽字從鹵從皿，見於《五音集韵》，爲鹽字異體。今按："煮鹽"亦見於上博竹書《容成氏》3 號簡。

海，整理者釋爲"泯"。林澐（1992，84 頁）：古文字中母、每或通用，馬王堆帛書《老子》甲"海内四邦"之海即從母。劉釗（1992，3 版）：海字的這種寫法還見於《古璽彙編》0362 號燕官璽和《吉林大學藏古璽印選》43 號私璽。今按：後來刊布的楚簡"海"字亦作此形，如郭店竹書《老子》甲 2 號簡、上博竹書《容成氏》5 號簡所見。

受，原釋文作"爰"，劉釗（1992，3 版）、袁國華（1993A，432～433 頁）改釋。李家浩（1998A，4 頁）讀爲"授"。

屯，原考釋：皆（參看朱德熙、裘錫圭《戰國文字研究（六種）》，《考古學報》1972 年第 1 期）。

儋，李家浩（1998A，5 頁）：擔。楚國一擔的容量是一斛二斗。

𨥎，何琳儀（1998，879 頁）：疑"鎈"之省文。《正韵》"鎈，錢異名。"劉信芳（2003，150 頁）：聲符同"怪"字之聲符，讀爲"甶"，俗作"塊"，"金銍"即金塊。史傑鵬（2011，234～239 頁）：讀爲"鍰"，"金鍰二鍰"意思爲黄金鑄成的鍰兩鍰。李守奎（2014B，134～136 頁）：釋爲"鈑"，"銍"是其異體。馬楠（2020，19 頁）："受屯二擔之食，金鈑二鈑"句謂陳悬、宋獻每月皆受二擔之食，其值爲"金鈑二鈑"。今按：此字右旁疑爲楚文字"付"的省形。從"人"、從這個偏旁的"付"見於上博竹書《周易》51、52 號簡。此字恐即"符"，加"金"旁表示用青銅製成。

〔107〕 將以成收，劉釗（1992，3 版）：大概是指陳、宋二人負責將鹽收上來的意思。今按："收"也許是指收符。

〔108〕 原釋文以 147、148 作一篇文書。陳偉（1996B，60 頁）：簡 148 字很少，難以與其他簡書連讀，或許也屬於篇題。劉信芳（2003，150 頁）：簡 148 長 64.5 厘米，簡 147 長 68.5 厘米，二簡是否相次，尚存有疑問。

〔109〕 斂，原考釋：《説文》："收也。"《廣雅・釋詁一》："斂，取也。"

關金，石泉（1996，168 頁）：在關卡要地所徵收的税金。

敚，劉信芳（2003，152 頁）：疑讀爲"税"，在其前斷讀。今按："邾敚"與 100 號簡"滕敚"類似，疑亦是地名。

〔110〕 𦦙，原釋文隸作輿，考釋云：讀如購。劉信芳（1996A，79 頁）：字讀如"舁"，《説文》："舁，量也。"李天虹（1993，87 頁）隸作賟。

仿，劉信芳（2003，152 頁）：徵税官。"税舁仿"，税金量入走仿官。

邑，原考釋：《周禮・地官・小司徒》"四井爲邑"，注："方二里。"《周禮・地官・里宰》注："邑，猶里也。"孫詒讓正義："邑爲民居所聚，民居有多少，故邑有大小。""邑之制，在國中則始於一里二十五家，在野則始於四井三十二家……如地狹勢偏，不足四井，則或三井，或二井，或一井，皆可爲邑。"

𥓓，原釋文作"碼"，劉信芳（2003，152 頁）改釋。

倍楮，劉信芳（2003，152 頁）：讀爲"造楮"。《説文》："堵，垣也，五版爲堵。"古時築城用板，故字或從木作。"造楮"，應是負責築城的官署。

〔111〕 房，劉信芳（2003，153 頁）：100 號簡又作"汸"，捕魚用的堤防。

〔112〕 賽，劉信芳（2003，153 頁）：讀爲"塞"，據文意應是作爲行政管理區劃的一定水域。

〔113〕 相，袁國華（1993A，439～440 頁）釋。文炳淳（2000，2 頁）：袁説是，郭店竹書《窮達以時》6 號簡中的"相"字可證。

内，馬楠（2020，21 頁）："内（入）"與"關金"并無關係，而是指簡本身是由"辶尹之相壐（唐）余可"繳納給墓主人左尹的。

〔114〕 郕，原釋文作"邦"，劉信芳（2003，154 頁）改釋。

轤，黄錫全（1992，196 頁）：右旁爲"登"形省變。李家浩（2000A，90 頁）釋爲"轤"。

〔115〕 牢，原考釋：《説文》："閑養牛馬圈也。"朱駿聲云："牛羊豕之閑曰牢，馬曰厩。"劉信芳（2003，154 頁）：曾侯乙簡 152 有"中獸尹"，牢中獸應是中獸尹的屬員。簡 157 有"牢中"，爲"牢中獸"之省。

〔116〕 𦬿，黄錫全（1992，189 頁）釋爲"蒄"，劉信芳（2003，154 頁）：從艸，秉聲。秉之字形可參郭店《緇衣》簡 9"隹秉國成"，疑秉陵讀爲"房陵"。蘇建洲（2006）：將上博五與該字下部字形相同的一個字，分析爲從"歺"從"刀（刃）"。陳劍先生進一步認爲其實就是"列"字，本簡之字當釋爲"茢"。徐在國（2017，85 頁）：從"艹"、"刈"聲，"艾"字異體。艾陵，地名。侯瑞華（2021，78～79 頁）：艸旁下部從刀，歺聲，是"刈"字異體。

紳，今按：爲减省寫法，參看李守奎（1998B，79～81頁）。

徒，原釋文隸作“辻”，劉釗（1998，67頁）、何琳儀（1993，61頁）徑釋爲“上”。今按：楚文字“上”字有左出横畫。此字當釋爲“徒”。

莔，何琳儀（1993，61頁）、劉釗（1998，62頁）釋作“蓎”。黄錫全（1992，188頁）、湯餘惠（1993A，73頁）釋爲“蕳”。袁金平（2013，74頁）：“徒莔”還見于清華貳《繫年》57號簡，即先秦古籍習見的“楚之雲夢”，位於今漢水中游以東的京山、鍾祥一帶。

〔117〕　新，原釋文作“𨝚”，劉信芳（2003，154頁）改釋。

〔118〕　左馯，原考釋：左馶，職官名。王紅亮（2014，56頁）：“左馭”相當於《周禮·夏官》中的馭夫。

飤田，原考釋：飤，通作食。飤田即食田。李學勤（1992，3版）：《國語·晋語四》“士食田”，注：“受公田也。”董增齡《國語正義》説：“《漢書·食貨志》‘士工商受田，五口乃當農夫一人’，《周官禮·載師》疏‘士之子不免農，大夫之子乃免農’，據此則士得食其自耕之田。”西晋時發現的汲冢竹書有《周食田法》。王紅亮（2014，57頁）：即是禄田，其可以世襲繼承。

城田，李學勤（1992，3版）以“城田一”爲句，認爲：“城田”疑指附郭之田，城田一是一田，即一夫所受百畝。陳偉（2018，58頁）：城田是番戌食田所在的那片土地的名稱。今按：城田，疑當是田名，與154號簡“啻苴之田”相當。

〔119〕　索，原釋文作“素”，李學勤（1992，3版）：釋爲“索”。《左傳》定公四年：“疆以周索”“疆以戎索”，“索畔疆”應指畫有田界而言。劉釗（2002，123頁）：或與“一”連讀，指一種民間的計量單位，一般認爲十丈爲一索。劉信芳（2003，156頁）：法定田界。今按：“索”與後文“畹”對文，分别位於“一”“畔（半）”後，均當是長度單位。劉釗之説可從。《大戴禮記·主言》：“然後布指知寸，布手知尺，舒肘知尋，十尋而索。”尋，一般説是八尺（見《説文》）。另有一尋爲七尺（《史記·張儀列傳》索隱）、六尺（《廣韵·侵韵》）等不同説法）。一索合八十尺。

畔，李學勤（1992，3版）：據《説文》是田界，段玉裁注：“一夫百畝，則畔爲百畝之界也。”今按：恐當讀爲“半”。

荀，李學勤（1992，3版）釋爲“疆”，徐在國（1998，80頁）：此字又見於江陵九店56號墓楚簡。似應分析爲從艸從田夗聲，應釋爲“苑”。李零（1999A，159頁）：應釋“菀”，讀爲“畹”。何琳儀（2003，346～349頁）釋爲“菎”，讀爲“畹”。李家浩（2012，47頁）：釋作“荀”。陳偉（2018，59頁）：根據《孫子兵法·吴問》記載中的最大長度和《司馬法》的計量方式，推算番戌食田約合八畝，文書記述的有可能是“宅地”。今按：《楚辭·離騷》：“余既滋蘭之九畹兮，又樹蕙之百畝。”王逸注：“十二畝爲畹。或曰田之長爲畹。”《玉篇》田部：“秦孝公二百三十步爲畝，三十步爲畹。”《玉篇》後一句與《離騷》王逸注呼應。如以此推算，番戌食田寬15步。

〔120〕　逡，彭浩（1991B，550～551頁）：繼承。李學勤（1992，3版）亦云：古稱嗣子爲後子，見《荀子·正論》及雲夢睡虎地秦簡。今按：張家山漢簡《二年律令》亦多見“後”字的這一用法。

〔121〕　其，陳偉（2018，62頁）：“其弟”“其從父之弟”應當跟“其子”之“其”一樣，指番戌的可能性最大。

黯，湯餘惠（1993A，73頁）隸寫。

〔122〕　左尹士，155號簡原考釋：簡150“左尹士”即左尹之士。今按：士當是左尹之名。

歀，原釋文隸作欵，劉釗（2002，123頁）釋作欸。朱曉雪（2013，493頁）：字從“次”，應隸定爲“歀”。

〔123〕　㽃，原考釋：讀如妨，《説文》：“害也。”周鳳五（1993，363～365頁）、李零（1993，436頁）釋爲“病”。周氏云：病從丙聲，古音方與丙皆屬并紐陽部，從方、從丙的字往往互通。“病於債”，即受困於債。

責，原考釋：讀如債。

〔124〕　骨，李學勤（1992，3版）：以音近讀爲“訖”，《逸周書·皇門》注：“既也。”劉釗（2002，124頁）：疑應讀爲“過”，簡文指“過户”。李家浩（2012，49頁）：疑讀爲“覬”或“闓”，《廣雅·釋詁一》：“闓，欲也。”陳偉（2018，60頁）：懷疑讀爲“果”，訓爲“竟”“終”。

賃，原釋文隸作賃，考釋云：讀如得。李學勤（1992，3版）：儥，見《周禮》，即今鬻字，意思是賣，可參看《説文繫傳》。

〔125〕　遊（游）昏，原釋文在二字間斷讀，李學勤（1992，3版）連讀。巫雪如（1996，139～140頁）：遊通“游”，游氏《通

志·氏族略》列於“以字爲氏”條下。

賈，原釋文作貯。李學勤（1992，3版）改釋，《説文》云：“市也”，《左傳》桓公十年注：“買也。”

〔126〕 𥳑，原釋文隸作節。李學勤（1992，3版）：釋爲“節”，疑指璽節，即後世的印章。戰國時的什伍制“田里相伍”，受田者五家編爲一伍，田的轉讓可能也需要在契約上有伍的封印以爲證明。何琳儀（1993，59頁）釋爲簡，讀爲“蓋”。劉釗（2002，124頁）：簡字不能確定，但恐怕不是“節”字。簡文的意思可以推定，應是“有士伍證明裁斷”。劉信芳（2003，156～157頁）釋爲“節”，疑讀爲“則”。并據青川木牘“田廣一步，袤八則”和阜陽漢簡“卅步爲則”的記載，推算五則爲一百五十步。陳偉（2018，60～61頁）：懷疑“節”是符節的節。簡文“有五節”，或許是指針對番戌食田買賣製作了一組五件的竹節，作爲交易的憑據。今按：五簡疑是人名。五即“伍”，姓氏用字，亦見於33、173、181號簡等。伍簡、鄧賞同是對這起土地交易提出異議的人。

閟，李學勤（1992，3版）：《小爾雅·廣言》：“非也。”王紅亮（2014，58～59頁）：“間”指“間田”，即“閑田”。王士之後認爲既然“番戌無後”，國家就應該收回其田以爲“間田”，而間田是爲了進一步賞賜的，賞作爲“王士之後”，其就有可能得到這些田。陳偉（2018，62頁）：可將“間之”理解爲是對從父之弟番歜繼承番戌食田是否合法的質疑。

〔127〕 黖，劉釗（1998，62頁）：字從墨從夬。不見於字書，疑讀爲“決”。今按：依簡文通例，職官名後應有私名。黖爲左令之名。

定，李家浩（2012，49頁）：是司法術語，與《淮南子·人間》“獄斷論定”之“定”同義。

〔128〕 原考釋：此處二字與簡154對照似爲“啻蘆”。陳立柱（2012，第446頁）：“啻苴”的合讀接近於“鵲”音，與秦漢時期的芍陂之芍的讀音、地理範圍正相當。今按：在紅外影像中，蘆字大致可辨。“啻”字據154號簡補出。啻苴，田名。

〔129〕 鄝，何浩、劉彬徽（1991，573頁）：與用作地名的“六”同音。郭沫若、張日昇均將录器之录讀爲“六”。在今安徽省六安東北。簡文謂鄝在鄱君封地東南，二者正好相符。

層，原釋文作“佢”，考釋：讀如歫，字亦作岠。《廣雅·釋詁一》：“岠，至也。”湯餘惠（1993A，73頁）：疑“佢”即《集韵》“倮”的古文，“佢疆”“執疆”猶言“際疆”“接疆”，都是交界的意思。何琳儀（1993，61頁）：應釋“弡”，其“弓”旁訛作“人”形。“弡疆”應讀“距疆”。《莊子·漁夫》：“距陸而至。”釋文：“距，至也。”劉信芳（2003，158頁）：弡，通作“距”。《尚書·益稷》“予决九川，距四海，濬畎澮，距川。”孔傳：“距，至也。”疏：“距者，相抵之名，故爲至也。”距疆猶言接壤。

〔130〕 菮，何浩、劉彬徽（1991，573～574頁）：菮地應在故蓼國、漢蓼縣的東南，大約在今皖西安豐塘水庫以南偏東的水網地區。劉彬徽（2000，145頁）：據簡文，地在鄱君之東，鄝君之東北，當在今安徽霍丘東境内。

〔131〕 鄝陽，何浩、劉彬徽（1991，574頁）：鄝通蓼，即與六同一年爲楚所滅之蓼。《左傳》文公五年釋文“蓼或作鄝”。故城在今河南固始與安徽霍丘接界的蓼城岡。蓼陽當在蓼縣北境的今霍丘境内。

〔132〕 鄱，原考釋：讀如番。番君的銅器曾在河南南部信陽地區屢有發現，據研究，在今河南固始縣（參看李學勤《論漢淮間的春秋青銅器》，《文物》1980年第1期）。

〔133〕 郜，張守中（1996，98頁）釋爲“邮”。

〔134〕 鄭，原釋文隸作“鄣”，張守中（1996，108頁）改釋。

〔135〕 厩，原釋文讀爲“厩”。湯餘惠（1993A，74頁）：應是“飤”之繁文，新大飤與新大厩爲不同官署名。李家浩（1996A，168～169頁）重申舊説，認爲是“厩”之異寫。

啻蘆之田，彭浩（1991B，550頁）：這塊土地有可能是新大厩的食田，應是來自楚王的賞賜。

〔136〕 𦦋，劉樂賢（1997，616～617頁）：應以音近讀爲“至”。執疆也是至疆的意思。劉信芳（2003，158頁）：執、接音近義通，執疆即接疆。

〔137〕 菮，原考釋讀作“陵”。劉釗（1998，69頁）：字從艸從阜從“冰”，應釋爲“菱”。

〔138〕 陵字之前，原釋文缺釋三字。陳偉（1996B，230頁）釋“陵”上一字爲“南”。今按：據紅外影像，此字確爲“南”，其前應衹有一字不識。

羞，整理者在其後着頓號。今按：“襄陵”以下，應是邸羞所云，“僕”爲其自稱，因改用冒號。

〔139〕 䙴，原釋文徑作“襄”。李守奎（2003，446頁）：隸作“䙴”，疑爲囊字異體。

原釋文於“鄢”下斷讀，劉信芳（2003，160 頁）以“僕宫於鄢”爲一句，說：宫於鄢，在鄢任邑大夫。今按：楚璽有“江陵行宫大夫璽”“上埸行宫大夫璽”（參看黄盛璋 1994，197 頁），可參。

行，楊華（2015，65 頁）：在“行”字後斷句，“敬陵之行”指敬陵的喪葬儀式。

〔140〕　只，原釋文作“足”。李守奎（1998A，23～24 頁）：當即匹字異寫。郢匹當讀爲“郢胥”，即郢之胥吏。劉信芳（2003，160 頁）：字從口，孑聲，讀爲“節”，簡文是說郢都發節傳令。楊華（2015，66～68 頁）：“郢胥”就是來自楚國首都郢城的喪祝之胥。朱曉雪（2013，497 頁）：更像是“只”字，“只”在簡文中似爲上級下達命令時所用的憑證，即劉信芳所言“發節傳命”。今按：據紅外影像，應爲“只”字。

王士，原考釋：楚王之士。

〔141〕　若，原釋文釋爲“足”。劉信芳（2003，160 頁）：原簡字形已漫漶，按其殘畫可與下文“若”比勘，應是“若”字。讀爲“如”，依照。今按：據紅外影像，劉釋是。

厇，原考釋：《説文》宅字古文與簡文形近。劉信芳（2003，160～161 頁）：安葬之所。《儀禮・士喪禮》：“筮宅，冢人營之。”鄭玄注：“宅，葬居也。”楊華（2015，66 頁）：讀作“度”，指按王士的規格來安排葬禮。

〔142〕　爰，原釋文疑作“授”。黄錫全（1992，188 頁）隸作“𡨾”。劉信芳（2003，161 頁）沿用黄説，讀爲“捋”，以爲：捋節，取節相合，即查驗符節。今按：據紅外影像，似當釋爲“爰”。

〔143〕　只命，今按：即上文“郢只命”。

〔144〕　司城，原考釋：又作“司甙”，職官名，也見於曾侯乙墓竹簡。

喪，陳偉（1996B，123 頁）疑爲“喪”。今按：此字上部與上博竹書《周易》44、53 號簡中的“喪”相同，簡文又在講“葬”“宅”，當是“喪”字異寫。“爲喪”猶治喪，也可能是“爲喪客”的省寫。

爲喪，楊華（2015，68 頁）：充當喪主。

〔145〕　方，劉信芳（2003，161 頁）：副詞，表時間，謂正好、正當。

喪客，陳偉（1996B，123 頁）：負責操辦安葬王士。作爲官吏名的“客”也許屬於一種臨時差遣性的、非常設的職位。楊華（2015，68 頁）：“喪客”指助喪者。

〔146〕　五連之邑，劉信芳（2003，161 頁）：《國語・齊語》：“五家爲軌，軌爲之長；十軌爲里。里有司；四里爲連，連爲之長。”則“五連之邑”有一千家。此爲齊制，楚制“五連之邑”亦是較大居住區。今按：上博竹書《簡大王泊旱》16 號簡有“五連小子”與相徙、中謝并列，爲楚王親近。五連之邑或與之有關。

〔147〕　白，原未釋。劉國勝（2013，182 頁）釋。

命，今按：由下文“逃命”看，似指受命。

敦，讀爲“穀”。上博竹書《孔子見季桓子》14 號簡“五穀”、《申公臣靈王》7 號簡“不穀”，簡文皆作“敦”。單育辰（2012A，68 頁）：“王穀”猶“楚王之穀”。劉國勝（2013，182 頁）：“王穀”可能是人名，白執是受命爲王穀辦事，因對王穀不滿而逃避命令。

〔148〕　取邾，原釋文與上文連讀。“取”疑讀爲“趣”，前往。“邾”所從“朱”中間豎筆斷爲兩筆，可參看簡 117“株”、包山竹牘“絑”等字的寫法。單育辰（2012A，68 頁）：“取邾”是攻取邾邑的意思。

〔149〕　浧，單育辰（2012A，68 頁）：讀爲“盈”，“盈穀”是使穀物充滿的意思。今按：疑讀爲“程”，計量義。

逃命，今按：逃避命令。《左傳》昭公十三年：“若曰無罪而惠免之，諸侯不聞，是逃命也，何免之爲？”

〔150〕　詣，睡虎地秦法律簡指將疑犯送交官府。范常喜（2012，533 頁）：似用爲“稽”，訓爲“稽查”。

〔151〕　鄅，原釋文釋作“鄁”。今按：姓氏字。《左傳》昭二十二年：“鄅肸伐皇。”

敓，劉釗（1998，67 頁）：戰國文字中從如的字常可從女作，故應釋爲“智”，字見於《集韵》。何琳儀（1998，1013 頁）釋爲“婄”。

窗，黄錫全（1998，80 頁）徑釋爲“留”。

刅，原考釋：即大梁，魏國都城。白於藍（1999，189 頁）：即梁字異構。今按：上博竹書《景公瘧》“梁丘據”“澤梁”之“梁”聲符皆從禾從刃，與此類似。唯簡文所書乃楚國之事，這處大梁當非魏都。

奮，劉釗（1998，62 頁）：字從崔從田。戰國文字中一些從土的字可改從田作。此字可釋爲“堆”，見於《集韵》，簡文中用法不詳。陳宗棋（2000，13頁）：奮字亦多見於九店56號墓竹簡1～12號，該批竹簡據研究是關於某類租税的徵收記録。包山簡“戠奮之客”的職掌可能與九店簡有關，可能也是負責某類租税的徵收。李家浩（2000A，58頁）：九店簡中的奮似是指某種農作物。包山簡“戠奮之客”應當是管理這種農作物的職官。劉信芳（2003，164頁）：“奮”字原簡從田萑聲，乃萑之繁形。而萑其上從屮作，從屮與從艸不甚別。據九店簡文意，“奮”是一種植物，應讀爲“萑”，《爾雅·釋草》：“萑，蓷。”《詩·王風》：“中穀有蓷。”“蓷”乃草名，如是則職蓷是掌管薪芻之官。曹錦炎、岳曉峰（2018，23頁）：九店簡文的“奮”字爲“穛”字異體，指精米。至於包山簡文中的“司穛”，則是職掌精米（即泛指糧食）的職官名。

〔152〕 命解，朱曉雪（2013，502頁）：在“奮”之後斷句，讀“命解……之奮，貣解”爲句。認爲“貣解”是陳述事實，即舟㱿等機構的“奮”已經解除。馬楠（2020，21頁）：“解”并非解除之義。“解”本義爲分割剖判，引申有散出、放捨義。

䇣，原釋文隸作㡧。陳煒湛（1998，590頁）：此字既不從宀，亦不從戈，實乃從竹省。此字亦見於鄂君啓節，商先生亦隸定爲䇣，從竹，從緘省口，釋箴，即後世之“箴”。是簡文此字亦可釋“箴”。李零（1999A，162頁）：疑此字所從非“戈”字，而與商代甲骨文和西周金文表示殺伐之義的字𢦏相同。宋華强（2012，610頁）：“䇣”字可能是以“个”爲意符，以“緘”字省體爲聲符，本是爲“尖（鑯）”所造之字。

輣，劉信芳（2003，165頁）：《説文》：“輣，樓車也。”“車輣”似是管理樓車的職官。

圣，劉剛（2013，451頁）：可讀爲“役”。“車輣圣斨”應該就是管理兵車之役的職官。陳治軍（2015，328頁）：或可讀爲“緇”。

牢，原釋文作“宋”，劉信芳（2003，164頁）釋爲“牢”。

㝡，何琳儀（1993，61頁）釋爲“宰”。

〔153〕 鄩，李學勤（2000，11頁）釋。

〔154〕 厠，袁國華（1994B，89頁）：厠同廁。廁有次義，應作職位解。今按：“畢得厠”恐爲一人名。

史，袁國華（1994B，87～90頁）釋。

〔155〕 甚，原釋文作“當”，劉信芳（2003，166頁）改釋。今按：“病甚”爲古人習語，猶言病劇。《戰國策·魏策三》：“病甚奈何。”

〔156〕 䟫逄，鄭威（2014，124頁）：“路”可讀爲“落”，會聚落之意。簡文之“路（落）”或是爲了安置滅於楚的列國遺族而設，其下轄有楚國的基層政區“邑”。

逩，陳偉武（1997，641～642頁）釋爲“周”。朱曉雪（2013，393頁）：整理者斷讀可從，“夏路史”“逩史”應爲職官名。今按：此處疑當改讀作“夏路史逩、史爲告於少師”。史，職名，也可能是姓氏。《通志》氏族略四“以官爲氏”有“史氏”。逩、爲并是人名。

〔157〕 郅，劉信芳（2003，167頁）：又見162、188號簡，讀與陘同。《春秋》僖公四年：“伐楚，次於陘。”

〔158〕 畝，原缺釋。劉信芳（2003，167頁）據殘畫酌定。今按：在紅外影像中，此字輪廓看得更清楚一些，確爲畝字。

〔159〕 静，原釋文作“嘉”，陳偉（1996B，231頁）釋爲“静”。原釋文於“佗”字後着頓號，劉信芳（2003，168頁）改作今讀。

命，李守奎、賈連翔、馬楠（2012，580頁）屬下讀。

〔160〕 柔，劉國勝（2002，233～235頁）：可能是“槄”的初文，通“揺”。《釋名·釋衣服》：“江淮而南青質五色皆備成章曰揺。”柔腒，讀爲“揺厨”，與“集厨”之義相當，指儲府中專管庖膳用器的有司。劉信芳（2003，319頁）：曾侯乙簡1“𦟝䞴執事人書入車”，“柔脰”即“𦟝䞴”。

㤺，原釋文作“㤺”。何琳儀（1998，647頁）：疑“𡉥”之繁文。劉國勝（2002，235～236頁）：“盬㤺”讀爲“苦强”，爲姓名。

絧，劉國勝（2002，236頁）：從糸，𠛬聲。在簡文中似當讀爲祠，“告祠”指祭告。

睘，劉國勝（2002，236頁）：《山海經·西山經》“嬰以百珪百璧”，郭璞注：“嬰，謂陳之以環祭也。”

贅，原釋文作“賕”。何琳儀（1998，926頁）釋“贅”，讀爲綴。劉國勝（2002，237頁）讀爲“餟”。《説文》：“餟，祭酹也。”楊華（2018，199頁）：或許可以釋作“贇”，讀作葬。

原考釋：此簡是西室所放竹簡中唯一有字的簡，書於簡背。劉國勝（2002，240 頁）：278 號簡當與同集一堆的另 128 支無字竹簡是成一體的，其性質與“告地書”相近。楊華（2018，200 頁）：278 號簡是這批無字簡的總説明，表示它們用以隨葬。

所詎（屬）[1]

東周之客䜌（許）緹逯（歸）祚（胙）於蔵郢之䂓（荆）层之月，[2]所詎（屬）告於正婁宼：壬申，[3]𨛰（縢）少司馬龏（龔）栖，[4]邸昜（陽）君之人墜（陳）賈；乙亥，周敓；[5]戊寅，郢戠尹𣪘。丨𩒨（夏）层甲寅，坅（陰）人墜（陳）𢏬（强）；戊午，醓𩓹（虢），黄亞；[6]壬戌，𨛰司敗𡌨，162 周悬（惕）之人䑋，郤邑人𢂀彼，[7]陸（隋）唇；丙寅，邸昜（陽）君之人臧塙，𡐊君之人陸（隋）悬（惕），[8]臧燭。[9]丨亯（享）月己巳，审（中）厰（厩）𢑎（胡）豫，𨚵（期）思公之州里公㡊，[10]郴（梁）人𢑎（胡）慶，[11]下鄐（蔡）人競（景）𩒬（履）；辛未，楚斯族倀炕，[12]鄦戠連囂𤾙；壬申，李䢔于；癸栖（酉），彭人 163 之州加公黄監，[13]鄂（鄂）君之人利吉，大厰（厩）登（鄧）㑴（僕），荐君之加公宋𣎹，[14]婁遖（适）；乙亥，集𨑐命登（鄧）嘉；戊寅，鄵邑人疋记（起）；[15]辛巳，㳄昜（陽）𦀚尹郁（宛）余，婁𤩆（狐），[16]鄦尹之人敓，㝋㪍（撫）之州加公䜌（許）𠡦（勝），[17]登（鄧）人遠𥿑；[18]壬午，奠（鄭）它人，[19]164 鄦敆（令）之州加公苛昭；癸未，邚（越）異之人周𢿢，[20]佶陵君之人登（鄧）定；[21]甲申，彭君之人奠（鄭）雁；己丑，新都人奠（鄭）逃；壬唇（辰），郴（梁）人𢑎（胡）宜；丙申，𨛭郢人黄鯛。[22]丨𩒨（夏）𡡞己亥，[23]邵君之人登（鄧）䌛；[24]辛亥，囂䣽尹之州加𢑎（胡）𩓗（貍），[25]𠛬寢遺憙（喜），[26]165 鄐尹之陸（隋）𢎥倚，[27]邵寅；乙丑，鄝人𥠻（舒）郙，𡐊睹。丨八月辛未，𥠻（舒）緹；壬申，坪陵敆（令）㑴；戊寅，邵𨈤，鄗雁；壬唇（辰），鄝人𣪘（殷）𣵀，王西州里公周詑，[28]㳄昜（陽）人邗得，[29]鄗人秦赤，[30]湯午；丙申，鄐（蔡）𥟖；[31]壬唇（辰），大厰（厩）黄𦋞；[32]大戠登（鄧）余善，苛𢿢，184 笑邑人苛佗，五子𡢁，𨛭郢人畬（熊）𩆂遖（适）；[33]丙申，𨛭郢公之州加公婁遘（遒），𧡘（觀）𧅟（蕒）。[34]丨九月己亥，𡐊暑，𡐊怵，臨昜（陽）人宔（主）賈；[35]壬寅，五帀（師）士尹宜𠳏；甲唇（辰），君夫人之𢍏阩周迟；[36]乙巳，苛鱗（縢）；[37]丙午，邸昜（陽）君之某敓；己栖（酉），佶𨑐𡾊甬，[38]185 遳（魯）快；[39]癸丑，醓漸；甲寅，鄝郾公𢿢；[40]丙唇（辰），𨛰郘人軋（范）固，[41]墜（陳）團；己未，邸昜（陽）君之人番𧿒，佶𨑐都（沈）和，正昜（陽）𨑐𣪘（殷）䑋（獲）志，新戠尹之人滕，[42]𥂴昜（陽）敆（令）䁶（攝），[43]佶戠鄗鞾，[44]奠（鄭）受；辛栖（酉），登（鄧）人臧燭，羕陵少甸尹烄（燒）。186 弗聖（聽）[45]163 背

所詎（屬）於發尹利：䂓（荆）层壬申，郚（鄢）人𢑎（胡）𡰥余，𤸫（廖）埜（野）；乙亥，登（鄧）無龍，陸（隋）唇；戊寅，登（鄧）佶。丨亯（享）月乙亥，東𡰣（宅）人𥠻（舒）豫；[46]辛巳，鄘邑人登（鄧）瘨，𨛭郢人陸（隋）偏，𠛬寢尹之人𢘊（悚）；壬午，亡齡；癸未，醓塙；丙戌，畬（熊）相瘨，少妄𦙶；[47]171 己丑，鄴君繇（繇）發；[48]甲午，㳄昜

（陽）人墜（陳）團，愄（威）王之䆁人臧譽。[49] | 題（夏）柰己亥，需易（陽）人盬褱（溺）；甲唇（辰），登（鄧）季（娩）；乙巳，𨜒郢攻尹之人登（鄧）㸒（堅），大佶辻緣迿，攻實（府）苛忿；辛亥，郤快，鄭𣪕𤸫（胡）軴，𨜒郢少司馬墜（陳）䜿；[50] 癸丑，新 172 埜（野）君之州加公遊；[51] 丙唇（辰），妾婦逄，登（鄧）軍之州人婁䰄；[52] 己未，李㻌（瑶）之人䏭（頔），黄僼（倗），畢（畢）同，正易（陽）胆尹崎（踦），[53] 𨚕易（陽）少司馬㝬（胡）賭，盧虡（虩）；辛栖（酉），臧睹，邚（越）巽之人五慶。| 八月辛未，愄（威）王佶室䜌瘏，古辻湯䀹；[54] 壬申，173 周𡆰之人應，[55] 𨷯人余爲；[56] 甲戌，郊（鄗）人𤸫（胡）媛；戊寅，正易（陽）辻䨻（雷）秦，大𡚸之州人黄子嫿，[57] 肅王䆁人䜌亞夫；[58] 壬唇（辰），𢍰豫，緐（繇）𣪕黄耦，[59] 新佶辻黄賫（價），佶𣪕㐬瘇，[60] 鄽城莫囂之人利邚（越）；[61] 乙栖（酉），鄜（鄘）邑人郻邚（越），[62] 吴晋；己丑，审（中）㡣（厩）174 馯（御）鄒（蔡）臣，武城人番嗌耳。[63] | 九月戊戌，𨛭君之右司馬；己亥，𢍰新官宋亡正，䨻（雷）季（娩）；辛丑，佶𣪕𨛭适（遶）；[64] 丙午，李瘇；戊申，邸易（陽）君之人番𢓊；己栖（酉），鄜邑人登（鄧）㭒；辛亥，妾婦嫌，[65] 𢍰𨞈尹欣；[66] 丙唇（辰），遊（游）宫坦倌黄贅（贑）；175 戊午，郊（鄗）人番羕，子姬盬壂，魯客専臣，蔵沍君之人苛䡴，[67] 新大㡣（厩）屈爲人；辛栖（酉），𨻵𢍰之人𤔲，[68] 𤸫（胡）𣪘（襄），石蒼。| 十月己丑，𨻵君之人𨟻（應）𢙢（懌），[69] 宵官司敗若，盬塙，苛狗子，卲媛之人𨒅（舒）亡愄（畏），176 郘莫囂之人盬瘇；[70] 癸巳，正易（陽）正差（佐）䜌壂，彭君之人朁（潛）妾；[71] 甲午，𨜒辻敂（令）䋣；乙未，郙易（陽）司敗𨛭賭，羕陵公之人𡚸（胡）新（慎），大室𨡥（沈）尹㴱（溺）。| 𥃩（䲺）月己亥，妾婦㚔；[72] 177 癸丑，佶大辻緣迿。178

所逗（屬）於𨛭逄（路）尹𡚸：𦔻（荆）𡰥壬申，𨚕人墜（陳）卉，[73] 酓（熊）鹿軞，[74] 登（鄧）𦁂之人陏（隋）訓；[75] 戊寅，𨛭（梁）人𤸫（胡）慶，[76] 門婁悲。| 題（夏）𡰥甲寅，陵尹之人黄系（奚），[77] 𢍰人登（鄧）蒼，[78] 疆馯（御）婁䦧（間）；戊午，佶辻李訓；[79] 己未，邔易（陽）辻周𠬝，[80] 聖夫人之郙邑人譽；179 壬戌，瞳笲侌（陰）𡰣（夷）安，[81] 舟室𨒅（舒）臣，需里子之州差（佐）𧫷（許）時，竸（景）賈之州加公𨻵𧻚，疆馯（御）郙𢝊；丙寅，𨛭君新州里公𨻵𠢆（勝），鄀君之人𧫷（許）鄒（蔡），[82] 秦𣪕連囂頙，盬虡（虩）。[83] | 亯（享）月己巳，鄭𣪕黄請，緐（繇）㤮，审（中）佶𣪕少童羅角，右馯（御）郙還；180 辛未，安𨚕（陸）人墜（陳）環，[84] 陵人番乙；壬申，卲上之州加公𨛭，[85] 𨟻（應）族之州人孫之，㡇（戾）實（府）𨟻；[86] 乙亥，郙易（陽）人李䞮，[87] 莫囂之州加公五𨛭；戊寅，遊（游）倉；癸未，少妾婡，奠（鄭）羊；甲申，沍易（陽）人盬軴；丙戌，坪（平）夜（輿）君之州加公酓（熊）鹿𡰥新，[88] 181 亯埜（野）邑人墜（陳）㸒（堅），𨒅（舒）善，某溪邑人𣪊（殷）䠶（獲）志；己丑，宵官司敗逗；[89] 壬唇（辰），𨛭株之仿周遷；[90] 癸巳，郊人𩁹𢍰；[91] 丙申，右司馬愋之州加公番㓷。[92] | 題（夏）柰己亥，𤸫（胡）快；辛丑，下鄒（蔡）人畢（畢）會；甲唇（辰），李獻，大臧之加公黄申；182 乙巳，𨛭易（陽）人墜（陳）楚，[93]

新埜（野）人少妾𠭁,[94]邵寅；辛亥，郈（宛）人鄺（應）丙，鄗（蔡）𢿱，杋券之州人周庚,[95]新大廏（廄）鄗（蔡）己；癸丑，涎昜（陽）人邗得；丙唇（辰），郯人𩨈（皃）㝹,[96]𪚥𦡪（猒）郮邑公奸；[97]己未，𩨈（皃）公抾,[98]𨻰𩨈（皃）司敗鄛,[99]愄（威）王𨪥人臧183 𦡪，蔵陵之偒司敗𨞺敎,[100]愄（威）王𨪥臧嘉，𠛬寢敆（令）之州苛𦡪（臁）；[101]辛栖（酉），佶㑳司敗𨞑（越），𣈶𠳺（合）之人𨚕得,[102]子酉戠尹之人辛；乙丑，鄘（鄘）陵敆（令）腸𡰥，章余可；丙寅，陞（陳）公之人奠（鄭）少士，佶让𠷍甬，𨞺陵人李𨞑（越），166 惠夫人之人文𩨈,[103]蔵陵人𨞺𩜸。[104]｜八月戊唇（辰），大廏（廄）盤（盤）𡰥（沙），郊（鄢）人𠭁𩨈,[105]大让苛羅，臧秦之人吴加；辛未，東𨚕人登（鄧）𠷍,[106]東𨚕人登（鄧）𦡪；[107]壬申，佶戠𨞺𨌲；[108]戊寅，足東逻,[109]苛𡡈；乙栖（酉），戠郢𨻰（隋）逷，邸昜（陽）君之人番𩨈；己丑，珞尹,[110]𨚕𠳺（中）廏（廄）167 苛善，陞（陳）聖。｜九月戊戌，𨌲（范）𠈇（作）；辛丑，舟𩨈公豕,[111]舟𣃔公券，司舟公𡥝（娩）；壬寅，夜𡊅（基）之里人𨞺𨻰（隧）；[112]乙巳，𠛬戠某𦡪；[113]丙午，𨚕（單）善之人苛𡰥；[114]戊申，佶戠黄𤸸之人𨞺𨪥,[115]鄗人秦赤；辛亥，妾婦監，史𢝊（懌）,[116]鄗人秦赤；丙唇（辰），陸（隋）𡧊之人惑，168 黄和；癸亥，𨞺郢司𢝊秀鄛，𠭁人𨌲（范）𦡪。[117]｜十月戊寅，戠郢司𢝊鄛，苛𦡪（夒），湛母邑人屈𩨈（就）,[118]佶大让𠭁（舒）抾，梛（梁）人𦡪（胡）慶；辛巳，𨞺陵人邵快，武陵戠尹之人𨞺足,[119]鄛逻邑人周𦡪,[120]戠郢某子𠷍（苗）,[121]𨚕邑人吴𠭁（勝）,[122]佶𣃔169 𦡪（胡）妾之人登（鄧）鮒,[123]𥁕𦡪；[124]己丑，彭沱人宋丹,[125]𨞺郢人絑𦡪（牆）𡰥（襄）,[126]桯命連囂妾,[127]黄𩜸，鄗（蔡）𢿱，陆（隋）鐘連囂𦡪，大佶戠黄𢿱。｜𩨈（夒）月己亥，郊（鄢）人黄戊，鄴（葉）人郈（宛）𨗞。[128]170

所逗（屬）於正敆（令）翌：𠷍（荆）𡰥乙亥，登（鄧）鄗（蔡），競（景）駝；[129]戊寅，佶𣃔𦡪臣。｜𩨈（夏）𡰥甲寅，登（鄧）人苛𢫦；戊午，𦡪産；己未，妾婦壬女。[130]｜𩨈（夏）𡰥乙丑，大尹之人黄𨪥（慎）。｜八月戊唇（辰），登（鄧）𡋯，郈昜（陽）莫囂之人𤸸,[131]正秀暘,[132]穆亥；壬申，遊（游）戠黄愴；187 戊寅，邱𦡪，𨞺（龔）𠷍人之人𠭁𨞺；乙栖（酉），邸宫大夫黄𦡪,[133]邸昜（陽）人陞（陳）𡉊（坡）；[134]己丑，郊（鄢）𦡪（執）事人郈奠,[135]鄭丘𨞺𨗞（徂）之人果；[136]壬唇（辰），上𨚕邑人周𠷍𠈇，遊（游）𨞑（越）,[137]瘳（廖）亞夫。｜九月戊戌，郊（鄢）坪邑𦡪（胡）𦡪；辛丑，188 昜（陽）廏（廄）尹𨞺之人黄𢿱；甲唇（辰），𥁕𢘊；乙巳，𨞺（龔）緩；戊申，昜（陽）廏（廄）尹之人黄𢿱，新大廏（廄）𨻰𣈶；辛亥，𨞺（廖）亞夫,[138]佶𡰥（㝔）登（鄧）𦡪（輕）；[139]丙唇（辰），𨞺（鄘）君之州加公石𤸸（疸）,[140]株昜（陽）莫囂州加公張讙，邗競之州加公邸秦，郥敆（令）之州加苛昭；[141]戊午，登（鄧）𦡪（勞），189 𨞺郢黄鯛，𨞑（越）異之人𨌲（范）賈，𡧊君之子連郢，筭州加公周𦡪（蔖）；己未，遊（游）宫州加公𦡪；辛栖（酉），篁敆（令）州加公𨻰女，楚𣃔邻。｜十月乙亥，𦡪（熊）鹿𡰥，𠭁快耳，東𡰥（宅）人登（鄧）環,[142]屈賈，𦡪（文）紳；[143]戊寅，鄘邑人登（鄧）𠭁,[144]𦡪（壘）190 昜（陽）君之人宋午,[145]王西州里公命訟,[146]應族州里公黄固；辛巳，宣王𡨦市客苛蘡,[147]陞（陳）人龏（龔）敎；己丑，妾婦姺，邔昜（陽）仔公悀,[148]新大廄（厩）鬯（殷）慙（親），鄒（蔡）丙，邚让尹之人𥜽（舒）余善，膚毆連囂𦗨,[149]𥜽（舒）豫；壬唇（辰），五尨,[150]周蟲；191 癸巳，婁遹；甲午，愄（威）王佸室楚剴（斷）陞（陳）吉,[151]楊𤔲（亂）人鄒（蔡）齊；[152]乙未，陞（陳）人龏（龔）𡱝（僕）之人走，弜（弦）人武貴墨,[153]坪陵君之州加公佢新。[154]丨臱（爨）月己亥，郈（宛）人𥜽（舒）𩒨（夏）臣，盬塙。192

告所詎（屬）於𠐍尹：亯月戊寅，𩒨（夏）敓（令）鄒（蔡）詄；辛巳，鄟邑人秀偈，䜌𩠝，楚𩌏遄（逍）。丨九月癸亥，某訓；乙丑，昜（陽）陵人遠從志。丨十月乙亥，昜（陽）翟人翏孯（賢）,[155]膚勁，王丹青,[156]鄀（沈）䐁，鄽君之人𥜽（舒）還；戊寅，正昜（陽）卲193 奚，鄒（蔡）𡨦，𡨦（集）脰鳴夜,[157]𥜽（舒）銜（率）鯢,[158]郊（鄢）人盬慭；辛巳，让敓（令）史疾，莀尹毛之人，郯毆尹𠤷之人。194

所詎（屬）於少里喬舉（與）尹𦐼：𠤷。[159]195

所詎（屬）於王厶（私）司敗遏：亯月己巳，酓（熊）相虘（且）。丨八月己巳，登（鄧）連。196

---

〔1〕 本類簡共35枚（162～196號簡），分爲七組。原無篇題，今依每組首句簡文命名。湖北省荆沙鐵路考古隊（1991A，11頁）云：這組簡分段的開頭均爲"所詎告於"或"所詎於"，接受詎告的對象均爲前述案件審理的負責官員，被詎告者均爲人名、地名與時間，格式爲某時某地某人。簡176上的記詎告者宵倌之司敗若，即"集箸言"中簡15～17訴訟文中的原告。故此組簡當是各級司法官員經手審理或復查過的訴訟案件的歸檔登記。彭浩（1991B，554頁）云：所記内容是各地向左尹的助手匯總報告的摘要登記，包括日期、人名、籍貫，實際上是《受期》的摘要。陳偉（1996B，30、64～65頁）："詎"讀爲"屬"，指上級官員將訟案交付給下級官員辦理的行爲。被"屬"官員，據簡128、141～144所載，均係左尹副貳。簡書於"屬"者略去不提，看來當是左尹。關於所囑之事，簡162、193言明爲"告"。所囑於某某官員之後記列的日期與人名，乃是左尹委派屬員辦處有關告訴的時間和告訴提出人。這些簡書當是左尹關於這項工作的記録。對於竹書分組和編聯，陳偉（1996B，33～36頁）主張按128號簡等處所記左尹副佐順序排列七組簡；并基於對166號簡的分析，提出184～186號簡應接在162～165號簡之後，166～170號簡應接在179～183號簡之後。今釋文對這兩組竹簡的編聯采用陳偉之説。

〔2〕 "荆层"之前，原考釋：此處脱"歲"字。

〔3〕 壬申，原考釋：此處省略月名，應爲"荆层壬申"。今按："荆层之月"已見前述。

〔4〕 郲，劉信芳（2003，170頁）：讀爲"滕"，《春秋》隱公七年"滕侯卒"，杜預注："滕國在沛國公丘縣東南。"
栖，劉信芳（2003，169頁）：讀爲"柳"。

〔5〕 跌，原釋文作"欧"，李運富（1997，126頁）隸作"跌"。白於藍（1999，192頁）：即《説文》趑字。《集韵·脂部》："趑，《説文》：'趑趄，行不進也。'或作跌。"劉洪濤（2010）：結合清華簡《程寤》篇的"欧"字，認爲此字也是從"欠""足"聲，是"足"字的異體。

〔6〕 亞，原考釋：《古文四聲韵》引《古孝經》亞字與簡文形同。

〔7〕　䣃，陳治軍（2015，332）：即漢代的甾縣。

〔8〕　鄤君，何浩、劉彬徽（1991，574 頁）：《漢志》“臨沮”縣下原注：“《禹貢》南條荆山在東北，漳水所出，東至江陵入陽水，陽水入沔。”陽水起自今宜城東南，流經宜城、鐘祥境内。陽君封地，或有可能就在今鐘祥西北境與宜城交界的漢水西側。今按：鄤君封邑，也許在唐國故地。舊説在今湖北隨州唐城鎮，石泉教授改訂於今河南唐河縣南（石泉 1988，362～366 頁）。參看 40 號簡注釋。

〔9〕　燭，湯餘惠（1993A，73 頁）釋。

〔10〕　虐，湯餘惠（1993A，73 頁）、劉釗（1998，62 頁）、李天虹（1993，87～88 頁）釋爲“虐”。今按：此形在楚文字中有“乎”（郭店竹書《老子》甲 2 號、5 號簡等）、“虐”（上博竹書《姑成家父》1 號簡及《景公瘧》1 號簡“瘧”字所從）、“號”（上博竹書《周易》38 號簡）等用法。這裏用作人名，姑依形釋寫。

〔11〕　郲，原釋文作郲，考釋云：字又作梁。《竹書紀年》：“梁惠成王九年四月甲寅，徙於大梁。”此後，魏國也稱作梁。徐少華（1996D，62 頁）：應即漢河南郡之梁縣、春秋故蠻子之梁邑，今河南臨汝縣西南四十餘里處。今按：梁字之釋，參看 157 號簡注釋。

〔12〕　倀，今按：楚文字中讀作“長”，如郭店竹書《緇衣》6 號簡、上博竹書《簡大王泊旱》19 號簡。這裏恐亦讀爲“長”，姓氏字。《論語・微子》有長沮。

　　　　沆，陳劍（2010，154 頁）釋。

〔13〕　之，原釋文缺釋。陳偉（1996B，216 頁）疑是“之”字。今按：據紅外影像，此字確爲“之”字。

〔14〕　荇，何浩、劉彬徽（1991，575 頁）：莕之或體。《後漢書・郡國志》南陽郡下：“復陽侯國，有杏聚。”在今河南桐柏縣境。

　　　　[illegible]，黄錫全（1992，188 頁）釋爲“末”，袁國華（1993A，442 頁）釋爲“年”。

〔15〕　郶，右旁與上博竹書《容成氏》44 號簡“桎梏”之“梏”同。朱曉雪（2013，257 頁）：據清華簡《繫年》133 號簡整理者讀爲“部”的字，此字也應讀爲“部”。

〔16〕　䶄，李天虹（1993，88 頁）釋。

〔17〕　寊，湯餘惠（1993A，73～74 頁）釋。原釋文屬上讀，陳偉（1996B，216 頁）改屬下讀。劉信芳（2003，174 頁）：賓撫，人名。《左傳》有賓起、賓須無。

　　　　䱡，劉釗（1998，69 頁）釋。

〔18〕　遠，原考釋：簡文省去中間的“口”，這批簡文中的遠字均作此形。

　　　　綦，原釋文作“纚”，考釋云：《汗簡》麗字與簡文所從相近。李零（1999A，152 頁）：楚文字“琴瑟”字從此，也可能與琴瑟類的字有關，或可隸定作綦。劉信芳（2003，174 頁）寫作“緌”。

〔19〕　奠，原考釋：讀作鄭。

　　　　它人，劉信芳（2003，174 頁）：人名。

〔20〕　散，何琳儀（1993，59 頁）、劉釗（1998，54 頁）：與楚帛書“䍜”（曹錦炎釋）爲一字。劉信芳（2003，174 頁）隸作散，讀爲“蒙”。廖名春（2004，149～150 頁）釋爲“曼”。

〔21〕　佶陵，何浩、劉彬徽（1991，575 頁）：佶即造字。造，可與皂字通假。造陵君封地當在今天門西北皂市一帶。劉信芳（2003，174～175 頁）：疑在召陵，佶字從人告聲，讀爲“召”。《春秋》僖公四年：“楚屈完來盟於師，盟於召陵。”杜預注：“召陵，穎川召陵縣也。”

〔22〕　郙，原考釋：郙郢，楚别都之一。劉彬徽、何浩（1991，565～566 頁）：郙、郙可通假。《説文》：“郙，沛城父有郙鄉。”城父境内有地名乾溪，《左傳》昭公十二年：“楚子次於乾溪，以爲之援。”春秋時乾溪、戰國時郙郢地望重合，是楚國東部一處别都。

〔23〕　夏栾，原考釋：本組簡的月份排列次序是：荆尿、夏尿、享月、夏栾、八月、九月、十月、爨月。用睡虎地秦墓竹簡所記秦楚月名對照與本組簡所記月名比較可以發現，秦簡所記楚月之七月在本組簡中不見，而由夏栾替代。夏栾與夏尿是兩個不相同的月名。

〔24〕　邙，何浩、劉彬徽（1991，575 頁）：邙通黨。黨子口位於今湖北均縣、光化間的故均水東岸。邙君封地，似應在此。劉

信芳（2003，175 頁）：邔讀爲“棠”。今按：參看 31 號簡注釋。

矰，簡文矢旁倒書，李家浩（1993B，33 頁），劉釗（1998，62 頁）釋。

〔25〕 嚣，劉信芳（2003，175 頁）：地名，讀爲“敖”。《左傳》哀公十九年：“楚沈諸梁伐東夷，三夷男女及楚師盟於敖。”杜預注：“敖，東夷地。”

“州加”後，劉信芳（2003，176 頁）：原簡脱一“公”字。

鼬，劉釗（1998，69 頁）釋爲“貍”。

〔26〕 遺，劉信芳（2003，176 頁）釋爲遺。李守奎（2003，103 頁）：與遺可能不是同一個字。

〔27〕 鄁，劉信芳（2003，176 頁）：讀爲“青”，簡 50“鄁辛”，簡 31 作“青辛”。青尹疑即青陽之尹。《史記・秦始皇本紀》：“荆王獻青陽以西。”《左傳》成公七年有“清尹”。此“清尹”與“鄁尹”是否爲一職，尚未能斷言。

〔28〕 謐，何琳儀（1993，59 頁）、劉釗（1998，67 頁）釋。

〔29〕 邗，劉釗（1998，64 頁）：字用爲姓氏字，應即干姓之干的專字。應釋爲“干”。今按：《左傳》昭公八年陳有干徵師，二十一年宋有干犨。

〔30〕 鄜，劉信芳（2003，177 頁）：讀爲“櫟”。

〔31〕 邭，何琳儀（1993，59 頁）、劉釗（1998，64 頁）釋。

〔32〕 羗，陳劍（2008，270 頁）釋。

〔33〕 ，郭店竹書《老子》甲 25 號簡有霜字，荆門市博物館（1998，116 頁）：字亦作（包山 185 號簡），從毳聲。王弼本作“脆”，《經典釋文》“一作膬”，與簡文同聲旁。李學勤（2010，186 頁）：“”從“毳”聲，“毳”“雪”皆齒音月部字，“熊”即文獻中的“熊雪”。朱曉雪（2013，266 頁）：簡文“熊雪适”應以“熊雪”之名爲氏。

〔34〕 覿，黄錫全（1992，189 頁）、何琳儀（1993，62 頁）釋。何氏云：《萬姓統譜》“覿，姒姓，夏有覿扈。”《國語・楚語》下有“覿射父”。

蘁，湯餘惠（1993A，74 頁）、何琳儀（1993，62 頁）、劉釗（1998，64 頁）釋爲“蕫”。

〔35〕 宔，巫雪如（1996，79 頁）：《姓苑》有主氏，云：“嬴姓，即主父氏，或單姓主氏。”

劵，劉釗（1998，63 頁）釋。

〔36〕 迟，李家浩（1996B，7～8 頁）釋。

〔37〕 觧，劉釗（1998，62 頁）釋爲“膳”。

〔38〕 喦，巫雪如（1996，121 頁）：《説文》：“多言也。從品相連。《春秋傳》曰：‘次於岩北。’讀與聶同。”喦氏當即聶氏。聶又作攝，《左傳》宣公十二年楚有攝叔。何琳儀（1998，1422 頁）：讀嚴，姓氏。楚莊王支孫以謚爲姓，後漢莊光避明帝諱并改爲嚴。見《元和姓纂》。

〔39〕 遊，今按：上博竹書《周易》53 號簡“旅”字六見，皆如此作。可知應釋爲“旅”。這裏用作姓氏字，讀爲“魯”。

〔40〕 郧，其右旁，原釋文作“正”。今按：據紅外影像，其右旁當爲“是”。

〔41〕 邮，原釋文隸作部。陳偉（1996B，216 頁）釋爲“邮”。今按：楚簡中“由”“古”二字不易區别，待考。

〔42〕 滕，白於藍（1999，198 頁）釋。

〔43〕 䖒陽，徐少華（1996D，61 頁）：即胡陽。當是南陽盆地東南部的古蓼國、漢湖陽縣。

聑，劉信芳（2003，178 頁）讀爲“攝”。

〔44〕 鄃韡，劉信芳（2003，178 頁）：簡 174 作“巟瘇”。

〔45〕 弗聖，原釋文缺録。在紅外綫掃描竹簡時發現。“聖”讀爲“聽”，“弗聽”或即未聽獄。具体所指待考。

〔46〕 厇，原釋文作“反”，考釋云：讀作阪。《説文》：“坡者曰阪，一曰澤障，一曰山脅也。”何琳儀（1993，62 頁）：應隸定“厇”，即“宅”。“東宅人”或作“東郈人”（167），與望山簡“東宅公”“東郈公”可以互證。

〔47〕 䀹，原釋文缺釋。今按：據紅外影像釋出。

〔48〕 鄞，何浩、劉彬徽（1991，576 頁）：鄂君啓節舟節中的“鄞”，同於包山楚簡中的“鄞”。何浩認爲此黄在鄂君啓船隊回程“逾漢”之後、“逾夏”之前的中途，大致不出漢水中游，今宜城東南的鐘祥、天門一帶。何琳儀（2002，143 頁）：鄞

與亡、襄音近可通。舟節“鄀”亦應讀“襄”。《漢書・地理志》江夏郡“襄，莽曰襄非”。據舟節銘文以及《地理志》江夏郡的範疇，大致應在今湖北鐘祥至沔陽之間的漢水沿岸。劉信芳（2003，200 頁）：作爲姓氏用字，讀如“匡”。作爲地名，讀爲“黄”。

〔49〕 䍻，郭店竹書《窮達以時》7 號簡説百里奚爲“䍻卿”。䍻，原釋文讀爲“朝”，裘錫圭以爲從黽得聲，讀爲“名”（馮勝君 2005，478～479 頁引述）。馮勝君（2005，477～479 頁）釋爲“龜”，讀爲“軍”。宋華强（2016，4 頁）：疑可讀爲“繩”。

〔50〕 懋，整理者疑與 15 號簡背面“愗”爲同一字之異體。李守奎、賈連翔、馬楠（2012，143 頁）：釋爲“瞀”。

〔51〕 新埜，何浩、劉彬徽（1991，576 頁）：《漢書・地理志》《後漢書・郡國志》南陽郡轄縣皆有新野。至今仍有新野縣，位於豫西南白河東岸。

〔52〕 𨗨，湯餘惠（1993A，74 頁）：字上從蒂省，疑爲適字異體。何琳儀（1993，59 頁）：所從帝有省簡，爲“蒂”之繁文。

〔53〕 踦，簡文作崎。劉釗（1998，63 頁）：古文字止、足二旁用作表意偏旁時有時可以替换，故踦可從“止”作。

〔54〕 旼，李零（1999A，147 頁）隸寫。

〔55〕 𩂣，何琳儀（1993，59 頁）釋爲“霎”。

〔56〕 觓，李零（1999A，150 頁）隸寫。

〔57〕 嬸，湯餘惠（1993A，74 頁）釋。

〔58〕 肅王，原考釋：《汗簡》肅字與簡文形近。楚肅王於公元前 380 年～公元前 370 年在位。

〔59〕 耦，寫作𦓤，原釋文隸作“躳”。湯餘惠（1993A，74 頁）釋爲“瓜”。今按：包山簽牌 59－2“藕”字、上博竹書《平王與王子木》1 號簡讀爲“遇”的字艸頭以下的部分與此字相似，應釋爲“耦”。《左傳》襄公二十九年“射者三耦”，杜預注：“二人爲耦。”字形正合此意。

〔60〕 㠩，劉信芳（2003，202 頁）：“荒”之古文。

〔61〕 鄘，原釋文作“隴”，袁國華（1995，242 頁）改釋。

〔62〕 鄜，原釋文作陰。何琳儀（1993，62 頁）：應隸定“鄜”，釋“鄜”。下文“鄜邑人”175 之“鄜”不從“止”，是其確證。劉信芳（2003，203 頁）：《左傳》成公十六年杜預注：“陳國武平縣西南有鹿邑。”在今河南省，地與安徽交界。

〔63〕 嗌，湯餘惠（1993A，74 頁）、劉釗（1998，63 頁）釋。

〔64〕 邾，袁國華（1993A，436 頁）釋。

〔65〕 嫌，劉信芳（2003，203 頁）釋姝。陳劍（2018，92 頁）：從文字的系統性來看，釋“嫌”比釋“姝”要好。

〔66〕 肷，白於藍（1996，45 頁）釋。

〔67〕 蔵沍，劉信芳（2003，204 頁）：地名史書無徵，疑是蔵郢附近地名。

輕，袁國華（1993A，435 頁）釋。

〔68〕 𧴩，李零（1999A，152 頁）：上半左邊從炅，乃“熱”字的古文寫法，非貝字，右半不清。劉信芳（2003，199 頁）隸作“繄”。

〔69〕 鄜，李零（1993，433 頁）釋。何琳儀（1998，133 頁）：讀應，姓氏。應氏，侯爵，武王第四子。今汝州葉縣故應城是也。見《通志・氏族略・以國爲氏》。

〔70〕 瘇，劉釗（1998，63 頁）釋。

劉松清（2020，100 頁）：“所誼”簡中有幾支存在在簡文中間留白的現象。如簡 162“壬戌”與“邾司敗”之間，簡 175“蔡臣”與“武城”之間，簡 177 簡首至“郘莫囂”，簡 188“果”與“壬辰”之間、“壬辰’與“上郢邑”之間及“遊（游）越”與“瘳（廖）亞夫”之間，均有留白。其中，在簡 162“壬戌”與“邾司敗”之間、簡 177 簡首至“郘莫囂”、簡 188“壬辰”與“上郢邑”之間，“邾”“郘”“上”三字右上方明顯能看到點頓符號，這説明點頓符號之上原來應該書寫有内容。根據“所誼”簡的書寫形式，日期之後緊接着記録的是人名或者身份加人名，可能是書寫有誤，書手發現後將其刮削掉而導致留白。剩餘三處也能看到刮削過的痕迹。

〔71〕 朁，湯餘惠（1993A，74 頁）、何琳儀（1993，59 頁）、劉釗（1998，63 頁）釋。湯、何二氏并讀爲“潛”，《姓氏考略》：

“古濳地在楚地，以地爲氏。”

〔72〕 娌，劉釗（1998，64頁）從裘錫圭説釋。陳偉（1996B，220頁）釋爲“婏”。

〔73〕 郙，黄錫全（1992，188頁）釋。

弃，原考釋：簡文與《説文》弃字古文相同。

〔74〕 熊鹿，劉信芳（2003，187頁）：複姓，或作“熊率”。簡181、190有“畲鹿弫”，《左傳》桓公六年有“熊率且比”，鹿、率古音雙聲，韵部亦近，作爲姓氏用字，“鹿”是本字，“率”是通假字。簡246“舉禱荆王自畲鹿以就武王”。熊鹿應指熊麗。“熊鹿氏”由楚先王“熊麗”而得氏。

〔75〕 郘，白於藍（1999，197頁）：即《説文》沼字。卲從召聲，故沼亦可以卲爲聲符。

〔76〕 郱，原考釋：讀作梁。劉釗（1998，67頁）：“刅”即“荆”之初文。字應釋爲“荆”。

〔77〕 系，劉釗（1998，64頁）釋。劉信芳（2003，187頁）釋爲“奚”。

〔78〕 𨛭，原考釋：《汗簡》遼、寮，長沙子彈庫帛書寮字，均與簡文相似。劉信芳（2003，188頁）疑非“鄝”字。吴良寶（2007，100頁）：隸作“鄚”，疑可讀爲“慎”。

〔79〕 訆，原考釋：簡文所從與《沇兒鐘》之沇字相同。白於藍（1998，86頁）：右旁從“ㄐ”。李守奎、賈連翔、馬楠（2012，97頁）釋爲“訆”。

〔80〕 臤，整理者釋爲“賢”。何琳儀（1993，62頁）：應釋“敀”。《玉篇》“敀，動也。”

〔81〕 𡰥，今按：《玉篇》尸部：“𡰥，古文夷字。”楚簡中此字用作“夷”（上博竹書《周易》51號簡）、“尸”（《詩論》21號簡）、“遲”（《民之父母》8號簡）。

〔82〕 郐，何浩、劉彬徽（1991，577頁）：今贛西宜春地區，有錦江横貫其間。金君封地，或有可能是在錦水流域的宜春或萬載縣境。劉信芳（2003，188頁）：讀爲“淦”。《漢書・地理志》豫章郡有“新淦”縣，應劭注：“淦水所出，西入湖漢也。”

〔83〕 虞，劉信芳（2003，189頁）：《禮記・緇衣》“赫赫師尹”，郭店簡《緇衣》作“虞虞師尹”，知“虞”即《説文》“虩”字。

〔84〕 郮，劉釗（1998，64頁）：應釋爲“陸”，陸本從“六”聲。安郮即安陸。

〔85〕 郻，朱曉雪（2013，294頁）讀爲“郻”。

〔86〕 曆，原釋文作“厝”。何琳儀（1998，763頁）隸作“曆”。

〔87〕 郙，原釋文隸作郜。陳偉（1996B，218頁）釋爲“郙”。顔世鉉（1997B，239頁）：“郙陽”應讀爲“淯陽”。《漢書・地理志》南陽郡有育陽縣，在今南陽縣南英莊鄉潦河沿岸。

䠞，劉釗（1998，64頁）隸寫。古蜀、賣音很近，此字應釋爲“覿”。

〔88〕 坪夜君，原考釋：封君名，也見於曾侯乙墓竹簡。何浩、劉彬徽（1991，577頁）：裘錫圭釋平輿（《談談隨縣曾侯乙墓的文字資料》，《文物》1979年第7期），應以裘説爲是。在今河南省平輿縣北偏西。今按：新蔡葛陵楚墓墓主，即一代平輿君。墓葬位於新蔡西北境，平輿縣東南（河南省文物考古研究所2003，7頁）。平輿君封邑應在此一帶。

熊鹿𡰥新，朱曉雪（2013，296～297頁）：“熊鹿”爲複姓，讀作“熊鹿𡰥”和“熊鹿𡰥新”都有可能。暫將“熊鹿𡰥新”看作人名。

〔89〕 逗，白於藍（1999，177頁）：即《説文》歫字。偏旁辵、止可通用。包山簡中逾字從辵，亦從止，可證。

〔90〕 遱，劉信芳（2003，190頁）：從辵，要聲。字形參郭店簡《忠信之道》5。

〔91〕 郊人，劉彬徽、何浩（1991，567頁）：聯繫“郊尹”來看，似可理解爲“郊縣之人”。劉信芳（2003，190頁）：郊，地名，讀爲“絞”。《左傳》桓公十二年：“楚伐絞。”在今湖北鄖縣西北。

雥，今按：姓氏字，疑可讀爲“焦”。《通志・氏族略二》“焦氏”云：“《史記》周武王封神農之後於焦……爲晉所滅，子孫以國爲氏。漢有外黄令焦貢，後漢有焦儉……”

〔92〕 𩇕，黄錫全（1992，189頁）隸寫。

〔93〕 鄵，原釋文作鄵。劉信芳（2003，49頁）：《左傳》昭公九年：“然丹遷城父人於陳，以夷濮西田益之。”杜預注：“以夷田在濮水西者與城父人。”疑戰國時楚濮陽即此濮水之陽。吴良寶（2008，429～436頁）：釋爲“鄵”，讀爲“蔡”。《漢

書・地理志》南陽郡有蔡陽縣，在今湖北襄樊市東。參看19、43號簡注釋。

〔94〕　𠣏，原釋文作“旬”。李零（1999A，161頁）：疑非旬字。朱曉雪（2013，299頁）釋爲“秋”。

〔95〕　杋，原釋文作枬。李運富（1997，103頁）改釋。

〔96〕　郯，原考釋：古國名。戰國初被越國所滅，越被楚滅後，地入楚。在今山東郯城西南。顏世鉉（1997B，247～248）：山東的郯國在楚考烈王時纔爲楚所并。陳槃據《楚世家》和《陳涉世家》，證明大梁南有郯。懷王時，楚國境内必另有一郯地，而此地極可能在魏都大梁的南方，也就是在今河南省開封市的南方。

鱓，李守奎（1998A，26～28頁）釋爲“鮭”。劉信芳（2003，191頁）：姓氏，原簡字從魚，堆聲。單育辰（2007）隸作“鱓”，釋爲“鼂”。

〔97〕　𢼸，劉信芳（2003，191頁）隸作“砍”。李零（1999，149頁）：左半如“屯”。

郙，原釋文隸作邻。

〔98〕　鷤，李守奎（1998A，26～28頁）釋爲“雒”。劉信芳（2003，191頁）：釋爲“鵻”，原簡字從鳥，堆聲。隼之或體。單育辰（2007）隸作“鷤”，釋爲“鼂”。

抾，原釋文隸作祐。滕壬生（1995，855頁）隸作“抾”。徐在國（1998，83頁）：即“胠”字或體。

〔99〕　𡐦，李守奎（1998A，26～28頁）釋爲“堆”，單育辰（2007）釋爲“鼂”。

〔100〕　敎，陳偉（1996B，218頁）隸作敎、何琳儀（1998，351頁）隸作斅。白於藍（1999，179頁）：即《説文》斅字。偏旁攴、殳可通用。

〔101〕　劉信芳（2003，193頁）：州後脱一“人”字。

〔102〕　䢔，白於藍（1999，184頁）：即《説文》“合”字異構。

䢐，黄錫全（1992，188頁）釋。

〔103〕　惠，原釋文作“喜”。劉信芳（2003，193頁）改釋。字形可參楚帛書乙“神則惠之”。“惠夫人”，楚惠王夫人。

𧷸，黄錫全（1992，188頁）釋。

〔104〕　䬹，黄錫全（1992，196頁）隸寫。

〔105〕　桑，湯餘惠（1993A，71頁）：桑氏。巫雪如（1996，163～165頁）：《廣韵》喪字條云：“姓，楚大夫喪左。”今按：《通志・氏族略三》：“桑氏，嬴姓。秦大夫子桑之後也。……漢有御史大夫桑弘羊。”

𧺆，張光裕、袁國華（1993，304頁）、李天虹（1993，87頁）隸寫。

〔106〕　邵，黄錫全（1992，196頁）釋。

〔107〕　𨑐，何琳儀（1998，304頁）：從止，卲聲。疑卲之繁文。

〔108〕　郲，袁國華（1993A，436頁）釋。

〔109〕　足，原釋文作疋。何琳儀（1998，384頁）釋足。足，姓氏。鄭祭足之後。見《姓考》。

束，劉釗（1998，63頁）釋。

逕，原釋文隸作逿。袁國華（1993A，435頁）改釋。

〔110〕　珞尹，朱曉雪（2013，305頁）：簡文在“尹”之後有斷讀標識，“郛”應屬下讀。

〔111〕　豕，原考釋：《説文》豕字古文與簡文形近。

〔112〕　墜，白於藍（1999，204頁）釋爲隧。

〔113〕　欮，原釋文隸作欬。何琳儀（1998，1256頁）：隸作“郯”。朱曉雪（2013，306頁）：隸作“欮”。

〔114〕　罝，整理者釋。李家浩（2002A，238頁）：古代有單氏，疑“罝”應當讀爲“單”。李零（1999A，154頁）徑釋爲“單”。

〔115〕　𤸫，劉釗（1998，63頁）、李天虹（1993，88頁）釋。李天虹：讀作“脐”，《説文》“脐”字古文如此。

鏄，劉釗（1998，54頁）釋爲鋝。

〔116〕　𢘓，湯餘惠（1993A，74頁）、李天虹（1993，86頁）釋作懌。

〔117〕　𨛫，黄錫全（1992，196頁）釋爲“嗣”。何琳儀（1993，59頁）釋爲䣢。李運富（1997，110頁）以爲“號邑”合文。

劉信芳（2003，195 頁）以爲“郚于”合文，讀爲“司吾”，即《漢書・地理志》東海郡司吾縣。李家浩（2012，60 頁）：是“郇盱”合文，其右上所從是“句”，“句”所從的“勹”讀如“宛”，其有可能是《越絶書・外傳紀策考》中的“宛橐”。楊蒙生（2013，80 頁）：隸作“鄢＝”，讀爲“宛郊”。今按：此字所從與上博竹書《周易》2 號簡用爲“需”的字近似，如何析讀待考。

〔118〕 湛，原考釋：《説文》甚字古文與簡文右部相似。

稾，李零（1996，272～273 頁）釋作就。

〔119〕 武陵，顔世鉉（1997A，152～153 頁）：暫定在漢武陵縣故城，今湖北竹山縣以西、竹溪縣以東之竹溪境内。

〔120〕 鄸，原釋文作“陽”，湯餘惠（1993A，74 頁）改釋。

〔121〕 菑，湯餘惠（1993A，74 頁）釋。

〔122〕 鄅，原釋文作“郙”。

〔123〕 鮹，原釋文作“鮒”。何琳儀（1993，59 頁）、劉釗（1998，63 頁）釋爲“鮹”，李零（1995，273 頁）釋爲從川之字。今按：姑從何、劉二氏説，參看 86 號簡注釋。

〔124〕 𨻰，何琳儀（1998，498 頁）釋垿。白於藍（1999，202 頁）引劉釗説：左旁所從乃厽字。此字亦見於漢簡（孫臏兵法一〇九），用爲隙。簡文應即《説文》隙字異構。

〔125〕 彭，原釋文作喜，李守奎（2006，30 頁）：疑是“彭”之誤書。

沱，白於藍（1999，197 頁）引林澐説：西周静簋“射于大沱”即池。東周趙孟壺“遇邗王于黄沱”，《左傳》作“黄池”。“喜沱”爲地名，也以釋池爲佳。劉信芳（2003，197 頁）：釋“沱”是，《詩・召南・江有汜》傳：“沱，江之别者。”

〔126〕 㒒，劉信芳（2003，197 頁）：字又見於郭店簡《語叢》四簡 2，讀爲“墻”。

〔127〕 桎，原釋文作“侄”，考釋云：簡文從人從至。簡 144 桎字寫作𣐽。或釋作至。何琳儀（1998，1086 頁）：“侄命”讀爲“致命”。今按：此字可能是桎梏之“桎”的專字，釋“侄”恐不妥。

〔128〕 鄴，原考釋：簡文與《鄂君啓節》𦖞字右旁相同。顔世鉉（1997A，158～159 頁）：楚葉縣，位於今河南省葉縣南。

遰，原釋文隸作遟，劉信芳（2003，186 頁）釋爲“遮”。今按：參看 99 號簡注釋。

〔129〕 駝，白於藍（1999，193 頁）引林澐説：即《説文》“馳”字。馳字從“它”者如帛書《老子》乙本 226 下、《相馬經》15 上、《孫臏》10。

〔130〕 妾婦，陳偉（1996B，114 頁）：妾婦某不稱某人之“妾”，而是單獨稱述，有的還冠以居地，看來應是自由民而不是奴婢。這裏的“妾”可能是楚人女子姓名中的習慣用字，“妾婦”大概用於已婚女性。今按：《孟子・滕文公下》記孟子曰：“以順爲正者，妾婦之道也。”可參看。

〔131〕 郙陽，劉信芳（2003，180 頁）：《左傳》莊公十八年“閻敖游涌而逸”，杜預注：“涌水在南郡華容縣。”甬陽或因地處涌水之陽而得名。

〔132〕 原釋文與後文連讀。陳偉（1996B，217 頁）斷讀。

〔133〕 𩏩，原釋文隸作𩏩。朱曉雪（2013，313 頁）：包山 219 號簡“厭”字作𡩋，此字上部所從可視爲“厭”之省體。

〔134〕 䧏，黄錫全（1992，189 頁）、劉釗（1998，67 頁）釋爲“坡”。

〔135〕 郙，巫雪如（1996，99 頁）：《姓氏考略》有甬氏，云“甬東，楚地名，當以地爲氏。”今按：甬或讀爲“庸”。《通志・氏族略二》“庸氏”云：“商時侯國。……文十六年楚滅之，子孫以國爲氏。漢有庸光，又有膠東庸生。”

〔136〕 遭，何琳儀（1998，571 頁）、李守奎（2003，95 頁）釋。今按：當釋爲徂。《古文四聲韵》卷一録《古尚書》“徂”字可參看。

〔137〕 原釋文把“倸”與“遊（游）郕（越）”連讀，今按：“遊”字右上角一點應爲斷讀符號，作“周喬倸、遊（游）郕（越）”。

〔138〕 翏，劉釗（1998，48 頁）：瘳字之省。

〔139〕 厌，今按：古文字義符厂、宀可换用，應釋爲“宎”。

翌，劉信芳（2003，181 頁）據郭店竹書《緇衣》28 號簡釋爲“輕”。

〔140〕　鄝，何浩、劉彬徽（1991，577～578 頁）：《漢志》江夏郡轄縣有“襄”，在今襄樊以東的棗陽縣東北。劉信芳（2003，181 頁）：《説文》：“鄝，今南陽穰縣。”“鄝君”封地以南陽穰縣爲近是。

〔141〕　“加”字後原考釋云：此處脱“公”字。

〔142〕　厇，黄錫全（1992，189 頁）釋。今按：楚簡中類似寫法的字多用爲宅，如郭店竹書《成之聞之》34 號簡、上博竹書《容成氏》3 號簡所見。

〔143〕　旻，李天虹（2000，85～88 頁）釋文。其云：古有文氏，見《通志・氏族略四》。包山 42 號簡文壬，春秋末年越國大夫文種，均爲文氏。

〔144〕　[illegible]，何琳儀（1998，789 頁）釋“耿”。今按：該字右旁從“火”，左旁待考。

〔145〕　壘陽，湯餘惠（1993A，74 頁）：應即“耒陽”。耒陽當在耒水之北岸，《漢書・地理志》桂陽郡屬縣有耒陽，即此地。

〔146〕　命訟，劉信芳（2003，182 頁）：簡 184“王西州里公周訟”，命訟與周訟應是同一人，簡文或有誤。

〔147〕　臒，與 58 號簡同一人名。原釋文於 58 號簡釋爲“矍”，此字則隸作臒。今按：此字下部實爲“獲”字，見於上博竹書《周易》17、37、48 號簡。古文字中的“獲”往往寫作“隻”（何琳儀 1998A，442 頁）。因而此字亦當釋爲“矍”。

〔148〕　惃，李家浩（1999C，139～143 頁）、黄德寬、徐在國（1999，76～77 頁）釋。

〔149〕　[illegible]，原釋文隸作旗，劉信芳（2003，182 頁）隸作旟，以爲同“傑”。今按：此字右旁與楚簡“柞”“桀”均有別，待考。

〔150〕　旎，原釋文作佗，今按：據紅外影像改釋。

〔151〕　愄王，166 號簡原考釋：楚威王，公元前 339 年至公元前 329 年在位。

〔152〕　䜌，原考釋：《汗簡》亂字與簡文形似。長沙子彈庫帛書亂字與簡文相同。

齊，何琳儀（1993，62 頁）釋。

〔153〕　䢼，原釋文釋作從“鄙”，李天虹（1993，88 頁）釋爲幻。陳偉（1996B，217 頁）、徐少華（1996B，93～95 頁）釋爲“䢼”。徐氏云：《春秋》僖公五年：“楚子滅弦，弦子奔黄。”弦國故城在今河南光山縣仙居鎮一帶。今按：上博竹書《三德》1 號簡“弦望”的“弦”字，與此字寫法類似，衹是開口向左。此字應可釋爲“䢼”，用作“弦”地之名。

〔154〕　坪陵，何浩、劉彬徽（1991，578 頁）：《水經注・汝水》：“汝水又東南徑平陵亭北，又東南徑陽遂鄉北。”“平陵亭”位於今新蔡西北，平與以東的洪河南側。

佢，今按：用作姓氏字，或可讀爲“巨”。《通志・氏族略五》：“巨氏，漢有荆州刺史巨武，望出平昌。”

〔155〕　陽翟，徐少華（1996D，62～63 頁）：故櫟邑，即今河南禹縣所在。春秋早中期爲鄭國別都，後成爲楚國北境的重要軍事據點。

〔156〕　王，原釋文作“壬”，何有祖（2005）：改釋爲“王”字，“王青青”是人名。

丹青，簡文在“青”字下施二點，爲重文或合文符。劉信芳（2003，206 頁）析讀爲“青青”。朱曉雪（2013，322 頁）：讀爲“青青”或“丹青”均有可能。今按：疑讀作“丹青”或“青丹”。睡虎地秦簡《爲吏之道》“朱珠丹青”。《管子・小稱》：“丹青在山，民知而取之。”“丹青”一詞較常見，姑取之。

〔157〕　鳴，黄錫全（1992，189 頁）、何琳儀（1993，59 頁）釋。何氏云：鳴姓見《元和姓纂》。程鵬萬（2005，192 頁）：“鳴脅（腋）”與鑄客大鼎中的“鳴腋”當是負責膳食的機構。朱曉雪（2013，323 頁）：“鳴夜”應是職官名，隸屬於“集脰”。

〔158〕　衜，劉釗（1998，64 頁）釋爲率。

〔159〕　[illegible]，形體比其他簡文細小。袁國華（1994A，217～218 頁）：很可能與仰天湖楚簡常見的“已”字用法一樣，衹是一簡完結時的標示符號。劉松清（2020，108 頁）：懷疑“[illegible]”也許不是標識符號，而有可能是楚月名“夏（夏）𡰥”或“夏（夏）柰”的“夏”字所從“頁”的部分筆畫。

二 卜筮禱祠

卜筮禱祠類竹簡共54枚（197～250）。大部分簡長在67.1～69.7厘米之間，最後一組249、250號簡最短，分别爲64.4和64.7厘米。多數竹簡可見上下兩道契口。湖北省荆沙鐵路考古隊（1991A，12頁）指出：可分爲26組，每組記一事，多則四、五簡，少則一簡。内容皆是爲墓主貞問吉凶禍福，請求鬼神與先人賜福、保佑。可分爲卜筮與祭禱兩類。李零（1993，431頁）認爲整理小組所説的4枚“祭禱簡”（205、206、224、225）是記録“禱祠”，其他都是占問“禱祠”，“這類簡文最好還是叫‘占卜簡’”，而不宜視爲“禱祠簡”或“卜筮祭禱記録”。邴尚白（1999，5～6頁）提出：九店《日書》簡26有“禱祠”一語，簡41又有“祭祀、禱祠”，是專記禱祠之事的簡書，似可依楚人自己的説法，稱爲“禱祠”簡。陳偉（2006C，2頁）寫道：我們傾向於以“卜筮禱祠記録”稱述所有記述占卜、禱祠以及可能存在的相關簡册。祭祀爲常規之祭，禱祠係非常之事，乃是兩個相關而又彼此有别的概念。那些未書占卜而專記禱祠的簡，固然應該稱作禱祠記録。那些記有占卜内容的簡，也大多兼記禱祠之事，稱作“卜筮禱祠記録”似也無不妥。

在竹簡排列上，整理者全部按當時理解的時間先後爲序。陳偉（1996B，151～156頁）提出：包山卜筮簡明顯分作歲貞和疾病貞兩類，迻敚、弄敚和同敚也均在同一類中施行。屬於歲貞的有三組11件，即197～198、199～200、201～204；209～211、212～215、216～217；226～227、228～229、230～231、232～233、234～235。屬於疾病貞的有四組11件，即218～219、220、221～222、223；207～208；236～238、239～241、242～244、245～246、247～248；249～250。其編次大概也是分類來作，而不應合在一起。李家浩（2001B，26～27頁）同意以荆𡱝爲歲首，認爲竹簡應依此排序，記於爨月的224、225號簡應列於冬栾的205、206號簡之前。

宋客盛公𩃬甹（聘）於楚之歳（歲）𠛬（荆）𡱝之月乙未之日，鹽吉以保冡（家）爲左尹𢊁貞：〔1〕自𠛬（荆）𡱝之月以𡧊（就）𠛬（荆）𡱝之月，〔2〕出内（入）事王，𦘔（盡）𠆸（卒）歳（歲），〔3〕𨊠（躬）身𡮞（尚）毋又（有）咎。〔4〕占之：〔5〕𢀳（恒）貞吉，〔6〕少又（有）𢝲（感）**197** 於𨊠（躬）身，〔7〕𠭯（且）志事少𨑴（遲）得。〔8〕以其古（故）敓（説）之。〔9〕思攻解於人愚。〔10〕占之：甚吉。𡦹（幾）𠁩（中）又（有）憙（喜）。〔11〕**198**

宋客盛公𩃬甹（聘）於楚之歳（歲）𠛬（荆）𡱝之月乙未之日，石被裳以訓蘢爲左尹𢊁貞：〔12〕自𠛬（荆）𡱝之月以𡧊（就）𠛬（荆）𡧊（就）𠛬（荆）𡱝之月，〔13〕𦘔（盡）𠆸（卒）歳（歲），𨊠（躬）身𡮞（尚）毋又（有）咎。占之：𢀳（恒）貞吉，少外又（有）𢝲（感），〔14〕**199** 志事少𨑴（遲）得。以其古（故）敓（説）之。𥠖禱於卲（昭）王，〔15〕戠（特）

牛,[16]饋之。[17]罷禱文坪（平）夜（輿）君、部公子春、司馬子音、鄴（蔡）公子冡（家）,[18]各戠（特）豢,[19]酉（酒）飤（食）。[20]罷禱於夫人,[21]戠（特）豬。[22]志事速得，皆速賽之。[23]占之：吉。亯月、頣（夏）柰又（有）憙（喜）。**200**

宋客盛縢咢（聘）於楚之戢（歲）型（荆）尸之月乙未之日,[24]郿（應）會以央管（蓍）爲子左尹旄貞:[25]自型（荆）尸之月以豪（就）型（荆）尸之月，出内（入）事王，𦘔（盡）卒（卒）戢（歲），穿（躬）身尚毋又（有）咎。䷂䷭。[26]占之：丞（恒）占〈貞〉吉,[27]少又（有）惪（感）於**201**竆（躬）身，虘（且）雀（爵）立（位）遟（遲）遱（踐）。[28]以其古（故）敓（説）之。猠禱於宫壁（地）宔（主）,[29]一牯。[30]舿於新（親）父鄴（蔡）公子冡（家）,[31]犆（特）豬，酉（酒）飤（食），饋之。舿新（親）母，肥狂（豕），酉（酒）飤（食）。[32]猠禱東陵連**202**囂,[33]肥狂（豕），酉（酒）飤（食）。𢍁石被常（裳）之㮄。[34]罷禱於卲（昭）王，戠（特）牛，饋之。罷禱於文坪（平）柰（輿）君、部公子春、司馬子音、鄴（蔡）公子冡（家），各戠（特）㹀（豢），酉（酒）飤（食）。夫人，**203**戠（特）豬，酉（酒）飤（食）。　郿（應）斂（會）占之曰：吉。至九月憙（喜）雀（爵）立（位）。　凡此筍（𥷚）也,[35]既𦘔（盡）遳（迻）。[36]**204**
新（親）父既城（成）。[37]　新（親）母既城（成）。**202背**

東之客㜸（許）緹逯（歸）胥（胙）於葳郢之戢（歲）冬柰之月癸丑之日,[38]罷禱於卲（昭）王，犆（特）牛,[39]大鑋,[40]饋之。卲吉爲柆,[41]既禱至（致）福。[42]**205**

東周之客㜸（許）緹逯（歸）复（胙）於葳郢之戢（歲）冬柰之月癸丑之日，罷禱於文坪（平）夜（輿）君、部公子春、司馬子音、鄴（蔡）公子冡（家），各戠（特）豢，饋之。卲吉爲柆，既禱至（致）福。**206**

東周之客㜸（許）緹逯（歸）复（胙）於葳郢之戢（歲）遠柰之月癸卯之日，苛光以長惻爲右〈左〉尹卲旄貞:[43]疠（病）腹疾,[44]以少㤅（氣）,[45]尚毋又（有）咎。占之：貞吉，少未已。[46]以其古（故）㮄（説）之。厞於埜（野）壁（地）宔（主）一䝑（豭）,[47]宫壁（地）宔（主）一䝑（豭）。**207**賽於行,[48]一白犬,[49]酉（酒）飤（食）。占之曰：吉。型（荆）尸虘（且）見王。[50]**208**

東周之客㜸（許）緹至（致）複（胙）於葳郢之戢（歲）頣（夏）尸之月乙丑之日，五生以丞悳爲左尹旄貞:[51]出内（入）時（侍）王，自頣（夏）尸之月以豪（就）寠（集）戢（歲）之頣（夏）尸之月,[52]𦘔（盡）寠（集）戢（歲），**209**竆（躬）身尚毋又（有）咎。占之：丞（恒）貞吉，少又（有）惪（感）於竆（躬）身與宫室，虘（且）外又（有）不訓（順）。[53]

☷☲。[54]以其古（故）敓（說）之。舉禱蝕𥎦,[55]一全豢。[56]舉禱社,[57]一全豬。舉禱宮衍（行）,[58]一白犬，酉（酒）飤（食）。遈（迻）鄅（應）會（會）之祱。[59]賽禱東陵 **210** 連嚻，豬（豭）豕，酉（酒）飤（食），蒿之。[60]囟（思）攻解於𥃩（盟）禮（詛）,[61]虞（且）叙於宮室。[62]五生占之曰：吉。　三戢（歲）無咎，牆（將）又（有）大憙（喜），邦智（知）之。[63]**211**

東周之客譻（許）緹逅（歸）復（胙）於葳郢之戢（歲）頣（夏）层之月乙丑之日，鹽吉以寶豪（家）爲左尹𦫑貞:[64]出内（入）時（侍）王，自頣（夏）层之月以𦎫（就）𡨦（集）戢（歲）之頣（夏）层之月，𦘠（盡）𡨦（集）**212** 戢（歲），竆（躬）身尚毋又（有）咎。占之：死（恒）貞吉，少又（有）亞（惡）於王事,[65]虞（且）又（有）㥁（感）於竆（躬）身。以其古（故）敓（說）之。遈（迻）古（故）箙（籤）,[66]賽禱𠓗，備（佩）玉一環;[67]侯（后）土、司命、司禍,[68]各一少（小）環；大水,[69]備（佩）玉一環；二天子,[70]**213** 各一少（小）環；峗山,[71]一玨。[72]遈（迻）鄅（應）會（會）之祱。賽禱宮侯（后）土，一羖。遈（迻）石被常（裳）之祱。至秋三月，賽禱卲（昭）王，戠（特）牛，饋之。賽禱文坪（平）夜（輿）君、郚公子春、司馬子音、鄐（蔡）公子豪（家），各戠（特）豢，饋之。賽禱新（親）母，**214** 戠（特）豬，饋之。鹽吉占之曰：吉。　𠓗、侯（后）土、司命、司禍、大水、二天子、峗山既皆城（成）。　㕟（幾）审（中）又（有）憙（喜）。**215**

東周之客譻（許）緹逅（歸）復（胙）於葳郢之戢（歲）頣（夏）层之月乙丑之日，苛嘉以長剘爲左尹𦫑貞:[73]出内（入）時（侍）王，自頣（夏）层之月以𦎫（就）𡨦（集）戢（歲）之頣（夏）层之月，𦘠（盡）𡨦（集）**216** 戢（歲），竆（躬）身尚毋又（有）咎。占之：死（恒）貞吉，少又（有）㥁（感）於竆（躬）身，虞（且）外又（有）不訓（順）。[74]以其古（故）敓（說）之。舉禱楚先老僮、祝融（融）、媸（鬻）酓（熊）,[75]各一牂,[76]囟（思）攻解於不殆（辜）。[77]苛嘉占之曰：吉。**217**

東周之客譻（許）緹逅（歸）復（胙）於葳郢之戢（歲）奐（爨）月己栖（酉）之日，譻（許）吉以保豪（家）爲左尹卲𦫑貞，以其下心而疾,[78]少㤭（氣）。死（恒）貞吉，甲寅之日，疠（病）良瘻（瘥）;[79]又（有）祟（祟）,[80]𥎦見琥。[81]以其古（故）祟（說）之。壁琥,[82]睪（擇）良月良日逅（歸）之;[83]**218** 虞（且）爲巫縕𤩲（珮）,[84]速巫之。厭一𧰼（豭）於埅（地）宔（主）。[85]賽禱衍（行），一白犬。逅（歸）冕（冠）𢃄（帶）於二天子。[86]甲寅之日，逗於邓昜（陽）。[87]**219**

東周之客譻（許）緹逅（歸）復（胙）於葳郢之戢（歲）奐（爨）月己栖（酉）之日，苛光以長惻爲左尹卲𦫑貞，以其下心而疾，少㤭（氣）。死（恒）貞吉，庚、辛又（有）刎

（間），[88]疠（病）速瘻（瘥）。不逗於邸昜（陽）。同祭。[89]220

東周之客簪（許）緹逅（歸）隻（胙）於葳郢之哉（歲）負（爨）月己栖（酉）之日，郝𡲬以少（小）寶爲左尹卲㫃貞：[90]既又（有）疠（病），疠（病）心疾，少㤅（氣），不内（入）飤（食），負（爨）月旮（幾）审（中）尚毋又（有）羕（恙）。[91]221郝𡲬占之：恆（恒）貞吉，又（有）祭（祟）見新（親）王父、殤。[92]以其古（故）敓（説）之。舉禱，犆（特）牛，[93]饋之。殤（殤）因其常生（牲）。[94]郝𡲬占之曰：吉。222

屈宜習之，[95]以彤筶爲左尹卲㫃貞：[96]既又（有）疠（病），疠（病）心疾，少㤅（氣），不内（入）飤（食），尚毋又（有）羕（恙）。占之：恆（恒）貞吉，又（有）祭（祟）見。𢍜郝𡲬之敓。屈宜占之曰：吉。223

東周客簪（許）緹逅（歸）隻（胙）於葳郢之哉（歲）𧯀（爨）月丙唇（辰）之日，[97]攻尹之社𢵧（執）事人暊舉𧗿（衛）𣋘爲子左尹㫃舉禱於新（親）王父司馬子音，[98]戠（特）牛，饋之。臧敢爲位，既禱至（致）命。[99]224

東周之客簪（許）緹逅（歸）隻（胙）葳郢之哉（歲）負（爨）月丙唇（辰）之日，社尹之社𢵧（執）事人暊舉𧗿（衛）𣋘爲子左尹㫃舉禱於殤東陵連囂子發，肥豬（豢），蒿祭之。臧敢爲位，既禱至（致）命。225

大司馬悼（悼）髋（愲）逘（將）楚邦之帀（師）徒以救（救）郙之哉（歲）𦊰（荆）层之月己卯之日，[100]盬吉以琛冢（家）爲左尹㫃貞：出内（入）寺（侍）王，自𦊰（荆）层之月以𩫏（就）集哉（歲）之𦊰（荆）层之月，聿（盡）集哉（歲），躳身尚毋又（有）咎。占之：恆（恒）貞吉，少226又（有）𢝊（感）竆（躬）身。以其古（故）敓（説）之。舉禱𪓐，一全豢。舉禱兄（兄）俤（弟）無遂（後）者卲良、卲𨊠（乘）、縣貉（貉）公，[101]各豬（豢）豕，酉（酒）飤（食），蒿之。盬吉占之曰：吉。227

大司馬悼（悼）髋（愲）遅（逘）楚邦之帀（師）徒以救郙之哉（歲）𦊰（荆）层之月己卯之日，墬（陳）乙以共命爲左尹㫃貞：出内（入）𡷈（侍）王，[102]自𦊰（荆）层之月以𩫏（就）集哉（歲）之𦊰（荆）层之月，聿（盡）集哉（歲），竆（躬）身尚毋又（有）咎。228䷀䷀。[103]占之：恆（恒）貞吉，少又（有）𢝊（感）於宮室。以其古（故）敓（説）之。舉禱宮行，一白犬，酉（酒）飤（食），囟（思）攻敘於宮室。五生占之曰：[104]吉。229

大司馬悼（悼）髋（愲）遅（逘）楚邦之帀（師）徒以救郙之哉（歲）𦊰（荆）层之月己卯之日，𥉐（觀）綳（綳）以長霝（靈）爲左尹㫃貞：[105]出内（入）𡷈（侍）王，自𦊰（荆）层之月以𩫏（就）集哉（歲）之𦊰（荆）层之月，聿（盡）集哉（歲），竆（躬）身尚毋又（有）

咎。230 占之：悉（恒）貞吉，少又（有）慂（慼）也。以其古（故）祭（説）之。囟（思）攻祝逯（歸）緒（佩）䝉晃（冠）緋（帶）於南方。[106] 矔（觀）綳（綳）占曰：吉。231

大司馬恕（悼）髓（愲）逘（將）楚邦之帀（師）徒以救（救）郙之哉（歲）型（荆）层之月己卯之日，五生以丞悳爲左尹𦝴貞：出内（入）峕（侍）王，自型（荆）层之月以𦎫（就）集哉（歲）之型（荆）层之月，聿（盡）集哉（歲），躳（躳）身尚毋又（有）咎。☰☰。[107] 232 占之：晉（恒）貞吉，少又（有）慂（慼）於宫室䜌。[108] 以其古（故）敓（説）之。舉禱宫侯（后）土，一羖。舉禱行，一白犬，酉（酒）飤（食）。閔於大門，[109] 一白犬。[110] 五生占之曰：吉。233

大司馬恕（悼）髓（愲）逘（將）楚邦之帀（師）徒以救（救）郙之哉（歲）型（荆）层之月己卯之日，譽（許）吉以駁需（靈）爲左尹𦝴貞：[111] 出内（入）寺（侍）王，自型（荆）层之月以𦎫（就）集哉（歲）之型（荆）层之月，聿（盡）集哉（歲），竆（躳）身尚毋又（有）咎。譽（許）吉 234 占之：吉，無咎，無祭（祟）。235

大司馬恕（悼）髓（愲）逘（將）楚邦之帀（師）徒以救（救）郙之哉（歲）型（荆）层之月己卯之日，盬吉以琛豪（家）爲左尹𦝴貞：既腹心疾，以走（上）懸（氣），[112] 不甘飤（食），[113] 舊（久）不瘻（瘥），[114] 尚速瘻（瘥），毋又（有）柰。[115] 占之：死（恒）貞吉，疾難瘻（瘥）。[116] 以 236 其古（故）敓（説）之。舉禱𡕥，一𤚘；[117] 侯（后）土、司命，各一牂。舉禱大水，一犆；[118] 二天子，各一牂；佹山，一羖。舉禱楚先老僮、祝讎（融）、媸（鬻）畲（熊），各兩羖。亯祭篙之高丠（丘）、下丠（丘），[119] 各一全 237 豢。囟（思）左尹𦝴遂（踐）遉（復）凥（處）。[120] 囟（思）攻解於哉（歲）。[121] 韙〈盬〉吉占之曰：吉。238

大司馬恕（悼）髓（愲）遅（逘）楚邦之帀（師）徒以救郙之哉（歲）型（荆）层之月己卯之日，墬（陳）乙以共命爲左【尹】𦝴貞：既腹心疾，以走（上）懸（氣），不甘飤（食），尚速瘻（瘥），毋又（有）柰。☰☰。[122] 占之：悉（恒）貞吉，疾 239 弁，[123] 又（有）瘖（瘖），[124] 遯瘻（瘥）。[125] 以其古（故）祭（説）之。舉禱五山，[126] 各一牂。舉禱卲（昭）王，戠（特）牛，饋之。舉禱文坪（平）虽（輿）君子良、郚公子春、司馬子音、鄵（蔡）公子豪（家），[127] 各戠（特）豢，240 饋之。囟（思）攻解於禮（詛）與兵死。[128] 亊韙〈盬〉吉之祭，亯祭篙之高丠（丘）、下丠（丘），各一全豢。墬（陳）乙占之曰：吉。241

大司馬恕（悼）髓（愲）遅（逘）楚邦之帀（師）徒以救郙之哉（歲）型（荆）层之月己卯之日，矔（觀）綳（綳）以長需（靈）爲左尹𦝴貞：既腹心疾，以走（上）懸（氣），不甘飤（食），舊（久）不瘻（瘥），尚速瘻（瘥），242 毋又（有）柰。占之：悉（恒）貞吉，疠（病）遯瘻（瘥）。以其古（故）敓（説）之。亊盬（鹽）吉之祭，舉禱𡕥，一犆；侯（后）土、司命，各一牂。舉禱大水，一犆；二天子，各一牂；危山，一羖。舉禱卲（昭）王，戠（戠）

牛，[129]饋（饋）之。舉禱東陵連囂狂（豕）豕，西（酒）飤（食），蒿之，**243** 贅（贛）之衣裳各三再（稱）。[130]舉禱巫，一全豬，虘（且）桓保壆（逾）之。[131]矔（觀）綎（綳）占之曰：吉。**244**

大司馬悼（悼）髓（愲）以逆（將）楚邦之帀（師）徒以救（救）郙之戢（歲）翌（荆）尿之月己卯之日，五生以丞悳以爲左尹旅貞：既腹心疾，以走（上）懸（氣），不甘飤（食），尚速瘦（瘥），毋又（有）柰。䷁䷂。[132]占之：亙（恒）貞吉，疾弁，病（病）窔。[133]**245** 以其古（故）敓（說）之。舉禱翌（荆）王，[134]自酓（熊）鹿（麗）以豪（就）武王，[135]五牛、五豕。囟（思）攻解於水上與纍（溺）人。[136]五生占之曰：吉。**246**

大司馬悼（悼）髓（愲）逆（將）楚邦之帀（師）徒以救（救）郙之戢（歲）翌（荆）尿之月己卯之日，讐（許）吉以駁霝（靈）爲左尹旅貞：既腹心疾，以走（上）懸（氣），不甘飤（食），舊（久）不瘦（瘥），尚速瘦（瘥），毋又（有）柰。占之：亙（恒）貞吉，病（病）又（有）瘨。以 **247** 其古（故）敓（說）之。舉禱大水，一犧馬；[137]舉禱吾（部）公子春、司馬子音、鄗（蔡）公子豕（家），各戠（哉）豢，饋（饋）之；舉禱社，一豬。囟（思）攻解日月與不姑（辜）。[138]讐（許）吉占之曰：吉。**248**

大司馬悼（悼）悬（愲）救郙之戢（歲）題（夏）尿之月己亥之日，矔（觀）義以保豕（家）爲左尹卲旅貞：以其又（有）瘴病（病），[139]走（上）燹（氣），尚毋死。義占之：亙（恒）貞，不死，又（有）祭（祟）見於㡭（絶）無遂（後）者與漸木立，[140]以其古（故）敓（說）之。舉 **249** 禱於㡭（絕）無遂（後）者，各肥豬，饋之。命攻解於漸木立，虘（且）遷（徙）其尻而梪（樹）之。[141]尚吉。義占之曰：吉。**250**
不智（知）其州名。[142]**249** 背

---

〔1〕　盬吉，原考釋：貞人名。李零（1993，433 頁）：由龜策分類，可把簡文所見貞人分爲兩組。盬吉爲卜人。

保豕，原考釋：《楚公家戈》、長沙子彈庫帛書"不可以家女取臣妾"之"家"均從爪從家。保家讀如苞蓍，草名。《詩·下泉》："浸彼苞蓍"，朱熹注："苞，草叢生也。"苞蓍於此用作筮具。李零（1993，432～433 頁）：一般說，簡文記有卦爻的是策，不記卦爻的是龜。保家讀爲"寶家"，可能即古書所說的"寶龜"。

旅，原考釋：左尹名，姓卲。

貞，原考釋：《説文》："卜問也。"此處當爲筮問。

〔2〕　就，李零（1996，272～273 頁）釋，是到的意思。

〔3〕　盡𡕒歲，原考釋："𡕒"疑爲卒字異體。卒，《爾雅·釋詁》："盡也。"卒歲，盡歲，指一年。李零（1993，432 頁）：卒可訓終、盡，是滿一歲的意思。簡文亦作"集歲"，"集"可訓合，是同樣的意思。曾憲通（1993，405 頁）：按"卒歲即盡歲"與"盡卒歲"義嫌重複。𡕒與三體石經狄之古文相同。𡕒歲即易歲，意指次年。何琳儀（1993，59～60 頁）亦讀爲"易歲"，指第二年。陳偉（1996B，152 頁）：卒借作"萃"。《左傳》成公十六年"而三軍萃於王卒"，杜預注："萃，集

也。”“集”有會、合、成、就等意。從“集”之字有“襍”。《淮南子·詮言》“以數雜之壽”，高誘注：“雜，匝也，從子至亥爲一匝。”“集歲”當是整歲、匝歲、周歲的意思。劉信芳（2003，211 頁）：萃歲、集歲皆指滿一年的一段時間。這一段時間往往跨兩個曆法年度，萃集兩個曆法年度的一段歲月爲一年。宋華强（2009，26 頁）：應該是指從歲首之月到年底。今按："卒歲"爲戰國秦漢時習語。睡虎地《秦律十八種·徭律》："興徒以爲邑中之功者，令嫴堵卒歲。未卒堵壞，司空將功及君子主堵者有罪，令其徒復垣之，勿計爲徭。"張家山 247 號墓漢簡《二年律令·亡律》："吏民亡，盈卒歲，耐；不盈卒歲，繫城旦舂；公士、公士妻以上作官府，皆償亡日。"

〔4〕 躬身，李零（1993，426 頁）：即身體。陳偉（1996A，87 頁）：躬、身均有自我一類含義。《禮記·樂記》"不能反躬"鄭玄注："躬，猶己也。"《爾雅·釋詁》："朕、余、躬，身也。"郭璞注："今人亦自呼爲身。""躬身"可能是指"我的身體"，也可能衹是指"我"。由於占辭所云"志事""爵位""王事""宫室"均屬於身外之物，後一種可能性要大得多。

尚，李學勤（1989，81 頁）：庶幾。文獻所見古代卜筮辭，多有以尚冠首的語句。李零（1993，434～435 頁）："貞"字以下的命辭是講待決之事，其中有表示這種語氣的"尚"字，意思是庶幾，義如當。

咎，原考釋：《説文》："災也。"

〔5〕 占，原考釋：《説文》："視兆問也。"以下爲視揲蓍結果得出的占辭。

〔6〕 恒貞吉，原考釋：恒，《易·序卦》傳："恒者，久也。"恒貞即永貞，"貞問長期之休咎謂之永貞"（高亨《周易古經今注》）。李學勤（1989，81 頁）：貞，訓爲正、當，與《尚書·洛誥》"來視予卜，休，恒吉，我二人共貞"可相參看。邴尚白（1999，70～73 頁）：207 號簡説"占之：貞吉"，249 號簡説"占之：恒貞"，與一般的"占之：恒貞吉"涵義相同。由"占之：恒貞"來看，"貞"字不宜訓爲貞問。張衡《思玄賦》"乃貞吉之元符"，"貞吉"就是正吉，與單言"貞"或"吉"大致相同。"恒"則應爲平常、一般之意，所以也可以省略。今按：恒在此疑當用爲"極"，是甚、最一類意思。極貞吉，猶言極正吉。與 198 號簡"甚吉"類似。

〔7〕 悳，原釋文隸作悳，讀作"憂"。李運富（1997，122～125 頁）：從心宿聲，蓋憂字異構。邴尚白（1999，93 頁）：天星觀簡"少外有慼"的"慼"疑當讀爲"慼"。施謝捷（2002，379～383 頁）隸作從佰（宿）之字，釋爲"悚"，訓懼。李守奎（2003，627 頁）讀爲"慼"。今按：上博竹書《容成氏》28 號簡、《三德》1 號簡的"宿"字與此字上部相同，《民之父母》8 號簡"夙"字所從亦然，宿與戚、縮與慼音近可通。

〔8〕 志事，彭浩（1991C，561 頁）：志指企望獲得爵位，事指侍奉楚王。周鳳五（1993，367 頁）：志事應指"所志之事"，就是心中的願望。晏昌貴（2005）讀如"職事"。

遟，原考釋：《説文》遲字古文。

〔9〕 故，李學勤（1989，81 頁）：事。《周禮·占人》有"八故"，鄭玄注釋爲"八事"。孫詒讓《正義》云："故、事義同。"

敚，簡文或作祭。原考釋：借爲説。《石刻篆文编》3·6 上引魏一體石經《論語·學而》，以"敚"作"説"。《周禮·春官·大祝》："掌六祈以同鬼神祇……六曰説。"説是爲了解除憂患而進行的祭禱。李學勤（1989，81 頁）：《周禮·大祝》的"六祈"，"五曰攻，六曰説"，鄭注："攻、説，則以辭責之。"《尚書·金縢》成王"啓金縢之書，乃得周公所自以爲功代武王之説"，説是告神的祝詞，衹"陳論其事"，没有責讓的意思。鄭玄把説和攻混爲一談，是不妥當的。彭浩（1991C，560 頁）：説，簡文寫作"敚"，與説同音。"説"是貞問中必不可少的一個步驟。《周禮·春官·大祝》"六祈"之一爲"説"，一般認爲"説"是祭祀之名。從簡文可知，"説"是爲了解除憂患而進行的祭禱，是有關各種祭祀的統稱，并不是專指某一種祭祀。"説"既有舉行祭禱之意，同時還含有祈求鬼神、祖先之意。曾憲通（1993，407 頁）：敚爲奪之古文，在此讀爲"捝"。《説文》："捝，解捝也。"李零（1993，435 頁）：讀爲"奪"。這種用法的"奪"，古書亦作"説"（《周禮·春官·大祝》）或"兑"（《淮南子·泰族》）。睡虎地秦簡《日書》乙種也提到"説盟詛"（簡 23 壹）。"説"并非解脱義，而是來自奪取、奪去之義，早期寫法是作"敚"。《説文》："敚，强取也。"經典作"奪"。《疋獄》提到"以奪其後"（簡 93）、"以奪其妻"（簡 97），"奪"字亦作"敚"。這些都可説明，簡文此字衹能讀爲"奪"，是禳奪之義（"禳"的本義就是攘奪）。李家浩（1997B，564～567 頁）：祈説之"説"，除見於《周禮·春官·大祝》外，古書中還有一些記載，如《墨子·兼愛下》引《湯説》"以祠説於上帝鬼神"，《國語·楚語下》"能上下説於鬼神"。《周禮》"六祈"鄭玄注對"説"説了兩點意見："以辭責讓"和"用幣不用牲"，其實都有問題。"説"不僅用幣，而且也用牲。"以其故説之"的意思是：把占辭所説的那種將會發生的災禍之事向鬼神祈説。邴尚白（1999，75 頁）：故是"事"，即指占辭中所顯示的不順、憂患或凶祟之事。若將“敚”讀爲“奪”“捝”等，所欲奪、捝、除的即是此“故”，則“之”字不知應作何解釋。讀爲“説”，則“之”即爲鬼神的代稱，文從字順。劉信芳（2003，212頁）：文獻作“説”。凡經占卜而得知有鬼神作祟，即以“説”祈禱鬼神降福免災。“説”的具體操作方式，或攻解；或罷禱、舉禱、賽禱，且多用牲。若無鬼神作祟，則無“説”，簡235“無咎，無説”。沈培（2006，16頁）：對“敚”的解釋，要同時注意它有兩方面的特點。作爲“六祈”之一，應當具有“祈”所具有的特點；另一方面，“説”的目的是爲了驅除災害，而不僅僅是“陳論其事”。今按：上博竹書《魯邦大旱》2號簡説：“庶民知敚之事鬼也。”馬承源（2002，206頁）指出：“敚”宜讀作“説”。《淮南子・泰族訓》“祈禱而求福，雩兑而請雨”之“兑”，與“敚”“説”乃同一字的通假。這條簡文爲“敚”之讀“説”提供了與傳世典籍對讀的綫索，也直接表明“説”就是從事於鬼神（鬼字之釋，看黄德寬2004，439頁。簡文斷讀及通釋，看陳偉2004A，116～117頁）。又《周禮・春官・占人》“凡卜簭既事，則系幣以比其命”，鄭玄注：“既卜筮，史必書其命龜之事及兆於策，系其禮神之幣，而合藏焉。《書》曰：‘王與大夫盡弁，開金縢之書，乃得周公所自以爲功，代武王之説。’是命龜書。”可見“説”録入卜筮記録。

“説之”至“思攻”，有約35厘米空白。晏昌貴（2005）：“思攻解”直接接在“以其故敚之”的後面，可能是省略了“敚”的具體内容。沈培（2006，13頁）“思攻解”與“以其故敚之”有一段空白，大概就是要顯示有關祭禱的内容已被省去。今按：這處空白，大概是預留書寫禱祠内容的地方，後因故未寫。參看213號簡“迻故蔽”注釋。

〔10〕　思，命、使一類意思，參看128號簡注釋。沈培（2005，353～362頁）把楚簡裏的“思”一分爲二，一部分讀爲“使”，一部分讀爲“式”。卜筮簡中“思攻解”一類的“思”讀爲“式”，是義爲“應、當”的語氣副詞。

攻，原考釋：見於大祝所掌六祈之一。李學勤（1989，82頁）：攻是責讓，《論衡・順鼓》所述甚詳。簡文中説“攻解於不辜”，是作祟的冤鬼，故需加以攻解，即責讓冤鬼，解除災患。彭浩（1991C，560頁）：“攻”是“六祈”之一。曾憲通（1993，412～416頁）：攻屬於“六祈”之一。“攻”字之下或作解，或作叙，或作説，皆指以攻祭之禮責讓作祟神靈，以求解脱。今按：如果按楚簡一般用法理解“思”字的話，“攻”恐非六祈之“攻”。224、225號簡有“攻（225作社）尹之社執事人”，231號簡説“思攻祝歸佩取冠帶於南方”，“思攻解”“思攻除”恐與這些“攻（社）”有關，是司掌禱祠、解除的專職人員。參看224、231號簡及葛陵簡甲三111號注釋。

解，曾憲通（1993，413～414頁）：簡文云“思攻解於不辜”，又云“思攻叙於宫室”，解與叙相對爲文。《廣韵・卦韵》：“解，除也。”叙在此亦讀爲除。可見解、叙二字在句中用法相同。于成龍（2004，49頁）：攻解對象中，均是非正命而死的厲鬼。對這些作祟的外鬼，古人大多不予祭禱。

人愚，原考釋：愚，讀作禹。據《説文》，禹爲蟲。人禹可能指大禹。楚人自以爲老僮之後，當來自華夏，與禹有共同的先祖，故得祭祀大禹。連劭名（2001，65～66頁）：人禹即禹。人是尊稱。夏渌（1993，83頁）：“禹”與“偶”是音假的關係。人禹爲人形土木偶。劉信芳（2003，213頁）：蓋攻解本屬巫術，而古代巫師攻解多以土木偶以代鬼怪。

〔11〕　㕣中，今按：指貞問一年的時間之内。參看33號簡背面注釋。

憙，原考釋：借作喜。劉釗（1998，65頁）：讀爲“禧”，福也。睡虎地秦簡《日書》乙種“其後有憙”，憙字讀法與此相同。

關於卜筮簡的格式，湖北省荆沙鐵路考古隊（1991A，12頁）分作五部分，即：①前辭，包括舉行卜筮的時間、貞人名、卜筮用具和請求貞問者的姓名（如本簡“宋客”至“尨貞”）；②命辭，即貞問事由（“自荆”至“有咎”）；③占辭，是根據卜筮的結果所作的判斷（“占之”至“遲得”）；④禱辭，向鬼神祈禱，請求保佑、賜福及解脱憂患（“以其”至“人愚”）；⑤第二次占辭，是祭禱鬼神之後得出的判斷（“占之”至“有憙”）。李學勤（1989，82頁）把整理者所説的②～④部分看作龜卜命辭全文，相當②的文句“是占筮的命辭”，相當③的部分“是筮占的結果”，相當④的部分“是卜問以此事禱告鬼神，盼望免除憂患”。曾憲通（1993，406頁）：筮辭結構大體上可分爲序辭、命辭、前占辭、後占辭。前占辭與後占辭之間，幾乎毫無例外地出現“以其故敚之”這個短語，并由它帶出一系列的祭禱和攻解之類的活動。李零（1993，429～430頁）將整理者所分①～③歸納爲第一次占卜，并把“以其故敚之”放在這一部分的末尾。隨後部分歸納爲第二次占卜，又分爲命辭（包括禱祠、思攻解兩塊）和占辭。陳偉（1996B，157頁）：對從“以其故敚之”開始的後一部分包含的兩層意思，最好依簡文稱爲“敚辭”和“占辭”。李家浩（1997B，563頁）徑將“敚辭”稱作“説辭”。邢文（2002，58頁）：“以其故説之”是所有禱祠句的引句，説明禱祠的原因。以爲占辭似應是説不通的。從“以其故説之”

開始至“××占之曰吉”是一個整體，記攻説的全過程，可統稱爲“説辭”；陳偉所説的“占辭”，是這個過程的一部分，在結構中下屬於“説辭”，而不是與“説辭”并列。

〔12〕 訓黿，李零（1993，433頁）：龜。何琳儀（1998，1412頁）：疑黿之異文。今按：楚文字中的“黽”多用爲“龜”（參看馮勝君2005，477~479頁）。卜具中的從黽之字恐皆當釋作從“龜”之字。

〔13〕 就荆，原考釋：簡文二字抄重。

〔14〕 外，原考釋：《禮記·曲禮》：“凡卜筮日旬之外曰遠某日。”李零（1993，435頁）：讀爲“間”，少間也是稍微之義。邴尚白（1999，93頁）：“少外有慼”或許是“少有外慼”的訛寫。陳偉（2010，146頁）懷疑先前被釋爲“内外”之“外”的字，有的也許是用作“間”的。“少間”指時間短暫。

〔15〕 罷，原考釋：似讀作嗣，《國語·魯語》“苟芈姓實嗣”，注：“嗣，嗣世也。”罷禱即後人對先輩的祭祀。從卜筮祭禱簡的記載來看，罷禱的對象衹限於墓主人卲（昭）佗本氏的近祖及直系先人，包括楚昭王和高祖、曾祖、祖父母及父母等人。徐在國（1998，81頁）從朱德熙等人之説以爲“翼”字異體。與“禱”字連用，疑字應讀爲“祀”。周鳳五（1999，46~48頁）：根據郭店竹簡大量出現的用例，可以確定此字經常讀作“一”。卜筮簡中讀作“代”。代禱和與禱是配套的兩種禱祠。代禱是由主持禱祠儀式的巫覡代替當事人舉行祭祀，與禱則是由當事人親自祭祀。李家浩（2001，34頁）：與禱、罷禱都屬於祈禱，其間的區别大概是罷禱用牲，而與禱不用牲而已。工藤元男（2002，86頁）：罷禱、賽禱和與禱，也許宜於看作貞人們在各自集團内使用的祭禱名稱，其間并不存在本質的差異。劉信芳（2003，214頁）：疑罷禱與“宜”祭相類。宋華强（2006A）疑讀爲“烝”。典籍中祭名之“烝”有兩種詞義。一是古代四時之祭中冬祭的專名，二是一般性的祭名，見於《爾雅·釋詁》：“禋、祀、祠、蒸、嘗、禴，祭也。”今按：在郭店竹書中的多數場合，罷用作“一”。新蔡楚簡乙四82、148號簡中有“弌禱”，即“罷禱”異寫。“罷禱”似當讀爲“一禱”，具體含義待考。

卲王，原考釋：楚昭王，公元前515年~前489年在位。先秦時期有以王號爲後代之氏的習慣，昭王應是卲（昭）佗這一支的始祖。

〔16〕 戠牛，原考釋：戠似讀作特，《國語·楚語》“諸侯舉以特牛”，韋昭注：“特，一也。”李零（1993，440、447頁）：古書還有以雄獸或三歲獸爲“特”。《説文》：“朴特，牛父也。”《詩·魏風·伐檀》“胡瞻爾庭用懸特兮”，毛傳：“獸三歲曰特。”《廣雅·釋獸》以獸四歲爲特。陳偉（1996B，175頁）：犆、特通假字。禱祠簡第224、225號是對卜筮簡第221~222號“敚”辭的踐履。對新王父的用牲，一作“戠（特）牛”，一作“犆牛”，是戠與犆相通、亦應讀作特的最好證據。簡書記“戠（特）牛”“戠豢”“戠猎”均不使用數字，而於其他場合則必稱“一”或“兩”，簡245~246還有“五牛、五豕”的記載，可見舊注訓特爲“一”是有道理的。不過，簡書中“戠”衹冠於牛、豕之前，并且衹用於自卲王至新母的直系親屬，恐怕還帶有另外的含義。

〔17〕 饋，原考釋：《周禮·春官·大宗伯》：“以肆獻祼享先王，以饋食享先王，以祠春享先王，以禴夏享先王，以嘗秋享先王，以烝冬享先王。”工藤元男（2002，81頁）：饋、蒿、享都是表示一定祭祀方法的用語，或許是由於犧牲供物不同而采用不同的祭祀名稱。

〔18〕 坪夜君，原考釋：見於曾侯乙墓竹簡，讀作平輿君（參看裘錫圭《談談隨縣曾侯乙墓的文字資料》，《文物》1979年第7期）。

郚，原考釋：地名。《春秋》文公七年：“春公伐邾。三月，甲戌取須句，遂城郚。”注：“魯邑，卞縣南有郚城，備邾難。”魯被楚滅後，郚地屬楚。吴鬱芳（1992，63頁）：楚滅魯在考烈王世。郚即圉。《左傳》昭公二十四年：“楚子爲舟師以略吴疆……王及圉陽而還。吴人踵楚而邊人不備，遂滅巢及鐘離而還。”可見楚有圉邑，位於吴楚接壤的淮水之濱，與巢相鄰。楚又有圉公，見《左傳》哀公十六年，當是圉縣縣令。

敔公子春，黄浩波（2011）：上博八《命》《王居》中的“令尹子春”即包山楚簡所見之“郚公子春”。李守奎（2014A，52~53頁）：清華簡《繫年》中的“莫囂昜爲”即包山簡中的敔公子春。蘇建洲（2014，117頁）：“莫囂昜爲”與“令尹子春”應爲一人，但與“郚公子春”可能無關。

蔡，原考釋：地名。原屬蔡國，稱州來，故址在今安徽省鳳台縣。徐少華（1996D，65頁）：簡文中“蔡”與“下蔡”區别明顯，“蔡”應是蔡國早期居地，今河南省上蔡。彭浩（1991C，562頁）：司馬子音被卲佗稱作“新王父”，蔡公子家則被稱作“新父”。新當讀爲親。據《爾雅》《釋名·釋親屬》，王父是祖父。新王父即親祖父。新父即爲親父。郚公子春可能是卲佗的曾祖父輩，文坪夜君可能是高祖父輩。卲（昭）王應是卲（昭）佗這一支的始祖。何浩（1992，68 頁）、吴鬱芳（1992，62 頁）進一步指出：由昭王至子家以至卲佗，是父子相繼、先後銜接的六代人。陳偉（1997，75 頁）：連續祭祀五代先人，大概是戰國中期楚國貴族中的流行作法。陳偉（2006C，13 頁）：楚簡所見禱祠五世王父王母以至父母的記録，大概與親屬制度有關。在先秦古人的親屬制度中，五世是一個很重要的界限。《禮記・大傳》云："四世而緦，服之窮也。五世袒免，殺同姓也。六世，親屬竭矣。"鄭玄注："四世共高祖，五世高祖昆弟，六世以外，親盡無屬名。"

〔19〕　豢，原考釋：《禮記・月令》"案芻豢"，注："養牛羊曰芻，犬豕曰豢。"簡文的豢指豕。李家浩（1982，197 頁）：疑讀爲"豣"。《説文》："豣，三歲豕。"

〔20〕　酒，簡文作"酉"。原考釋：借作酒。

〔21〕　夫人，陳偉（1996B，160～161 頁）：簡 212～215"遂石被裳之敓"稱"新母"。"新母"即"夫人"。

〔22〕　豬，原考釋：讀作臘。《周禮・天官・臘人》注："小物全乾也。"《儀禮・既夕禮》："魚臘鮮獸"，注："士臘用兔。"湯餘惠（1993A，75 頁）："戠豬"與"戠豢"爲同類祭品，往往并舉。豬恐亦當屬牲類，恐與臘肉無關。字從豕、昔聲，疑狚之異。《説文》："狚，豕屬。"

〔23〕　賽，原考釋：《史記・封禪書》"冬賽禱祠"，索隱："賽謂報神福也。"賽禱即對神靈賜予的福佑給予回報。

〔24〕　"盛"字後，原考釋：此處脱"公"字。

〔25〕　央，邴尚白（1999，50 頁）讀爲"英"。劉信芳（2003，216 頁）："英"是美稱。

管，林澐（1992，84 頁）：讀爲"蓍"。耆從旨聲。先秦筮法用蓍，由本簡證實。

〔26〕　卦畫，原考釋：由一、六組成，用陽爻和陰爻來表示，寫成䷏䷹，即《易》之豫和兑。柯鶴立（2016，18～19 頁）：包山簡記録的八個祭祀或占卜案例發生在不同日期。其中三位卜者的占法涉及數字卦，一共有六例。每例由兩列六爻數字卦構成。結合清華簡《筮法》對"四位"中相關卦象、方位以及導致祟的原因的解釋，可以大致推測可能導致"少有憂"的原因和彼時祭祀男女鬼神的系統。今按：楚卜筮簡中卦畫的表示方式，學者間有不同看法。楚卜筮簡卦畫用數字表示的論述，看李零（1993，444 頁；2001B，251～271 頁）、宋華强（2007，117～135 頁）。楚卜筮簡卦畫用陽爻、陰爻表示的意見，看邴尚白（1999，67～70 頁；2007，159～171 頁）、李學勤（2001，107～112 頁；2004C，1～5 頁）。

〔27〕　占，原釋文隸作貞，釋爲貞。白於藍（1995，263 頁）據字形釋爲"占"字。簡文中多有"恒貞吉"之語，"恒占吉"與"恒貞吉"意同。今按：簡文"占之：恒貞吉"之語，還見於 210、213、217、215 號簡等，其"占"皆作[illegible]，"貞"皆作[illegible]。唯本簡"恒貞吉"之"貞"字形與"占"字同，疑涉"占"字而誤寫。

〔28〕　雀，原考釋：借作爵。

遂，原考釋：讀作踐，《論語・中庸》"踐其位"，注："猶升也。"遲踐，升遷遲。劉信芳（2003，216 頁）：《禮記・明堂位》"周公踐天子之位"，鄭玄注："踐猶履也。"

〔29〕　狊禱，原考釋：狊也寫作罷，讀作舉。《周禮・天官・膳夫》"王日一舉"，鄭注："殺牲盛饌曰舉。"罷禱即舉禱。舉禱的對象有先祖、父母、兄弟及山川、神祇。一般情況下，同時祭祀多個對象，個别情況下祇祭祀一位先人或神祇。李零（1993，437 頁）：與禱可能是始禱。邴尚白（1999，90～92 頁）：罷禱之罷，或從辵，作遯。罷是一個從與得聲的字，在楚簡中至少已有"與""舉"兩種讀法。劉信芳（2003，226 頁）：罷禱，舉禱。舉本爲朔、望盛饌之禮，依此禮祈禱於神，所以稱"舉禱"。《國語・楚語下》"祀加於舉"韋昭注："舉，人君朔望之盛饌。"今按：關於狊（罷、遯）禱的其他推測，看 200 號簡注釋。

宫地宔，原考釋：宫，《説文》："室也。"宔，《説文》："宗廟宔祏。"字亦作主。《穀梁傳》文公二年"爲僖公主也"，注："主蓋神之所馮依。"宫地主似指宫室所在之地神。陳偉（1996B，160～161、165 頁）：簡 201～204 記"應會之敓"説"與禱於宫地主"，簡 212～215"遂雁會之敓"作"宫后土"。"宫后土"當即"宫地主"。《左傳》昭公二十九年"土正曰后土"，杜預注："土爲群物主，故稱后也。"《周禮・春官・大宗伯》"王大封，則先告后土"，鄭玄注："后土，土神也。"土與地義通。《左傳》昭公二十九年"后土爲社"，《説文》則徑云："社，地主也。"《左傳》昭公二十九年杜預注："在家則祀中霤，在野則爲社。"依孔疏，這裏的"家"是指宫室。宫后土或者宫地主實指五祀之神中的中霤。

〔30〕　羖，原考釋：讀作羖，《説文》："夏羊牡曰羖。"《廣雅・釋獸》："白或通稱爲羘，黑或通稱爲羖。"劉信芳（2003，217 頁）：《廣韻》"羖"之俗體作"羖"。

〔31〕 徭，原考釋：讀作𡩧，《説文》："敬也。" 劉信芳（2003，217頁）：古代祭祀自然諸神之時，同時祭祀列祖列宗，商代稱賓，楚人襲殷禮，或稱"賓"，或稱"客"。今按：上博竹書《昭王毁室》1號簡："室既成，將袼之。" 袼用爲落成之"落"。簡文此字或同"袼"，指卲佗父母之廟的落成儀式。

新父，原考釋：新借作親，親父，生父。下文有新母，即親母，生母。

〔32〕 豬，袁國華（1993B）釋。湯餘惠（1993A，75頁）釋爲"豕"，簡文又稱"豕豕"，或稱"肥豕"，皆當讀爲豵。《詩·召南·騶虞》"壹發五豵"，毛傳："一歲曰豵。" 何琳儀（1998，360頁）釋爲"豕"，疑讀"豵"。《集韵》："豵，牡豕。" 劉信芳（2003，218頁）：讀爲"豵"。《説文》："豵，生六月豚也。"《詩·豳風·七月》"言私其豵"，毛傳："豕一歲曰豵。" 禤健聰（2006，83~84頁）：從豕主聲，是"豬"字異體。大西克也（2006，272頁）：字從主聲，應讀爲豬。《爾雅》："豬，豕子。"

〔33〕 東陵連囂，225號簡稱"東陵連囂子發"。顔世鉉（1997A，140~142頁）：《尚書·禹貢》："岷山導江……過九江，至於東陵。" 錢穆認爲《漢書·地理志》廬江郡東陵鄉就是《禹貢》東陵之所在，在今湖北省廣濟東北及黄梅縣境。陳懷荃則認爲在今安徽省貴池市、青陽縣。何琳儀（1998，364頁）：東陵，地名。《書·禹貢》"過九江至於東陵"。《漢書·地理志》廬江郡"東陵鄉"。在今河南固始西南。彭浩（1991C，562~563頁）：東陵連囂排在新父、新母之後，很可能是卲佗的叔父或伯父。

〔34〕 𢍏，原考釋：舉字異體，借作舉，《説文》："對舉也。" 彭浩（1991C，560頁）：舉祱一般是出現在同屬一組的二、三次貞問中，在後來的貞問中與前某次的貞問對舉。它與移祱不同在於，舉祱的設祭对象衹是部分與相對應的祭祀对象相同。劉釗（1998，65頁）：應釋爲"輿"。曾憲通（1993，409頁）：𢍏乃輿字之省。《廣雅·釋詁》："輿，舉也。"《説文》："舉，對舉也。" 鍇本一曰輿也。可見輿、舉同字。徐邈讀舉爲居御切，稱引也。簡文𢍏正稱引之義。李零（1997，761頁）：𢍏是輿的省體，古音屬喻母魚部，同"迻"字的古音（喻母月部）非常接近，應是通假字。李家浩（1997B，570~571頁）：舉、與二字都可以訓爲"用"。"舉（與）某人之説"是"用某人之説"的意思。"與"還有"從"義。《尚書·洪范》："立時人作卜筮，三人占則從二人之言。"《楚辭·離騷》："欲從靈氛之吉占兮。" 簡文"輿"跟此"從"字用法相同，似乎把"輿"讀爲"與"，訓爲"從"，更符合簡文文義。沈培（2006，25頁）：按照《説文》，"舉"從輿聲，"輿"從舁聲，而"舁"則"讀若余"。由此，很容易聯想到"𢍏"當讀爲"除"，"𢍏某人之祱"就是"除某人之祟"的意思。

常，原釋文徑釋爲"裳"。袁國華（1993A，434~435頁）釋爲常，讀爲"裳"。

祱，或徑作"敚"。原考釋：讀如祝，祈也。李零（1993，430頁）讀爲"奪"；（1997A，761頁）又云："祱"或"祱"是"敚之"的名詞性表達。李家浩（1997B，569頁）讀爲"説"。邴尚白（1999，76頁）："輿祱"不一定衹有祝禱，而是像普通的敚辭一樣，也可能包含其他的祭儀。因此，"迻敚"和"輿敚"的"敚"，似應如"以其故敚之"的"敚"，也讀爲"説"。沈培（2006，22~25頁）讀爲"敚"。今按：李零、李家浩、邴尚白三氏均認爲"𢍏（或"迻"）"某人之"敚"的"敚"同於"以其故敚之"的"敚"。"𢍏（或"迻"）"某人之"敚"的内容均是對某人"以其故敚之"内容的部分重複，這裏的"敚"與"以其故敚之"的"敚"作同一理解比較合理。

〔35〕 𥳑，李家浩（1997B，555~572頁）釋"箃"。"凡此箃也"，是指此組簡而言的。《禮記·學記》"今之教者，呻其占畢"，鄭玄注："簡謂之畢。" 鄭注用的是《爾雅·釋器》之語。郭璞於《爾雅》此語下注説："今簡札也。" 陸德明《釋文》引李巡本"畢"從"竹"作"篳"。"敝""畢"二字古音相近，可以通用。疑"箃"字應讀爲《禮記》"占畢"之"畢"。其字從"竹"很可能就是當時的人爲"占畢"之"畢"而造的專字。因爲第一組卜筮簡（199~200、201~204號簡）的貞人所"説"的内容都被第二組卜筮簡（209~211、212~215號簡）的貞人所"迻"，所以在第一組卜筮簡末尾注明説："凡此畢也，既盡迻。" 李零（1997，760~761頁）：簡文相當"箃"字。用法似與《周禮·春官·眡祲》"弊"字同，也是指吉凶之斷。劉信芳（2003，220頁）：《左傳》昭公十四年"叔魚蔽罪邢侯"，杜注："蔽，斷也。" 知簡文與《左傳》之"蔽"義相通。"凡此蔽也"，謂凡此次占卜之説辭、結果。沈培（2006，27頁）：頗疑"箃"也當讀爲訓"敗、惡、壞"的"敝""弊"或"憋"。裘錫圭（2011，144頁）：讀爲"蔽志"之"蔽"。今按：《周禮·春官·占人》："凡卜筮既事，則繫幣以比其命。" 鄭玄注："杜子春云：'繫幣者，以帛書其占，繫之於龜也。' 云謂既卜筮，史必書其命龜之事及兆於策，繫其禮神之幣，而合藏焉。《書》曰：'王與大夫盡弁，開金縢之書，乃得周公所自以爲功，代武王之

説。' 是命龜書。" 鄭玄舉《金縢》反駁杜子春，但他以"幣"爲"禮神之幣"，亦無確證。疑"幣"與楚簡之"敝"，均指卜筮記録。

〔36〕 迻，簡文作迻，原考釋：迻字異體。今按：看210號簡注釋。

〔37〕 城，原考釋：借作成。《儀禮·少牢禮》"祝告曰利成"，注："畢也。" 李零（1993，441頁）：簡文把禱祠完成稱爲"既禱"，把神祖歆享其祀，稱爲"既城（成）"。于成龍（1999，167頁）："既城"是祭禱完畢之意。沈培（2006，27頁）："既成"當是"完成了移祟"的意思。

〔38〕 "東"字後，原考釋：此處脱"周"字。

〔39〕 戠牛，簡文合書，陳偉（1996B，233頁）析讀。

〔40〕 𩞁，原考釋：疑讀作牂，《廣雅·釋獸》："吴羊……其牝一歲曰牸羠，三歲曰牂。" 陳偉（1996B，174～175頁）：疑讀作"湆"。《儀禮·士昏禮》"大羹湆在爨"，鄭玄注："大羹湆，煮肉汁也。" "大𩞁"似指大羹。邴尚白（1999，103頁）："𩞁"可能從臧聲。"臧"（陽部精母）上古音與"羹"（陽部見母）較近。大𩞁也許應讀作"大羹"。李家浩（2001，32頁）："大𩞁"就是文書簡"大臧"，是掌管收藏的職官。簡文是説罷禱於昭王的特牛，是由大臧進獻的。朱曉雪（2013，622頁）："大臧"應是進獻之物，而非職官，具體含義待考。

〔41〕 䄅，原考釋：讀如位。《周禮·春官·肆師》"凡師甸用牲於社宗，則爲位"，孫詒讓云："位與'辨方正位'同。" 李零（1993，427頁）讀爲"涖"，以爲涖祭。邴尚白（1999，105頁）：《周禮·春官·大宗伯》："若王之與祭祀則攝位。" 就是代理主祭之位。卲吉爲位，臧敢爲位，卲吉、臧敢很可能就是主祭者。李家浩（2001，29頁）："爲位"就是《周禮·春官·肆師》和《周禮·春官·小宗伯》所説的"爲位"，據《大宗伯》孫詒讓疏，包括設神位和主祭者之位。類似包山祭禱簡"爲位"的"位"，還見於天星觀簡"享祭惠公於穆之位"，應該是指神位。今按：邴氏之説與"致福"合。《左傳》昭公六年"涖之以强"，杜注："施之於事爲涖。" 孔疏："涖謂有所施爲，臨撫其事。" 依李零讀作"爲（替卲佗）涖"，似亦通。

〔42〕 至福，原考釋："福"與長沙子彈庫帛書"佳天乍福"之福字同。《禮記·少儀》："爲人祭曰致福。" 何琳儀（1998，1086頁）讀爲"致福"。李家浩（2001，30頁）：古人認爲吃了祭祀過的酒肉可以得福，所以把"致胙"或"歸胙"又叫作"致福"。今按：整理者之説是。《禮記·少儀》"爲人祭曰致福"鄭注："攝主言'致福'，申其辭也。" 孔疏："爲人攝祭而致飲胙於君子也。其致胙將命之辭則曰'致福'也，謂致彼祭祀之福於君子也。" 卲吉代替卲佗禱祀，將牲肉帶回給卲佗，稱作"致福"。

〔43〕 𢜮，李零（1993，433頁）：龜。劉信芳（2003，222頁）："𢜮"讀爲"蓢"，一種植物，以其莖作爲占筮工具。今按：本組簡無卦畫，應非筮具。

右，原考釋：應爲左字之誤。

〔44〕 疾，今按：似訓爲痛。《左傳》成公十三年："諸侯備聞此言，斯是用痛心疾首。" 杜注："疾，猶痛也。"

〔45〕 㤅，原考釋：㤅字異體，讀作氣。陳偉（1996B，154頁）：《黄帝内經·氣交變大論》云"民病瘧少氣咳喘"，王冰注："少氣謂氣少不足以息也。" 李零（1999A，149頁）：《説文》"㤅"（愛）字古文作"㤅'，簡文假爲㤅（氣）。劉信芳（2003，223頁）：㤅，簡218、220等作"㤅"。"㤅"即《説文》"㤅"之古文，郭店簡"㤅"字屢見，多讀爲"愛"。《説文》云："旡，飲食屰氣不得息曰旡。" 知"㤅"讀爲"旡"。讀"㤅""㤅"爲"氣"，亦通。楚帛書、郭店簡"㤅"皆讀爲"氣"。

〔46〕 已，原考釋：停止。何琳儀（1998，63頁）：《吕覽·至忠》"病乃遂已"，注"已，除癒也。" 劉信芳（2003，223頁）：短期内不會病癒，"已"，止也。今按："已"引申有病癒義。"少未已"應是稍有餘症的意思。

〔47〕 厏，原考釋：爲荐字異體，借作薦。《周禮·天官·庖人》注："備品物曰薦，致滋味乃爲羞。" 葛陵楚簡有"厝"，用作人名和禱祀。河南省文物考古研究所（2003，183頁）：王孫厝又稱王孫厭，厝、厭通假。徐在國（2003B）：厏當是厝字之省，讀爲"厭"。219號簡"厭一牯於野地主"，厏與厭互爲異文。"厭"義爲厭祭。《禮記·曾子問》"曾子問曰：祭必有尸乎？若厭祭亦可乎？" 陳劍（2011，147～149頁）：應即"厝"之簡體，性質與"饋"'犒"相近。今按：參看219號簡，恐以讀爲"厭"爲是。

埜地主，原考釋：埜，《説文》野字古文。郊外。陳偉（1996B，162～165頁）：《左傳》昭公二十九年"土正曰后土"句下杜預注：“土爲群物主，故稱后也。其祀句龍焉。在家則祀中霤，在野則爲社。”由於后土亦即地主，“野地主”應屬於社的異名。邴尚白（1999，118頁）：簡文中并没有“社”或“野地主”和其他神祇的對等證據，不宜驟斷“社”“后土”與“野地主”爲同神異名。劉信芳（2003，223頁）：野地主，郊野之地神，與“宫地主”相對而言。《國語・越語下》：“皇天后土，四鄉地主正之。”野地主與四鄉地主相類。于成龍（2004，106頁）：“野地主”應是某社之異名。

秙，原考釋：借作豭，《説文》：“牡豕也。”

〔48〕 行，原考釋：路神。《禮記・祭法》“大夫立三祀，曰族厲、曰門、曰行”，注：“行，主道路。”劉信芳（2003，224頁）：祀行爲“五祀”之一。

〔49〕 白犬，原考釋：白狗。《史記・封禪書》“磔狗邑四門，以禦蠱菑”，索隱案：“左傳云‘皿蟲爲蠱’，梟磔之鬼亦爲蠱。故《月令》云‘大儺，旁磔’，注云‘磔，禳也，厲害爲蠱，將出害人，旁磔於四方之門。’故此亦磔狗邑四門也。《風俗通》云‘殺犬磔禳也’。”

〔50〕 虘，原考釋：讀如退，《説文》：“往也。”王穎（2004，245頁）解作將要。

〔51〕 汞悳，李零（1993，433頁）：策。

〔52〕 集歲，原考釋：簡文從亼，《説文》：“三合也……讀若集。”集歲即三歲，簡209有“三歲無咎”可證。裘錫圭（朱德熙、李家浩1989，62頁）：讀爲“匝歲”，就是周歲。今按：集歲猶卒歲，參看197號簡注釋。

〔53〕 訓，原考釋：借作順。

〔54〕 卦畫，原考釋：由一、六、八組成。用陽爻和陰爻表示，則爲䷨䷒，即《易》之損卦、臨卦。

〔55〕 䖃，原考釋：蝕，字亦作蝕。《史記・天官書》“日月薄蝕”，集解：“虧毁爲蝕。”董珊（2007B）讀爲“祠”，與上字連讀爲“禱祠”。今按：此處不宜出現“祠”字。應依李零與下字連讀，爲神靈名。

祓，李零（1993，438頁）：太，有時還加有示旁，釋爲“太”。簡210、227也稱“蝕太”。此神在簡文中列於衆神之首，從地位看，應即太一。《楚辭・九歌》所祝者首爲“東皇太一”，《史記・封禪書》和《漢書・郊祀志》記漢代禱祠也以“太一”最尊。“太一”居斗極，爲衆星所拱。劉信芳（1993，12頁）：太即楚人所祀“太一”。簡文有“蝕太”，應是指太一所居之星隱而未見。滕壬生（1995，45頁）：疑釋爲太，似爲太陽神的專字。邴尚白（1999，117頁）：“太”與“蝕太”的祭品種類并不相同，應有所區别。于成龍（2004，100頁）：此字用作祭禱中“天“之專字。李家浩（2005，185～191頁）：簡文可能是一個從“大”從“卜”聲的字，疑讀爲《周禮・地官・族師》“春秋祭酺”的“酺”。“酺”或作“步”“布”。“夲”和“蝕夲”，分别相當鄭玄注所説漢代的“人鬼之步”和“蟓螟之酺”兩種栽害之神。董珊（2007B）：應從“大”聲讀爲“厲”，指厲鬼。“厲”是一個集合的概念。今按：“祑”與“䖃祑”所指待考。其用牲之例與其他神靈無别，當是具體神名。

〔56〕 全，今按：疑當讀爲“牷”。《周禮・地官・牧人》“以共祭祀之牲牷”，鄭玄注：“鄭司農云：‘牷，純也。’玄謂牷，體完具。”

〔57〕 社，原考釋：《説文》：“地主也……《春秋傳》曰：‘共工之子句龍爲社神。’”

〔58〕 宫行，原釋文在二字之間用頓號斷開。陳偉（1996B，167頁）：簡書在對一位以上的神祇并列禱祠時，於所用祭品必稱“各”幾件。“宫行”衹用一白犬，當非二神。劉信芳（2003，227頁）：“宫行”應指行神入於宫者，有如地主在宫爲“宫地主”。

〔59〕 遙，彭浩（1991C，559頁）；讀爲“移”。移祝，即在某次貞問時，沿用以前貞問中的貞人之祝，祭禱同一祖先和神靈，祈求福佑。“移祝”所説的先後兩次進行貞卜的貞人均不相同。所涉及的兩次貞卜的時間，有在同一年中的，也有在相鄰兩年中的。曾憲通（1993，410頁）：《説文》：“迻，遷徙也。”今通作移，引申之而有移用之義。陳偉（1996B，6頁）：疑迻借作施，指施行。李零（1997，761頁）：“迻”表示遞嬗的關係，指把上一次的問題轉到下一次去解決。邴尚白（1999，75頁）：關於“迻敓”與“輿敓”，彭浩的分析大致正確。不過，彭氏認爲二者不同又在於“設祭對象”，則并不可信。“輿敓”及“迻敓”，都可以全部或部分稱引、移用。沈培（2006，20～25頁）：“迻”當解釋爲“移去”“移除”，迻某某之敓，是移去某貞人所得之祟。“迻某人之祝”後所用的方案往往不是原先方案的全部。這可能跟此次占卜所得之祟并不涉及前一次占卜所作之祟的所有對象有關。

祝，原考釋：祝字。楚簡中，祝字多作此形。簡文中祝、祭往往混用。今按：參看203號簡注釋。

〔60〕　蒿，原考釋：借作郊，郊祭。朱德熙、裘錫圭、李家浩（1995，105頁）：讀爲“犒”，疑古代以酒食饋鬼神亦可曰犒。劉信芳（2003，227頁）：《禮記·祭儀》“焄蒿悽愴”，鄭玄注：“焄謂香臭也，蒿謂氣烝出貌也。”范常喜（2006，67～69頁）：《周禮·天官·甸師》“祭祀共蕭茅”，鄭注：“蕭，香蒿也。”簡文“蒿”當如字讀，義爲燃蒿草以祭祀。汪雪（2019，60頁）：“蒿之”“蒿祭之”可能是指用白蒿祭祀。

〔61〕　䀀禮，原考釋：讀如明祖。劉釗（1998，65頁）：應讀爲“盟詛”。《周禮·詛祝》“詛祝掌盟祖類造功說禬禜之祝號”，睡虎地秦簡日書甲種“利以兑（說）明（盟）組（詛）”，與簡文句意相同。“解於盟詛”即“說於盟詛”。李零（1993，442頁）：盟詛，指由詛咒造成的不祥。朱德熙、裘錫圭、李家浩（1995，98頁）針對望山1號墓竹簡中的“䀀禮”說：當讀爲“盟詛”，字皆從“示”，似指盟詛之神。白於藍（1999，175頁）：禮即《說文》詛字。《廣雅·釋天》：“詛，亦作禮。”邴尚白（1999，156頁）：讀如“明祖”，不可信。因爲楚簡中祖神爲祟，都是舉行祭禱，而不會行“攻解”來責讓。

〔62〕　敘，劉釗（1998，65頁）：應讀作“除”。除，去也。“除於宮室”即“祓除於宮室”。于成龍（2004，49～50頁）：“敘”讀如本字。《周禮·春官·眡祲》“掌安宅敘降”，鄭注：“人見妖降則不安，主安其居處也。次序其凶禍所下，謂禳移之。”劉信芳（2003，228頁）：敘，述也。攻解之禮多以辭責之，是所謂“攻敘”。

〔63〕　智，原考釋：借作知。

〔64〕　宎，白於藍（1999，190頁）引林澐說以爲《說文》“宎”字。

〔65〕　亞，原考釋：借作惡，《說文》“過也”。

〔66〕　故蔽，李家浩（1997B，571頁）：故畢猶“故志”“故記”等，指貞人卜筮時所用的卜筮書。邴尚白（1999，78頁）：由於一般的“迻某人之說”都是用過去貞事中不同貞人的說辭，“故蔽”也有可能是指同一貞人自己以前提出的說辭。今按：邴氏之說可從。宋公盛公豐聘於楚之歲荆尿乙未，盬吉、石被裳、應會相繼爲卲佗貞問。本次貞問盬吉所迻應會之說、石被裳之說，均出自上次貞事。“故蔽”大概也是如此。由於“迻”者是盬吉自己，所以不稱貞人名。

〔67〕　備，原考釋：朱德熙先生釋作備（參看李家浩《戰國邙布考》，《古文字研究》第3輯），於此讀作佩。

〔68〕　侯土，原考釋：即后土。《周禮·春官·大宗伯》“王大封則先告后土”，注：“后土，土神也。”

司命，原考釋：《周禮·春官·大宗伯》“以槱燎祀司中、司命”，注：“司中、司命，文昌第五、第四星。”古人以爲，司命“主知生死，輔天行化，誅惡護善也。”劉信芳（1993，13頁）：應即《九歌》“大司命”。屈原《大司命》云：“何壽夭兮在予。”爲掌生死之神。

司禍，原考釋：神祇名。劉信芳（1993，13頁）：應即《九歌》“少司命”。李零（1993，438頁）：禍是楚文字中的禍字。禍可讀爲“過”。《開元占經》引《黄帝占》謂文昌六星中的第五星爲司中，“主司過詰咎”，《抱樸子·微旨》引《易內戒》等書也提到“司過之神”。此神與司命有關。或即小司命。李零（1994，119、143頁）：禍原從骨，是戰國文字的一種特殊寫法（據慈利簡，此字在該簡文例中讀爲“禍”），這裏讀爲“過”。陳偉（1996B，169頁）：司禍位於中霝之後，大水之前，可能也屬於五祀之一。禍有罪的意思。傳說灶爲司罪之神。《論語·八佾》：“王孫賈問曰：‘與其媚於奧，寧媚於灶。何謂也？’子曰：‘不然，獲罪於天，無所禱也。’”應即五祀中的灶。

〔69〕　大水，原考釋：即天水。大、天二字古通。《史記·封禪書》：“梁巫祠天地、天社、天水、房中、堂上之屬。”湯餘惠（1993B，153頁）：古人祭不過望，疑指長江。李零（1993，438頁）：大川。《楚辭·九歌》有“河伯”掌“九河”。朱德熙、裘錫圭、李家浩（1995，97頁）：疑大水即天水。或謂指大江之神。大水又爲星名。《左傳》昭公十七年：“衛，顓頊之虛也，故爲帝丘，其星爲大水。”陳偉（1996B，169頁）：依簡文記列順序，太爲天神，位置最前；后土即社，居第二；五祀諸神在中；大水、二天子、峗山在後。二天子、峗山爲地祇，大水似不能例外。《大戴禮記·夏小正》有“玄雉入於淮爲蜃”的記載。《禮記·月令》《吕氏春秋·孟冬紀》述此事并作“雉入大水爲蜃”，鄭玄、高誘注均云：“大水，淮也。”可知大水爲淮水別名。吴鬱芳（1996，77頁）：大水應爲洪水。人格化的大水之神有陽侯，《楚辭·哀郢》“淩陽侯之氾濫兮”，王逸注：“陽侯，大波之神。”“大水”當即陽侯之流的神靈。湯璋平（2004，117頁）：大水之袓當爲掌管地上的江、河、湖、海衆水域之神。晏昌貴（2006，230頁）：楚簡“大水”也可能指海神。《禮記·月令》“季秋之月”條“爵入大水爲蛤”，鄭玄注：“大水，海也。”

〔70〕　二天子，原考釋：神祇名。劉信芳（1993，14～15頁）：即湘君、湘夫人。《九歌·湘夫人》“帝子降兮北渚”，王逸注：

"帝子，謂堯女也。降，下也。言堯二女娥皇、女英。隨舜不反，没於湘水之渚，因爲湘夫人。"屈原稱堯之二子爲"帝子"，實即天帝之子。《山海經·海内經》："南海之内有衡山、有菌山、有桂山。有山名三天子之都。南方蒼梧之丘，蒼梧之淵，其中有九嶷山，舜之所葬，在長沙零陵界中。""三天子"應是"二天子"之誤。湯餘惠（1993A，76頁）：峑山，《山海經·海内南經》謂三天子鄣山。二天子各是一山，加上峑山正是正是三山。陳偉（1996B，170頁）：帝可訓天，子亦指女。劉説可從。依《山海經·中山經》"洞庭之山"條原文，帝之二女應是山神。《史記·秦本紀》記博士所述與《山海經》之説爲同一故事，"洞庭之山"應即湘山，二天子爲湘山之神。李家浩（2005，193～195頁）：劉、湯二氏把"二天子"與《山海經》"三天子之都"和"三天子鄣山"聯繫起來，值得注意。湯氏説法可能是對的，即簡文"二天子"是"三天子鄣山"中的二山。

〔71〕 峗山，原釋文隸作峚。考釋云：山名。裘錫圭先生釋坙爲坐，馬王堆帛書《雜占》"坐昜"也作"坙昜。"陳偉（1996B，170頁）釋爲從危之字，《漢書·地理志》南郡"高成"縣下原注："洈山，洈水所出，東入繇。"峗（佹）山不知是否即這處洈山。陳劍（2005）把上博竹書《柬大王泊旱》18號簡從坙之字隸作逊，讀爲危。他説：古代之"坐"本即"跪"，"危"應是"跪"之初文，"危"與"坐"形音義關係皆密切，很可能本爲一語一形之分化。劉樂賢（2005，14頁）：九店日書中的此字，從楚、秦選擇術的對應和文例比勘等角度看，仍以釋"危"更爲合適。晏昌貴（2006，232～233頁）：字書中，"峗"均指三危山，如《原本廣韵》卷一："峗，三峗，山名。"出土文獻中，三危亦有寫作危的，銀雀山漢簡《孫臏兵法·見威王》："擊三苗，方（放）之危。""危"即指三危。（李均明：《孫臏兵法譯注》，河北人民出版社1995年，第7頁）可證楚卜筮簡中的"危山""峗山"可指三危山。

〔72〕 珡，原釋文作"玨"。劉信芳（2003，230頁）："鈕"字古文。陳偉（1996B，233頁）隸作瑊，讀爲"玦"。邴尚白（1999，115頁）：此字右旁與金文中的"氒"字（即"厥"之古字）頗相似。從文義上看，釋爲瑊，讀作玦，十分相合。

〔73〕 崱，原考釋：則字異體。劉信芳（2003，230頁）釋爲"莿"。

〔74〕 訓，原考釋：讀如順。

〔75〕 老僮，原考釋：楚人先祖之一。《史記·楚世家》："楚之先祖，出自帝顓頊高陽。高陽者，黄帝之孫，昌意之子也。高陽生稱，稱生卷章（集解引譙周"老童即卷章"），卷章生重黎。"

祝龏，原考釋：楚人先祖之一。《史記·楚世家》："重黎爲帝嚳高辛居火正，甚有功，能光融天下，帝嚳命曰祝融。"

媸禽，原考釋：李學勤先生釋作鬻熊（參閲《論包山簡中一楚先祖名》，《文物》1988年第8期）。曾憲通（2004，243～250頁）：所謂"蚩"符其實有着不同的來源。通常釋爲"融"字的"蚩"符是蟲的省變，而一般釋爲"流"字的"蚩"符則來源於毓字的省文即"㐬的訛變。董蓮池（2004，288頁）：此字實應直接釋爲毓。毓字見《説文》，與鬻上古均覺部喻母，古音相同，無需通轉。黄德寬（2017，58頁）：根據安大簡簡文記載，原來老童出自顓頊，是楚人始祖。老童生祝融，祝融生季連，季連就是穴熊，是楚人的直接祖先。

〔76〕 牂，原考釋：《廣雅·釋獸》："吴羊……其牝，三歲曰牂。"

〔77〕 不殆，原考釋：殆與《説文》"辜"字古文同，也讀作不辜。鬼名。睡虎地秦墓竹簡《日書》："人生子未能行而死，恒然，是不辜鬼處之"（乙組59簡背）。李零（1993，442頁）：是無罪而死的冤鬼。

〔78〕 下心，原考釋：似指胃部。李家浩（2005，184頁）：古醫書稱膈下胃脘的部位爲"心下"，"下心"大概是"心下"的倒文。

〔79〕 瘧，原考釋：讀如阻，止也。周鳳五（1993，362頁）：此字從疒，從又，虘聲，以聲韵推求，應當就是"瘥"字。陳偉武（1997，644～647頁）：與"疽"同從"且"得聲之字多有停止、消失之義。楚簡表示病癒用"疽"字，等於説病往、病止。適足以補文獻之缺，不必破讀爲"瘥"。

〔80〕 祭，原考釋：讀如祟。曾憲通（1993，417頁）：《漢書·江充傳》"祟在巫蠱"，注："謂福咎之徵也。""有祱""有祱見"，猶言有禍咎之徵象出現。陳偉（1996B，155頁）：古人往往認爲疾病與祟有關，因而發病時有卜祟之舉。如《左傳》哀公六年記："昭王有疾，卜曰：'河爲祟。'"簡書所見正與這些記載類似。劉信芳（2003，233頁）：《説文》："祟，神禍也。"

〔81〕 秫見琥，李零（1993，445頁）：似指太欲獻琥。劉信芳（2003，233～234頁）："琥"疑指兔星（《史記·天官書》）。楚人名虎爲"於兔"（《左傳》宣公四年），所謂"太見琥"應指太一之星與兔星相遇。李家浩（2005，191頁）：不見琥，

是説“”出現在琥上。“見”讀爲“現”。

〔82〕　壁，原釋文讀爲“避”。李零（1993，445頁）讀爲“壁”。劉信芳（2003，234頁）：“避”謂巫師行禁避之術。李家浩（2005，192頁）：貞人許吉認爲，從他卜筮這一天到“擇良月良日歸之”還有一定時日，在這段期間，昭佗首先要避開琥，以免附在琥上的“”構成對病人的威脅。今按：壁或讀爲“辟”。《禮記·郊特牲》：“祭有祈焉，有報焉，有由辟焉。”鄭玄注：“由，用也。辟，讀爲弭，謂弭災兵，遠罪疾也。”

〔83〕　睪，原考釋：借作擇。

逯，原考釋：歸，讀如餽。

〔84〕　巫，黄錫全（1992，189頁）釋爲“商”。何琳儀（1993，60頁）、劉釗（1998，65頁）、李零（1993，440頁）釋爲“害”。劉信芳（1996A，83~84頁）通過與包山簡中讀爲“舒”“舍”之字的比較，釋爲“舍”。他說：219號簡之“舍”爲祭祀名，《周禮·春官·甸祝》“舍奠於祖廟”，鄭玄注：“舍讀爲釋。”釋奠爲貢獻祭品之禮，“舍繃佩”謂將成串的玉佩飾貢獻給神靈。“速舍之”即儘快舉行舍奠之儀。史傑鵬、劉樂賢（史、劉二氏的意見，參看李家浩2005，184頁）、李零（1999A，147頁）、邴尚白（1999，149~150頁）釋爲“巫”。邴氏云：“速巫之”的“巫”似當讀作“務”，從事義。劉信芳（2003，234頁）亦改而釋“巫”，以爲“速巫之”的“巫”作動詞，依巫禮降神。李家浩（2005，192頁）：“速巫之”的“巫”或用作動詞，大概是綁巫的意思。

纓璚，原考釋：纓，讀作繃。璚，讀如佩。繃佩，成串的玉佩飾。李家浩（2005，192頁）：綳佩是綁佩的意思。

〔85〕　厭，原考釋：《禮記·曾子問》“攝主不厭祭”，注：“厭，厭飫神也。”李家浩（2005，184頁）：簡文的厭祭是祭地祇，與《禮記》所説的厭祭是人鬼有所不同。“厭”即“饜”的初文，是飽的意思。簡文厭祭大概是用“厭”的本義，指以食物饜飫神。

〔86〕　冟，原考釋：從宀從元，讀作冠。

繻，白於藍（1999，200頁）從朱德熙、裘錫圭説，以爲《説文》“帶”字繁構。今按：冠帶，帽子與腰帶。《禮記·內則》：“冠帶垢，和灰請漱。”

〔87〕　逗，李零（1993，428頁）：疑應讀爲“鬥”，指驅除邪魅。劉信芳（2003，234~235頁）：讀爲“瑞”，祭名。《周禮·春官·大祝》：“掌六祝之辭，……五曰瑞祝。”鄭司農注：“瑞祝，逆時雨，寧風旱也。”其實就是對自然灾異的一種厭勝巫術。李家浩（2005，195~197頁）：“逗”的本義是逗留。簡文是説昭佗離散的魂逗留在邛陽，不能歸來。

邛，原釋文作郖，李家浩（1996B，7頁）改釋，疑讀爲“枝”。《水經注·汚水》記枝水出大洪山，西南流經鄀縣、湫城，而注於敖水。枝陽可能因位於枝水之陽而得名。

〔88〕　庚辛有刎，原考釋：“庚辛”似爲庚申之誤。刎，讀如間。周鳳五（1993，362~363頁）：“庚辛”即庚日與辛日，即占卜己酉的明日與後日病況好轉。《論語·子罕》：“子疾病，子路使門人爲臣，病間。”集解引孔注：“少差曰間。”于成龍（1999，171頁）：天干與天干相迭也是一種記日方法，這種方法在古代文獻和出土材料中多用於疾病和卜筮方面，與簡文正合。《史記·龜策列傳》：“庚辛可以殺，乃以鑽之。”秦簡日書：“庚辛有疾，外鬼傷死爲祟。”

〔89〕　同祭，李零（1993，430頁）：奪法相同。陳偉（1996B，156頁）：當時的貞問順序當如整理小組所列，即簡218~219在先，簡220在後。後簡所云“同敚”，必定是指苛光之“敚”同於前簡所記的許吉之“敚”。沈培（2006，22~23頁）讀作“同祟”。

〔90〕　少寶，李零（1993，433頁）：龜。

〔91〕　恙，原考釋：借作恙，《漢書·萬石君傳》“萬石君尚無恙”，注：“憂病也。”

〔92〕　殤，原考釋：借作禓，《禮記·郊特牲》“鄉人禓”，注：“禓，彊鬼。”劉釗（1998，65頁）：應釋爲“殤”。簡文中從昜的字皆從“易”作。陳偉（1996B，167~168頁）：“殤”即225號簡中的“殤東陵連囂子發”。《釋文》以“新王父殤”連讀，不確。東陵連囂爲官職，死的時候應有一定年紀。《禮記·喪服小記》以“殤與無後者”并列，《小爾雅·廣名》則説“無主之鬼謂之殤”。東陵連囂稱“殤”，大概是因爲無子嗣後，他爲卲佗所祭也應出於這個緣故。劉信芳（2003，236頁）：《九歌》有《國殤》，湯炳正先生云：“殤之本義，本爲未成年而死。引申言之，凡不終其天年而犧牲的戰士，皆得謂之殤。”（《楚辭類稿》，巴蜀書社1988年）

〔93〕　犆牛，簡文合書。整理者析讀作“直牛”，考釋云：即特牛。

〔94〕　因，李零（1993，428 頁）釋。

祟牲，原考釋：祟，借作嘗，《爾雅・釋天》："秋祭曰嘗。"爨月爲周曆八月，正爲秋季。生，《周禮・天官・大宰》"生以馭其福"，注："猶養也。"李零（1993，428 頁）：似讀爲"嘗牲"。陳偉（1996B，178 頁）：讀爲"常牲"，"常"正與"因"相應，"常牲"指常規用牲；"因其常牲"就是因仍常規的犧牲，不作損益。

〔95〕　習，原考釋：《周禮・地官・胥師》"襲其不正者"，鄭注："故書襲爲習。"襲釋作重，指重複。從簡文分析，用同一方法貞問同一事，如超過三次，第四次就稱作"習"。《禮記・曲禮》的"卜筮不過三"，説的就是這種情況。包山二號墓中有三筮二卜之例，卜與筮分别稱作"貞"，不稱作"習"，這大概是《曲禮》所説的"卜筮不相襲"。卜與筮作爲兩種獨立的貞問方式是同時并用的，各自計算卜和筮的次數。

〔96〕　彤答，原考釋：答，通作荅，《説文》："荅，草也。"李零（1993，433 頁）：龜。劉信芳（2003，237 頁）、于成龍（2004，32 頁）以爲占筮用具。

〔97〕　"東周"後，原考釋：此處脱"之"字。

〔98〕　衼，原考釋：讀如攻。邴尚白（1999，104～105 頁）："衼執事人"的職司，可能與卜祝祭禱之事有關。《史記・龜策列傳》："使工占之，所言盡當。""工"是指卜者。《詩・小雅・楚茨》"工祝致告"，《楚辭・招魂》"工祝招君"，毛亨、王逸皆以工巧之意來訓解。馬瑞辰《毛詩傳箋通釋》將"工"訓爲"官"，雖較工巧之説爲長，但恐怕仍一間未達。由楚簡及《龜策列傳》來看，"工"應與卜祝巫覡有關。劉信芳（2003，237 頁）：攻執事人，依文義應是主持攻説祭儀的神職人員。"衼"讀爲"攻"，可知楚國"攻尹"兼領神事。

頙舉衜妝，何琳儀（1993，62 頁）：頙爲頣之省，應釋"夏"。劉信芳（2003，237 頁）：郭店簡《成之聞之》38"不還大頙"，今本作"不率大戛"。據此知頙乃"臣"之異構，讀爲"姬"。妝，原釋文作"妝"，依李零（1999A，151 頁）隸寫。原釋文於"衜"字之前施頓號，看作二人。邴尚白（2007，143 頁）對比葛陵簡乙二 44 號等處貞人名指出："頙舉"應爲複姓，"頙舉衜妝"或者衹是一個人。

新王父，原考釋：新借作親。《爾雅・釋親》"父之考爲王父，父之妣爲王母"，注："加王者，尊之也。"新王父即爲親祖父。

〔99〕　至命，原考釋：至，借作致。命，《周禮・春官・大祝》"作六辭，以通上下親疏遠近……二曰命"，鄭司農云："命，《論語》所謂爲命裨諶草創之。"孫詒讓云："《論語》'爲命'，即謂聘會往來使命之辭。"李家浩（2001，30 頁）：命，使命。致命，報命。

〔100〕　悳慨，原考釋：讀如卓滑。悳，從卲從心，讀如悼。卓滑就是史籍中所説的楚國滅越的功臣，曾任大司馬之職，可補史書缺載。愲，黄錫全（1992，189 頁）、湯餘惠（1993A，75 頁）、何琳儀（1993，60 頁）、劉釗（1998，69 頁）隸作慨。何氏云：從愲，"出"爲累加聲符。李天虹（2014，161～163 頁）認爲"悼愲"與嚴倉一號墓占卜祭禱簡的事主"大司馬悼愲"是一個人，即嚴倉一號墓墓主。推測自公元前 316 年率師救郙到去世，悼愲可能一直擔任大司馬之職，職位未有變化。今按：249 號簡和竹牘"愲"從骨從心作。楚悼氏出自悼王，參看朱德熙、裘錫圭、李家浩（1995，87～88 頁）。

師徒，原考釋：徒，步兵。《國語・吴語》："帥師徒以爲過賓於宋。"劉信芳（2003，242 頁）：軍隊、兵士。今按：劉説是。

郙，267 號簡下原考釋云：古地名，亦稱宛。卓滑率楚軍救郙之事不見於史籍，應在"大司馬卲陽敗晉師於襄陵之歲"（公元前 323 年）以後。據《史記・秦本紀》，秦昭襄王十五年（公元前 292 年）大良造白起攻楚，取宛，南陽之地此時已入秦。卓滑救郙應在此之前不久。徐少華（1989，74 頁）：河南固始白獅子地二號墓出土郙王僕劍，蔡運章先生認爲當即文獻中的偪陽國。古偪陽國在今山東棗莊市南。據《左傳》載，襄公十年爲晉所滅。然《説文》云："郙，汝南上蔡亭。"當是晉滅偪陽，楚國幫助偪陽遺民復國，并遷於蔡國故地安置。卓滑所救之郙，應即這一郙國。陳偉（1996B，12 頁）："郙"應可與"亳"通假，悼愲救郙與《戰國策・趙策三》所載淖滑存燕因而可能實爲一事。李學勤（2004A，14～17 頁）：郙就是巴國。巴、郙兩字古音都是幫母魚部。公元前 316 年，巴爲秦所滅，這正是從簡文曆法推定的"悼滑將楚邦之師徒以救郙之歲"。李守奎（2011B，225～226 頁）：包山簡之悳氏（包山 226、228 等）異文作"郘"（牘一），"悳慨"或作"郘愲"，即見於史書中的滅越功臣"卓滑"。"悳"或"郘"是楚人悼氏的異寫，與姓氏書中蜀地的卓氏大概没有直接關係。

〔101〕　縣鄱公，李家浩（2005，197～198 頁）：《春秋》文公十年："楚子、蔡侯次於厥貉。"疑"縣貉公"當讀爲"厥貉公"，即厥貉縣的縣公。

〔102〕　峕，整理者隸作"峙"，以爲寺字異體，讀作侍。李天虹（1993，88～89 頁）：應是從止之聲之字。古文字之、寺音同可通，當釋作峙，讀爲侍。李守奎（2003，83 頁）：峕爲雙聲字。在簡文中讀爲止、之、等、待等等。

〔103〕　卦畫，原考釋：由一、六、八、五組成，用陰爻和陽爻表示爲，䷚䷖，即《易》之蠱卦和剥卦。許道勝（1994，673 頁）：《包山楚簡》中誤"晉"爲"剥"。

〔104〕　五生，邴尚白（1999，40 頁）：每次貞問的占辭與再占辭，都是由同一位貞人所施貞。228～229 號簡分別是陳乙與五生。若非系連有誤，則貞人名有誤記。"五生"很可能是"陳乙"之誤。邢文（2002，58 頁）：兩種貞占甚至可以不必是同一個占者。筮占的占者爲陳乙，説辭中的占者爲五生，可見兩種占斷的獨立性。

〔105〕　靈，原考釋：龜。此貞爲卜。

〔106〕　攻祝，"祝"，于成龍（1999，169 頁）釋。李家浩（2001，32～33 頁）：簡文寫法與 237 號簡"祝融"之"祝"相同，整理小組釋爲"祝"，李零釋爲"奪"，非是。"攻祝"當讀爲"工祝"，指祝官。今按：簡文"工祝"應與《詩經》《楚辭》中的"工祝"一樣，爲卜祝一類人物。參看 224 號簡注釋。

緋，原考釋：讀如佩。

𦔻，何琳儀（1993，62 頁）：應釋"取"。"取"字或從"寸"。簡文讀"緅"。《説文新附》："緅，帛青赤色也。從糸取聲。"李家浩（2001，36 頁）從之，讀爲"琡"。《玉篇・玉部》："琡，玉名。"劉信芳（2003，243 頁）：字從耳從寸，所從之"寸"可參郭店簡《唐虞之道》簡 12"守"所從之"寸"。字未詳。作爲佩飾，疑與"瑱"相類。朱曉雪（2022，139 頁）釋爲"聑"，讀爲"珥"。

南方，李零（1993，439 頁）：屬四方之神。《墨子・迎敵祠》有以四方設壇，祭青、赤、白、黑四神以迎敵之法。于成龍（2004，106～107 頁）：古人以爲在天有五帝，在地有五神，即《禮記・月令》中春神句芒、夏神祝融、中央后土、秋神蓐收、冬神玄冥。與五神分別相應的五帝是大昊、炎帝、黄帝、少昊、顓頊。又因此五祀祭於四郊，即句芒在東，祝融、后土在南，蓐收在西，玄冥在北，故又稱其爲四方。如《禮記・曲禮》"天子祭四方"及《詩》"來方禋祀"均指此五祀之祭。簡文中有關五祀的祭禱或不言神名，僅舉其方，與上引《曲禮》及《詩》相同。"南方"所代指的地祇當是"祝融"。

〔107〕　卦畫，原考釋：用爻表示爲䷐䷝，即《易》之隨卦和離卦。

〔108〕　𤴸，李家浩（1997B，574 頁）：釋爲㾜。㾜字在占辭中的位置，跟"且外有不順""且有憂於躬身"和"有祟"等相同。㾜當是"且有㾜"或"有㾜"的省略説法。《集韵》卷九薛韵："㾜，腫瘍也。"徐在國（1998，81 頁）釋爲"寢"。劉信芳（2003，244 頁）：釋"㾜"是，讀爲"蔽"。凡宫室門，車門之遮蔽物稱"蔽"。

〔109〕　閔，原考釋：讀作閥，《廣雅・釋詁一》："伐，殺也。"劉信芳（2003，244 頁）：從門，戈聲，讀爲"磔"。《史記・封禪書》："作伏祠，磔狗邑四門，以禦蠱菑。"《禮記・月令》"大難旁磔"，疏云："旁謂四方之門，皆披磔其牲以禳除陰氣。"史傑鵬（2005，65 頁）：《古文四聲韵》卷五陌韵有一個"磔"字，從門從木。疑"木"是"戈"形訛變。陳偉（2011B）據《繫年》認爲即"門"字。卜筮簡中的"閔"字，應是用作門祀之字。此字在楚卜筮簡中是否如李學勤（2011，182 頁）讀爲"釁"，有待進一步證明。張崇禮（2013）：應釋爲掩。从門戈聲，本義爲掩門、掩閉。與古祭祀用犬之法"伏"相合。曹錦炎（2015，15 頁）：與清華簡《繫年》"閔"字一樣，亦應釋爲"閉"，但其義則當訓爲埋葬。今按：此字亦見於郭店竹書《老子》甲 27 號簡，用作"閉"。疑是"閉"字省寫，讀爲"伏"。《周禮・秋官・犬人》："凡祭祀，共犬牲，用牷物，伏瘗亦如之。"鄭玄注引鄭司農云"伏謂伏犬，以王車轢之。"

〔110〕　白犬，原考釋：《風俗通義校注》"太史公記：'秦德公始殺狗磔邑四門，以禦蠱菑'，今人殺白犬以血題門户，正月白犬血辟除不祥，取法於此也。"

〔111〕　駁靈，李零（1993，433 頁）：龜。

〔112〕　走，原考釋：讀如上，《周禮・天官・疾醫》"冬時有咳上氣疾"，注："逆喘也。"

悉，原釋文作既，考釋云：讀如氣。上悉，劉信芳（2003，223 頁）：胃病氣逆已重。

〔113〕　甘，原考釋：《説文》："美也。"不甘飤（食），吃飯不香。

〔114〕　舊，周鳳五（1993，368 頁）讀爲“久”。李零（1993，446 頁）：《詩・大雅・抑》“告爾舊止”，鄭箋：“舊，久也。”《書・無逸》“時舊勞於外”，《史記・魯周公世家》引作“久勞於外”。

瘻，原考釋：借作瘥，指疾病。今按：參看 218 號簡注釋。

〔115〕　柰，原考釋：讀作祟。林澐（1992，85 頁）：《説文》：“柰，果也。從木示聲。”柰即後世之奈字。奈、祟古本一字。今按：占辭中的“有祟”之“祟”皆從“敚”作，與此字寫法不同。古人患病時貞問是爲了求祟，在命辭中説“尚毋祟”也不好理解。《經傳釋詞》卷六“奈”字條云：“奈何，如何也。《書・召誥》曰：‘曷其奈何弗敬？’奈何，或但謂之‘奈’。《淮南・兵略》篇曰：‘唯無形者無可奈也。’揚雄《廷尉箴》曰：‘惟虐惟殺，人莫予奈。’奈，即‘奈何’也。”简文“毋有奈”恐猶“無有如何”，即不會有怎樣，與“毋死”近似。

〔116〕　難，原注釋：《戰國策・中山策》“陰簡難之”，注：“惡也。”李零（1993，436 頁）：難瘥是難愈。

〔117〕　羖，原考釋：《儀禮・少牢禮》“雍人倫膚九”，注：“脅革肉。”羖似指羊的脅革肉。湯餘惠（1993A，75 頁）：字從羊，膚聲。膚、盧聲類同，而從盧得聲之字，多有黑義。羖或即黑羊。陳偉（1996B，176 頁）：膚與從甫得聲的字古音相近，或可通假。羖也許假作羵。依《廣雅・釋獸》，指閹割了的公羊。

〔118〕　犢，陳煒湛（1998，577 頁）隸寫。疑係“膚牛”二字合文。膚牛，當與直牛、戠（特）牛同例，爲牛之一種。即便不以合文目之，亦當釋爲犢，與羖分别是牛、羊之“肋革肉”。今按：陳氏隸寫是。從神祇用牲相關性看，疑當假作“羖”。

〔119〕　亯，原考釋：也作享，《廣雅・釋言》：“亯，祀也。”劉信芳（2003，245 頁）：享祭，祭名，或稱享祀。亯祭，原釋文於其前用逗號與上文相關，其後用分號與下文區隔。李家浩（2000B，138～140 頁）改作今讀。今按：241 號簡云：“舁禱〈盬〉吉之祭，亯祭筥之高丘（丘）、下丘（丘），各一全豢。”李氏改讀爲勝。

筥，李家浩（2000B，138～140 頁）：《説文》：筥，“從享，竹聲”。筥當讀爲《漢書・地理志》沛郡屬縣的“竹”，高丘、下丘當在其附近。沈培（2006，20 頁）筥讀爲“築”。李立（2011，50 頁）：或即“築水”的簡稱。

高丘，原考釋：地名，見於《鄂君啓節》。下丘，地名。何琳儀（1993，60 頁）：《文選・高唐賦》：“妾在巫山之陽，高丘之岨。”應在三峽之中，爲楚人膜拜之神山。李家浩（2000B，140 頁）：高丘、下丘當在竹地附近。李立、張玉新（2011，51 頁）：“高丘”的位置可能在江漢流域北部的築水流域，與《離騒》《高唐賦》的“高丘”同在江漢流域，并且是《離騒》《高唐賦》“高丘”的神話形象的原型。

〔120〕　遂，原考釋：讀作踐。周波（2008，41 頁）：讀爲“遷”，訓爲歸、返。

遉，原考釋：讀作復。《説文》：“復，往來也。”劉信芳（2003，46 頁）：踐復尻，即占有原來的官位。

〔121〕　歲，原考釋：《説文》：“歲，木星也。”古人以爲歲星所處的方位爲吉利。李零（1993，443 頁）：太歲。

〔122〕　卦畫，原注釋：用爻表示爲䷚䷘，即《易》之頤卦和無妄卦。

〔123〕　弁，原考釋：讀作變（參看李家浩《釋“弁”》，《古文字研究》第 1 輯，中華書局）。李零（1993，436 頁）：疾變，指病情惡化。陳偉（1996B，155 頁）：《禮記・玉藻》“弁行”，《釋文》云：“弁，急也。”《漢書・王莽傳下》“余甚弁焉”，顔注云：“弁，疾也。”“疾弁”是説病情緊急。

〔124〕　瘨，原考釋：𡴎聲，讀如孽。《吕氏春秋》“遇合聖賢之後反以孽民”，注：“病也。”曾憲通（1993，421～422 頁）：此字當是從疒從人（或省去）從貝從𡴎、𡴎亦聲的字。《説文》：“危高也。從𠂤中聲，讀若臬。”此字從疒𡴎亦聲，引申之而有病情危重、危殆之意。趙平安（2001B，81 頁）：瘨可以讀爲癃。“陸”通“隆”。依《説文》，陸從坴聲，賣的聲符㚃是睦的古文，睦也從坴聲，因此賣聲字和隆聲字也可以通用。《淮南子・覽冥》：“平公癃病。”高誘注：“癃病，篤疾。”癃的這種用法和簡文可以互證。劉釗（2002，129～130 頁）：這個字所從的就是“賣”或“價”字。應讀爲“篤”，是病勢沉重之意。陳偉（2006A，81～82 頁）：新蔡簡甲一・22 云：“疾一瘨一已，至九月有良間。”這種詞句中與“一”相連的兩個字，都是正好相反或者相對的概念。如果“已”指疾病終止的話，與之對應的這個詞最有可能表達的意思是病情持續，而不是病况加重。楚簡中的這個字恐怕應讀作同樣從“賣”得聲的“續”字，爲延續之義。

〔125〕　递，原考釋：讀作趆，《説文》：“趨也。”周鳳五（1993，366 頁）：递從弟聲，古音與遲同，徑讀爲遲似亦可通。但簡文既已有遲字，似應各有所指。依音義推求，似應讀爲“滯”，指病情拖延。劉釗（2002，128 頁）：递應讀爲“遲”。劉信芳（2003，247 頁）：《吕氏春秋・原亂》“亂必有弟”高誘注：“弟，次也。”递瘥即漸次病癒。

〔126〕　五山，李零（1993，438 頁）：應指五大名山，具體不詳。陳偉（1996B，170 頁）：“與禱五山各一牂”，可見“五山”指

五座山而非一山之名。不知五山有無五嶽之意。

〔127〕 虽，原考釋：㲋字之誤。何琳儀（1998，468頁）："踾"（夏）之省。"坪夏"讀"平輿"，地名。或作"坪夜"。劉信芳（2003，247頁）：郭店簡《緇衣》35"大虽"即"大雅"，《唐虞之道》13"吴虽"即"虞夏"。夏、雅、夜一音之轉。

〔128〕 禮，原考釋：讀如祖。今按：參看211號簡注釋。

兵死，原考釋：死於戰事。九店56號墓43號簡説："帝謂爾無事，命爾司兵死者。"李家浩（2000A，105頁）：死於戰爭的人。《禮記·曲禮下》："死寇曰兵。"《淮南子·説林》"兵死之鬼憎神巫"，高誘注："兵死之鬼，善行病人，巫能祝劾殺之。憎，畏也。"

〔129〕 截，原考釋：戠字異體。

〔130〕 贅，原釋文作贛，考釋云：借作貢。《廣雅·釋詁一》："貢，上也。"《釋言》："貢，獻也。"

爯，原考釋：讀作稱。《左傳》閔公二年"祭服五稱"注："衣單複具曰稱。"

〔131〕 虘，原考釋讀如俎。

梪，原考釋讀爲"豆"。李家浩（2005，199~200頁）從林澐説把"梪"讀爲"樹"，"虘梪"讀爲"且樹"。

僉，劉釗（1998，69頁）：字應釋爲"逾"。保逾之，應讀作"保愈之"。李家浩（2005，192頁）讀作："且梪保，逾之。"

〔132〕 卦畫，原考釋：用爻表示爲䷟䷄，即《易》之恒卦和需卦。

〔133〕 窔，原考釋：《説文》："窅窔深也。"此謂疾病變重。曾憲通（1993，421頁）：《説文》："窔，窅窔，深也。"又"窅，冥也。"《廣韵·嘯韵》："窔，隱暗處。"隱暗處即深幽之處，藥力不可及。

〔134〕 䎸，原考釋：讀作荆，荆王即楚王。陳偉（1996B，171頁）：從熊麗到武王，代表楚國歷史的一個時代。其間楚國的政治中心在丹陽。《左傳》昭公十二年記楚左尹子革説："昔我先王熊繹辟在荆山，跋涉山川以事天子。"丹陽、荆山的地望，存在不同説法。但這二地相近，則沒有問題。這一時期楚君被稱作"荆王"，恐即與此有關。

〔135〕 鹿，原釋文作"罣"。考釋云：《汗簡》睪字、澤字均與簡文形近。睪借作繹，酓繹即熊繹。《史記·楚世家》："熊麗生熊狂，熊狂生熊繹。熊繹當周成王之時，舉文、武勤勞之後嗣，而封熊繹於楚蠻，封以子男之田，姓芈氏，居丹陽。"黄錫全（1993，66頁）：此乃㲋字。《説文》："㲋，獸也，似兔，青色而大，象形。頭與兔同，足與鹿同。"㲋、睪古韵同屬鐸部，於古可通。酓㲋即熊繹。湯餘惠（1993A，76頁）：此批簡中，睪和從睪的字屢見，均與此形迥異。179簡鹿字與此大同小異，因疑是鹿字，假爲熊繹之繹。何琳儀（1993，62頁）、李零（1993，439頁）釋爲鹿，讀爲"麗"。陳偉（1996B，171頁）：《墨子·非攻下》云："昔者，楚熊麗始討此睢山之間，越王繄虧出自有遽，始邦於越，唐叔與吕尚邦齊、晉，此皆地方數百里；今以并國之故，四分天下而有之。"畢沅注："討，字當作封"。熊麗與越、齊、晉三國創始人并列，自當也是立國之君。熊繹爲熊麗之孫。《史記》所述爲受到周王册封的楚君，《墨子》反映的則當是實際立國者。

武王，原考釋：楚武王。《史記·楚世家》："蚡冒弟熊通弑蚡冒子而代立，是爲楚武王。"公元前740年~前690年在位。陳偉（1996B，172頁）：自熊麗至武王的歷代楚君，或許屬於楚人的"先公"序列。

〔136〕 溺，原釋文隸作㲻，考釋云：讀作没。《小爾雅·廣詁》："没，滅也。"《漢書·匈奴傳》："没，溺也。"没人即溺於水中之人。今按：參看7號簡注釋。

〔137〕 犠，原考釋：借作犧，《尚書·微子》"今殷民乃攘竊神祇之犧牷牲用"，傳："色純曰犧。"

〔138〕 "解"字後，原考釋：脱"於"字。

〔139〕 殰，周鳳五（1993）、劉信芳（2003，249頁）讀爲"重"。

〔140〕 㡭，原釋文作繼。林素清（1992，1~2頁）、湯餘惠（1993A，77頁）釋爲絶。湯氏云："絶無後者"指無子嗣者。簡文中"兵死者""溺人""絶無後者"爲同類祭禱對象。今按：從"各肥豬"看，"絶無後者"有確定對象。疑即227號簡所見"兄弟無後者邵良、邵乘、縣狢公"。

漸木立，林澐（1992，84頁）讀"立"爲"位"。曾憲通（1993，415頁）：應讀爲"暫木位"，大概是指一些暫時用牌位安放的神靈。吴鬱芳（1996，77頁）：即斷木立。包山楚簡中"斬木"例作"漸木"，而斬、斷意同。斷木復立在古人看來是"木爲變怪"的妖祟。劉信芳（2003，250頁）：《山海經·海内南經》："有木，其狀如牛，引之有皮，若纓黄蛇。其葉如羅，其實如欒，其木若蓲，其名曰建木。"今按：吴氏讀"漸"爲"斬"，訓爲"斷"，可從。140號簡"漸木"

印斬木。下文説“且徙其處而樹之”，亦當是對木柱而言。漸木位，即斷木爲神位。《國語・晉語八》：“楚爲荆蠻，置茅蕝，設望表。”韋注：“望表，謂望祭山川，立木以爲表，表其位也。”漸木位應即這一類神位。

〔141〕 遷，林澐（1992，83～84頁）、劉釗（1998，66頁）讀爲“徙”。

梪，原考釋：讀如逗。林澐（1992，83～84頁）、劉釗（1998，66頁）讀爲“樹”。

〔142〕 不知其州名，劉信芳（2003，251頁）：不知作祟之“絶無後者”爲何州之鬼。今按：應是指“漸木位”而言。

三　遣策賵書

喪葬類簡共29枚，整理者分爲四組：第一組8枚（251～258）出自東室，記東室的食品與食器；第二組2枚（265～266）出自南室，所記青銅禮器和漆木器均見於東室；第三組11枚（267～277）出自南室，記南室的車馬器、兵器；第四組6枚（259～264）出自西室，所記物品主要見於西室和北室。其中260、264號簡均由兩段殘簡綴合而成。從斷口上下的字形看，恐不當拼合。今分别看待，稱作260上、260下和264上、264下。

這些簡的形制可分三種：265～277號簡，編繩三道，長度約爲72.5厘米；251～258號簡，編繩二道，長度多約爲65厘米；259～264號簡，編繩三道，整簡長度約爲65厘米。

另有竹牘1枚，出自南室馬甲中。牘長約48.5厘米、寬1.8厘米，正反面均寫有文字，内容與遣策正車的記録略同。

以上簡牘，整理者稱爲“遣策”。陳偉（1996B，187～192頁）認爲277號簡和“竹牘”實爲賵書。

竹簡編次方面，李家浩（1993B，1～2頁）指出“乘軒”由267、268、272三簡書寫，“正車”由271、276、269、270四簡書寫；陳偉（1996B，182、239～241頁）指出267號簡開頭一句話可能是統攝全部遣策簡，把記車簡位置提前，而以267號簡居先，又認爲263號簡應與259號簡相連；劉國勝（2003，50頁）認爲262號簡與261號簡前後相接。今釋文於乘軒、正車七簡改用李氏之序，其餘仍從原釋文之舊。

[illegible]室之金器：[1]二□☐**251**

☐之金器：二鉼（瓶）鐈（鈃）。[2]二金□☐**252**

☐【鼎】。一金比（匕）。[3]二牆白之膚，[4]皆敡（彫）。[5]二䍐（羽）膚，[6]皆彤中桼（漆）外。[7]二金[8]**253**

☐【金】囷。[9]二鑪。[10]四鐈，[11]一鐈盍（蓋）。[12]二膚盍（蓋）。一鼎。一金比（匕）。二刀。[13]　二牆白之膚，皆敡（彫），二索（素）王綫（錦）之綉（韜）。[14]二䍐（羽）**254**

飤（食）室之飤（食）：脩一籔（籮）。[15]脯（脯）一籔（籮）。[16]鬯酭（醢）一硫。[17]蜜（蜜）一硫。[18]莵（蔥）蘆（菹）二硫。[19]萬蘆（菹）一硫。[20]茜（糟）䓤（苽）之蘆（菹）一硫。[21]蜜（蜜）某（梅）一坛。[22]醣肉酭（醢）一䍐。[23]莪酭（醢）一䍐。[24]䲘**255**一巽。[25]醓（腝）一巽。[26]□一害。[27]蓬弖一巽。[28]青絵（錦）之繱（囊）四,[29]皆又（有）粯（糗）。[30]四笲飤（食）。[31]簑魚一簌（籲）。[32]**256**
飤（食）室所以□筭:[33]豕脩（脯）二筭。[34]脩二筭。𤈦（蒸）豬一筭。[35]庶（炙）豬一筭。[36]𧑒（蜜）飽（飽）二筭。[37]白飽（飽）二筭。[38]𤇲（熬）鷄一筭。[39]庶（炙）鷄一筭。𤇲（熬）魚二筭。栗二筭。[40]**257** 𣏌（棗）二筭。[41]蒠茈二筭。[42]□二筭。[43]葙（芰）二筭。[44]蘪二筭。[45]蘁（薑）二筭。[46]菰（苽）一筭。□利（梨）二筭。[47]檮脩（脯）一笲。[48]僻脩一笲。[49]庶（炙）鷄一笲。一笲脩。**258**

相遷（徙）之器所以行:[50]一桂（獬）昇（冠）,[51]組緌（纓）。[52]一生繒之𦆅。[53]二𤓰（狐）罩。[54]二紫韋之䎺（帽）。[55]一會𩬅之鵗。[56]一魚鞁（皮）之縷（屨）,[57]一韇䡊（輓）,[58]二緹（鞮）婁（屨）,[59]皆緓（纂）純。[60]一縺（巾）笲,[61]六縺（巾）。一緯（幃）粉。[62]四枊（櫛）,[63]一笲。一櫝枳,[64]又（有）絵（錦）綉〈綉〉,[65]縞宦。[66]一縞箬（席）,[67]□☐**259**

一曲𣝗。[68]一錶。[69]一僼（憑）几。[70]一丩（收）床,[71]又（有）策（簀）。[72]一瑟（瑟）,[73]又（有）栿。[74]一羽篓（翣）。[75]二竹篓（翣）。[76]一敝㢓。[77]一寑□。[78]一角□。[79]一竹枳,[80]絵（錦）宦。一廷□☐[81]**260上**

☐一缶。一奠（鄭）弓。一紛畝,[82]夬冈。[83]一□（沫）□。[84]二鎊。[85]四矢。[86]一【𣏐】（漆）☐[87]**260下**

一縞衣,䊑（緒）膚之純,[88]樂城之純,[89]亡裹,霝（靈）光之綉（韜）。一鍥柜。[90]一戈。二硂□☐[91]**261**

☐□。[92]二燭鋪。[93]一白氈（氈）,[94]絵（錦）純。一縞箬（席）,緑裏,絵（錦）純。二篗（筵）箬（席）,[95]絵（錦）純。一𤓰（狐）青之表,紫裏,繡純,絵（錦）純,索（素）絵（錦）綉（韜）。**262**

裏,結蕪之純。一秦縞之絇裏,[96]王絵（錦）之純。二鑑,[97]二緒。[98]一會。[99]二骨槢。[100]一絅縞之緯（幃）。[101]一金鈔。[102]一寑箬（席）,[103]二俾箬（席）,[104]一危（跪）箬（席）,[105]二英（莞）箬（席）,[106]皆又（有）秀（韜）。[107]一生縳（縠）昇（冠）,[108]一圩縳（縠）昇（冠）,[109]皆衞（衛）☐[110]**263**

☐□。一【栗】☐**264上**

☑□，又（有）笲。一𠃶（冠）籦（籫）。二革囩（圓）。[111] **264下**

大卯之金器：[112] 一牛鑐。[113] 一亥〈豕〉鑐。[114] 二喬鼎。[115] 二𩵦鳸（薦）之鼎。[116] 二貴（饋）鼎。二𧯠（升）鼎。[117] 二監（鑑）。[118] 二卵缶。[119] 二辻缶。[120] 一湯鼎。[121] 一聕耳鼎。[122] 二鉼（瓶）𦈏。[123] 二𣓹（合）匿（瑚）。[124] 一𦃩𨥓鼎。[125] 二少（小）鈲。[126] 二枳錢（盞）。[127] 一盤（盤）。[128] **265** 一鉈（匜）。[129] 一鉛鑛（甗）。[130] 木器：一椎椐（橛）。[131] 一𡰥椐（橛）。[132] 一楮椐（橛）。[133] 一䆘（宰）椐（橛）。[134] 一大房。[135] 一少（小）房。[136] 二鉌（禁）。[137] 一房呇（几）。[138] 二𣬛。[139] 二祈。[140] 五皇槼（俎）。[141] 四𣓹（合）梪（豆）。[142] 四皇梪（豆）。[143] 一飤（食）桱，[144] 金足。**266**

大司馬悼（悼）愲（滑）救（救）郙之戢（歲）亯月丁亥之日，[145] 左尹𦳝（葬）。[146] 甬（用）車：[147] 一𩁹（乘）軒：[148] 絑綃（絹）之綎，[149] 盬萬之純。[150] 盬萬之轞綃（絹）。[151] 盬萬之綏。[152] 絲（縢）組之綿。[153] 紫 **267** 癹，[154] 紃約。[155] 紫靚（䋎）、鞅，[156] 紃綘（縫）。[157] 集組之萻經。[158] 豹（豹）絽。[159] 緦緄。[160] 紛䡇（櫜）。[161] 豹（豹）長（韔）。[162] 䌰（靈）光之紑。[163] 䎙（翟）輪〈輪〉。[164] 一紡害（蓋），[165] 丹黃之緾（裏），絑綃（絹）緄。[166] 絸組之䌰（靈）。[167] **268** 炎〈赤〉金之鈇，[168] 白金之銍。[169] 絲（縢）組之鐳鈇。[170] 臼戟（穳）。[171] 白金釛面。[172] 臼毦（鑣）。[173] 紫拜（辔）。[174] 霝（靈）光結頊。[175] 絑絵（錦）之縺（幢）。[176] **272**

一𩁹（乘）正車：[177] 䡇牛之革䡞，[178] 絑綃（絹）之純。多鞶，[179] 緎綎，[180] 縸（纂）純。紫癹，紛約。紫靚（䋎）、鞅。䡵（豻）韇之鞁（韅）鞍。[181] 紫紳（靷），[182] 紃綘（縫）。紫紿（櫜）。虎長（韔）。四馬之凵面。[183] **271** 臼毦（鑣）。紫拜（辔）。霝（靈）光之童（幢）。霝（靈）光結幀。二馬之鋧。[184] 四馬𦓤（戴）遻。[185] 糶（翟）輪〈輪〉。白金之鈇，赤金之銍。絲（縢）組之鐳之鈇。鞎鞞。[186] **276** 其上載：絑（朱）署（旌），[187] 一百綒（條）四十綒（條）翬（翠）之首。[188] 翟（旄）中干，[189] 絑（朱）縞七𦒑（就）。[190] 車𢦏（戟），[191] 𢦞（侵）羽一𦒑（就），[192] 其旃（旆），[193] 朮五𦒑（就）。[194] 戟（穳），[195] 三𦒑（就）。一桎，[196] 冒（蒙）翟（旄）之首。[197] 一和兕虡（甲），[198] 𦓤（戴）軸（胄），[199] 綠 **269** 組之綊（縢）。[200] 馯（御）、右二鼎（領）䡇虡（甲），[201] 皆𦓤（戴）軸（胄），紫綊（縢）。一敁（彫）敂。[202] 一緅緎之紿（櫜）。一敁（彫）梳。[203] 一銑（鐃），[204] 緩（纓）組之綏。[205] 二𠭯鞁（鞁），[206] 霝（靈）光之紳（帶）。[207] **270**

一𩁹（乘）韋（韋）車：[208] 䡇牛之革䡞，縞純。𠭯癹。[209] 𠭯靚（䋎）、鞅。[210] 䰒韋紿（櫜）。[211] 虎長（韔）。㯳〈欆〉輪〈輪〉。[212] 白金之鈇。其上載：䧍（旜）署（旌），[213] 毫（毫）首。[214] 二𢦏（戟），[215] 𢦞（侵）二𦒑（就）；[216] 二旃（旆），皆朮九𦒑（就）。[217] 二戟（穳），[218] 皆𢦞（侵）二𦒑（就）。[219] **273**

一雚（乘）楇轍（轂）：[220]貝崑軭□。[221]**274**

一雚（乘）羊車：[222]紝絹（絹）之縫絹（絹）。[223]紝絹（絹）之緮。[224]緦緦。[225]**275**

苛郙受：一箁（箬），[226]馰（豹）韋（韋）之冒，[227]二十鉃（矢）。[228]一臼戠，[229]縢（縢）組之迖（旂）。[230]二紝絹（絹）之罿（幢）。需（靈）光之結幁。一紝。[231]一縢（縢）組之綬（纓）。二翠翠。[232]一奞。[233]一軑。[234]一絸組綏。一纓。二馬之秅。[235]二鑑（銜）。[236]**277**

大司馬郘（悼）愲（滑）栽（救）郙之戢（歲）亯月丙戌之日，舒（舒）寅受一軨正車：[237]纆牛之革韇，紝絹（絹）之純。其移紛，秋之綰，[238]纂（纂）純。紫登，紛約。紫靚（韅）、鞅。靬（豻）韜之轔靬。紫紳（靷）。紫鞈（橐）。虎長（韔）。糴（翟）輪。白金大，赤金之釴。[239]縢（縢）組鏞之大。楚緙。其上軷（載）：絑（朱）署（旌），百絛（條）四十攸（條）翬（翠）之頁（首）。旄（旄）中干，絑（朱）縞七䂨（就）。車戟（戟），[240]截（侵）刁〈羽〉一䂨（就），[241]其帣（旆），朮五䂨（就）。戭（旞），三䂨（就）。一栓，縁（蒙）毣（旄）頁（首）。[242]一和兕虜（甲），嵩（戴）軸（胄），緑組之縢。馯（御）、右二鼎（領）轞虜（甲），皆嵩（戴）軸（胄），紫縢。四馬晧面。[243]繙芋結項。[244]告紝。[245]繩（繩）紴（鞁）。[246]一周（彫）轄。緅秋之紿（橐）。一綢（彫）榎。牘**1** 一【銑】（鐃），[247]緙【組綏】。番芋之童（幢）。一軨車之上【軷】（載），[248]皆。　賓（府）鞪（執）事【人】㹈（胡）不【専】□之□。[249]牘**1**背

---

〔1〕　𩚏，整理者釋爲“食”。食室，指椁室内的東室，因放置各種食物和食器而得名。李零（1999A，160頁）：似非“食”字。王穎（2004，6頁）釋作“㡯（廳）”。

金，整理者：指銅，金器即銅器。

〔2〕　鉼鋷，原考釋讀作“缾罌”。《漢書·韓信傳》“以木罌缶渡軍”，顔師古注：“罌缶謂瓶之大腹小口者也。”二瓶罌可能是指東室的一對小口短頸壺。李家浩（2002A，239頁）認爲，包山遣册共分四組，放置在不同的地方。從文字書寫風格看，似非出自一人之手，所以同一個字在不同組里往往寫法不同。“瓶鈃”二字，第一組作“鉼鋷”（252號簡），第二組作“缾銅”（265號簡）。劉信芳（2003，254頁）：簡265號作“缾銅”，文獻作“鈃鍾”。《莊子·徐無鬼》：“其求鈃鍾也，以束縛。”《説文》：“鈃，似鍾而長頸，從金幵聲。”字實從“并”省聲（朱駿聲説），有如“形”“邢”“刑”皆從“并”省聲。“鋷”字簡文從金，悤聲，“悤”應爲悤之異體。悤、同、重古音同在東部，聲紐亦近，故得互作也。鋷、銅應讀爲鍾。鉼鋷、缾銅即出土實物中的長頸壺。田河（2007，49頁）：可能是指墓中所出2件“短頸圓肩壺”。今按：鉼鋷讀爲“瓶鈃”似可從。參看265號簡注釋。

〔3〕　比，原考釋：通作匕。

〔4〕　𤖱，原考釋：醬字，此指醬色。胡雅麗（1991，515頁）：“𤖱白”讀爲“妝碧”，指裝飾緑松石。劉信芳（2002，376頁）：“醬白”指淺絳色。

㡿，原考釋：借作盧，《説文》：“盛觵巵也。”湖北省荆沙鐵路考古隊（1991B，189頁）：東室二件銅“鏤孔杯”是“二𤖱白之㡿”。李天虹（1993，89頁）：“㡿”字變體，疑讀作“爐”。

〔5〕　敭，原考釋：讀如彫。《説文》："琢文也。"

〔6〕　羿，胡雅麗（1991，515～516頁）讀爲"羽"，在此作鳥解。"二羽虡"意爲兩件有鳥飾的圓形銅器。墓中出土銅樽兩件，蓋上立鳳鳥狀紐四個。

〔7〕　彤，原考釋：《説文》："丹飾也。"即髹紅漆。

䰍，原考釋：释作"桼"，讀作桼。此指生漆本色，近黑色。劉釗（1998，68頁）釋爲"䰍"。胡雅麗（1991，516頁）："彤中桼"指以紅色漆髹飾內壁。今按："彤中漆外"似當指"羽虡"內朱漆，外黑漆。

〔8〕　胡雅麗（1991，516頁）："外二金"指以兩種不同色的金屬裝飾外壁。出土的兩件銅樽，器外通身錯金銀。今按："二金"之下，簡文似未寫完。

〔9〕　囷，原考釋：讀如圈。《禮記・玉藻》："母没而杯圈不能飲焉。"圈亦通作棬。東室所出帶座銅杯可能就稱作"金棬"。

〔10〕　鋌，李守奎（2003，800頁）釋。滕壬生（1995，1002頁）釋鋉。劉信芳（2003，256頁）：二鋉，指墓中出土的方盒或銅壺。

〔11〕　鎊，原考釋：讀如籩，指銅豆。

〔12〕　盍，原考釋：借作合。鎊合，似指蓋豆。胡雅麗（1991，516頁）：借作蓋。東室銅淺腹盒，由四件大小依次套合組裝的淺盤構成，上覆弧蓋一件，與記載吻合。

〔13〕　二刀，湖北省荆沙鐵路考古隊（1991B，212頁）：指東室的二件銅匕首。

〔14〕　王，原考釋：借作皇。《禮記・王制》"有虞氏皇而祭"，注："冕屬也，畫羽飾焉。"

紟，原考釋：讀如錦。

綉，胡雅麗（1991，516～517頁）：指包裹"虡"的絲織物。李家浩（2007，34頁）、劉國勝（2007，78頁）讀爲"韜"，指斂囊。

〔15〕　脩，整理者：《説文》："脩，脯也。"

籨，李守奎（2003，283頁）隸寫，劉信芳（1997B，90頁）、白於藍（1999，183頁）釋籲。《玉篇》："籲，古禫切，竹也。又箱類。"

〔16〕　䏌，原考釋：脯，父聲。今按：東室2：200號竹笥，簽牌記"脯（脯）"，疑是簡文所記"䏌一籲"。

〔17〕　鸄，原考釋：讀如鷯。《説文》："鷦鷯……即桃蟲，亦曰鷦鷯。"劉國勝（2003，72頁）釋爲"雀"。

酭，原考釋：讀作醢。《説文》："醢，肉醬也。"

缶，原考釋：讀如缶，指陶罐。

〔18〕　𡪞，李天虹（1993，89頁）、何琳儀（1993，60頁）釋，讀作蜜。

〔19〕　莌蘆，原考釋：讀如蔥菹。《説文》："蔥，菜也。"字又作葱。菹，《説文》："酢菜也。"

〔20〕　萬，湯餘惠（1993A，77頁）釋，疑讀爲蘩蒿之"蘩"。劉信芳（1997B，114頁）：讀爲"蔓"。《周禮・天官・醢人》"菁菹"，鄭玄注："菁，蔓菁也。""蔓菹"即菁菹。何琳儀（1998，960頁）讀藾。周波（2C08，238頁）認爲"萬菹一缶"可與馬王堆三號墓遣策簡127"藾菹一坑"相對照。

〔21〕　茜，原考釋：茜，讀如蕕。《説文》以爲水邊草。湯餘惠（1993A，77頁）：讀爲莤，即古"糟"字，謂用酒腌制。

蓏，原考釋：讀爲"苽"。《説文》："苽，雕苽，一名蔣。"一种生於水中的植物，俗名茭，可食。劉信芳（2003，259頁）讀"茜蓏"爲"雕苽"，或作"彫胡"，《廣雅・釋草》："菰，蔣也，其米謂之彫胡。"

〔22〕　某，原考釋：《史梅兄簋》楳字、《汗簡》某字，所從與簡文形近。《説文》梅字或作楳。某借乍梅。

〔23〕　醻，袁國華（1993A，442～443頁）釋。《博雅》："醻，醬也。"羅小華（2014，4頁）："醻"可能訓爲"咸"。簡文"醻肉醢"，疑指用鹽醃漬的肉製作成醬。

𦉥，原考釋釋爲"弇"，借作"籃"。趙平安（2001A，58頁）釋作"冥"，讀爲"皿"。陳劍（2009，159頁）："𦉥"之聲符"冒"可分析爲"從日网聲"，疑𦉥應該讀爲"瓬"。羅小華（2011A，119頁）：應釋爲"尊"，是一種用於盛裝食物的陶罐，與"缶"器同出。李守奎（2012，172頁）：隸作"𦉥"，釋爲"𢍜"。禤健聰（2012，91頁）：應是從"网"或從"𢍜"得聲，中間形似於"日"的部件，像受物之器皿。"𦉥"當釋讀爲"瓬"，是一種長頸大腹陶器的古方言名稱。

〔24〕　莪，劉信芳（1992，78頁）讀爲"胾"，《禮記・曲禮上》"左殽右胾"，鄭玄注："胾，切肉也。"羅小華（2014，5頁）：

“莪”亦可讀爲“甗”。

〔25〕 鮨，劉國勝（2003，73頁）釋。《説文》：“鮨，魚賠醬也。”東室的2:16號陶罐盛有鯽魚製品。

〔26〕 醭，原考釋：通作脼。《説文》：“脼，脯也。”李守奎（2012，174頁）：疑“醭”是“醢”字的異體。

〔27〕 害，劉釗（1998，65頁）釋。

〔28〕 瀵昱，合文，滕壬生（1995，1114頁）釋作“滿昱”。今按：第一字當隸作“瀵”。

〔29〕 纕，原未釋。今按：讀爲“囊”。

〔30〕 皆又，今按：據紅外影像釋出。

糗，原釋文作糗，原考釋：《左傳》哀公十一年“進稻、醴、粱、糗、腶脯焉”，注：“乾飯也。”

〔31〕 筓，原考釋：《儀禮・士昏禮》“婦執筓棗自門入”，鄭玄注：“筓，竹器而衣者，其形蓋如今之筥、筡籚矣。”張桂光（1994，75～77頁）：似應隸定作“筻”，讀爲“筍”。袁國華（1994B，91～93頁）：字從竹、使聲，讀音與“筍”字極爲接近，疑二字有“同源字”的關係。

〔32〕 箴，原考釋：讀如甗，《説文》“酢漿也”。董珊、陳劍（2002，45頁）：讀爲“濩”，煮也。

〔33〕 [illegible]，整理者釋爲“食”。何琳儀（1998，238頁）：從貝勹聲，讀爲“庖”。單育辰（2012B，92～93頁）：據清華簡考釋指出包山簡此字可讀爲“寘”。何有祖（2015，79～80頁）：字可分析爲從貝，從齊省聲，即齎字。齎，有裝、收藏之意。汪雪（2019，20～25頁）：釋爲“實”。

箕，原考釋：經與出土實物對照應是盛放食物的竹笥。朱德熙、裘錫圭（1973，128頁）讀爲“箁”。《説文》“杯笿也”。何有祖（2015，80頁）：當可讀作“瓮”。

〔34〕 豕，白於藍（1999，192頁）釋。

〔35〕 烝，原考釋：讀如蒸。

豬，劉釗（1998，66頁）釋，“膳”字異構。

〔36〕 庶，原考釋：借作炙。

〔37〕 飽，整理者釋爲“飿”，借作酏。《周禮・天官・醢人》“酏食糁食”，鄭司農云：“酏食以酒酏爲餅。”何琳儀（1993，60頁）釋爲“飽”，讀爲“飿”。《集韵》：“飿，飴也。”

〔38〕 白，原考釋：《周禮・天官・籩人》“白黑形鹽”，注：“稻曰白。”

〔39〕 甊，原考釋：讀如“熬”。《説文》：“熬，乾煎也。”劉釗（1998，60頁）徑釋爲“熬”。

〔40〕 袁國華（1994C，259～260頁）：東室2:45號、2:60號竹笥，内盛板栗，2:60號竹笥簽牌記“栗”，可能是簡文所記“栗二箕”。

〔41〕 枽，劉國勝（2006，326頁）釋爲棗。東室2:46號、2:47號竹笥，内盛棗，簽牌記“樔（棗）”，疑是簡文所記“棗二箕”。

〔42〕 蒐，李家浩（1996B，6頁）釋。蒐茈，即荸薺。2:52號竹笥所盛是荸薺，與簡文合。

〔43〕 [illegible]，整理者隸作藕，讀作筍。湯餘惠（1993A，77頁）、劉釗（1998，66頁）釋爲菰。李家浩（1996B，7頁）：所從“瓜”旁反寫。此字還見於2:59號、2:418號竹笥簽牌，2:59號竹笥内盛藕。頗疑“[illegible]”是一個形聲字，從“瓜”聲，讀爲“藕”。今按：疑當釋爲“藕”，參看174號簡注釋。

〔44〕 菽，李家浩（1996B，6～7頁）釋，讀爲“芰”，指菱角。東室2:191號、2:202號竹笥，簽牌記“苬（芰）”，内盛菱角。

〔45〕 蕖，原考釋：疑讀如荅。《説文》：“小尗也。”袁國華（1994C，259～261頁）：東室2:55號、2:161號竹笥，簽牌記“蕖”。

〔46〕 薑，原考釋：讀如姜。袁國華（1994C，259頁）：東室2:53號竹笥，内盛生薑。白於藍（1999，176頁）：即《説文》薑字。從土乃繁化。

〔47〕 利，原考釋：借作梨。袁國華（1994C，259頁）：東室2:53號、2:57號竹笥，内盛梨，2:57號竹笥簽牌記“利（梨）”。

〔48〕 檮，原考釋：疑爲桃字。劉信芳（1992，77頁）讀爲“擣”，《儀禮・有司》“取糗與腶脩”，鄭玄注：“腶脩，擣肉

之脯。"

〔49〕　僻，李家浩（1993B，3 頁）讀爲"膍"。

脩，李家浩（1993B，3 頁）釋。

〔50〕　相，原考釋：借作箱。

遟，林澐（1992，83～84 頁）釋爲徙。周鳳五（2006，129 頁）：上博竹書《柬大王泊旱》9 號簡從尾從少之字即"沙"，讀爲"隨"。"相隨"，官名，爲楚王近侍之官。包山簡"相隨之器所以行"，即相隨之官所掌管的出行携帶物品。

〔51〕　冕，原考釋：冠字。

桂，原考釋：疑讀爲"獬"。《淮南子·主術》："楚文王好服獬冠，楚國效之。"

〔52〕　緩，整理者：讀如纓。《説文》："纓，冠系也。"組纓，以組帶作的冠系。

〔53〕　生繢，劉信芳（1997B，94 頁）讀爲"青纅"。《廣雅·釋器》："纅，絹也。""生"下一字，劉國勝（2005，93 頁）隸作"繢"。陳斯鵬（2014，255～256 頁）：隸作"綪"，與竹牘的"綪"字爲繁簡異體的關係。辭例亦同，"生綪""絓綪"當係一物。頗疑包山簡牘的"生綪""絓綪"即望山簡之"生結"，讀爲"縑"或"纖"。

纙，原考釋：通作"厭"。《儀禮·既夕禮》："冠六升，外縪，纓條屬厭。"

〔54〕　䖀，原考釋：狐字。

睪，原考釋：讀如皋，訓爲甲，或指披在衣外之服。劉信芳（1992，72 頁）讀爲"襗"，《説文》："襗，絝也。"羅小華（2012）：疑"睪"當讀爲"烏"。

〔55〕　韋，原考釋：熟皮。

韒，原考釋：讀如帽。

〔56〕　會讙，原考釋：會，借作繪。懽，疑讀作貛。何琳儀（1998，984 頁）讀爲"合歡"。劉信芳（2003，271～272 頁）認爲"會懽"猶言"屬觀"，"屬觀"是觀社的委婉語。或讀"會懽"爲"合歡"，"會（合）懽"是言男女之事的委婉語。劉國勝（2005，93 頁）疑讀爲"合歡"，指一類紋飾圖案。

鶸，原考釋：讀作盪。西室出土一件銅盉，獸形嘴，似爲"盪"。何琳儀（1998，669 頁）："鶸"是"觴"的省文。田河（2008，377 頁）推測"合歡之觴"是指包山二號墓出土的雙連杯，可能是合巹之禮所用的飲器。

〔57〕　皲，原考釋：讀如皮。

縷，原考釋：讀如屨（參見朱德熙、裘錫圭：《戰國文字研究（六篇）》，《考古學報》1972 年第 1 期）。

〔58〕　韇，原考釋：借作裝。《説文》："裝，裹也。"李家浩（2000A，147 頁）：可能是一種皮革的名字。

韕，李零（1999A，160 頁）釋爲從"韋"從古"婏"之字。李家浩（2000A，146～147 頁）釋爲"鞔"。《吕氏春秋·召類》"南家，工人也，爲鞔者也"，高誘注："鞔，屦也。"

〔59〕　緹婁，原考釋：鞮屨。

〔60〕　纀，原考釋：借作纂，《漢書·景帝紀》"錦綉纂組"，應劭曰："纂，今五彩屬粹是也。"可能是指用彩色絲綫編成的縧。

純，原考釋：《廣雅·釋詁二》："純，緣也。"

〔61〕　繜，原考釋：借作巾。袁國華（1994C，259 頁）：東室 2∶43 號竹笥，簽牌記"繜笲"，可能與"一繜笲"有關。

〔62〕　緯，原考釋：似借作褌，《説文》："重衣貌。"劉信芳（1997B，104 頁）：讀爲幃，《説文》："幃，囊也。"

粉，原考釋：讀如帉，《説文》："楚謂大巾曰帉。"劉信芳（1997B，104 頁）：《説文》"所以僡面者也"。

〔63〕　柳，原考釋：讀如櫛，梳篦的總稱。湖北省荆沙鐵路考古隊（1991B，147 頁）："四櫛"指北室 2∶433 號竹笥所盛二件梳和二件篦。

〔64〕　樌，原考釋：讀如櫝。李家浩（1998C，174 頁）：讀爲櫃，小匣。

枳，李家浩（1998C，173～174 頁）：讀爲"踦"，《玉篇》立部："踦，枕也。""樌枳"指北室的盒形座枕。劉雲（2009）：讀爲"策"。李家浩（2013，11 頁）：可能讀爲"跂"。《玉篇》丈部："跂，横首杖也。"

〔65〕　綉，原考釋：綉字之誤。李家浩（2013，12 頁）：讀爲"條"。

〔66〕　宦，原考釋：讀爲"襄"，指套在枕外的囊。李家浩（1998C，173～174 頁）釋爲"序"，指裝枕的袋子。李家浩（2013，13 頁）：讀爲"鞬"。李家浩（2015A，268 頁）："鞬"或作"建"。

〔67〕 箬，原考釋：讀如席。縞席，以縞緣邊之席。

〔68〕 一，今按：據紅外影像釋。

〔69〕 銾，李守奎（2003，800 頁）釋。

〔70〕 僁，原考釋：讀如凴。僁几即凴几。李家浩（2002A，239 頁）：一凴几，指北室的一件“拱形足几”。

〔71〕 ㄐ，原考釋：讀如收。收床即可以折叠收斂之床。西室中的一件木床便是可折叠的。劉國勝（2005，82 頁）：《詩・秦風・小戎》“小戎俴收”，朱熹《集傳》：“收，軫也。謂車前後兩端横木，所以收斂所載者也。”收床，可能是指四周有框木的床。吴良寶（2006，10 頁）釋“床”上一字爲“印”。田河（2007，206～207 頁）：“印”似可讀爲“軔”，《廣雅・釋詁》：“軒、軌、轎，軔也。”軔床，大概是指床體類似車輿一樣的床。

〔72〕 策，原考釋：讀如簀。《説文》：“簀，床棧也”。出土的收床除了杠之外，還有卷成束的竹帘，可以鋪在床杠之上。簀應是床杠和上面鋪設的“版”的總稱。劉信芳（2003，275 頁）：即出土ㄐ床上的葦簾或竹席。

〔73〕 瑟，劉信芳（1996C，186 頁）、李家浩（1998D，12 頁）釋。

〔74〕 桋，李家浩（1998D，12 頁）疑是瑟軫的别名。胡雅麗（2007，4 頁）認爲是指放於瑟下作支撑的瑟座。范常喜（2015，65～66 頁）：讀爲“椃”。瑟座無論是外形還是用途均與“椃”相類，楚人連類而及，將其定名爲“桋（椃）”或“瑟桋（椃）”。

〔75〕 箑，原考釋：讀作翣。《儀禮・既夕禮》：“燕器：杖、笠、翣。”注：“翣，扇也”。羽翣，以羽毛作的扇。李守奎（2003，277 頁）釋箑，《説文》或體。

〔76〕 二竹翣，湖北省荆沙鐵路考古隊（1991B，164 頁）：指西室的一件“長柄扇”和一件“短柄扇”。

〔77〕 敝，李家浩（1997B，573 頁）釋。“敝庢”疑讀爲“蔽户”，指遮蔽門户的簾子。

〔78〕 𦮡，整理者：釋爲鏷，借作蓐，《釋名・釋床帳》：“褥，辱也，人所坐褻辱也。”李家浩（2002B，294 頁）：右旁與郭店竹書《五行》46 號“淺”字所從聲旁相近，疑此字在這裏應該讀爲“薦”。“寢薦”指寢卧用的薦席。

〔79〕 “角”下一字，李家浩（2016，120～121 頁）：應該是“枕”字的異體。“角枕”見於傳世文獻，指用角製作的或裝飾的枕。今按：據紅外影像，該字右旁爲“舊”，左旁待考。

〔80〕 一竹枳，李家浩（1998C，173～174 頁）：指北室的一件“框形座枕”，其枕面由七根竹片組成。李家浩（2013，13～14 頁）：南室第二層出土的一件竹杆，可能就是 260 號簡所記的“竹𣪠”。

〔81〕 廷，據紅外影像釋。劉國勝（2010，71 頁）：“廷”下一字的殘畫就應當是 262 號簡頭端殘字的上部，合而成一字，如何釋讀待考。

〔82〕 畝，劉釗（2005，153 頁）讀爲“繪”，《説文》：“繪，會五采繡也。”趙平安（1997，715 頁）：“繪”與射箭有關。李家浩（1999B，97～98 頁）：“畝”是“袷”字假借。“紛袷”是指繡有粉白色花紋的袷衣。田河（2011B，114 頁）：釋爲“拾”。“拾”即臂韝，是古代射箭時用的一種袖套，又叫“遂”。羅小華（2011B，323～325 頁）：讀爲“拾”。典籍中，“拾”又稱作“遂”“捍”“韝”。“紛拾”就是“紛韝”，就是以“紛”製作的套袖。

〔83〕 囚，劉釗（1998，70 頁）釋昷。夬昷，劉釗（2005，154 頁）讀爲“袂韞”，指射箭時套在左臂上的皮套袖。李家浩（1999B，98 頁）讀爲《吕氏春秋・必己》“不衣芮温”的“芮温”，指“紛袷”細軟温暖。劉國勝（2010，71～72 頁）：“夬”下一字伊强釋。“夬囚”疑讀爲“决韘”，指射箭勾弦的扳指。羅小華（2011B，326 頁）：“夬囚”可能是兩種物品，應當讀爲“夬、囚”。李春桃（2017，181 頁）：“夬”“韘”應指二物，可能是扳指和襯墊兩種東西，也可能指帶有襯墊的扳指。

〔84〕 𣲙，原考釋：李家浩釋作澮（參看《信陽楚簡“澮”字及從“𠔉”之字》，《中國語言學報》第 1 期，1982 年 12 月）。廣瀨薰雄（2012，445 頁）：釋爲洗面的意思最合適。張崇禮（2014）：從水穎聲，讀爲“沫”。黄傑（2017，118 頁）：隸定爲“涂”，“木”字上部或許是義符，表示“沐”在非露天的地方進行。徐在國（2018，5 頁）：當隸定作“汿”，從“水”，“矛”聲，可讀爲“沐”，也可以讀爲“沫”。

〔85〕 鎊，李守奎（2003，801 頁）釋。

〔86〕 矢，劉釗（1998，66 頁）釋。

〔87〕 𨚵，李零（1999A，155 頁）釋。

〔88〕　䤾膚，李家浩（2007，33 頁）讀爲“豬臚”。

〔89〕　城，滕壬生（1995，969 頁）釋。

〔90〕　鋘柜，原考釋：讀如狊鶪。《爾雅·釋獸》：“鳥曰狊。”《説文》：“鶪，䳤渠也。”椁室中有兩件銅鳥，可能是狊鶪。

〔91〕　硾，原釋“□垂”。今按：據紅外影像釋。“石”旁之下“垂”疑是“垂”的異體，字或當讀爲“錘”。
　　　　𠂉，李零（1999A，148 頁）釋作“仆”。

〔92〕　句讀從劉信芳（2003，268 頁）、劉國勝（2003，75 頁）改。

〔93〕　鏞，原考釋：借作“僮”。“燭僮”即秉燭之童。出土實物中有兩件童子秉燈，與簡文相符。劉信芳（2003，280 頁）讀爲“俑”。周世榮（1994，231 頁）：“鏞”與“庸”通，“庸”有僕庸之意。范常喜（2017A，245、247 頁）：長沙馬王堆一、三號墓漢墓遣册中分别有“大燭庸”的記述，所記實物爲墓中出土的豆形燈。“鏞”當從周世榮先生讀作“庸”，訓作僕庸。戰國楚簡中“甬”聲之字可用作“庸”，如上博八《顔淵問於孔子》簡 4：“俑（庸）言之信，俑（庸）行之敬。”

〔94〕　氈，李家浩（1993A，450 頁）釋爲“氈”。

〔95〕　句讀及釋“筵席”，從李家浩（1993A，452 頁）意見。

〔96〕　絈，白於藍（1999，199 頁）：應即《説文》“帛”字。劉國勝（2010，69～70 頁）：疑簡文“一秦縞之”後漏寫“席”字，或者承上文“一縞席”而省“席”字。“一秦縞之絈里，王錦之純”大概是記“一秦縞之席，絈里，王錦之純”。

〔97〕　二鑑，湖北省荆沙鐵路考古隊（1991B，194 頁）：指北室 2∶432 號漆奩所盛銅鏡。

〔98〕　緒，今按：疑讀爲“褚”，《集韵》語韵：“褚，囊也。”二褚，指二鑑的囊套。

〔99〕　會，原考釋：《説文》：“合也”。椁室中有一件銅盒，似爲簡文所説的“會”。湖北省荆沙鐵路考古隊（1991B，263 頁）以爲是北室 2∶432 號漆奩中的一件蛤蜊殼。

〔100〕　榗，原考釋：讀作蔑。《説文》：“青齊沇冀謂細木枝曰蔑。”骨蔑即以骨料製作的細枝雕刻物品。胡雅麗（1991，517～518 頁）以爲指北室 2∶432 號漆奩所盛二件骨笄。施謝捷（2003A）釋作楇。田河（2007，250～251 頁）：釋爲“栝”讀爲“括”。簡文“骨栝（括）”當爲束髮之具，相當於笄。

〔101〕　絅，劉國勝（2011B，80 頁）讀爲“綺”，《楚辭·招魂》：“纂組綺縞，結琦璜些。”
　　　　緯，原考釋：讀如幃，《説文》：“囊也。”

〔102〕　鈔，原考釋：讀作削，即用以刮削簡牘的削刀。

〔103〕　寢席，原考釋：即臥席。

〔104〕　俾，原考釋：借作“篾”。“俾席”即篾席。李家浩（1993A，450 頁）讀爲“蓆”。

〔105〕　危，何琳儀（1993，60 頁）、黄錫全（1992，189 頁）、劉釗（1998，66 頁）釋跪。

〔106〕　英，原考釋：讀如莞。英席即莞席（參見李家浩：《信陽楚簡“澮”字及從“𠔃”之字》，《中國語言學報》第 1 期，1982 年）。李家浩（2010，6 頁）據《爾雅》認爲“莞席”當指莞蒲編織的席。

〔107〕　秀，李家浩（2007，34 頁）、劉國勝（2007，78 頁）讀爲“韜”。

〔108〕　縛，原考釋：讀作縠，《説文》：“細縛也。”《漢書·江充傳》“充衣紗縠襌衣”，注：“輕者爲紗，縐者爲縠”。

〔109〕　圩，原考釋：讀如“芧”，《説文》：“麻母也，……一曰芧即枲也”。

〔110〕　衢，原考釋：疑讀如幃，《説文》：“囊也。”今按：整理者於此後結句。恐文句未完。

〔111〕　园，滕壬生（1995，511 頁）釋圓。二革园，湖北省荆沙鐵路考古隊（1991B，144 頁）：指西室的一件夾紵胎“直口奩”和北室的一件夾紵胎“子母口奩”。

〔112〕　卯，整理者釋爲“兆”。劉國勝（2010，68 頁）改釋为“卯”，從李家浩先生意見將“大卯”讀爲“大庖”。大庖是負責膳食的，供宗廟、賓客及自食之用，“大庖之器”爲大庖所掌用器。

〔113〕　鐳，原考釋：借作鼾。壽縣蔡侯墓的大鼎自銘爲鼾，意爲大鼎。牛鼾，用作煮牛之大鼎，也稱作鑊。湖北省荆沙鐵路考古隊（1991B，98 頁）：東室二件鑊鼎應是簡文所記“一牛鐳”與“一豕鐳”。李家浩（1997A，9 頁）釋字的右下部为“靃”，讀爲“鑊”。

〔114〕　亥，整理者釋爲“升”。胡雅麗（1991，509 頁）釋爲“豕”。何琳儀（1993，63 頁）釋爲“亥”，讀爲“豕”。袁國華（1993A，427 頁）認爲“亥”是“豕”字的誤寫。

〔115〕 喬，原考釋：讀如鐈。

鼎，整理者：釋爲真，借作貞。鐈鼎，指高脚鼎。湯餘惠（1993A，77 頁）：貞字變體，借爲“鼎”。李守奎（2003，438 頁）徑釋爲“鼎”。二喬鼎，胡雅麗（1991，509 頁）：指東室兩件鐵足銅鼎。

〔116〕 鳶，原考釋：讀作薦。《周禮·天官·庖人》注：“備品物曰薦。”

〔117〕 鼞，原考釋：讀作升。東室有兩件平底束腰鼎，楚墓中都以此種鼎爲升鼎。

〔118〕 監，原考釋：借作鑑。椁室中有兩件銅鑑。

〔119〕 卵缶，包山墓地竹簡整理小組（1988，28 頁）：即圓腹環紐銅缶，因腹部較圓而得名。

〔120〕 辷，李零（1999A，141 頁）釋，“赴”的異文。廣瀨薰雄（2012，441～442 頁）：“辷”是專門表示“洗浴”意的詞，“辷缶”當讀爲“沐缶”。

〔121〕 湯，原考釋：熱水。湯鼎即用作燒熱水的鼎。湖北省荆沙鐵路考古隊（1991B，102 頁）：一湯鼎，是西室的 2∶390 號銅鼎。

〔122〕 聛，原考釋：讀如貫。墓中有一件銅鼎，蓋上有兩個孔，可套入鼎的雙耳。今按：“聛”見於安大簡《詩經》簡 29，整理者釋文作“何以聛（穿）我屋”。

〔123〕 𨧤，整理者釋爲鍋，讀如筩。“鉼筩”指槨室内的一對深腹高脚鉼。李家浩（2002A，239 頁）釋爲“銅”，讀爲“鈃”。

〔124〕 𠆭，原考釋：合字。合匠，即銅簠，出土物中有兩件銅簠。

匠，李家浩（2002A，249 頁）釋爲“瑚”。

〔125〕 𨭉，黄錫全（1992，189 頁）釋寫。

𨬍，李零（1999A，155 頁）釋寫。

〔126〕 鈲，黄錫全（1992，189 頁）、李天虹（1993，88 頁）釋。劉國勝（2003，66 頁）：疑讀爲“壺”，“二小壺”指東室的兩件“束頸溜肩壺”。

〔127〕 枳，李家浩（1998C，175 頁）釋。二枳盞，湖北省荆沙鐵路考古隊（1991B，105 頁）：東室的兩件銅敦。

〔128〕 一盤，今按：東室的 2∶128 號“圜底盤”，出土時扣於匜上，疑即簡文所記。

〔129〕 一匜，湖北省荆沙鐵路考古隊（1991B，110 頁）：是東室的一件“鋪首銜環匜”。

〔130〕 鉛，原考釋：讀如㕣，《説文》：“高氣也。”

鬳，原考釋：甗字異體。㕣甗即用於蒸食物之器，與出土實物相符。

〔131〕 桯，原考釋：讀如廣。

榣，原考釋：讀作柮。《説文》：“柮，斷木也。”柮在此似指木案。桯柮，大的木案。李家浩（2002A，223～224 頁）：疑簡文“榣”即《广雅·釋器》訓爲“几”的“㯓”的異體。“枉㯓”應該讀爲“廣㯓”，指面板寬廣的㯓。

〔132〕 戾，原考釋：讀如仄。《廣雅·釋詁一》：“仄，陿也。”李家浩（2002A，224 頁）：仄㯓，指面板狹窄的㯓。

〔133〕 楮，原考釋：借作楮。《説文》：“穀也。”楮榣，用穀木做的案。李家浩（2002A，224 頁）疑讀爲“屠”。屠㯓，指供屠割犧牲用的㯓。

〔134〕 宰，原考釋：宰字，借作莘。《説文》：“羹菜也。”李家浩（2002A，224 頁）：宰㯓指供宰殺犧牲用的㯓。

〔135〕 大房，原考釋：《詩·閟宫》“籩豆大房”，毛傳：“大房，半體之俎也。”《國語·周語》“王公立飫則有房烝”，注：“大俎也。”李家浩（2002A，230 頁）：指東室的一件“帶立板俎”。

〔136〕 小房，李家浩（2002A，230 頁）：指東室的一件“寬面俎”。

〔137〕 鉥，李家浩（2002A，234 頁）：讀爲“禁”。東室出土兩件木禁，與簡文所記相合。

〔138〕 㕣，李家浩（2002A，235～239 頁）、袁國華（1994A，212～215 頁）讀爲“儿”。一房儿，李家浩（2002A，239 頁）：東室的一件“立板足儿”。

〔139〕 毷，李家浩（2002A，241～243 頁）：是從“毛”從“瓚”字象形初文得聲的字，借爲“瓚”。東室出土的兩件報告稱作“勺”的器物應當叫做“瓚”。李守奎（2003，517 頁）、劉信芳（2003，290 頁）釋作“毷”。今按：“毷”疑是“料”字異體。《儀禮·少牢·饋食禮》“司宫設罍水於洗東有枓”，鄭玄注：“設水用罍，沃盥用枓。”

〔140〕 祈，李家浩（2002A，244～246 頁）：讀爲“卺”。東室的一對“帶流杯”是簡文所記的“二祈”。

〔141〕　皇，原考釋：大也。

　　綦，李家浩（2002A，246～247 頁）隸定，釋爲“組”。東室出土五件“窄面俎”當是簡文所記“五皇俎”。

〔142〕　줕桓，原考釋：合豆，即蓋豆。湖北省荆沙鐵路考古隊（1991B，134 頁）：四合豆，是東室的四件“有蓋豆”。

〔143〕　四皇桓，湖北省荆沙鐵路考古隊（1991B，133 頁）：東室出土的四件“無蓋豆”。

〔144〕　桱，原考釋：《説文》：“桯也”。桯，《説文》：“床前几也。”飤（食）桱即食几，用於放食物，其下有銅足。湖北省荆沙鐵路考古隊（1991B，125 頁）：指東室的一件“矮足案”。

〔145〕　㦧骮，原考釋：㦧讀如卓。骮讀作“滑”。㦧骮即卓滑。李守奎、邱傳亮（2012，74 頁）：把“早”理解爲“卓”的省形，作“悼”字異寫“㦧”的音符非常合適。

〔146〕　𡨧，原考釋：讀如葬。

　　句讀從陳偉（1996B，239 頁）。

〔147〕　甬，陳偉（1996B，182 頁）：讀爲“用”。《左傳》昭公四年：“叔孫未乘路，葬焉用之。”

〔148〕　軒，湯餘惠（1993A，77 頁）、何琳儀（1993，63 頁）、黄錫全（1992，189 頁）、劉釗（1998，68 頁）、李天虹（1993，89 頁）釋。

〔149〕　絆，原考釋：似讀如牲，牛革。劉信芳（1997A，170 頁）讀爲“青”。何琳儀（1998，826 頁）：疑讀“生”，未練之絹帛。

　　緕，李運富（1997，113～114 頁）、劉信芳（1997A，170 頁）釋。

　　緹，原考釋：讀如桯，似指車軾上纏裹的織物。何琳儀（1998，806 頁）：緼之異文。《説文》：“緼，緩也。從糸，盈聲，讀與聽同。緹，緼或從呈。”徐在國（2007，356 頁）：乃《説文》“緼”字或體，疑應讀爲“纓”，指馬飾。

〔150〕　䖵，湯餘惠（1993A，74 頁）、何琳儀（1993，55 頁）、劉釗（1998，47 頁）釋。劉國勝（2003，52、37 頁）：䖵萬，疑讀爲“苦芒”，是某類織物或花紋名稱。263 號簡作“結蕪”，信陽簡 2－023 號作“結芒”。尹遜（2006）：䖵萬，就是文獻中常見的“苦蕒”，指一種絲織物。推想其得名的原由，大概和古書中提到的“春草”“鷄翹”是一樣的。

〔151〕　輕緕，劉信芳（2003，293～294 頁）、劉國勝（2003，52 頁）釋。275 號簡作“綀絹”，望山二號墓 2 號、6 號簡并作“韓目”。

〔152〕　絞，劉信芳（1997A，170 頁）：讀爲“鞍”，《説文》：“鞌，馬鞁具也。”今按：疑即 275 號簡“緮”字。

〔153〕　絳，劉釗（1998，66 頁）釋作“縢”。

　　緢，劉信芳（2003，294 頁）：應是以絲繩編織的馬韁繩的握手之處，因處於韁繩之末，故稱“緢”。劉國勝（2005，61 頁）：“緢”與望山遣策 23 號簡“肙紎聃絳之安，黄支組之繢”的“繢”相當，似是同類物。

〔154〕　癹，袁國華（1994A，226 頁）釋。劉信芳（1997A，172 頁）讀爲“撥”。劉國勝（2005，61 頁）：或可讀爲“紼”。《禮記・曲禮上》“助葬必執紼”，鄭玄注：“紼，引車索。”宋華强（2016，6 頁）：疑當讀爲“靽”。

〔155〕　紃約，原考釋：《禮記・内則》“織紝組紃”，注：“紃，絛。”《左傳》哀公十一年“人尋約吴髮短”，杜注：“約，繩也。”紃約，是以絛爲繩。

〔156〕　靚，何琳儀（1993，63 頁）釋。李零（1999A，143 頁）、劉信芳（2003，295 頁）讀爲“韅”。

　　鞅，整理者釋作鞅，讀爲“鞅”。何琳儀（1993，63 頁）徑釋爲“鞅”。

〔157〕　絳，原考釋：讀如縫。紃縫，即以絛帶鑲嵌於韔上。劉信芳（2003，295 頁）：紃縫，以絛帶連接韅、鞅之革縫。

〔158〕　集組，劉國勝（2003，55 頁）讀爲“雜組”，指彩組。

　　經，黄錫全（1992，189 頁）、劉釗（1998，66 頁）釋。“萫經”，劉釗讀爲“絡經”。今按：天星觀簡記有“緄絡經”“緄絡輕”（滕壬生 1995，892、1018 頁）。

〔159〕　䖝，滕壬生（1995，743 頁）釋作“豹”。

〔160〕　緄，李家浩（1999C，141 頁）、黄德寬、徐在國（1999，77 頁）：從糸悃聲，釋爲“緄”。

〔161〕　紛，原考釋：《周禮・春官・司几筵》“設莞筵紛純”，鄭注：“紛如綬有文而狹者。”

　　𪐀，施謝捷（2003B，336 頁）釋爲“橐”。

〔162〕　長，原考釋：借作韔。《詩・小戎》“虎韔鏤膺，交韔二弓”，毛傳：“韔，弓室也。”

〔163〕 紶，李天虹（1993，89頁）釋。劉信芳（2003，297頁）讀爲“橐”。

〔164〕 糴，原考釋：讀如翟。《説文》：“翟，山雉尾長者。”《周禮·春官·巾車》“王后之五路，重翟……”，注：“重翟，雉之羽之者。”

輗，原考釋：借作幨，字亦作襜。《説文》：“幨，帷也。”施謝捷（2003A）釋作“輪（輪）”。劉國勝（2003，55頁）疑爲“輪”字誤寫。

〔165〕 害，李家浩（1999C，145頁）釋，讀爲“蓋”。

〔166〕 緄，李家浩（1999C，143頁）、黄德寬、徐在國（1999，77頁）釋。絓絹緄，李家浩（1999C，145頁）：用生絹作的繫車蓋的繩子。

〔167〕 緄，李天虹（1993，89頁）、何琳儀（1993，63頁）釋。

〔168〕 炎，劉信芳（1996C，186頁）釋。李守奎（2003，588頁）認爲是“赤”字訛形。

釱，劉信芳（1996C，186頁）讀爲“軑”。董珊（2007A）讀爲“軎”。

〔169〕 白金之銍，劉信芳（1996C，187頁）：指軑上錯有白銀。劉國勝（2005，64頁）：據文義，“軑”在此似指車軎。董珊（2007A）：“銍”應讀爲“桎”，車轄別名。

〔170〕 鑐，劉國勝（2003，56頁）疑讀爲“軨”，指繫於車軎上的飛軨。

〔171〕 臼，曾憲通（1996，61頁）疑讀爲“舊”。

戟，李家浩（1993B，17~19頁）釋作矠。《玉篇》矛部：“矠，鋋也。䂆，同上。”南室出土的“小刺矛”當是簡文所記“矠”。

〔172〕 金釛，簡文合書，整理者釋作“金錫”，滕壬生（1995，1114頁）釋作“金銃”，劉信芳（2003，300頁）釋作“金鉸”。今按：據紅外影像，字右旁作“力”，應釋作“金釛”。釛，疑讀爲“勒”。

面，李家浩（2003，5頁）：馬的面飾。

〔173〕 毻，李家浩（1993B，30頁）疑讀爲“鑣”。

〔174〕 拜，李家浩（2003，5頁）讀爲“轡”。

〔175〕 靈光結幁，劉信芳（1997A，185頁）：馬項下之纓。

〔176〕 纏，劉信芳（2003，301頁）：讀爲“幢”。《漢書·高帝紀》“黄屋左纛”，顔注引李斐曰：“纛，毛羽幢也。”

〔177〕 正車，原考釋：似即征車。李家浩（1993B，3頁）：古代的戰車分正、副，疑“正車”是對副車而言的。陳偉（1996B，184頁）：可能是車陣中的指揮車。田河（2011，113頁）：懷疑“正車”可能就是“鉦車”，屬於儀仗或作戰中的指揮車。

〔178〕 韄，曹錦炎（2004，115頁）隸作韄，疑當讀爲“犀”。李家浩（1993B，23、26頁）：“韝”字的繁體，疑讀爲“韃”。李天虹（2002，403頁）：可能當隸定爲“韈”，亦可讀爲“韃”。

韡，原考釋：讀作巾。劉信芳（2003，303頁）：讀爲“靳”。簡273、牘1作“韡”。今按：郭店竹書《老子》甲24號簡“各復其堇”，“堇”今本作“根”。韡（韡），疑讀爲“靳”。《爾雅·釋器》：“輿革前謂之靳。”

〔179〕 多，整理者：他簡作栘，借作“輢”。

犂，原考釋：疑讀作棽。《廣雅·釋室》：“棽，閣也。”指車輢内插兵器的格。

〔180〕 緎，整理者釋爲絨。今按：此字右旁與楚簡“蔵郢”之“蔵”所從“戚”相近，故改釋。

緂，原考釋：借作綎，《説文》：“系綬也”。

〔181〕 鼾，舒之梅（1998，594頁）釋，即“豻”。

韅，舒之梅（1998，594頁）：指獸脊背之皮。陳偉武（2004，251~252頁）釋爲“韅”，表毛皮之專字。

鞅，曾憲通（1996，61頁）釋纓。《説文》：“纓，車衡三束也。”羅小華（2015A，212頁）：“鞅”和牘1中的“韂”，都應該讀爲馬具之“韂”。

鋑，滕壬生（1995，1001頁）釋。

〔182〕 紳，原考釋：《説文》：“大帶也。”劉國勝（2003，58頁）：讀爲“靷”。《説文》：“靷，所以引軸者也。”

〔183〕 凵，李家浩（1993B，28頁）疑讀爲“舊”。王恩田（2015，173頁）：應是“盧”字。

〔184〕　鋧，原考釋：借作覞。

〔185〕　峕，整理者隸作峕，疑讀如"首"。沈培（2007）讀爲"戴"。針對上博竹書《慎子曰恭儉》中的同形之字，陳偉（2007A）比較《尊德義》28號簡讀爲"置"的字，以爲"直"字異體，可讀爲"止"或"戴"。

遗，整理者作遺，借作續。何琳儀（1993，63頁）釋爲"遗"。

〔186〕　鞮，整理者釋爲"鞮"。何琳儀（1998，385頁）：從革，足聲。

〔187〕　署，原考釋：讀如旌，《集韵》以爲旌字之異體。絑，純赤色。絑旌，赤紅色的旌旗。李家浩（1993B，15頁）：南室225號紅漆殳當是朱旌的旗杆。

〔188〕　翛，李家浩（1993B，1頁）隸寫。何琳儀（1993，63頁）讀爲"條"，并在此字後斷讀。時兵（2012）：乃"猴"的假借字，用來稱量"羽"。范常喜（2019，225頁）：與牘1的"條""攸"均當讀作"旒"，表示"絑旌"的旌旒。

翜，原考釋：讀作翠。

〔189〕　毣，原考釋：讀如旄。旌旗杆上的飾物，一般認爲是犛牛尾。

中干，原考釋：旗杆的中部。李家浩（1993B，6頁）：疑指罕旗。白於藍（2015，58頁）：似當讀作"橦竿"，指旌旗的旗杆。

〔190〕　七，原釋文作"十"，李家浩（1993B，1頁）改釋。

署，原考釋：讀如格。李家浩（1993B，6～8頁）：讀爲"就"。"絑縞七就"是説"中干"上纏繞朱縞七匝。"七署"原屬下讀，李家浩改屬上讀。

〔191〕　戗，原考釋：讀如戟。李家浩（1993B，12頁）：車戟是旆的旗杆，指南室278號戟。

〔192〕　戠，原考釋：讀作織。李家浩（1993B，12～13頁）："侵"字異體，一種羽毛的名字。整理者於"羽"字後斷讀，李家浩改讀。

署，李家浩（1993B，6～8頁）讀爲"就"。

〔193〕　帶，李家浩（1993B，1、8頁）：應是旆旗之旆的異體。今按：斷讀從李氏。

〔194〕　朮，李家浩（1993B，13頁）：旆幅的翼狀物的名字。劉信芳（1997A，182頁）讀爲"繸"。

〔195〕　穳，李家浩（1993B，17～19頁）：指南室234號"小刺矛"。

〔196〕　柽，白於藍（2001A，194頁）讀爲"綏"。劉信芳（2003，310頁）疑即"杸"之異體。劉剛（2013，451頁）：與157號簡"圣"、261號簡"硁"指代的是同一件物品，這個物品可以建於兵車，還可以用雜色的旄注於首，可讀爲"祋"，和"殳"是同一類兵器。白於藍（2015，52～56頁）：當讀作"綏"，古代"綏"亦可指旌旗的一種，這種用法的"綏"可通作"緌"。古代的"綏"應當衹是在無刃殳上製作而成，而不會在有刃殳上製作。

〔197〕　冒，李家浩（1993B，5頁）：讀爲"蒙"。"蒙旄"指雜色的旄。

〔198〕　一和兕麐，李家浩（1993B，20～26頁）：讀爲"一合犦甲"，指兩件用公牛皮作的馬甲。南室出土兩件馬甲、胄。徐在國（2017，10～11頁）：分析爲從"兕"，加注"厶"聲。"一和兕麐"，即"一和兕甲"，"兕甲"，即兕牛皮作的鎧甲。

〔199〕　軸，原考釋：胄字古文。胄，頭盔。

〔200〕　縢，李家浩（1993B，21頁）：疑是"縢"字異體。

〔201〕　馯右，原考釋：馯，御字。御右，指車右。李家浩（1993B，21頁）斷讀，分別指車御和車右。

鼎，湯餘惠（1993A，79頁）、李家浩（1993B，26、23頁）釋爲"貞"。李家浩：疑讀爲"領"，南室的兩件人甲、胄，當是簡文所記"二貞鞝甲，皆首胄"。李守奎（2003，438頁）釋爲"鼎"。

〔202〕　敂，李家浩（1998D，10頁）：從"攴""朝"省聲，"彫敂"即一號牘的"彫輈"。《方言》卷九："轅，楚衛之間謂之輈。"劉國勝（2005，71～72頁）：彫敂，一號牘寫作"周韓"。"敂""韓"或可讀爲"鞀"。《周禮・春官・小師》"掌教鼓、鞀、柷、敔、塤、簫、管、弦、歌"，鄭玄注："鞀如鼓而小，持其柄搖之，旁耳還自擊。"簡、牘所記"雕鞀"似屬"正車"上指揮用的軍樂器。劉國勝（2011A）：將竹牘"𨌥"字改隸作"韓"，可看作是"輈"的繁體。"雕輈"指有漆繪的車輈。

〔203〕　敂梡，李家浩（1998D，10頁）：即一號牘的"彫梡"。"梡""榠"，大概讀爲"輹"，指伏兔。

〔204〕　銚，原考釋：《汗簡》堯字與簡文形近。《説文》："鐃，小鉦也"。出土有銅鉦一件。今按：上博竹書《容成氏》6號簡、

《鬼神之明》1 號簡“堯”字與此字右旁類似。

〔205〕 綏，原考釋：系铜鉦的組繫。

〔206〕 䍃，李家浩（1998D，10 頁）釋爲“繩”。宋華强（2006B）：“蠅”字的異體，讀爲“纁”。禤健聰（2010，104 頁）：“䍃”可讀爲“軝”。譚生力（2017，143 頁）：可能讀爲“玄”或“纁”，而讀“纁”更勝。

鞁，原考釋：通作鞁。《國語・晉語》“吾兩鞁將絶”，注：“靭也”。

〔207〕 綁，李零（1999A，162 頁）釋帶。

〔208〕 韓車，原考釋：似是兵車的一種。李家浩（1993B，17～19 頁）“疑是革車别名。陳偉（1996B，184 頁）疑指衛車，與“正車”相對。羅小華（2015B，405 頁）：疑可讀爲“徽車”，可能指輕疾之車。

〔209〕 句讀從劉信芳（1997A，172 頁）改。

〔210〕 䍃，整理者脱釋。袁國華（1994C，481 頁）訂補。蘇建洲（2017，29 頁）隸作“䍃”，讀爲“綦”，指青色。

〔211〕 䍃，黄德寬、徐在國（1999，77 頁）疑讀爲“緄”。李家浩（1999C，142、147 頁）釋爲“鞎”，疑讀爲“緼”，《禮記・玉藻》“一命緼韍幽衡”，鄭玄注：“緼，赤黄之間色。”

〔212〕 䍃，今按：所從“翏”“米”共用部分筆畫。對應之字，簡 268 作䍃，簡 276 作糬。此字似當爲“欙”之訛。

〔213〕 䍃，整理者：黱字，借作儵。《廣雅・釋器》：“儵，黑也。”李家浩（1993B，15 頁）：南室 290 號黑彩漆殳當是儵旌的杆。范常喜（2014，272～273 頁）：釋爲“䍃”，讀爲“皃”，并指出簡文“（皃）署（旌）”説的是皃羽裝飾的旌旗，用豪豬毛裝飾的旗杆之首。

〔214〕 䍃，李家浩（1993B，9 頁）釋爲“毫”。“毫首”指用豪豬毛裝飾的旗杆之首。

〔215〕 二䍃，李家浩（1993B，12 頁）：指南室 228 號、229 號二件戟。

〔216〕 句讀從李家浩（1993B，2 頁）改。

〔217〕 句讀從李家浩（1993B，2 頁）改。

〔218〕 二䍃，李家浩（1993B，17～19 頁）：指南室 231 號、232 號二件“小刺矛”。

〔219〕 句讀從李家浩（1993B，2 頁）改。

〔220〕 槜椴，舒之梅（1998，594 頁）讀爲“輲轂”，指載柩之車。白於藍（2005，197～198 頁）：讀爲“短轂”。《鹽鐵論・散不足》“長轂者兵車，短轂者非兵車”。

〔221〕 䍃，整理者未釋。今按：據紅外影像釋。

䍃，整理者未釋。今按：據紅外影像釋。“䍃”下一字字迹不清，疑爲“拜”字。

原考釋：此簡未寫完。

〔222〕 羊車，原考釋：讀爲“祥車”，是喪車。《禮記・曲禮上》“祥車曠左”，注：“葬之乘車也。”白於藍（2015，58 頁）：古代“羊車”亦可指一種裝飾精美的車。

〔223〕 絹，劉國勝（2003，50 頁）釋。

之，原釋文作“二”。今按：據紅外影像改釋。

〔224〕 縵，整理者釋爲“綿”。今按：據紅外影像改釋。

〔225〕 緦，整理者釋爲“縜”。今按：據紅外影像改釋。

〔226〕 箸，李家浩（1993B，32～33 頁）：讀爲“笮”。南室出土一件“竹箙”，内裝有二十支箭，與簡文“一笮”“二十矢”相合。

〔227〕 䍃，李家浩（1993B，33 頁）釋作“豹韋”。

冒，何琳儀（1993，63 頁）釋爲“盾”。李家浩（2007，37～38 頁）疑“盾”讀爲“楯”，指裝“笮”的袋子。孫夢茹（2020，63 頁）：當從整理者意見釋爲“冒”。簡 277“冒”與屢見曾侯乙簡的“聶”可能都是指一類安裝在矢箙上的皮繩。

〔228〕 鉄，李家浩（1993B，34 頁）、劉釗（1998，68 頁）釋。李氏云：“鉄”是“矢”字的繁體。

〔229〕 䍃，李家浩（1993B，38 頁）疑讀爲“旞”。《釋名・釋兵》：“全羽爲旞，旞，猶滑也，順滑之貌也。”“旞”即“旞”字的異體。

〔230〕　迂，李家浩（1993B，38 頁）讀爲“斿”。湯餘惠（1993A，78 頁）釋爲“遊（游）”，用爲旗遊（游）字。

〔231〕　紙，范常喜（2020，399～400 頁）釋作“紙”，讀爲“軝”。

〔232〕　翠翆，劉釗（1998，68 頁）：指多羽的矛。

〔233〕　畣，滕壬生（1995，416 頁）釋爲“訇”。羅小華（2011B，323 頁）：當爲“拾”之假。

〔234〕　觖，劉國勝（2003，63 頁）釋，疑讀爲“决”，指扳指。

〔235〕　枆，李家浩（1993B，30 頁）：也可能應讀爲“鏕”。

〔236〕　鑑，李家浩（2003，6 頁）：銀雀山漢墓竹簡《唐勒賦》“銜轡”之“銜”作“嚂”。

〔237〕　豫，李零（1999A，141 頁）釋。劉信芳（2003，321 頁）讀爲“舒”。

〔238〕　緹，白於藍（1999，200 頁）：“緹”之異構。

〔239〕　鈼，劉信芳（2003，322 頁）讀爲“錯”。范常喜（2020，398 頁）釋作“鈼”，讀作“銍”。

〔240〕　戋，湯餘惠（1993A，79 頁）、李家浩（1993B，10 頁）釋爲“戟”。

〔241〕　习，湯餘惠（1993A，79 頁）、李家浩（1993B，2 頁）釋爲“羽”。

〔242〕　緣，李家浩（1993B，5 頁）讀爲“蒙”。

〔243〕　晧，李家浩（1993B，29 頁）讀爲“舊”。王恩田（2015，173 頁）：“晧”通“皓”。

〔244〕　項，湯餘惠（1993A，79 頁）、何琳儀（1993，60 頁）、劉釗（1998，67 頁）釋。

〔245〕　告，李家浩（1993B，29 頁）讀爲“舊”。

〔246〕　繩，李家浩（1998D，10 頁）釋爲“繩”。

〔247〕　鐃，施謝捷（2003A）、劉國勝（2003，83 頁）釋。

句讀從陳偉（1996B，242 頁）改。

〔248〕　軑，劉國勝（2003，83 頁）釋，讀爲“載”。

〔249〕　胡，施謝捷（2003A）、劉國勝（2003，84 頁）釋。

専，劉國勝（2003，84 頁）釋。

四　簽牌

簽牌共31枚，出土於不同地點，其中30枚寫有文字。可分爲四組：第一組25枚，束於竹笥上，竹笥中有22件出自東室，3件出自北室，所記多爲笥内盛放物品；第二組3枚，繫於3件出自東室的陶罐上，其中1枚無字，所記應爲罐内盛放物品；第三組2枚，出自内棺棺蓋上的炭化絲織物中，所記爲衣物；第四組1枚，與北室文書簡同出，所記似屬文書簡標題。簽牌保存較完好，長度爲4.4～11.2厘米，寬爲0.5～0.8厘米。形制可分兩種：一種是一端平直，一端削尖；一種是一端平直，在另一端的近端處作有契口。

今釋文順序按照發掘報告圖版四六“竹笥上的簽牌文字”、四七“竹笥、陶罐及棺内簽牌、封泥”上的排序。440－1號簽牌列在最後。

纏䇘〔1〕**43－2**

楝（棗）〔2〕**46－2**

楝（棗）〔3〕**47－2**

莿〔4〕**48－2**

利（梨）〔5〕**50－2**

蕳芘〔6〕**52－2**

薑（薑）〔7〕**53－2**

檮脯（脯）〔8〕**54－2**

蘽〔9〕**55－1**

利（梨）〔10〕**57－1**

[illegible]〔11〕**59－2**

栗〔12〕**60－2**

桃脯（脯）〔13〕**159－1**

蘽〔14〕**161－1**

䠷有（醢）〔15〕**163－2**

薑（薑）〔16〕**187－2**

蕳此〔17〕**188－1**

庶（炙）鶏〔18〕**190－1**

茛（茭）〔19〕**191－3**

菘〔20〕**194－1**

脯（脯）〔21〕**200－3**

茛（茭）〔22〕**202－2**

[illegible]〔23〕**418－1**

緇（佩）筓〔24〕**431－9**

雨紿衣〔25〕**443－1**

膚𦭫蘆（菹）〔26〕**7－3**

蘢蘆（菹）〔27〕**15－2**

𦙶君紡衣〔28〕**479－5**

陳公衣〔29〕**469－1**

廷等（志）〔30〕**440－1**

---

〔1〕　繾，袁國華（1994C，259 頁）釋。湖北省荊沙鐵路考古隊（1991B，151 頁）：東室 2∶43 號竹笥盛荸薺。今按：此簽牌所寫“繾筓”，與包山遺册 259 號簡記有“一繾筓，六繾”之“繾筓”似當是同一名稱。“繾筓”之名無法與笥內物品荸薺對應。

〔2〕　棗，劉信芳（1998A，617 頁）釋。湖北省荊沙鐵路考古隊（1991B，151 頁）：東室 2∶46 號竹笥盛棗。

〔3〕　棗，劉信芳（1998A，617 頁）釋。湖北省荊沙鐵路考古隊（1991B，151 頁）：東室 2∶47 號竹笥盛棗。

〔4〕　菞，黄錫全（1992，145 頁）釋。湖北省荊沙鐵路考古隊（1991B，151 頁）：東室 2∶48 號竹笥盛“梨核狀物 8 枚（柿核）”。偉盈（2015）：此字所從的“𠄌”，應該是楚簡“乳”字的省“子”之形。由於“乳”與“需”常見通假，此字應該就是“檽”，根據《包山楚墓》的記載東室 2∶48 號竹笥盛“梨核狀物 8 枚（柿核）”。所謂“柿核”可能是柿屬的“檽棗”的果核。

〔5〕　梨，湖北省荊沙鐵路考古隊（1991B，151 頁）釋。東室 2∶50 號竹笥盛梨。

〔6〕　菧茈，整理者於 258 號簡下釋，即荸薺。湖北省荊沙鐵路考古隊（1991B，151 頁）：東室 2∶52 號竹笥盛荸薺。

〔7〕　薑，湖北省荊沙鐵路考古隊（1991B，151 頁）釋。東室 2∶53 號竹笥盛生薑。

〔8〕　檮，劉國勝（2006，326 頁）釋，參看 258 號簡注釋。

　　　脩，黄錫全（1992，146 頁）釋作“脯”。湖北省荊沙鐵路考古隊（1991B，151 頁）：東室 2∶54 號竹笥盛蓮藕。

〔9〕　蕖，黄錫全（1992，145 頁）釋。

〔10〕　梨，湖北省荊沙鐵路考古隊（1991B，152 頁）釋。

〔11〕　參看 258 號簡注釋。湖北省荊沙鐵路考古隊（1991B，151 頁）：東室 2∶59 號竹笥盛蓮藕。

〔12〕　栗，湖北省荊沙鐵路考古隊（1991B，152 頁）釋。東室 2∶60 號竹笥盛板栗。

〔13〕　脩，黄錫全（1992，146 頁）釋作“脯”。

〔14〕　蕖，黄錫全（1992，146 頁）釋。

〔15〕　𦙶，黄錫全（1992，146 頁）釋。今按：參看 255 號簡注釋。

〔16〕　薑，劉國勝（2006，326 頁）釋。湖北省荊沙鐵路考古隊（1991B，151、153 頁）：東室 2∶187 號竹笥盛柿核。2∶49 號竹笥盛生薑。

〔17〕　菧此，黄錫全（1992，146 頁）釋。李家浩（1996B，6 頁）指出即荸薺。

〔18〕　庶鷄，黄錫全（1992，146 頁）釋。

〔19〕　茛，李家浩（1996B，7 頁）釋作“芰”，指菱角。湖北省荊沙鐵路考古隊（1991B，153 頁）：東室 2∶191 號竹笥盛菱角、柿核、板栗等。

〔20〕　菘，李守奎（2003，40 頁）釋。

〔21〕　脩，黄錫全（1992，146 頁）釋作“脯”。湖北省荊沙鐵路考古隊（1991B，154 頁）：東室 2∶196 號竹笥盛柿核、菱角、家鷄、豬。

〔22〕 芰，李家浩（1996B，7 頁）釋作“芰”，指菱角。湖北省荆沙鐵路考古隊（1991B，154 頁）：東室 2∶202 號竹笥盛菱角。

醢，劉信芳（1997B，113 頁）釋。湖北省荆沙鐵路考古隊（1991B，153 頁）：東室 2∶163 號竹笥盛家鷄、鳥。

〔23〕 湖北省荆沙鐵路考古隊（1991B，155 頁）：北室 2∶418 號竹笥的蓋内粘有花椒籽。

〔24〕 緇，黄錫全（1992，146 頁）釋。劉國勝（2006，326 頁）讀爲“佩”。湖北省荆沙鐵路考古隊（1991B，155 頁）：北室 2∶431號竹笥盛角雕動物、根雕動物、玉飾、骨飾、假髮等。

〔25〕 雨紿衣，黄錫全（1992，146 頁）釋。湖北省荆沙鐵路考古隊（1991B，155 頁）：北室 2∶443 號竹笥内盛有腐爛絲織物。

〔26〕 胄[illegible]蘆，湖北省荆沙鐵路考古隊（1991B，199 頁）釋爲“胄蓏蘆”。東室 2∶7 號陶罐發現有炭化物。

〔27〕 蘸，黄錫全（1992，146 頁）釋。

蘆，湖北省荆沙鐵路考古隊（1991B，198 頁）釋。東室 2∶15 號陶罐内發現有切成小段的植物。

〔28〕 [illegible]，劉國勝（2006，327 頁）釋爲“鄀”。偉盈（2015）：應該是“郭”。

君紡衣，湖北省荆沙鐵路考古隊（1991B，93 頁）釋。479－5 號簽牌出於内棺蓋上的衣服裹。

〔29〕 衣，湖北省荆沙鐵路考古隊（1991B，93 頁）釋。469－1 號簽牌出於内棺蓋上的衣服裹。

〔30〕 廷，滕壬生（1995，165 頁）釋。今按：“廷志”參看文書簡説明。

主要參考文獻

B

白於藍《包山楚簡零拾》,《簡帛研究》第 2 輯，法律出版社 1996 年 9 月。(白於藍 1996)

白於藍《釋包山楚簡中的“巷”字》,《殷都學刊》1997 年第 3 期。(白於藍 1997)

白於藍《〈包山楚簡文字編〉校讀瑣議》,《江漢考古》1998 年第 2 期。(白於藍 1998)

白於藍《〈包山楚簡文字編〉校訂》,《中國文字》新 25 期，［臺北］藝文印書館 1999 年 12 月。(白於藍 1999)

白於藍《郭店楚墓竹簡考釋（四篇)》,《簡帛研究二〇〇一》，廣西師範大學出版社 2001 年 9 月。(白於藍 2001A)

白於藍《包山楚簡補釋》,《中國文字》新 27 期，［臺北］藝文印書館 2001 年 12 月。(白於藍 2001B)

白於藍《曾侯乙墓竹簡考釋（四篇)》,《中國文字》新 30 期，［臺北］藝文印書館 2005 年 11 月。(白於藍 2005)

白於藍《說“綏”》,《中國國家博物館館刊》2015 年第 1 期。(白於藍 2015)

包山墓地竹簡整理小組《包山二號墓竹簡概述》,《文物》1988 年第 5 期。(包山墓地竹簡整理小組 1988)

邴尚白《楚國卜筮祭禱簡研究》，暨南國際大學中國語文學系碩士論文，1999 年 5 月。(邴尚白 1999)

邴尚白《葛陵楚簡研究》，臺灣大學中國文學研究所博士學位論文，2007 年 1 月。(邴尚白 2007)

C

曹錦炎《包山楚簡中的受期》,《江漢考古》1993 年第 1 期。(曹錦炎 1993)

曹錦炎《楚簡文字中的“兔”及相關諸字》,《新出土文獻與古代文明研究》，上海大學出版社 2004 年 4 月。(曹錦炎 2004)

曹錦炎《蔡公子縝戈與楚簡中的“慎”》,《古文字研究》第 30 輯，中華書局 2014 年 9 月。(曹錦炎 2014)

曹錦炎《說清華簡〈繫年〉的“閔”》,《“清華簡〈繫年〉與古史新探學術研討會”會議論文集》，2015 年 10 月。(曹錦炎 2015)

曹錦炎、岳曉峰《說〈越公其事〉的“舊”——兼說九店楚簡“巂”字》,《簡帛》第 15 輯，上海古籍出版社 2018 年 5 月。(曹錦炎、岳曉峰 2018)

陳秉新、李立芳《包山楚簡新釋》,《江漢考古》1998 年第 2 期。(陳秉新、李立芳 1998)

陳劍《說慎》,《簡帛研究二〇〇一》，廣西師範大學出版社 2001 年 9 月。(陳劍 2001)

陳劍《上博簡〈子羔〉〈從政〉篇的拼合與編連問題小議》，簡帛研究網 2003 年 1 月 8 日（http://www.jianbo.org/Wssf/2003/chenjian01.htm）。(陳劍 2003)

陳劍《上博竹書〈昭王與龔之脽〉和〈柬大王泊旱〉讀後記》，簡帛研究網 2005 年 2 月 15 日（http://www.jianbo.org/admin3/2005/chenjian002.htm）。(陳劍 2005)

陳劍《〈上博（三）·仲弓〉賸義》,《簡帛》第 3 輯，上海古籍出版社 2008 年 10 月。後收入《戰國竹書論集》，上海古籍出版社 2013 年 12 月。(陳劍 2008)

陳劍《楚簡“羿”字試解》,“中國簡帛學國際論壇 2008”論文，芝加哥大學 2008 年 10 月。又見《簡帛》第 4 輯，上海古籍出版社 2009 年 10 月。後收入《戰國竹書論集》，上海古籍出版社 2013 年 12 月。（陳劍 2009）

陳劍《試説戰國文字中寫法特殊的亢和从亢諸字》，《出土文獻與古文字研究》第 3 輯，復旦大學出版社 2010 年 7 月。（陳劍 2010）

陳劍《清華簡〈金縢〉研讀三題》，《出土文獻與古文字研究》第 4 輯，上海古籍出版社 2011 年 12 月。（陳劍 2011）

陳劍《簡談對金文"蔑懋"問題的一些新認識》，復旦大學出土文獻與古文字研究中心，2017 年 5 月 5 日（http：//www. fdgwz. org. cn/Web/Show/3039）。又見《出土文獻與古文字研究》第 7 輯，上海古籍出版社 2018 年 5 月。（陳劍 2018）

陳絜《里耶"户籍簡"與戰國末期的基層社會》，《歷史研究》2009 年第 5 期。（陳絜 2009）

陳絜《聞尊銘文與包山"疋獄"文書之性質》，《長江・三峽古文化學術研討會暨中國先秦史學會第九届年會論文集》，重慶出版社 2011 年 5 月。（陳絜 2011A）

陳絜《試論葛陵楚簡"丘"的性質與規模》，《中國社會歷史評論》第 12 卷，天津古籍出版社 2011 年 6 月。（陳絜 2011B）

陳絜《再論包山楚簡"州"的性質與歸屬》，《中國古代社會高層論壇文集——紀念鄭天挺先生誕辰一百一十周年》，中華書局 2011 年 8 月。（陳絜 2011C）

陳絜《竹簡所見楚國居民里居形態初探》，《徐州工程學院學報》（社會科學版）2013 年第 2 期。（陳絜 2013）

陳立柱《結合楚簡重論芍陂的創始與地理問題》，《安徽師範大學學報》（人文社會科學版）2012 年第 4 期。（陳立柱 2012）

陳斯鵬《論周原甲骨和楚系簡帛中的"囟"與"思"》，《第四届國際中國古文字學研討會論文集》，香港中文大學中國語言及文學系 2003 年 10 月；又《文史》第 74 輯，中華書局 2006 年 2 月。（陳斯鵬 2003）

陳斯鵬《"舌"字古讀考》，《文史》第 107 輯，中華書局 2014 年 5 月。（陳斯鵬 2014）

陳斯鵬《楚璽"謹交""謹通捕"考釋》，《古文字研究》第 32 輯，中華書局 2018 年 8 月。（陳斯鵬 2018）

陳偉《〈鄂君啓節〉之"鄂"地探討》，《江漢考古》1986 年第 2 期。（陳偉 1986）

陳偉《關於包山"受期"簡的讀解》，《江漢考古》1993 年第 1 期。（陳偉 1993）

陳偉《包山楚司法簡 131～139 號考析》，《江漢考古》1994 年第 3 期。（陳偉 1994）

陳偉《試論包山楚簡所見的卜筮制度》，《江漢考古》1996 年第 1 期。（陳偉 1996A）

陳偉《包山楚簡初探》，武漢大學出版社 1996 年 8 月。（陳偉 1996B）

陳偉《望山楚簡所見的卜筮與禱祠——與包山楚簡相對照》，《江漢考古》1997 年第 2 期。（陳偉 1997）

陳偉《九店楚日書校讀及其相關問題》，《人文論叢》1998 年卷，武漢大學出版社 1998 年 10 月。（陳偉 1998A）

陳偉《包山楚簡中的宛郡》，《武漢大學學報》（哲學社會科學版）1998 年第 6 期。（陳偉 1998B）

陳偉《楚國第二批司法簡芻議》，《簡帛研究》第 3 輯，廣西教育出版社 1998 年 12 月。（陳偉 1998C）

陳偉《郭店楚簡〈六德〉諸篇零釋》，《武漢大學學報》（哲學社會科學版）1999 年第 5 期。（陳偉 1999）

陳偉《關於包山楚簡中的"弱典"》，《簡帛研究二〇〇一》，廣西師範大學出版社 2001 年 9 月。（陳偉 2001）

陳偉《郭店竹書别釋》，湖北教育出版社 2002 年 12 月。（陳偉 2002）

陳偉《包山楚司法簡 131～139 號補釋》，《簡帛研究匯刊》第 1 輯，［臺北］中國文化大學史學系 2003 年 5 月。（陳偉 2003）

陳偉《讀〈魯邦大旱〉札記》，《上博館藏戰國楚竹書研究續編》，上海書店出版社 2004 年 7 月。（陳偉 2004A）

陳偉《包山簡“秦客陳慎”即陳軫試説》,《古文字研究》第25輯,中華書局2004年10月。(陳偉2004B)

陳偉《葛陵楚簡所見的卜筮與禱詞》,《出土文獻研究》第6輯,上海古籍出版社2004年12月。(陳偉2004C)

陳偉《讀新蔡簡札記(四則)》,《康樂集——曾憲通教授七十壽慶論文集》,中山大學出版社2006年1月。(陳偉2006A)

陳偉《關於楚簡“視日”的新推測》,《華學》第8輯,紫禁城出版社2006年8月。(陳偉2006B)

陳偉《楚人禱祠中的人鬼系統以及相關問題》,“第一屆古文字與古代史學術討論會”論文,[臺北]“中研院”歷史語言研究所2006年9月;《古文字與古代史》第1輯,[臺北]“中研院”歷史語言研究所2007年9月。(陳偉2006C)

陳偉《竹書〈仲弓〉詞句試解(三則)》,《古文字研究》第26輯,中華書局2006年11月。(陳偉2006D)

陳偉《〈慎子曰恭儉〉校讀》,簡帛網2007年7月19日(http://www.bsm.org.cn/show_article.php?id=637)。(陳偉2007A)

陳偉《〈簡大王泊旱〉新研》,《簡帛》第2輯,上海古籍出版社2007年11月。(陳偉2007B)

陳偉《車輿名試説(二則)》,《古文字研究》第28輯,中華書局2010年10月。(陳偉2010)

陳偉《讀清華簡〈繫年〉札記(一)》,簡帛網2011年12月20日(http://www.bsm.org.cn/show_article.php?id=1595)。(陳偉2011A)

陳偉《讀清華簡〈繫年〉札記(二)》,簡帛網2011年12月21日(http://www.bsm.org.cn/?chujian/5787.html)。(陳偉2011B)

陳偉《楚簡“諡”字試説》,《出土文獻研究》第11輯,中西書局2012年12月。(陳偉2012)

陳偉《番戌食田文書再探》,“楚文化與長江中游早期開發國際學術研討會”論文,2018年9月;又見《楚文化與長江中游早期開發國際學術研討會論文集》,武漢大學出版社2021年2月。(陳偉2018)

陳偉武《戰國楚簡考釋斠議》,《第三屆國際中國古文字學研討會論文集》,香港中文大學中國文化研究所、中國語言及文學系1997年10月。(陳偉武1997)

陳偉武《舊釋“折”及從“折”之字平議》,《古文字研究》第22輯,中華書局2000年7月。(陳偉武2000)

陳偉武《説“貘”及其相關諸字》,《古文字研究》第25輯,中華書局2004年10月。(陳偉武2004)

陳煒湛《包山楚簡研究(七篇)》,《容庚先生百年誕辰紀念文集》,廣東人民出版社1998年4月。(陳煒湛1998)

陳魏俊《楚簡“爲位”及“東堂之客”補釋》,《學行堂語言文字論叢》第4輯,四川大學出版社2014年12月。(陳魏俊2014)

陳穎飛《連敖小考——楚職官變遷之一例》,《出土文獻》第5輯,中西書局2014年10月。(陳穎飛2014)

陳穎飛《楚官制與世族探研——以幾批出土文獻爲中心》,中西書局2016年9月。(陳穎飛2016)

陳振裕《望山一號墓的年代與墓主》,《中國考古學會第一次年會論文集》,文物出版社1980年12月。(陳振裕1980)

陳治軍《釋“圣朱”及從“圣”的字》,《漢語言文字研究》第1輯,上海古籍出版社2015年2月。(陳治軍2015)

陳宗棋《出土文獻所見楚國官制中的幾種身份》,“第一屆出土文獻學術研討會”論文,[臺北]“中研院”歷史語言研究所2000年6月。(陳宗棋2000)

程鵬萬《從競之漁鼎自名談包山楚簡265號簡上的“鐳”》,《古文字研究》第32輯,中華書局2018年8月。(程鵬萬2018)

崔仁義《荊門郭店楚簡〈老子〉研究》,科學出版社1998年10月。(崔仁義1998)

D

大西克也《關於包山楚簡“囟”字的訓釋》，《东京大學中國文學研究室紀要》第3號，2000年4月。（大西克也2000）

大西克也《試論新蔡楚簡的“述（遂）”字》，《古文字研究》第26輯，中華書局2006年11月。（大西克也2006）

董蓮池《釋戰國楚系文字中從𠂤的幾組字》，《古文字研究》第25輯，中華書局2004年10月。（董蓮池2004）

董珊《楚簡中從“大”聲之字的讀法》（一），簡帛網2007年7月8日（http://www.bsm.org.cn/show_article.php?id=592）。（董珊2007A）

董珊《楚簡中從“大”聲之字的讀法》（二），簡帛網2007年7月8日（http://www.bsm.org.cn/show_article.php?id=594）。（董珊2007B）

董珊《出土文獻所見“以謚爲族”的楚王族——附説〈左傳〉“諸侯以字爲謚因以爲族”的讀法》，復旦大学出土文献与古文字研究中心網2008年2月17日（http://www.guwenzi.com/SrcShow.asp?Src_ID=341）。（董珊2008）

董珊、陳劍《郾王職壺銘文研究》，《北京大學中國古文獻研究中心集刊》第3輯，北京大學出版社2002年10月。（董珊、陳劍2002）

杜新宇《包山楚簡“筦志”小議》，復旦大學出土文獻與古文字研究中心網2015年11月23日（http://www.fdgwz.org.cn/Web/Show/2654）。（杜新宇2015）

F

范常喜《戰國楚簡“視日”補議》，簡帛研究網2005年3月1日（http://www.jianbo.org/admin3/list.asp?id=1335）。（范常喜2005）

范常喜《戰國楚祭禱簡“蒿之”“百之”補議》，《中國歷史文物》2006年第5期。（范常喜2006）

范常喜《〈上博五〉字詞札記三則》，《古文字研究》第29輯，中華書局2012年10月。（范常喜2012）

范常喜《包山楚簡遣册所記“韇箐”新釋》，《文史》第108輯，中華書局2014年8月。（范常喜2014）

范常喜《信陽楚簡“樂人之器”補釋四則》，《中山大學學報》（社會科學版）2015年第3期。（范常喜2015）

范常喜《馬王堆漢墓遣册“燭庸”與包山楚墓遣册“燭銿”合證》，《戰國文字研究的回顧與展望》，中西書局2017年8月。（范常喜2017A）

范常喜《〈包山楚簡〉遣册所記“旌旇”新考》，“第二屆古文字與出土文獻語言研究學術研討會”論文，西南大學2017年10月。後刊於《出土文獻綜合研究集刊》第8輯，巴蜀書社2019年4月。（范常喜2017B）

范常喜《包山喪葬簡牘中的“赤金之鈲”及其他》，《古文字研究》第33輯，中華書局2020年8月。（范常喜2020）

馮勝君《戰國楚文字“黽”字用作“龜”字補議》，《漢字研究》第1輯，學苑出版社2005年6月。（馮勝君2005）

G

高智《〈包山楚簡〉文字校釋十四則》，《于省吾教授百年誕辰紀念文集》，吉林大學出版社1996年9月。（高智1996）

葛英會《包山楚簡治獄文書研究》，《南方文物》1996年第2期。（葛英會1996A）

葛英會《〈包山〉簡文釋詞兩則》，《南方文物》1996年第3期。（葛英會1996B）

工藤元男《包山楚簡“卜筮祭禱簡”的構造與系統》，《人文論叢》2001年卷，武漢大學出版社2002年10月。（工藤元男2002）

谷口滿《包山楚簡受期簡釋地——楚國歷史地理研究的新史料》，《先秦楚國歷史地理研究——丹陽、郢都位置問

題》，東北學院大學文學部 2003 年。（谷口滿 2003）

谷口滿《包山楚簡“受期”類釋地三則》，《簡帛》第 1 輯，上海古籍出版社 2006 年 10 月。（谷口滿 2006）

廣瀨薰雄《包山楚簡所見戰國時代的訴訟》，東京大學大學院人文社會系研究科アジア文化研究專業東アジア思想文化領域碩士論文，2001 年 2 月。（廣瀨薰雄 2001）

廣瀨薰雄《釋卜鼎——〈釋卜缶〉補説》，《古文字研究》第 29 輯，中華書局 2012 年 10 月。（廣瀨薰雄 2012）

廣瀨薰雄《包山楚簡 131～139 號簡文書所見“僉殺”之“僉”字之釋祛疑》，《古文字研究》第 31 輯，中華書局 2016 年 10 月。（廣瀨薰雄 2016）

郭永秉《談談戰國文字中可能與“庖”有關的資料》，《出土文獻研究》第 11 輯，中西書局 2012 年 12 月。後收入《古文字與古文獻論集續編》，上海古籍出版社 2015 年 8 月。（郭永秉 2012）

H

韓自强、韓朝《阜陽出土的楚國官璽》，《古文字研究》第 22 輯，中華書局 2000 年 7 月。（韓自强、韓朝 2000）

何浩《文坪夜君的身份與昭氏的世系》，《江漢考古》1992 年第 3 期。（何浩 1992）

何浩《“王子某”“楚子某”與楚人的名和字》，《江漢論壇》1993 年第 7 期。（何浩 1993）

何浩、劉彬徽《包山楚簡“封君”釋地》，《包山楚墓》附録二五，文物出版社 1991 年 10 月。（何浩、劉彬徽 1991）

何琳儀《長沙銅量銘文補釋》，《江漢考古》1988 年第 4 期。（何琳儀 1988）

何琳儀《包山竹簡選釋》，《江漢考古》1993 年第 4 期。（何琳儀 1993）

何琳儀《戰國古文字典——戰國文字聲系》，中華書局 1998 年 9 月。（何琳儀 1998）

何琳儀《鄂君啓節釋地三則》，《古文字研究》第 22 輯，中華書局 2002 年 7 月。（何琳儀 2002）

何琳儀《釋蒝》，《楚文化研究論集》第 5 集，黄山書社 2003 年 6 月。（何琳儀 2003）

何有祖《包山楚簡試釋九則》，簡帛網 2005 年 12 月 15 日（http：//www. bsm. org. cn/show_ article. php？ id = 132）。（何有祖 2005）

何有祖《〈慎子曰恭儉〉札記》，簡帛網 2007 年 7 月 5 日（http：//www. bsm. org. cn/show_ article. php？ id = 590）。（何有祖 2007）

何有祖《釋包山 257 號簡的“𩞁”字》，第四届“出土文獻與學術新知”學術研討會暨出土文獻青年學者論壇論文，2015 年 8 月。（何有祖 2015）

河南省文物考古研究所《新蔡葛陵楚墓》，大象出版社 2003 年 10 月。（河南省文物考古研究所 2003）

胡雅麗《包山二號楚墓遣策初步研究》，《包山楚墓》附録一九，文物出版社 1991 年 10 月。（胡雅麗 1991）

胡雅麗《包山楚簡所見“爵稱”考》，《楚文化研究論集》第 4 集，河南人民出版社 1994 年 6 月。（胡雅麗 1994）

胡雅麗《“桊”之名實考》，“中國簡帛學國際論壇 2007”論文，臺灣大學 2007 年 11 月。（胡雅麗 2007）

湖北省荆沙鐵路考古隊《包山楚簡》，文物出版社 1991 年 10 月。（湖北省荆沙鐵路考古隊 1991A）

湖北省荆沙鐵路考古隊《包山楚墓》，文物出版社 1991 年 10 月。（湖北省荆沙鐵路考古隊 1991B）

黄德寬《楚系文字中的“李”》，“中國古文字研究會第九届學術討論會”論文，南京 1992 年。（黄德寬 1992）

黄德寬《説逕》，《古文字研究》第 24 輯，中華書局 2002 年 7 月。（黄德寬 2002）

黄德寬《戰國楚竹書（二）釋文補正》，《上博館藏戰國楚竹書研究續編》，上海書店出版社 2004 年 7 月。（黄德寬 2004）

黄德寬主編《清華大學藏戰國竹簡（玖）》，中西書局 2019 年 11 月。（黄德寬 2019）

黄德寬、徐在國《郭店楚簡文字考釋》，《吉林大學古籍整理研究所建所十五周年紀念文集》，吉林大學出版社 1998 年 12 月。（黄德寬、徐在國 1998）

黄德寬、徐在國《郭店楚簡文字續考》，《江漢考古》1999 年第 2 期。（黄德寬、徐在國 1999）

黄德寬、徐在國主編《安徽大學藏戰國竹簡（一）》，中西書局 2019 年 8 月。（黄德寬、徐在國 2019）

黄傑《釋古文字中的一些“沭”字》，《中國文字》新 43 期，［臺北］藝文印書館 2017 年 3 月。（黄傑 2017）

黄盛璋《鄴器與鄴國地望及與楚之關係考辨》，《江漢考古》1988 年第 1 期。（黄盛璋 1988）

黄盛璋《包山楚簡中若干重要制度發覆與争論未決諸關鍵字解難、決疑》，《湖南考古輯刊》第 6 輯，《求索》增刊 1994 年。（黄盛璋 1994）

黄錫全《古文字中所見楚官府官名輯證》，《文物研究》第 7 期，黄山書社 1991 年 12 月；收入《古文字論叢》，［臺北］藝文印書館 1999 年 10 月。（黄錫全 1991）

黄錫全《〈包山楚簡〉部分釋文校釋》，《湖北出土商周文字輯證》，武漢大學出版社 1992 年 10 月。（黄錫全 1992）

黄錫全《湖北出土兩件銅戈跋》，《江漢考古》1993 年第 4 期；收入《古文字論叢》，［臺北］藝文印書館 1999 年 10 月。（黄錫全 1993）

黄錫全《楚簡續貂》，《簡帛研究》第 3 輯，廣西教育出版社 1998 年 12 月；收入《古文字論叢》，［臺北］藝文印書館 1999 年 10 月。（黄錫全 1998）

黄錫全《試説楚國黄金貨幣稱量單位“半鎰”》，《江漢考古》2000 年第 1 期；又見《古文字研究》第 22 輯，中華書局 2000 年 7 月。（黄錫全 2000）

黄雪嫚《包山楚簡〈疋獄〉84 簡補釋》，《現代語文》2019 年第 4 期。（黄雪嫚 2019）

J

季旭昇《由上博詩論“小宛”談楚簡中幾個特殊的從目的字》，《漢學研究》第 20 卷第 2 期，2002 年 12 月。先前曾摘要刊載於簡帛研究網 2002 年 2 月 13 日（http：//www. jianbo. org/Wssf/2002/jixusheng01. htm）。（季旭昇 2002）

賈連敏《釋裸瓚》，“中國古文字學研究會第九屆學術討論會”論文，南京 1992 年。（賈連敏 1992）

賈連翔《包山簡 131 至 139 號“舒慶殺人案”的隱情與楚國的盟證審判》，《出土文獻研究》第 19 輯，中西書局 2020 年 12 月。（賈連翔 2020）

荆門市博物館《郭店楚墓竹簡》，文物出版社 1998 年 5 月。（荆門市博物館 1998）

K

柯鶴立《試用清華簡〈筮法〉解讀包山占卜記録中的卦義》，《簡帛研究二〇一六（春夏卷）》，廣西師範大學出版社 2016 年 6 月。（柯鶴立 2016）

L

賴怡璇《〈楚地出土戰國簡册〔十四種〕·包山 2 號墓簡册〉考釋》，《〈楚地出土戰國簡册〔十四種〕〉校訂》，［新北］花木蘭文化出版社 2012 年。（賴怡璇 2012）

李春桃《楚文字中从“昃”之字補説——兼釋“熾”“震”字古文》，《簡帛》第 9 輯，上海古籍出版社 2014 年 10 月。（李春桃 2014）

李春桃《説“夬”“韘”——從“夬”字考釋談到文物中扳指的命名》，《吉林大學社會科學學報》2017 年第 1 期。（李春桃 2017）

李華倫《楚地卜筮簡“囟攻解於某”解》，《第三十屆中國文字學國際學術研討會論文集》，2019 年 5 月。（李華倫 2019）

李家浩《信陽楚簡"澮"字及從"关"之字》，《中國語言學報》第1期，商務印書館1982年12月；收入《著名中年語言學家自選集·李家浩卷》，安徽教育出版社2002年12月。（李家浩1982）

李家浩《仰天湖楚簡十三號考釋——楚簡研究之一》，《中國典籍與文化論叢》第1輯，中華書局1993年9月；收入《著名中年語言學家自選集·李家浩卷》，安徽教育出版社2002年12月。（李家浩1993A）

李家浩《包山楚簡研究（五篇）》，"第二屆國際中國古文字學研討會"論文，香港中文大學1993年10月。（李家浩1993B）

李家浩《江陵九店五十六號墓竹簡釋文》，《江陵九店東周墓》附録二，科學出版社1995年7月。（李家浩1995）

李家浩《戰國官印考釋兩篇》，《于省吾教授百年誕辰紀念文集》，吉林大學出版社1996年9月。（李家浩1996A）

李家浩《信陽楚簡中的"柿枳"》，《簡帛研究》第2輯，法律出版社1996年9月。（李家浩1996B）

李家浩《包山竹簡所記楚先祖名及其相關問題》，《文史》第42輯，中華書局1997年1月。（李家浩1997A）

李家浩《包山楚簡"箴"字及其相關之字》，《第三屆國際中國古文字學研討會論文集》，香港中文大學中國文化研究所、中國語言及文學系1997年10月；收入《著名中年語言學家自選集·李家浩卷》，安徽教育出版社2002年12月。（李家浩1997B）

李家浩《傳賃龍節銘文考釋——戰國符節考釋之三》，《考古學報》1998年第1期；收入《著名中年語言學家自選集·李家浩卷》，安徽教育出版社2002年12月。（李家浩1998A）

李家浩《南越王墓車駔虎節銘文考釋》，《容庚先生百年誕辰紀念文集》，廣東人民出版社1998年4月。（李家浩1998B）

李家浩《包山楚簡中的"枳"》，《徐中舒先生百年誕辰紀念文集》，巴蜀書社1998年10月；收入《著名中年語言學家自選集·李家浩卷》，安徽教育出版社2002年12月。（李家浩1998C）

李家浩《信陽楚簡"樂人之器"研究》，《簡帛研究》第3輯，廣西教育出版社1998年12月。（李家浩1998D）

李家浩《讀〈郭店楚墓竹簡〉瑣議》，《郭店楚簡研究》（《中國哲學》第20輯），遼寧教育出版社1999年1月。（李家浩1999A）

李家浩《楚簡中的袷衣》，《中國古文字研究》第1輯，吉林大學出版社1999年6月；收入《著名中年語言學家自選集·李家浩卷》，安徽教育出版社2002年12月。（李家浩1999B）

李家浩《楚墓竹簡中的"昆"字及從"昆"之字》，《中國文字》新25期，［臺北］藝文印書館1999年12月；收入《著名中年語言學家自選集·李家浩卷》，安徽教育出版社2002年12月。（李家浩1999C）

李家浩《釋文與考釋》，《九店楚簡》，中華書局2000年5月。（李家浩2000A）

李家浩《鄂君啓節銘文中的高丘》，《古文字研究》第22輯，中華書局2000年7月。（李家浩2000B）

李家浩《包山祭禱簡研究》，《簡帛研究二〇〇一》，廣西教育出版社2001年9月。（李家浩2001）

李家浩《包山266號簡所記木器研究》，《著名中年語言學家自選集·李家浩卷》，安徽教育出版社2002年12月。先前曾刊載於《國學研究》第2卷，北京大學出版社1994年7月；收入文集時作有局部修改和補正。（李家浩2002A）

李家浩《〈包山楚簡中的"枳"字〉補正》，《著名中年語言學家自選集·李家浩卷》，安徽教育出版社2002年12月。（李家浩2002B）

李家浩《包山遣册考釋（四篇）》，《古籍整理研究學刊》2003年第5期。（李家浩2003）

李家浩《戰國官印考釋三篇》，《出土文獻研究》第6集，上海古籍出版社2004年12月。（李家浩2004）

李家浩《包山卜筮簡218～219號研究》，《長沙三國吴簡暨百年來簡帛發現與研究國際學術研討會論文集》，中華書

局 2005 年 12 月。（李家浩 2005）

李家浩《談包山楚簡“歸鄧人之金”一案及其相關問題》，《出土文獻與古文字研究》第 1 輯，復旦大學出版社 2006 年 12 月。（李家浩 2006）

李家浩《仰天湖楚簡剩義》，《簡帛》第 2 輯，上海古籍出版社 2007 年 11 月。（李家浩 2007）

李家浩《談清華戰國竹簡〈楚居〉的“夷宅”及其他——兼談包山楚簡的“𡊄人”等》，《出土文獻》第 2 輯，中西書局 2011 年 11 月。收入《安徽大學漢語言文字研究叢書・李家浩卷》，安徽大學出版社 2013 年 5 月。（李家浩 2011）

李家浩《甲骨文北方神名“勹”與戰國文字從“勹”之字》，《文史》第 100 輯，中華書局 2012 年 9 月。（李家浩 2012）

李家浩《櫝枳、竹枳、枳銘》，《出土文獻研究》第 12 輯，中西書局 2013 年 12 月。（李家浩 2013）

李家浩《戰國文字中的“𡨦”字》，《出土文獻與古文字研究》第 6 輯，上海古籍出版社 2015 年 2 月。（李家浩 2015A）

李家浩《戰國楚簡“夰”字補釋》，《漢語言文字研究》第 1 輯，上海古籍出版社 2015 年 2 月。（李家浩 2015B）

李家浩《楚簡文字中的“枕”字——兼談戰國文字中幾個从“臼”之字》，《出土文獻》第 9 輯，中西書局 2016 年 10 月。（李家浩 2016）

李佳興《關於〈包山楚簡〉簡 131～139 中的“人證”》，“第一屆出土文獻學術研討會”論文，［臺北］“中研院”歷史語言研究所 2000 年 6 月。（李佳興 2000）

李立、張玉新《包山楚簡卜筮簡“高丘”在〈離騷〉〈高唐賦〉“高丘”研究中的意義》，《古代文明》2011 年第 2 期。（李立、張玉新 2011）

李零《包山楚簡研究（占卜類）》，《中國典籍與文化論叢》第 1 輯，中華書局 1993 年 9 月。（李零 1993）

李零《考古發現與神話傳説》，《學人》第 5 輯，江蘇文藝出版社 1994 年 2 月。（李零 1994）

李零《古文字雜識（五則）》，《國學研究》第 3 卷，北京大學出版社 1995 年 12 月。（李零 1995）

李零《古文字雜識（兩篇）》，《于省吾教授百年誕辰紀念文集》，吉林大學出版社 1996 年 9 月。（李零 1996）

李零《古文字雜識（二則）》，《第三屆國際中國古文字學研討會論文集》，香港中文大學中國文化研究所、中國語言及文學系 1997 年 10 月。（李零 1997）

李零《包山楚簡研究（文書類）》，《王玉哲先生八十壽辰紀念文集》，南開大學出版社 1994 年 10 月。先前曾在 1992 年“中國古文字研究會第九屆學術研討會”發表，1994 年刊出時有較多修改；復稍有修订，收入《李零自選集》，廣西師範大學出版社 1998 年 2 月。（李零 1998）

李零《讀〈楚系簡帛文字編〉》，《出土文獻研究》第 5 集，科學出版社 1999 年 8 月。（李零 1999A）

李零《讀郭店楚簡〈太一生水〉》，《道家文化研究（郭店楚簡專號）》第 17 輯，生活・讀書・新知三聯書店 1999 年 8 月。（李零 1999B）

李零《郭店楚簡研究中的兩個問題》，《郭店楚簡國際學術研討會論文集》，湖北人民出版社 2000 年 5 月。（李零 2000）

李零《〈容成氏〉釋文考釋》，《上海博物館藏戰國楚竹書（二）》，上海古籍出版社 2002 年 12 月。（李零 2002）

李零《簡帛古書與學術源流》，生活・讀書・新知三聯書店 2004 年 4 月。（李零 2004A）

李零《曹沫之陳釋文考釋》，《上海博物館藏戰國楚竹書（四）》，上海古籍出版社 2004 年 12 月。（李零 2004B）

李世佳《釋包山楚簡中所見“鄎”字》，《江漢考古》2017 年第 2 期。（李世佳 2017）

李守奎《楚文字考釋（三組）》，《簡帛研究》第3輯，廣西教育出版社1998年12月。（李守奎1998A）

李守奎《古文字辨析三組》，《吉林大學古籍整理研究所建所十五周年紀念文集》，吉林大學出版社1998年12月。（李守奎1998B）

李守奎《楚文字編》，華東師範大學出版社2003年12月。（李守奎2003）

李守奎《釋包山楚簡中的“彭”》，《簡帛》第1輯，上海古籍出版社2006年10月。（李守奎2006）

李守奎《包山楚簡120～123號簡補釋》，《出土文獻與傳世典籍的詮釋——紀念譚樸森先生逝世兩周年國際學術研討會論文集》，上海古籍出版社2010年10月。（李守奎2010）

李守奎《〈楚居〉中的樊字及出土楚文獻中與樊相關文例的釋讀》，《文物》2011年第3期。（李守奎2011A）

李守奎《包山楚簡姓氏用字考釋》，《簡帛》第6輯，上海古籍出版社2011年11月。（李守奎2011B）

李守奎《釋楚文字中的“龏”》，《出土文獻》第3輯，中西書局2012年12月。（李守奎2012）

李守奎、邱傳亮《包山簡文字考釋四則》，《中國文字研究》第16輯，上海人民出版社2012年8月。（李守奎、邱傳亮2012）

李守奎、張峰《説楚文字中的“桀”與“傑”》，《簡帛》第7輯，上海古籍出版社2012年10月。（李守奎、張峰2012）

李守奎、賈連翔、馬楠《包山楚墓文字全編》，上海古籍出版社2012年12月。（李守奎、賈連翔、馬楠2012）

李守奎《清華簡〈繫年〉“莫囂易爲”考論》，復旦大學出土文獻與古文字研究中心網2014年5月2日（http：//www. fdgwz. org. cn/Web/Show/2259）。又見《中原文化研究》2014年第2期。（李守奎2014A）

李守奎《據清華簡〈繫年〉“克反邑商”釋讀小臣單觶中的“反”與包山簡中的“鈑”》，《簡帛》第9輯，上海古籍出版社2014年10月。（李守奎2014B）

李天虹《〈包山楚簡〉釋文補正》，《江漢考古》1993年第3期。（李天虹1993）

李天虹《釋楚簡文字“廈”》，《華學》第4輯，紫禁城出版社2000年8月。（李天虹2000）

李天虹《嚴倉1號墓墓主、墓葬年代考》，《歷史研究》2014年第1期。（李天虹2014）

李學勤《竹簡卜辭與商周甲骨》，《鄭州大學學報》（哲學社會科學版）1989年第2期。（李學勤1989）

李學勤《包山楚簡中的土地買賣》，《中國文物報》1992年3月22日；收入《綴古集》，上海古籍出版社1998年10月。（李學勤1992）

李學勤《續釋“尋”字》，《故宫博物院院刊》2000年第6期。（李學勤2000）

李學勤《出土筮數與三易研究》，《新古典新義》，［臺北］學生書店2001年9月。（李學勤2001）

李學勤《楚簡所見黄金貨幣及其計量》，《中國錢幣論文集》第4輯，中國金融出版社2002年9月。（李學勤2002）

李學勤《包山楚簡郙即巴國説》，《中國文化》2004年春季號（總21輯），2004年6月。（李學勤2004A）

李學勤《論包山楚簡魯陽公城鄭》，《清華大學學報》（哲學社會科學版）2004年第3期。（李學勤2004B）

李學勤《論戰國簡的卦畫》，《出土文獻研究》第6輯，上海古籍出版社2004年12月。（李學勤2004C）

李學勤主編《清華大學藏戰國竹簡（壹）》，中西書局2010年12月。（李學勤2010）

李學勤主編《清華大學藏戰國竹簡（貳）》，中西書局2011年12月。（李學勤2011）

李運富《楚國簡帛文字構形系統研究》，岳麓書社1997年10月。（李運富1997）

連劭名《包山簡所見楚地巫禱活動中的神靈》，《考古》2001年第6期。（連劭名2001）

連劭名《包山楚簡占卜文書新證》，《中原文物》2016年第2期。（連劭名2016）

連劭名《包山楚簡法律文書叢考》，《考古學報》2017年第2期。（連劭名2017）

廖名春《出土簡帛叢考》，湖北教育出版社 2004 年 2 月。（廖名春 2004）

林素清《讀〈包山楚簡〉札記》，“中國古文字研究會第九届學術討論會”論文，南京 1992 年。（林素清 1992）

林素清《説愗》，“第一届古文字與古代史學術討論會”論文，［臺北］“中研院”歷史語言研究所 2006 年 9 月。又見於《古文字與古代史》第 1 輯，［臺北］“中研院”歷史語言研究所 2007 年 9 月。（林素清 2006）

林澐《讀包山楚簡札記七則》，《江漢考古》1992 年第 4 期。（林澐 1992）

劉傳賓《“孪”字補論（節選）》，《古文字研究》第 30 輯，中華書局 2014 年 9 月。（劉傳賓 2014）

劉彬徽《從包山楚簡紀時材料論及楚國紀年與楚曆》，《包山楚墓》附録二一，文物出版社 1991 年 10 月。（劉彬徽 1991）

劉彬徽《荆門包山楚簡論述》，《古文字研究》第 20 輯，中華書局 2000 年 3 月。（劉彬徽 2000）

劉彬徽、何浩《論包山楚簡中的幾處楚郢地名》，《包山楚墓》附録二四，文物出版社 1991 年 10 月。（劉彬徽、何浩 1991）

劉剛《楚銅貝“圣朱”的釋讀及相關問題》，《出土文獻與古文字研究》第 5 輯，上海古籍出版社 2013 年 9 月。（劉剛 2013）

劉國勝《郭店竹簡釋字八則》，《武漢大學學報》（哲學社會科學版）1999 年第 5 期。（劉國勝 1999）

劉國勝《包山二七八號簡釋文及其歸屬問題》，《中國文字學學術研討會論文集》，［臺北］萬卷樓圖書有限公司 2002 年 4 月。（劉國勝 2002）

劉國勝《楚喪葬簡牘集釋》，武漢大學博士學位論文，2003 年 5 月。（劉國勝 2003）

劉國勝《楚喪葬簡牘集釋》（修訂本），2005 年 3 月。（劉國勝 2005）

劉國勝《包山楚墓簽牌文字補釋》，《古文字研究》第 26 輯，中華書局 2006 年 11 月。（劉國勝 2006）

劉國勝《楚簡文字中的“綉”和“緥”》，《江漢考古》2007 年第 4 期。（劉國勝 2007）

劉國勝《包山二號楚墓遣册研究二則》，《考古》2010 年第 9 期。（劉國勝 2010）

劉國勝《談望山遣册所記的“龍杊”》，簡帛網 2011 年 10 月 10 日（http://www.bsm.org.cn/show_article.php?id=1561）。（劉國勝 2011A）

劉國勝《楚喪葬簡牘集釋》，科學出版社 2011 年 11 月。（劉國勝 2011B）

劉國勝《包山楚簡〈廷志〉文書札記四則》，《“第二届‘出土文獻與法律史研究’學術研討會”論文集》，華東政法大學 2012 年 12 月。後刊於《出土文獻與法律史研究》第 2 輯，上海人民出版社 2013 年。（劉國勝 2013）

劉國勝、劉彬徽《也談包山楚簡中表示擔保的“受”》，“中國簡帛學國際論壇”論文，武漢大學 2017 年 10 月。（劉國勝、劉彬徽 2017）

劉國勝、王谷《楚地出土戰國秦漢簡牘再整理的學術反思》，《鄭州大學學報》（哲學社會科學版）2017 年第 5 期。（劉國勝、王谷 2017）

劉國勝、孫夢茹《包山楚簡人名補釋及取名用字特徵》，《簡帛》第 17 輯，上海古籍出版社 2018 年 11 月。（劉國勝、孫夢茹 2018）

劉莉《論〈包山楚簡〉133 號簡文“詒”字的改釋》，《安慶師範學院學報》（社會科學版）2012 年第 2 期。（劉莉 2012）

劉洪濤《〈説文〉“陟”字古文考》，簡帛網 2007 年 9 月 22 日（http://www.bsm.org.cn/show_article.php?id=719）。（劉洪濤 2007）

劉洪濤《釋“肙”》，簡帛網 2011 年 8 月 1 日（http://www.bsm.org.cn/show_article.php?id=1530）。（劉洪濤 2011）

劉洪濤《楚系古文字中的“䨻（蠅）”字》,《簡帛研究二〇一八（春夏卷）》，廣西師範大學出版社 2018 年 6 月。（劉洪濤 2018）

劉樂賢《楚文字雜識〔七則〕》,《第三屆國際中國古文字學研討會論文集》，香港中文大學中國文化研究所、中國語言及文學系 1997 年 10 月。（劉樂賢 1997）

劉樂賢《讀包山楚簡札記》,《第四屆國際中國古文字學研究會論文集》，香港中文大學中國語言及文學系 2003 年 10 月。（劉樂賢 2003）

劉樂賢《從出土文獻看楚、秦選擇術的異同及影響——兼釋楚系選擇術中的“危”字》,“中國古文字：理論與實踐國際學術研討會”論文，芝加哥大學 2005 年 5 月。（劉樂賢 2005）

劉松清《包山 145 號簡補釋及其相關問題》,《楚學論叢》第 8 輯，湖北人民出版社 2019 年 5 月。（劉松清 2019）

劉松清《包山“所諟”簡形制與書寫研究》，第九屆“出土文獻與法律史研究”國際學術研討會會議論文，2019 年 10 月。又見於《出土文獻與法律史研究》第 9 輯，法律出版社 2020 年。（劉松清 2020）

劉信芳《包山楚簡遣策考釋拾零》,《江漢考古》1992 年第 3 期。（劉信芳 1992）

劉信芳《包山楚簡神名與〈九歌〉神祇》,《文學遺産》1993 年第 5 期。（劉信芳 1993）

劉信芳《包山楚簡近似之字辨析》,《考古與文物》1996 年第 2 期。（劉信芳 1996A）

劉信芳《包山楚簡司法術語考釋》,《簡帛研究》第 2 輯，法律出版社 1996 年 9 月。（劉信芳 1996B）

劉信芳《楚簡文字考釋五則》,《于省吾教授百年誕辰紀念文集》，吉林大學出版社 1996 年 9 月。（劉信芳 1996C）

劉信芳《楚簡器物釋名（上）》,《中國文字》新 22 期，［臺北］藝文印書館 1997 年 12 月。（劉信芳 1997A）

劉信芳《楚簡器物釋名（下）》,《中國文字》新 23 期，［臺北］藝文印書館 1997 年 12 月。（劉信芳 1997B）

劉信芳《〈包山楚簡〉職官與官府通考》（下）,《故宫學術季刊》第 15 卷第 2 期，1997 年 12 月。（劉信芳 1997C）

劉信芳《從夬之字彙釋》,《容庚先生百年誕辰紀念文集》，廣東人民出版社 1998 年 4 月。（劉信芳 1998A）

劉信芳《望山楚簡校讀記》,《簡帛研究》第 3 輯，廣西教育出版社 1998 年 12 月。（劉信芳 1998B）

劉信芳《荆門郭店竹簡老子解詁》,［臺北］藝文印書館 1999 年 1 月。（劉信芳 1999A）

劉信芳《荆門郭店楚簡老子文字考釋》,《中國古文字研究》第 1 輯，吉林大學出版社 1999 年 6 月。（劉信芳 1999B）

劉信芳《郭店竹簡文字考釋拾遺》,《江漢考古》2000 年第 1 期。（劉信芳 2000）

劉信芳《楚簡釋字四則》,《古文字研究》第 24 輯，中華書局 2002 年 7 月。（劉信芳 2002）

劉信芳《包山楚簡解詁》,［臺北］藝文印書館 2003 年 1 月。（劉信芳 2003）

劉雲《讀簡札記二則》,《簡帛》第 6 輯，上海古籍出版社 2011 年 11 月。（劉雲 2011）

劉釗《談包山楚簡中有關“煮鹽於海”的重要史料》,《中國文物報》1992 年 11 月 8 日；收入《出土簡帛文字叢考》，臺灣古籍出版有限公司 2004 年 3 月。（劉釗 1992）

劉釗《包山楚簡文字考釋》,［香港］《東方文化》1998 年 1、2 期合刊。先前曾在 1992 年“中國古文字研究會第九屆學術討論會”上發表，刊出時有局部修改；收入《出土簡帛文字叢考》，臺灣古籍出版有限公司 2004 年 3 月。（劉釗 1998）

劉釗《讀郭店楚簡字詞札記》,《郭店楚簡國際學術研討會論文集》，湖北人民出版社 2000 年 5 月；收入《出土簡帛文字叢考》，臺灣古籍出版有限公司 2004 年 3 月。（劉釗 2000）

劉釗《釋“儥”及相關諸字》,《中國文字》新 28 期，［臺北］藝文印書館 2002 年 12 月；收入《出土簡帛文字叢考》，臺灣古籍出版有限公司 2004 年 3 月。（劉釗 2002）

劉釗《古文字考釋叢稿》，岳麓書社 2005 年 7 月。（劉釗 2005）

魯鑫《新發現的幾則有關楚縣的戰國文字資料》，簡帛網 2013 年 9 月 18 日（http：//www. bsm. org. cn/show_ article. php？ id = 1909）。（魯鑫 2013）

羅俊揚《從包山楚簡貸金史料論楚國之金融》，《金融經濟》1997 年第 12 期。（羅俊揚 1997）

羅小華《釋尊》，《江漢考古》2011 年第 1 期。（羅小華 2011A）

羅小華《楚簡中的韝》，《簡帛》第 6 輯，上海古籍出版社 2011 年 11 月。（羅小華 2011B）

羅小華《楚簡名物選釋四則》，《楚學論叢》第 3 輯，湖北人民出版社 2014 年 3 月。（羅小華 2014）

羅小華《釋鞆》，簡帛網 2013 年 8 月 28 日（http：//www. bsm. org. cn/show_ article. php？ id = 1884）。又見《漢語言文字研究》第 1 輯，上海古籍出版社 2015 年 2 月。（羅小華 2015A）

羅小華《楚簡車名選釋二則》，簡帛網 2012 年 10 月 28 日（http：//www. bsm. org. cn/show_ article. php？ id = 17450）。又見《楚文化研究論集》第 11 集，上海古籍出版社 2015 年 7 月。（羅小華 2015B）

羅運環《論包山簡中的楚國州制》，《江漢考古》1991 年第 3 期。（羅運環 1991）

羅運環《釋包山楚簡⿱宀或敔宫三字及相關制度》，《簡帛研究二〇〇二、二〇〇三》，廣西師範大學出版社 2005 年 6 月。（羅運環 2005）

M

馬承源主編《上海博物館藏戰國楚竹書（一）》，上海古籍出版社 2001 年 11 月。（馬承源 2001）

馬承源主編《上海博物館藏戰國楚竹書（二）》，上海古籍出版社 2002 年 12 月。（馬承源 2002）

馬承源主編《上海博物館藏戰國楚竹書（三）》，上海古籍出版社 2003 年 12 月。（馬承源 2003）

馬承源主編《上海博物館藏戰國楚竹書（四）》，上海古籍出版社 2004 年 12 月。（馬承源 2004）

馬承源主編《上海博物館藏戰國楚竹書（五）》，上海古籍出版社 2005 年 12 月。（馬承源 2005）

馬承源主編《上海博物館藏戰國楚竹書（六）》，上海古籍出版社 2007 年 7 月。（馬承源 2007）

馬承源主編《上海博物館藏戰國楚竹書（七）》，上海古籍出版社 2008 年 12 月。（馬承源 2008）

馬承源主編《上海博物館藏戰國楚竹書（八）》，上海古籍出版社 2011 年 5 月。（馬承源 2011）

馬承源主編《上海博物館藏戰國楚竹書（九）》，上海古籍出版社 2012 年 12 月。（馬承源 2012）

馬楠《清華簡第一册補釋》，《中國史研究》2011 年第 1 期。（馬楠 2011）

馬楠《東周姓氏名字考釋二則》，《文史》第 108 輯，中華書局 2014 年 8 月。（馬楠 2014）

馬楠《包山簡文書臏義淺説》，《簡帛研究二〇二〇（春夏卷）》，廣西師範大學出版社 2020 年 6 月。（馬楠 2020）

孟蓬生《郭店楚簡字詞考釋》，《古文字研究》第 24 輯，中華書局 2002 年 7 月。（孟蓬生 2002）

“明珍”《清華五〈封許之命〉初讀》跟帖發言，簡帛網“簡帛論壇”，2015 年 4 月 11 日。（“明珍”2015）

P

裴大泉《釋包山楚簡中的“笙”字》，《簡帛研究》第 3 輯，廣西教育出版社 1998 年 12 月。（裴大泉 1998）

裴乾坤《關於包山楚簡 120 ~ 161 號簡的形制研究》，《山東社會科學》2015 年 5 月。（裴乾坤 2015）

彭浩《包山二號楚墓〈卜筮祭禱〉竹簡的初步研究》，《楚文化研究論集》第 2 集，湖北人民出版社 1991 年 3 月。（彭浩 1991A）

彭浩《包山楚簡反映的楚國法律與司法制度》，《包山楚墓》附録二二，文物出版社 1991 年 10 月。（彭浩 1991B）

彭浩《包山二號楚墓卜筮和祭禱竹簡的初步研究》，《包山楚墓》附録二三，文物出版社 1991 年 10 月。（彭浩 1991C）

濮茅左《〈周易〉釋文考釋》,《上海博物館藏戰國楚竹書(三)》,上海古籍出版社 2003 年 11 月。(濮茅左 2003)
濮茅左《〈簡大王泊旱〉釋文考釋》,《上海博物館藏戰國楚竹書(四)》,上海古籍出版社 2004 年 12 月。(濮茅左 2004)

Q

裘錫圭《甲骨文中的見與視》,《甲骨文發現一百周年學術研討會論文集》,[臺北] 文史哲出版社 1998 年 5 月。(裘錫圭 1998A)
裘錫圭《郭店楚墓竹簡》"按語",文物出版社 1998 年 5 月。(裘錫圭 1998B)
裘錫圭《糾正我在郭店〈老子〉簡釋讀中的一個錯誤——關於"絶僞棄詐"》,《郭店楚簡國際學術研討會論文集》,湖北人民出版社 2000 年 5 月。(裘錫圭 2000A)
裘錫圭《〈太一生水〉"名字"章解釋——兼論〈太一生水〉的分章問題》,《古文字研究》第 22 輯,中華書局 2000 年 7 月。(裘錫圭 2000B)
裘錫圭《中國出土文獻十講》,復旦大學出版社 2004 年 12 月。(裘錫圭 2004)
裘錫圭《釋戰國楚簡中的"𠳵"字》,《古文字研究》第 26 輯,中華書局 2006 年 11 月。(裘錫圭 2006)
裘錫圭《説清華簡〈程寤〉篇的"敂"》,《出土文獻與古文字研究》第 4 輯,上海古籍出版社 2011 年 12 月。(裘錫圭 2011)
裘錫圭、李家浩《曾侯乙墓竹簡釋文與考釋》,《曾侯乙墓》附録一,文物出版社 1989 年 7 月。(裘錫圭、李家浩 1989)

S

單育辰《談戰國文字中的"皃"》,簡帛網 2007 年 5 月 26 日(http://www.bsm.org.cn/show_article.php?id=572)。(單育辰 2007)
單育辰《包山簡案例研究兩則》,《吉林大學社會科學學報》2012 年第 1 期。(單育辰 2012A)
單育辰《戰國簡帛文字雜識(十一則)》,《簡帛》第 7 輯,上海古籍出版社 2012 年 10 月。(單育辰 2012B)
單育辰《由清華簡"隨"字的特殊寫法考釋郭店簡一例》,《出土文獻》2021 年第 1 期。(單育辰 2021)
沈培《周原甲骨文裏的"囟"和楚墓竹簡裏的"囟"或"思"》,《漢字研究》第 1 輯,學苑出版社 2005 年 6 月。(沈培 2005)
沈培《從戰國簡看古人占卜的"蔽志"——兼論"移祟"説》,"第一届古文字與古代史學術研討會"論文,[臺北]"中研院"歷史語言研究所 2006 年 9 月。又見《古文字與古代史》第 1 輯,[臺北]"中研院"歷史語言研究所 2007 年 9 月。(沈培 2006)
沈培《試釋戰國時代從"之"從"首(或從'頁')"之字》,簡帛網 2007 年 7 月 17 日(http://www.bsm.org.cn/show_article.php?id=630)。(沈培 2007)
施謝捷《楚簡文字中的"悚"字》,《古文字研究》第 24 輯,中華書局 2002 年 7 月。(施謝捷 2002)
施謝捷《隨縣包山望山江陵郭店楚簡釋文》稿本(電子版),2003 年。(施謝捷 2003A)
施謝捷《楚簡文字中的"橐"字》,《楚文化研究論集》第 5 集,黄山書社 2003 年 6 月。(施謝捷 2003B)
時兵《包山楚簡"一百攸四十攸"解析》,簡帛網 2012 年 12 月 20 日(http://www.bsm.org.cn/show_article.php?id=1762)。(時兵 2012)
石泉《古代荆楚地理新探》,武漢大學出版社 1988 年 10 月。(石泉 1988)
石泉《楚國歷史文化辭典》,武漢大學出版社 1996 年 10 月。(石泉 1996)

史傑鵬《關於包山楚簡中的四個地名》,《陝西歷史博物館館刊》第5輯，西北大學出版社1998年6月。（史傑鵬1998）

史傑鵬《讀包山司法文書簡札記三則》,《簡帛研究二〇〇一》，廣西師範大學出版社2001年9月。（史傑鵬2001）

史傑鵬《包山楚簡研究四則》,《湖北民族學院學報》（哲學社會科學版）2005年第3期。（史傑鵬2005）

史傑鵬《釋包山楚簡的“銍”字》,《簡帛》第6輯，上海古籍出版社2011年11月。（史傑鵬2011）

史傑鵬《談談楚簡中的“犇”字及相關之字》,《古文字研究》第30輯，中華書局2014年9月。（史傑鵬2014）

史傑鵬《包山楚簡中“××爲李”之“李”試解》,《古文字研究》第32輯，中華書局2018年8月。（史傑鵬2018）

舒之梅《包山簡遣册車馬器考釋五則》,《容庚先生百年誕辰紀念文集》，廣東人民出版社1998年4月。（舒之梅1998）

宋華强《楚簡“罷禱”新釋》，簡帛網2006年9月3日（http://www.bsm.org.cn/show_article.php?id=412#_ftnref37）。（宋華强2006A）

宋華强《楚簡中從“黽”從“甘”之字新考》，簡帛網2006年日12月30日（http://www.bsm.org.cn/show_article.php?id=494）。又見《戰國楚文字从“黽”从“甘”之字新考》,《簡帛》第13輯，上海古籍出版社2016年11月。（宋華强2006B）

宋華强《新蔡楚簡的初步研究》，北京大學博士學位論文，2007年5月。（宋華强2007）

宋華强《從楚簡“卒歲”的詞義談到戰國楚曆的歲首》,《古漢語研究》2009年第4期。（宋華强2009）

宋華强《楚文字資料中所謂“箴尹”之“箴”的文字學考察》,《古文字研究》第29輯，中華書局2012年10月。（宋華强2012）

蘇建洲《〈孔子見季桓子〉〈吴命〉字詞考釋二則》,《中國文字學報》第3輯，商務印書館2010年。（蘇建洲2010）

蘇建洲《〈清華簡〉考釋四則》，復旦大學出土文獻與古文字研究中心網2011年1月9日（http://www.fdgwz.org.cn/Web/Show/1368）。（蘇建洲2011）

蘇建洲《也論清華簡〈繫年〉“莫囂昜爲”》,《中原文化研究》2014年第5期。又見復旦大學出土文獻與古文字研究中心網2015年1月9日（http://www.fdgwz.org.cn/Web/Show/2426）。（蘇建洲2014）

蘇建洲《談談楚文字的“龜”與“龜”》,《出土文獻與物質文化——第五屆出土文獻青年學者論壇會議論文集》，香港浸會大學饒宗頤國學院2016年7月。又見《出土文獻與物質文化》，中華書局（香港）有限公司2017年12月。（蘇建洲2017）

蘇建洲《根據清華簡〈治政之道〉“[illegible]”字重新討論幾個舊釋爲“夗”“邑”“序”的字形》,《中國文字》總第3期，［臺北］萬卷樓圖書股份有限公司出版2020年6月。（蘇建洲2020）

蘇建洲《荆州唐維寺M126卜筮祭禱簡釋文補正》,《簡帛》第23輯，上海古籍出版社2021年11月。（蘇建洲2021）

蘇杰《釋包山楚簡中的“阩門有敗”——兼解“司敗”》,《中國文字研究》第3輯，廣西教育出版社2002年10月。（蘇杰2002）

T

譚生力、張峰《楚文字中的龜與從龜之字》,《華夏考古》2017年第1期。（譚生力、張峰2017）

湯餘惠《包山楚簡讀後記》,《考古與文物》1993年第2期（先前曾在1992年“中國古文字研究會第九屆學術研討會”發表）。（湯餘惠1993A）

湯餘惠《戰國銘文選》，吉林大學出版社 1993 年 9 月。（湯餘惠 1993B）

湯餘惠主編《戰國文字編》，福建人民出版社 2001 年 12 月。（湯餘惠 2001）

湯餘惠、吴良寶《郭店楚簡文字拾零（四篇）》，《簡帛研究二〇〇一》，廣西師範大學出版社 2001 年 9 月。（湯餘惠、吴良寶 2001）

湯璋平《出土文獻與〈楚辭・九歌〉》，中國社會科學出版社 2004 年 9 月。（湯璋平 2004）

滕壬生《楚系簡帛文字編》，湖北教育出版社 1995 年 7 月。（滕壬生 1995）

滕壬生《楚系簡帛文字編（增訂本）》，湖北教育出版社 2008 年 10 月。（滕壬生 2008）

藤田勝久《包山楚簡所見戰國楚縣與封邑》，《中國出土资料研究》第 3 號，［日本］中國出土资料學會 1999 年 3 月。（藤田勝久 1999）

田成方《從出土資料看楚昭氏的族源、早期世系及命氏範圍》，《簡帛文獻與古代史——第二屆出土文獻青年學者國際論壇論文集》，中西書局 2015 年 4 月。（田成方 2015）

田河《出土戰國遣册所記名物分類匯釋》，吉林大學博士學位論文，2007 年 6 月。（田河 2007）

田河《楚簡遣册文字釋讀五則》，《古文字研究》第 27 輯，中華書局 2008 年 9 月。（田河 2008）

田河《戰國遣册文字補釋四則》，《江漢考古》2011 年第 1 期。（田河 2011）

W

汪雪《包山楚簡"蒿之""蒿祭之"獻疑》，《簡帛》第 19 輯，上海古籍出版社 2019 年 11 月。（汪雪 2019）

汪雪《包山 257 號簡的"實"字》，《簡帛研究二〇一九（秋冬卷）》，廣西師範大學出版社 2020 年 1 月。（汪雪 2020）

王恩田《釋〈包山楚簡〉中的𧆞面、晧面、錫面》，《古籍研究》2015 年第 1 期。（王恩田 2015）

王紅亮《包山楚簡 151～152 號簡補釋——兼談戰國時期的楚田制》，《四川文物》2014 年第 2 期。（王紅亮 2014）

王輝《郭店楚簡釋讀五則》，《簡帛研究二〇〇一》，廣西師範大學出版社 2001 年 9 月。（王輝 2001）

王捷《包山楚簡所見"典"與楚國法律形式》，《"出土文獻與法律史研究學術研討會"論文集》，華東政法大學 2011 年 6 月。正式出版時以《楚"典"考辨》爲題，刊於《出土文獻與法律史研究》第 1 輯，上海人民出版社 2012 年。（王捷 2012）

王捷《包山楚簡"疋獄"文書二題》，《"第二屆'出土文獻與法律史研究'學術研討會"論文集》，華東政法大學 2012 年 12 月。後刊於《出土文獻與法律史研究》第 2 輯，上海人民出版社 2013 年 11 月。（王捷 2013）

王捷《直訴制度的歷史實踐淵源新證——以包山楚司法簡爲材料》，《華東師範大學學報》（哲學社會科學版）2015 年第 1 期。（王捷 2015）

王捷《包山楚司法簡案卷文書分組與編聯補議（二則）》，《出土文獻研究》第 14 輯，中西書局 2015 年 12 月。（王捷 2015）

王捷《論先秦的訴訟擔保——以出土司法文書爲主》，《政法論壇》2020 年第 6 期。（王捷 2020）

王寧《楚簡中的"靈"與"天靈"補説》，復旦大學出土文獻與古文字研究中心網 2013 年 1 月 27 日（http://www.fdgwz.org.cn/Web/Show/2007）。（王寧 2013）

王寧《釋"䍃"及相關的幾個字》，復旦大學出土文獻與古文字研究中心網 2014 年 12 月 4 日（http://www.fdgwz.org.cn/Web/Show/2393）。（王寧 2014）

王寧《"赴缶"别議》，簡帛網 2015 年 1 月 4 日（http://www.bsm.org.cn/show_article.php?id=2124）。（王寧 2015）

王勝利《再談楚國曆法的建正問題》，《文物》1990 年第 3 期。（王勝利 1990）

王穎《包山楚簡詞彙研究》，厦門大學博士學位論文，2004 年 4 月。（王穎 2004）

王准《包山楚簡所見楚邑新探》，《中國史研究》2013 年第 1 期。（王准 2013）

王准《包山楚簡“貸金糴種”問題的考察》，《中國農史》2016 年第 1 期。（王准 2016）

偉盈《釋包山楚墓簽牌文字中一個可能從“乳”的字形》，復旦大學出土文獻與古文字研究中心網 2015 年 4 月 10 日（http：//www. fdgwz. org. cn/Web/Show/2490）。（偉盈 2015）

文炳淳《包山楚簡所見楚官制研究》，臺灣大學中文所碩士論文，1997 年 6 月。（文炳淳 1997）

文炳淳《包山楚簡官名補釋五則》，“第一届出土文獻學術研討會”論文，［臺北］“中研院”歷史語言研究所 2000 年 6 月。（文炳淳 2000）

鄔可晶、郭永秉《從楚文字“原”的異體談到三晉的原地與原姓》，“新出土文獻與古文字考釋青年學者學術研討會”論文，吉林大學 2017 年 9 月。又見《出土文獻》第 11 輯，中西書局 2017 年 10 月。（鄔可晶、郭永秉 2017）

巫雪如《包山楚簡姓氏研究》，臺灣大學中文所碩士論文，1996 年 6 月。（巫雪如 1996）

吴良寶《平肩空首布“印”字考》，《中國錢幣》2006 年第 2 期。（吴良寶 2006）

吴良寶《包山楚簡“慎”地考》，《中國文字》新 33 期，［臺北］藝文印書館 2007 年 12 月。（吴良寶 2007）

吴良寶《楚地郯易新考》，《古文字學論稿》，安徽大學出版社 2008 年 4 月。（吴良寶 2008）

吴良寶《説包山簡中的“陽城公”》，《中國文字學報》第 3 輯，商務印書館 2010 年。（吴良寶 2010）

吴雪飛《包山楚簡司法術語考釋兩則》，《簡帛研究二〇一五（春夏卷）》，廣西師範大學出版社 2015 年 6 月。（吴雪飛 2015）

吴鬱芳《包山二號墓墓主昭佗家譜考》，《江漢論壇》1992 年第 11 期。（吴鬱芳 1992）

吴鬱芳《〈包山楚簡〉卜禱簡牘試讀》，《考古與文物》1996 年第 2 期。（吴鬱芳 1996）

吴振武《鄂君啓節“舿”字解》，《第二届國際中國古文字學研討會論文集》，香港中文大學中文系 1993 年 10 月。（吴振武 1993）

吴振武《戰國銘刻中的“泉”字》，《華學》第 2 輯，中山大學出版社 1996 年 12 月。（吴振武 1996）

武家璧《“悼滑救郙”之歲與包山、望山楚墓的年代》，《楚文化研究論集》第 11 集，上海古籍出版社 2015 年 7 月。（武家璧 2015）

X

夏淥《讀〈包山楚簡〉偶記——“受賄”“國帑”“茅門有敗”等字詞新義》，《江漢考古》1993 年第 2 期。（夏淥 1993）

肖攀《包山簡文字補釋三則》，《中國文字研究》第 18 輯，上海書店出版社 2013 年 8 月。（肖攀 2013）

謝輝基《試釋包山楚簡“𢑚”》，《華夏考古》2016 年第 3 期。（謝輝基 2016）

邢文《早期筮占文獻的結構分析》，《文物》2002 年第 8 期。（邢文 2002）

熊賢品《〈包山楚簡〉所見戰國晚期楚國社會制度研究》，河南大學碩士學位論文，2011 年 5 月。（熊賢品 2011）

徐少華《包山二號楚墓的年代及有關問題》，《江漢考古》1989 年第 4 期。（徐少華 1989）

徐少華《周代南土歷史地理與文化》，武漢大學出版社 1994 年 11 月。（徐少華 1994）

徐少華《古復國復縣考》，《中國歷史地理論叢》1996 年第 1 期。（徐少華 1996A）

徐少華《包山楚簡釋地八則》，《中國歷史地理論叢》1996 年第 4 期。（徐少華 1996B）

徐少華《包山楚簡釋地五則》，《江漢考古》1996 年第 4 期。（徐少華 1996C）

徐少華《包山楚簡釋地十則》,《文物》1996 年第 12 期。(徐少華 1996D)

徐少華《“包山楚簡”地名數則考釋》,《武漢大學學報》(哲學社會科學版) 1997 年第 4 期。(徐少華 1997)

徐少華《包山楚簡釋地四則》,《武漢大學學報》(哲學社會科學版) 1998 年第 6 期。(徐少華 1998)

徐少華《包山楚簡釋地六則》,《簡帛研究二〇〇一》,廣西師範大學出版社 2001 年 9 月。(徐少華 2001)

徐在國《包山楚簡文字考釋四則》,《于省吾教授百年誕辰紀念文集》,吉林大學出版社 1996 年 9 月。(徐在國 1996)

徐在國《楚簡文字拾零》,《江漢考古》1997 年第 2 期。(徐在國 1997)

徐在國《讀〈楚系簡帛文字編〉札記》,《安徽大學學報》(哲學社會科學版) 1998 年第 5 期。(徐在國 1998)

徐在國《釋“咎繇”》,《古籍整理研究學刊》1999 年第 3 期。(徐在國 1999)

徐在國《新蔡葛陵楚簡札記》,簡帛研究網 2003 年 12 月 7 日 (http://www.jianbo.org/admin3/list.asp? id=1062)。後刊于《中國文字研究》第 5 輯,廣西教育出版社 2004 年 11 月。(徐在國 2003A)

徐在國《新蔡葛陵楚簡札記 (二)》,簡帛研究網 2003 年 12 月 17 日 (http://www.jianbo.org/admin3/list.asp? id=1069)。其中第五則又以《新蔡簡中的兩個地名》爲題發表於《漢字研究》第 1 輯,學苑出版社 2005 年 6 月。(徐在國 2003B)

徐在國《上博竹書 (三) 〈周易〉釋文補正》,簡帛研究網 2004 年 4 月 20 日 (http://www.jianbo.org/admin3/list.asp? id=1160)。(徐在國 2004A)

徐在國《釋楚簡“散”兼及相關字》,《古文字研究》第 25 輯,中華書局 2004 年 10 月。先前曾在“中國南方文明學術研討會”發表,[臺北]“中研院”歷史語言研究所 2003 年 12 月。(徐在國 2004B)

徐在國《談新蔡葛陵楚簡中的幾支車馬簡》,《簡帛》第 2 輯,上海古籍出版社 2007 年 11 月。(徐在國 2007)

徐在國《談楚文字中的“兕”》,《中原文化研究》2017 年第 5 期。(徐在國 2017)

徐在國《試説古文字中的“矛”及從“矛”的一些字》,《簡帛》第 17 輯,上海古籍出版社 2018 年 11 月。(徐在國 2018)

許道勝《包山二號墓竹簡卦畫初探》,《楚文化研究論集》第 4 集,河南人民出版社 1994 年 6 月。(許道勝 1994)

禤健聰《楚文字新讀二則》,《江漢考古》2006 年 4 期。(禤健聰 2006)

禤健聰《釋楚文字的“龜”和“譽”》,《考古與文物》2010 年第 4 期。(禤健聰 2010)

禤健聰《戰國楚簡方言詞語釋證二則》,《廣州大學學報》(社會科學版) 2012 年第 9 期。(禤健聰 2012)

禤健聰《曾公子棄疾銅器銘文辨讀二則》,《中原文物》2016 年第 4 期。(禤健聰 2016)

Y

顏世鉉《包山楚簡地名研究》,臺灣大學中國文學研究所碩士論文,1997 年 6 月。(顏世鉉 1997A)

顏世鉉《包山楚簡釋地八則》,《中國文字》新 22 期,[臺北] 藝文印書館 1997 年 12 月。(顏世鉉 1997B)

晏昌貴《天星觀“卜筮祭禱”簡釋文輯校》,《楚地簡帛思想研究 (二)》,湖北教育出版社 2005 年 4 月;修訂稿刊於簡帛網 2005 年 11 月 2 日 (http://www.bsm.org.cn/show_article.php? id=31)。(晏昌貴 2005)

晏昌貴《楚卜筮簡所見神靈雜考 (五則)》,《簡帛》第 1 輯,上海古籍出版社 2006 年 10 月。(晏昌貴 2006)

楊華《包山簡 155 號所見楚國喪葬制度》,《簡帛研究二〇一五 (秋冬卷)》,廣西師範大學出版社 2015 年 10 月。(楊華 2015)

楊華《中國古墓爲何隨葬書籍》,《嶺南學報》2018 年 12 月。(楊華 2018)

楊蒙生《楚惠王居“宛郊”試釋——兼談古文字中的幾個相關字》,《深圳大學學報》(人文社會科學版) 2013 年

第 1 期。（楊蒙生 2013）

楊澤生《戰國竹書研究》，中山大學博士學位論文，2002 年 4 月。（楊澤生 2002）

尹遜《楚簡中的“苦賁”》，簡帛網 2006 年 11 月 9 日（http：//www. bsm. org. cn/show_ article. php？ id =458）。（尹遜 2006）

游逸飛《包山楚簡所見戰國楚國地方行政》，“簡牘與早期中國——第一届出土文獻青年學者論壇”論文，2012 年。（遊逸飛 2012）

游逸飛《丁、庚、子、卯日不辦公——從包山楚簡論戰國楚國左尹行政的擇日宜忌》，《出土文獻與法律史研究》第 2 輯，上海人民出版社 2013 年 11 月。（游逸飛 2013）

游逸飛《試論戰國楚國的“[illegible]大夫”爲爵》，《出土文獻》第 5 輯，中西書局 2014 年 10 月。（游逸飛 2014）

游逸飛《包山楚簡所見司馬的經濟職能》，《簡帛文獻與古代史——第二届出土文獻青年學者國際論壇論文集》，中西書局 2015 年 4 月。（游逸飛 2015）

游逸飛《“郡縣同構”與“令出多門”——包山簡所見戰國楚國郡縣制》，《出土文獻與物質文化》，中華書局（香港）有限公司 2017 年 12 月。（游逸飛 2017）

于成龍《包山二號楚墓卜筮簡中若干問題的探討》，《出土文獻研究》第 5 集，科學出版社 1999 年 8 月。（于成龍 1999）

于成龍《楚禮新證——楚簡中的紀時、卜筮與祭禱》，北京大學博士學位論文，2004 年 5 月。（于成龍 2004）

于省吾《“鄂君啓節”考釋》，《考古》1963 年第 8 期。（于省吾 1963）

袁國華《包山楚簡文字考釋》，《第二届國際中國古文字學研討會論文集》，香港中文大學中文系 1993 年 10 月。（袁國華 1993A）

袁國華《讀〈包山楚簡・字表〉札記》，“全國中國文學研究所在學研究生學術論文研討會”論文，1993 年。（袁國華 1993B）

袁國華《戰國楚簡文字零釋》，《中國文字》新 18 期，［臺北］藝文印書館 1994 年 1 月。（袁國華 1994A）

袁國華《〈包山竹簡〉文字考釋三則》，《中華學苑》第 44 期，政治大學中研所 1994 年。（袁國華 1994B）

袁國華《包山楚簡研究》，香港中文大學博士論文，1994 年 12 月。（袁國華 1994C）

袁國華《〈包山楚簡〉文字諸家考釋異同一覽表》，《中國文字》新 20 期，［臺北］藝文印書館 1995 年 12 月。（袁國華 1995）

袁金平《清華簡〈繫年〉“徒林”考》，《深圳大學學報》（人文社會科學版）2013 年第 1 期。（袁金平 2013）

Z

曾憲通《包山卜筮簡考釋（七篇）》，《第二届國際中國古文字學研討會論文集》，香港中文大學中文系 1993 年 10 月。（曾憲通 1993）

曾憲通《楚文字釋叢（五則）》，《中山大學學報》（社會科學版）1996 年第 3 期。先前曾以《楚文字雜識》爲題在 1992 年“中國古文字研究會第九届學術討論會”發表。（曾憲通 1996）

曾憲通《再說“蚩”符》，《古文字研究》第 25 輯，中華書局 2004 年 10 月。（曾憲通 2004）

張伯元《包山楚簡案例講疏（二則）》，《出土文獻與法律史研究》第 1 輯，上海人民出版社 2012 年 6 月。（張伯元 2012）

張伯元《出土法律文獻叢考》，上海人民出版社 2013 年 11 月。（張伯元 2013）

張伯元《包山楚簡案例舉隅》，上海人民出版社 2014 年 10 月。（張伯元 2014）

張伯元《〈包山楚簡案例舉隅〉補釋（二例）》,《出土文獻與法律史研究》第6輯，法律出版社2017年11月。（張伯元2017）

張崇禮《釋楚文字“列”及從“列”得聲的字》，復旦大學出土文獻與古文字研究中心網2013年6月28日（http://www.fdgwz.org.cn/Web/Show/2080）。（張崇禮2013）

張崇禮《釋“穎”及從“穎”得聲的字》，復旦大學出土文獻與古文字研究中心網2014年12月29日（http://www.fdgwz.org.cn/Web/Show/2408）。（張崇禮2014）

張崇禮《“𧀼”字解詁》，復旦大學出土文獻與古文字研究中心網2015年1月26日（http://www.fdgwz.org.cn/Web/Show/2436）。（張崇禮2015）

張峰、譚生力《論古文字中戔字變體及相關諸字形音義》,《江漢考古》2016年第4期。（張峰、譚生力2016）

張光裕主編、袁國華合編《包山楚簡文字編》，［臺北］藝文印書館1992年11月。（張光裕、袁國華1992）

張光裕、袁國華《讀包山竹簡札迻》,《中國文字》新17期，［臺北］藝文印書館1993年3月。（張光裕、袁國華1993）

張桂光《楚簡文字考釋二則》,《江漢考古》1994年第3期；收入《古文字論集》，中華書局2004年10月。（張桂光1994）

張桂光《古文字考釋六則》,《于省吾教授百年誕辰紀念文集》，吉林大學出版社1996年9月；收入《古文字論集》，中華書局2004年10月。（張桂光1996）

張守中《包山楚簡文字編》，文物出版社1996年8月。（張守中1996）

張世超《楚文字札記》,《古文字研究》第29輯，中華書局2012年10月。（張世超2012）

張新俊《上博楚簡文字研究》，吉林大學博士學位論文，2005年4月。（張新俊2005）

張宇衛《〈飛諸藏金〉新造秘冒“[illegible]”字小考及相關問題》,《中國文字》新43期，［臺北］藝文印書館2017年3月。（張宇衛2017）

趙平安《夬的形義和它在楚簡中的用法——兼釋其他古文字資料中的夬字》,《第三屆國際中國古文字學研討會論文集》，香港中文大學中國文化研究所、中國語言及文學系1997年10月。（趙平安1997）

趙平安《釋包山楚簡中的“衛”和“遳”》,《考古》1998年第5期。（趙平安1998）

趙平安《戰國文字的“遊”與甲骨文“𡴘”爲一字説》,《古文字研究》第22輯，中華書局2000年7月。（趙平安2000）

趙平安《從楚簡“娩”的釋讀談到甲骨文的“娩妿”——附釋古文字中的“冥”》,《簡帛研究二〇〇一》，廣西師範大學出版社2001年9月。（趙平安2001A）

趙平安《釋古文字資料中的“㱙”及相關諸字》,《中國文字研究》第2輯，廣西教育出版社2001年10月。（趙平安2001B）

趙平安《戰國文字中的“宛”及其相關問題研究——以與縣有關的資料爲中心》,《第四屆國際中國古文字學研討會論文集》，香港中文大學中國語言及文學系2003年10月。（趙平安2003）

鄭剛《戰國文字中的“陵”和“李”》，中國古文字學會第七次年會論文，長春1988年；收入《楚簡道家文獻辨證》（《“地之所不能埋”考》附録），汕頭大學出版社2004年3月。（鄭剛1988）

鄭威《“夏州”小考——兼談包山楚簡“路”的性質》,《江漢考古》2014年第4期。（鄭威2014）

鄭雯馨《戰國包山楚簡205～206禱祠祖先的意涵與相關儀節試探》,《興大中文學報》第38期，2015年。

鄭伊凡《再論包山簡“魯陽公以楚師後城鄭之歲”——兼談楚簡大事紀年的性質》,《江漢考古》2015年第2期。

（鄭伊凡 2015）

周波《戰國時代各系文字間的用字差異現象研究》，復旦大學博士學位論文，2008 年 4 月。（周波 2008）

周鳳五《包山楚簡文字初考》，《王叔岷先生八十壽慶論文集》，［臺北］大安出版社 1993 年 6 月。（周鳳五 1993）

周鳳五《〈余睪命案文書〉箋釋——包山楚簡司法文書研究之一》，臺灣大學《文史哲學報》第 41 期，1994 年。（周鳳五 1994）

周鳳五《包山楚簡〈集箸〉〈集箸言〉析論》，《中國文字》新 21 期，［臺北］藝文印書館 1996 年 12 月。（周鳳五 1996）

周鳳五《讀郭店竹簡〈成之聞之〉札記》，《古文字與古文獻》試刊號，［臺北］楚文化研究會籌備處 1999 年 10 月。（周鳳五 1999）

周鳳五《楚簡文字瑣記（三則）》，《簡帛研究匯刊》第 1 輯，［臺北］中國文化大學史學系 2003 年 5 月。（周鳳五 2003）

周鳳五《郭店〈性自命出〉"怒欲盈而毋暴"説》，《新出土文獻與古代文明研究》，上海大學出版社 2004 年 4 月。（周鳳五 2004A）

周鳳五《讀上博楚竹書〈從政〉甲篇札記》，《上博館藏戰國楚竹書研究續編》，上海書店出版社 2004 年 7 月。（周鳳五 2004B）

周鳳五《上博四〈柬大王泊旱〉重探》，《簡帛》第 1 輯，上海古籍出版社 2006 年 10 月。（周鳳五 2006）

周世榮《湖南出土漢魏六朝文字雜考》，《湖南考古輯刊》第 6 輯，《求索》1994 年增刊。（周世榮 1994）

朱德熙《長沙帛書考釋（五篇）》，《古文字研究》第 19 輯，中華書局 1992 年 8 月；收入《朱德熙古文字論集》，中華書局 1995 年 2 月。（朱德熙 1992）

朱德熙、李家浩《鄂君啓節考釋（八篇）》，《紀念陳寅恪先生誕辰百年學術論文集》，北京大學出版社 1989 年 12 月；收入《朱德熙古文字論集》，中華書局 1995 年 2 月。（朱德熙、李家浩 1989）

朱德熙、裘錫圭《戰國文字研究（六種）》，《考古學報》1972 年第 1 期；收入《朱德熙古文字論集》，中華書局 1995 年 2 月。（朱德熙、裘錫圭 1972）

朱德熙、裘錫圭《信陽楚簡考釋（五篇）》，《考古學報》1973 年第 1 期；收入《朱德熙古文字論集》，中華書局 1995 年 2 月。（朱德熙、裘錫圭 1973）

朱德熙、裘錫圭、李家浩《一、二號墓竹簡釋文與考釋》，《望山楚簡》，中華書局 1995 年 6 月。（朱德熙、裘錫圭、李家浩 1995）

朱曉雪《〈包山楚簡〉札記三則》，《江漢考古》2011 年第 3 期。（朱曉雪 2011A）

朱曉雪《包山 145 號簡析論》，《簡帛》第 6 輯，上海古籍出版社 2011 年 11 月。（朱曉雪 2011B）

朱曉雪《包山楚簡綜述》，福建人民出版社 2013 年 12 月。（朱曉雪 2013）

朱曉雪《包山楚簡姓氏補考》，《江漢考古》2016 年第 2 期。（朱曉雪 2016）

朱曉雪《楚簡拾零四則》，《江漢考古》2022 年第 2 期。（朱曉雪 2022）

朱曉雪、何相玲《從秦漢簡牘看包山 126～127 號簡的"同室"》，《出土文獻與法律史研究》第 8 輯，法律出版社 2020 年 1 月。（朱曉雪、何相玲 2020）

朱學斌《戰國文字"祖""禮""詛""組"考辨》，第二屆古文字與出土文獻語言研究學術研討會論文，2017 年。（朱學斌 2017）

一 文書圖版

1

2

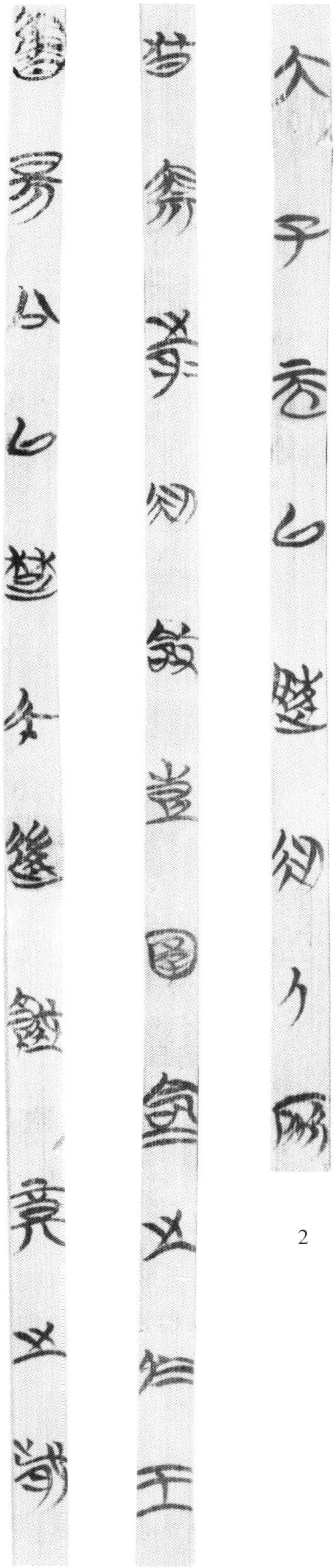

2

3

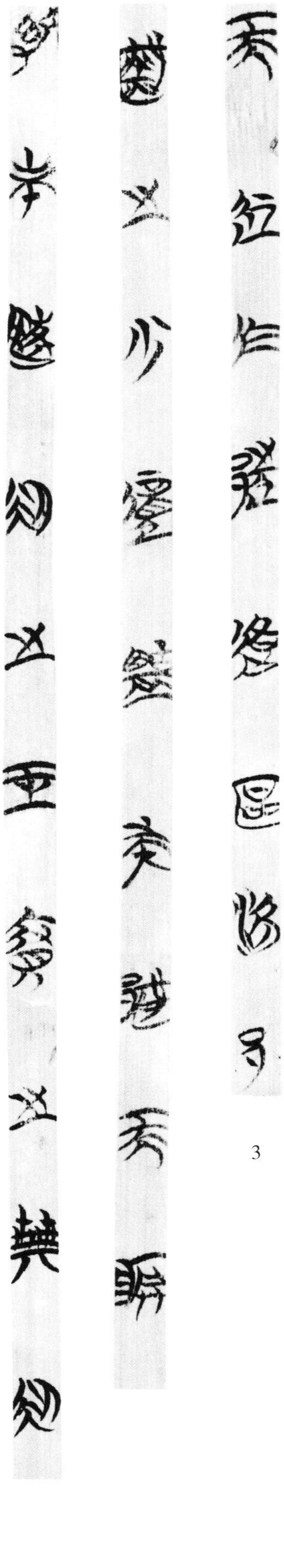

3

4

5

6

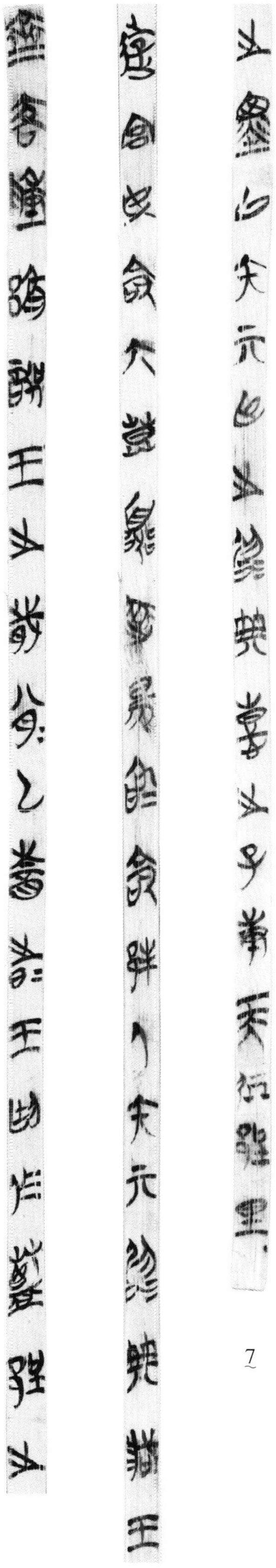

7

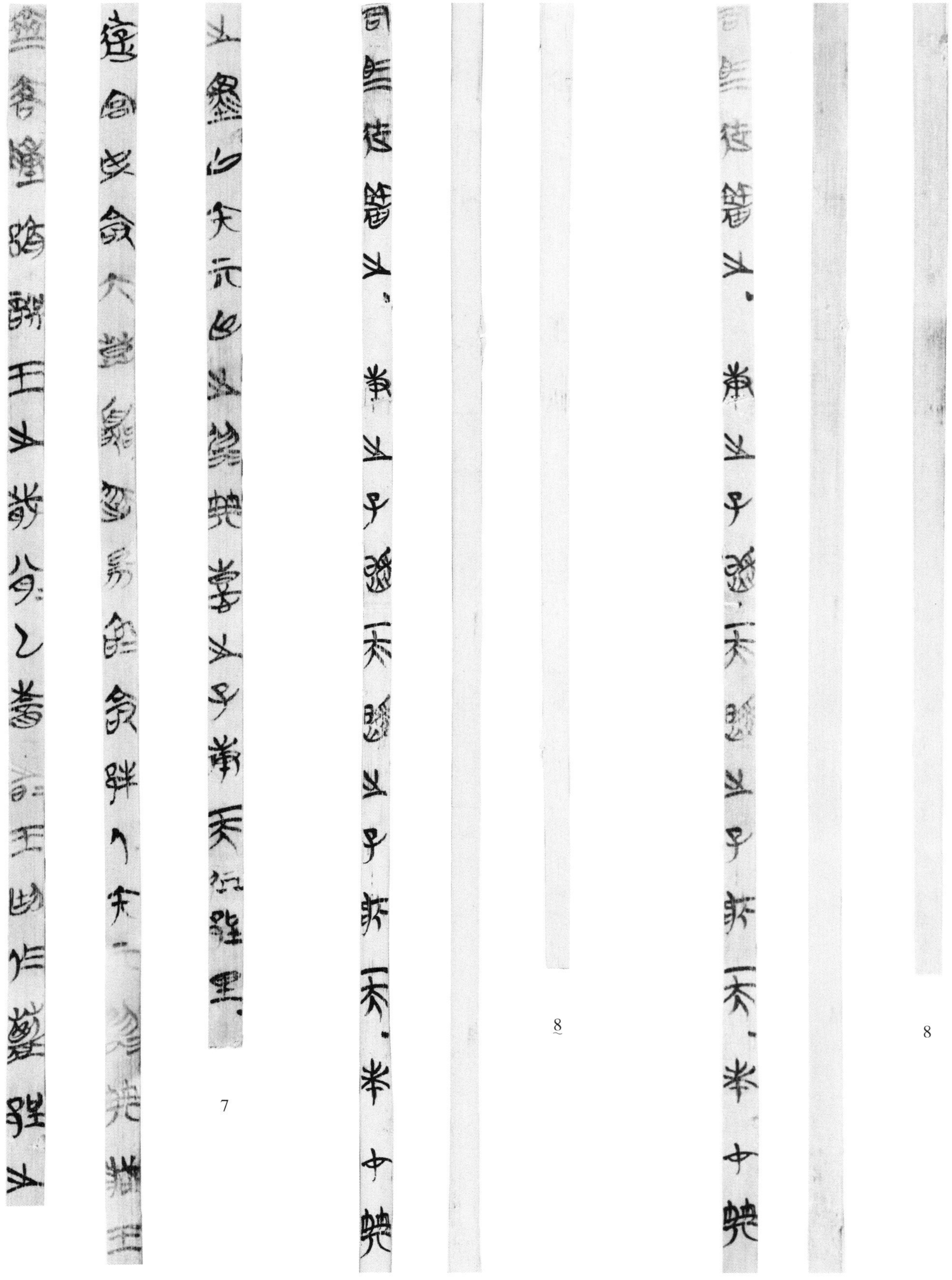

7

8

8

9

10

11

11

12

13

13

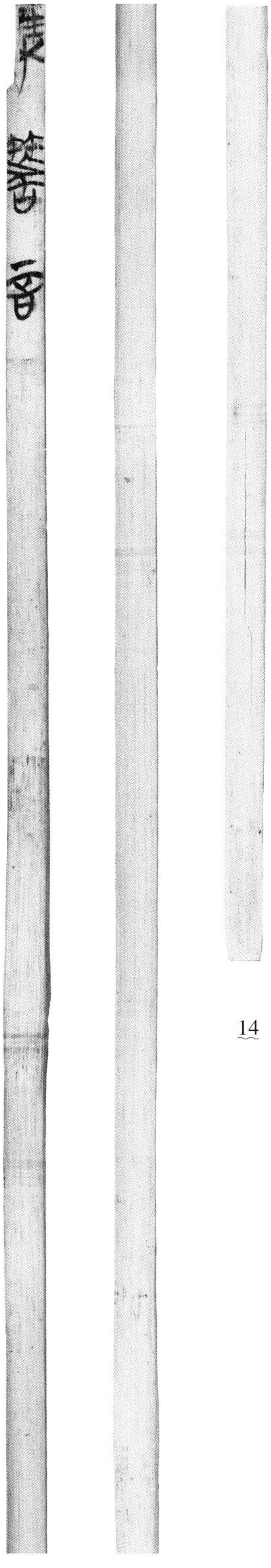

14

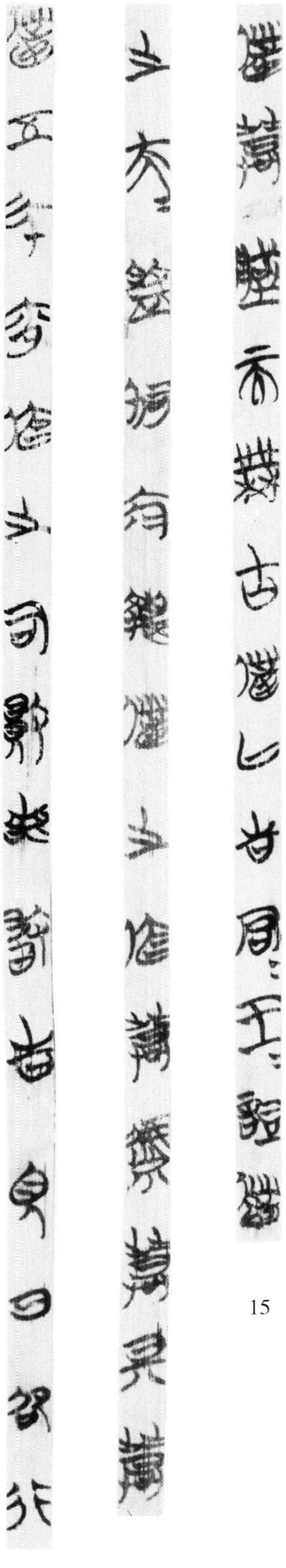

15

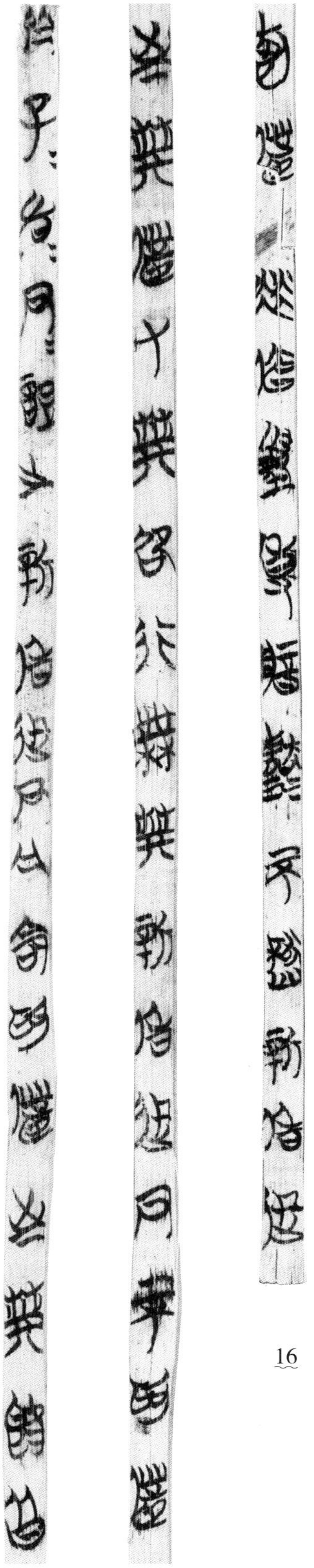

16

16

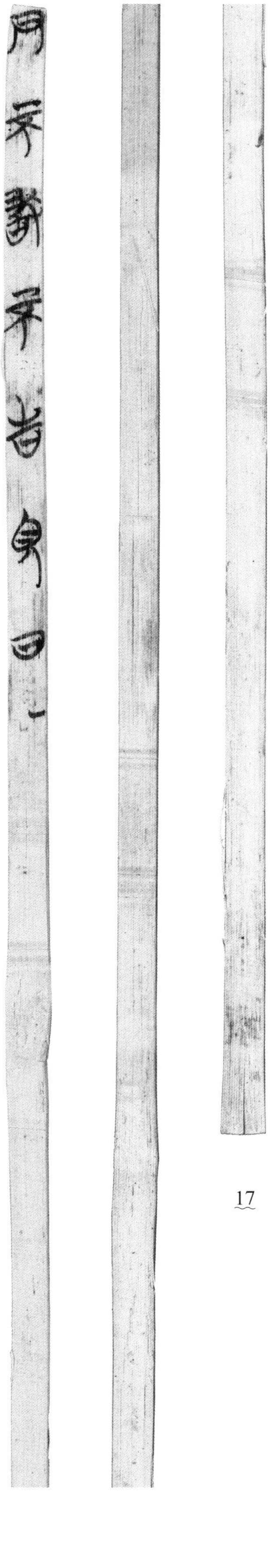

17

15背

15背

16背

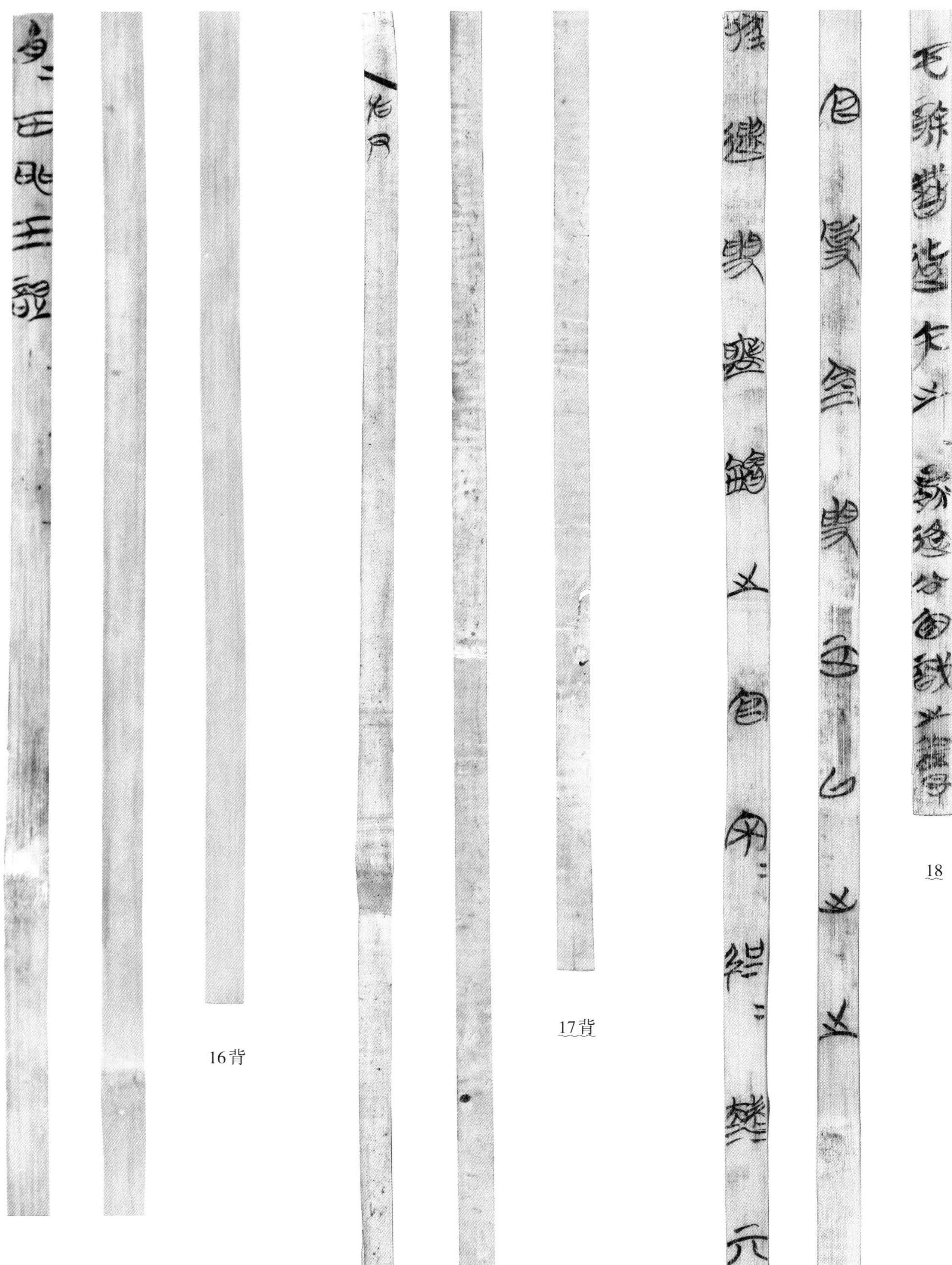

16背

17背

18

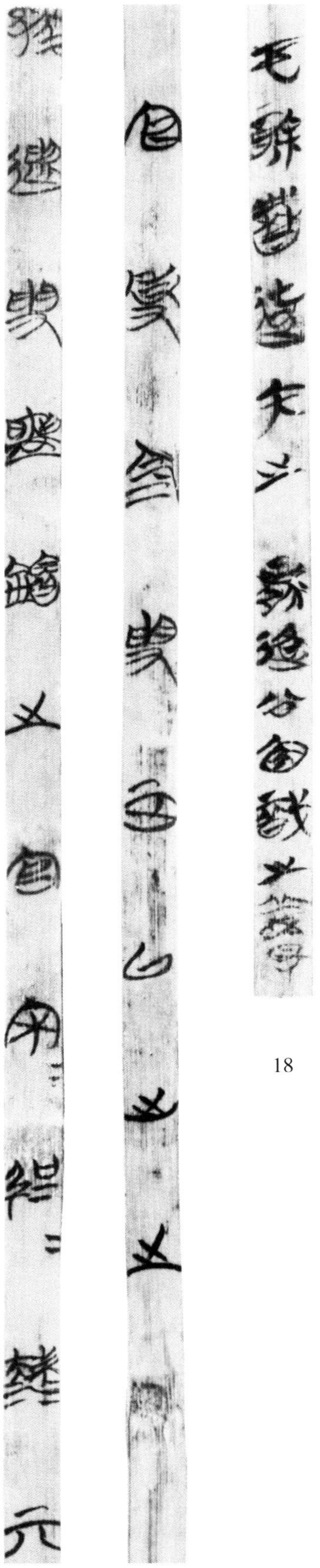

18

33背

19

20

21

21

22

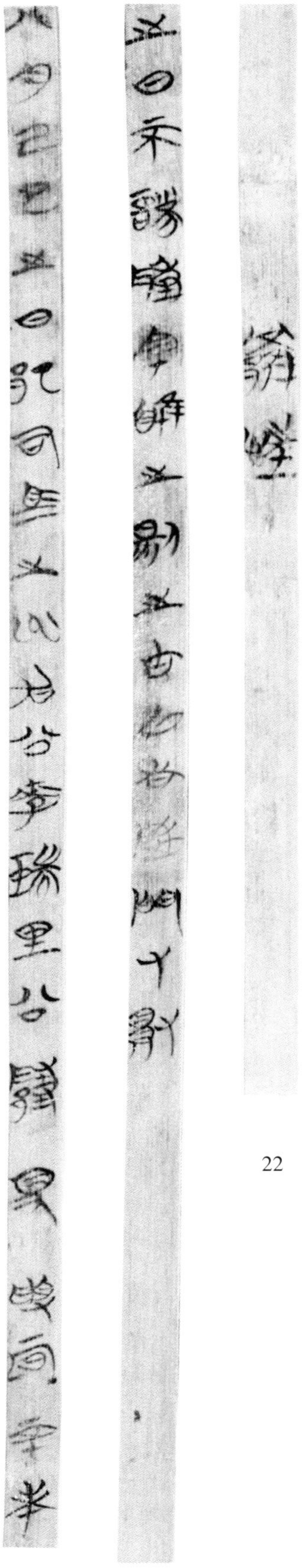

22

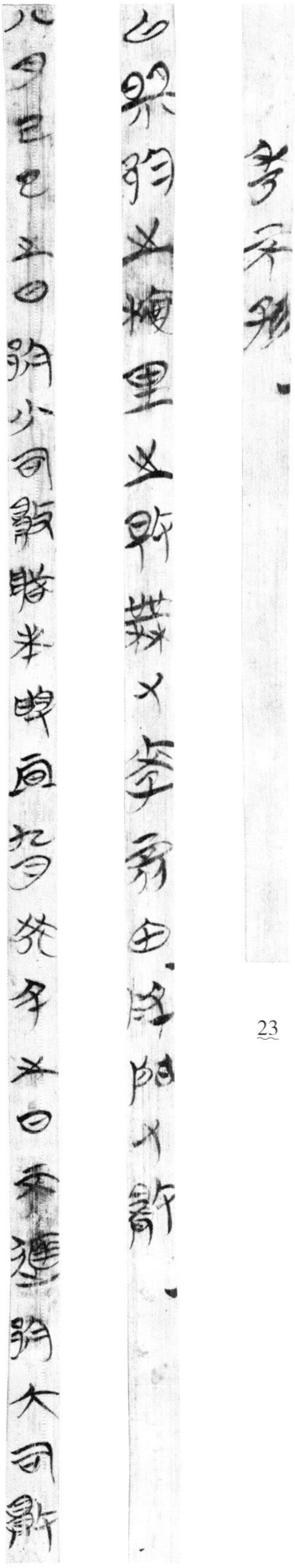

23

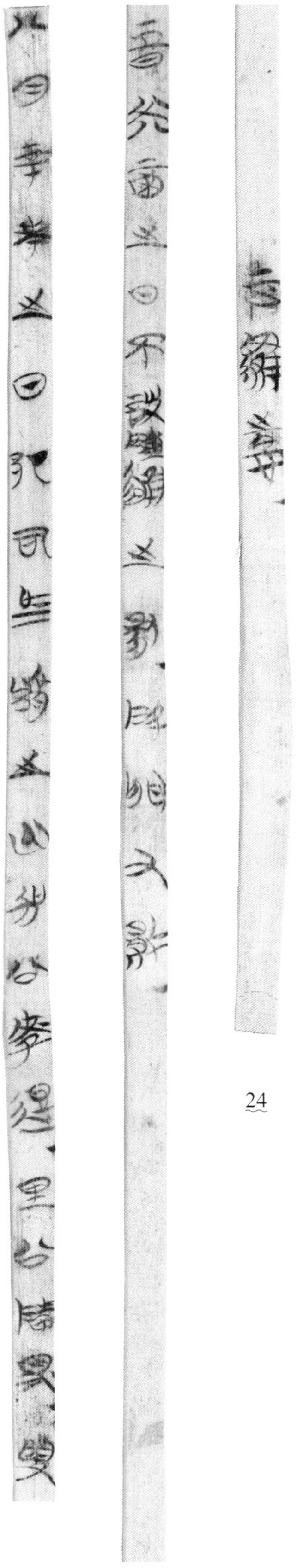

24

25

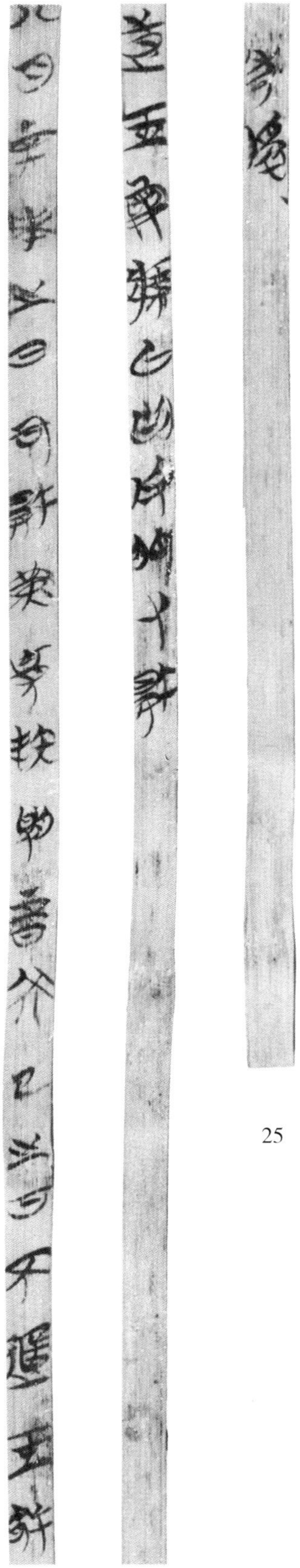

25

26

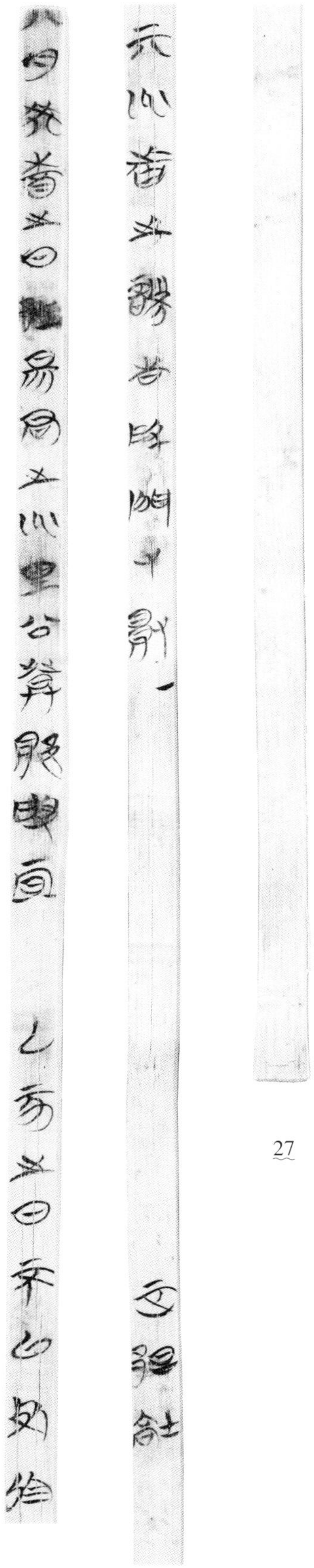

27

28

29

29

30

31

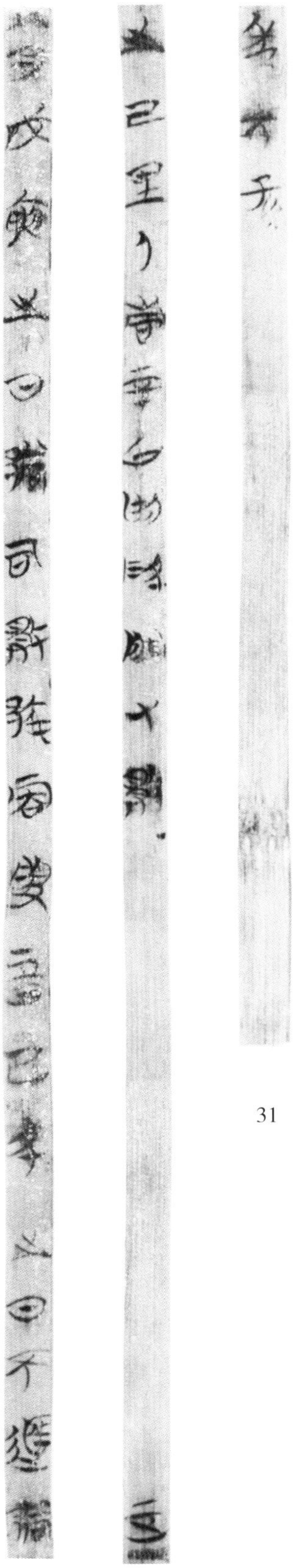

31

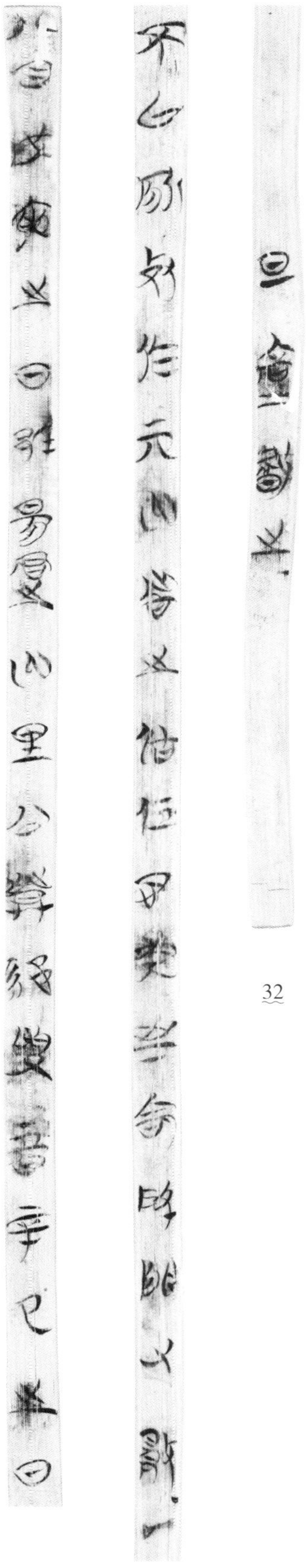

32

32

33

34

35

36

37

38

39

40

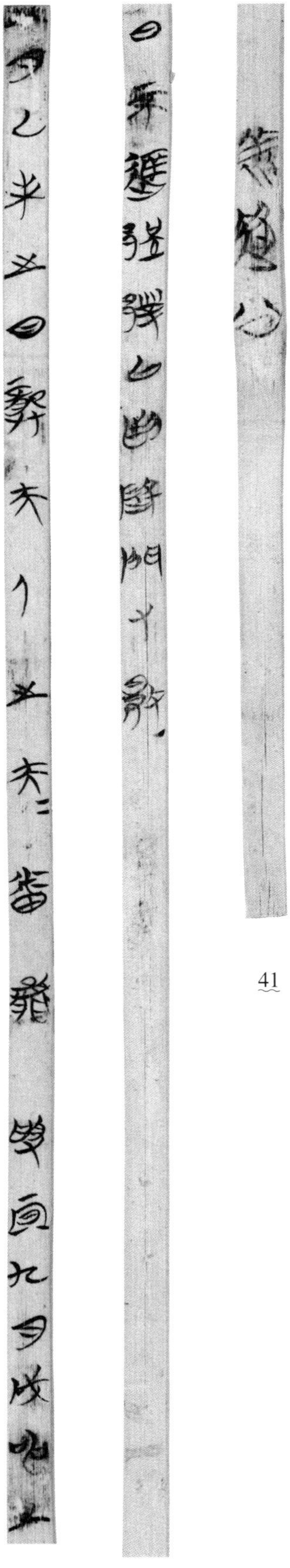

41

42

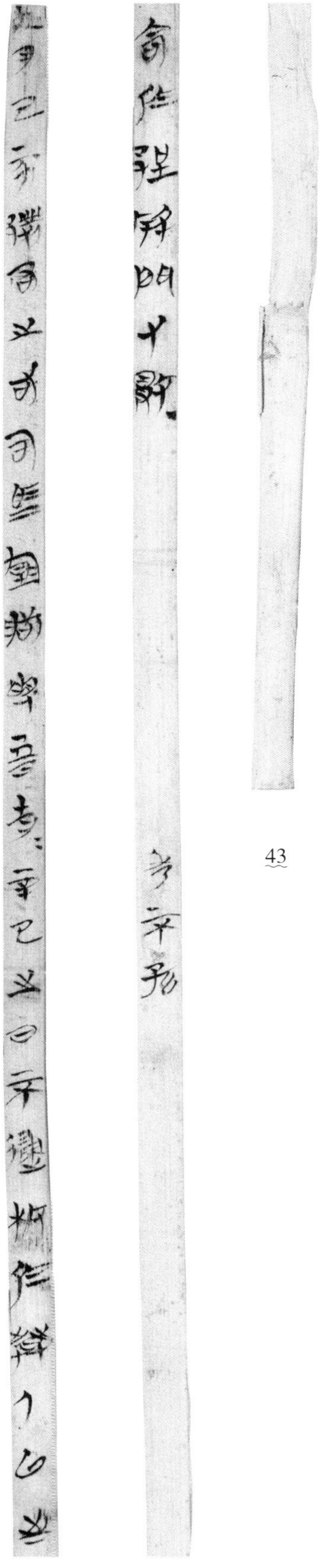

43

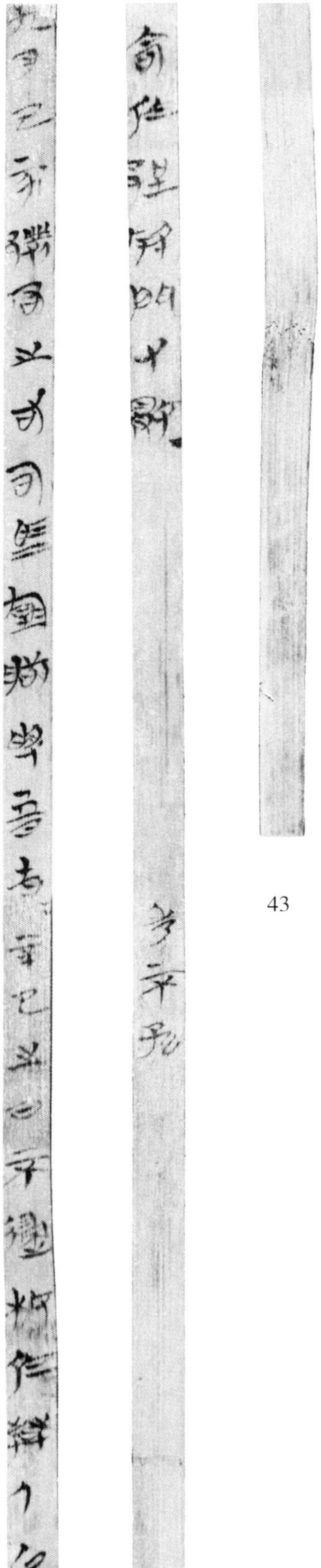

43

44

45

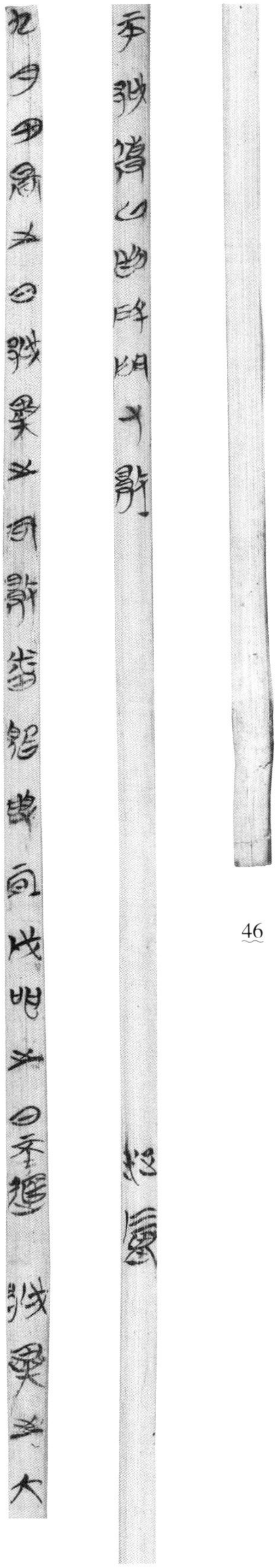

46

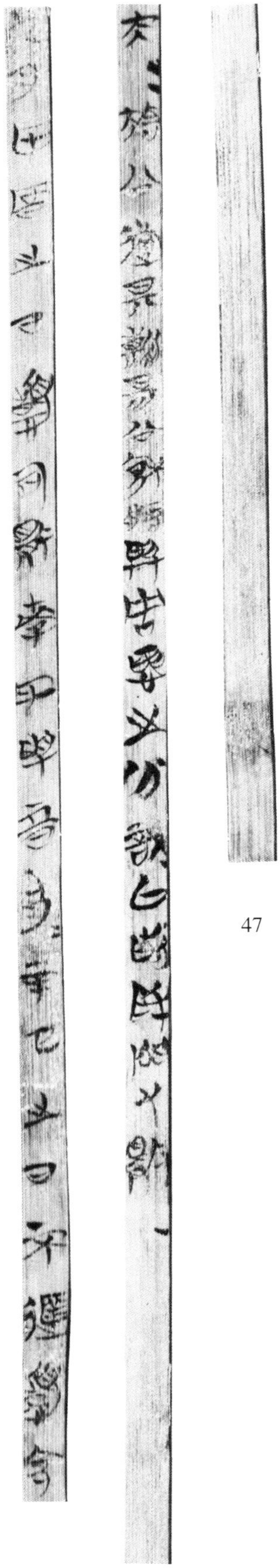

47

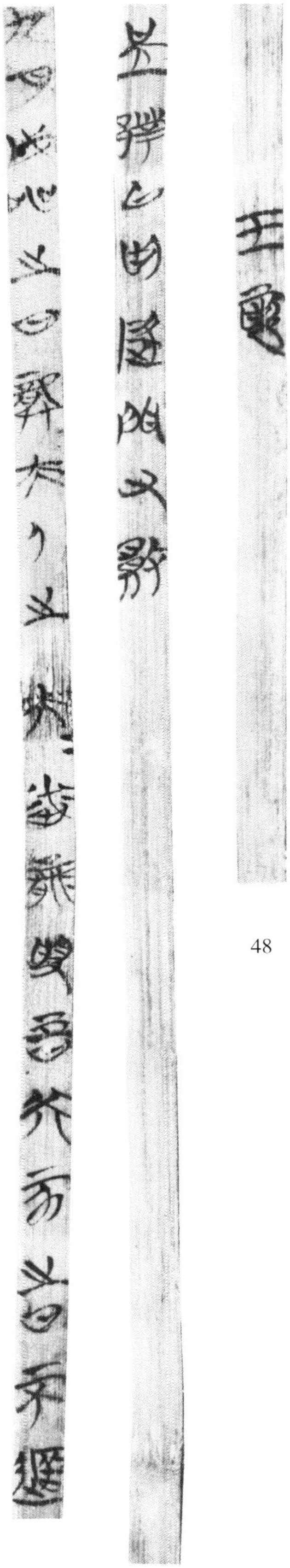

48

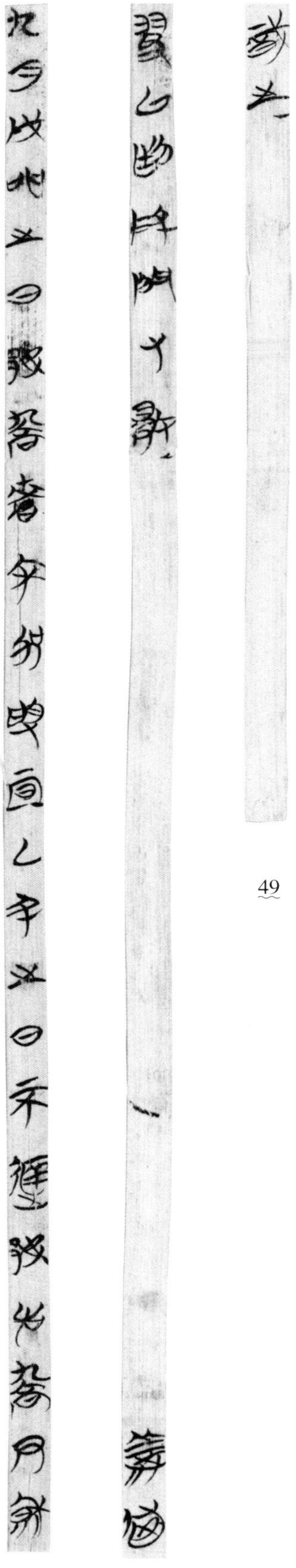

49

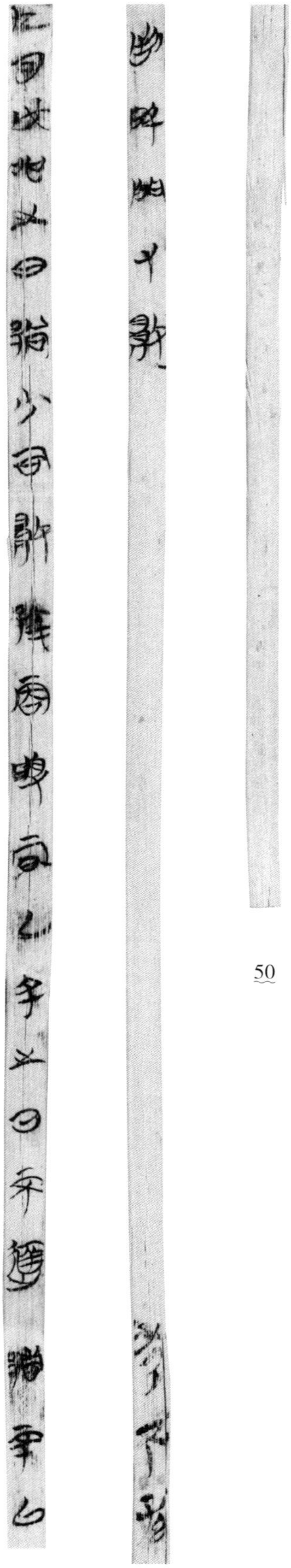

50

51

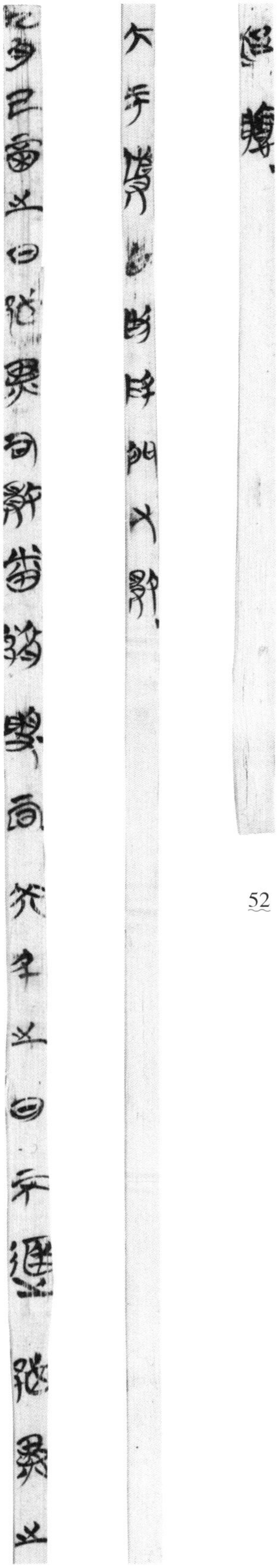

52

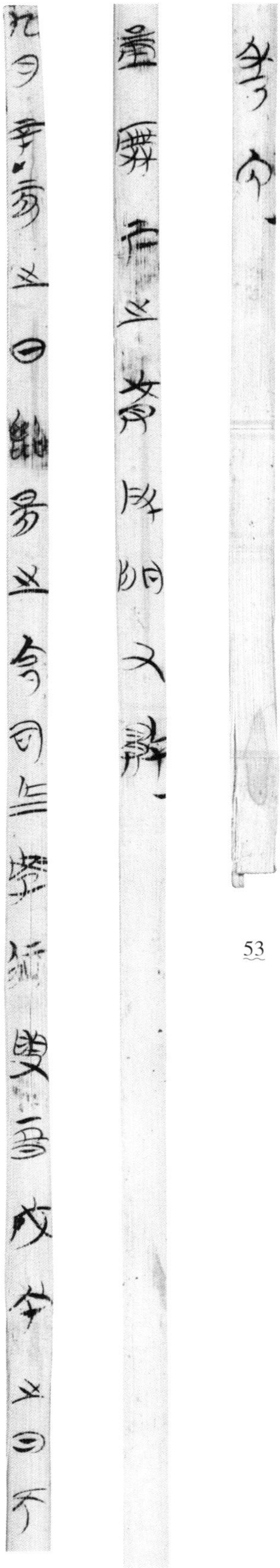

53

54

55

56

57

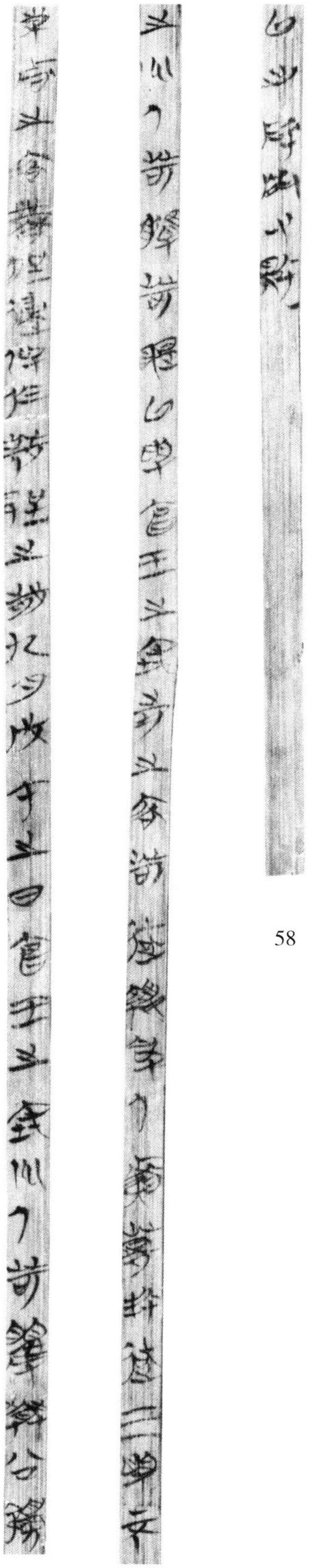

58

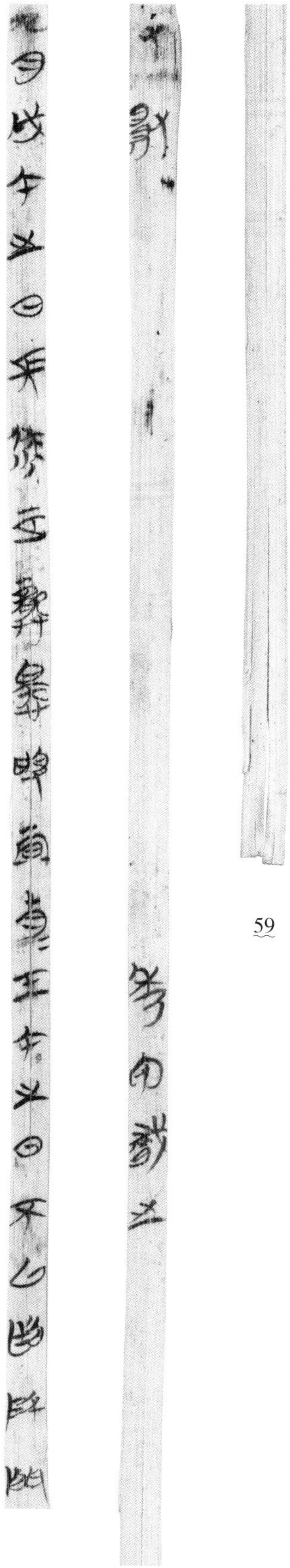

59

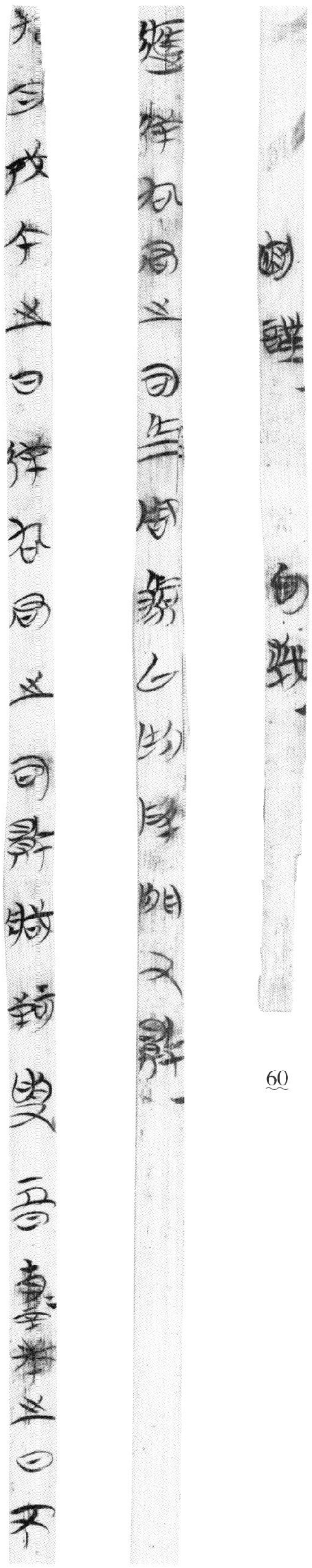

60

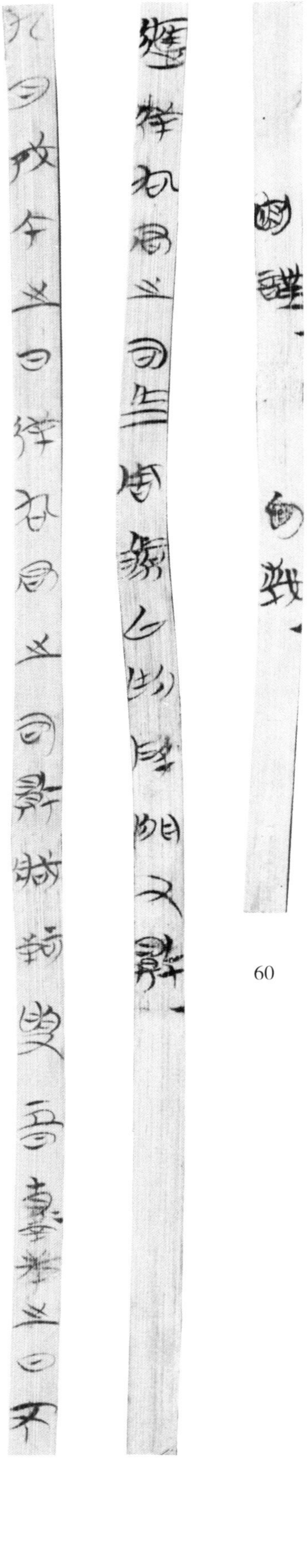

60

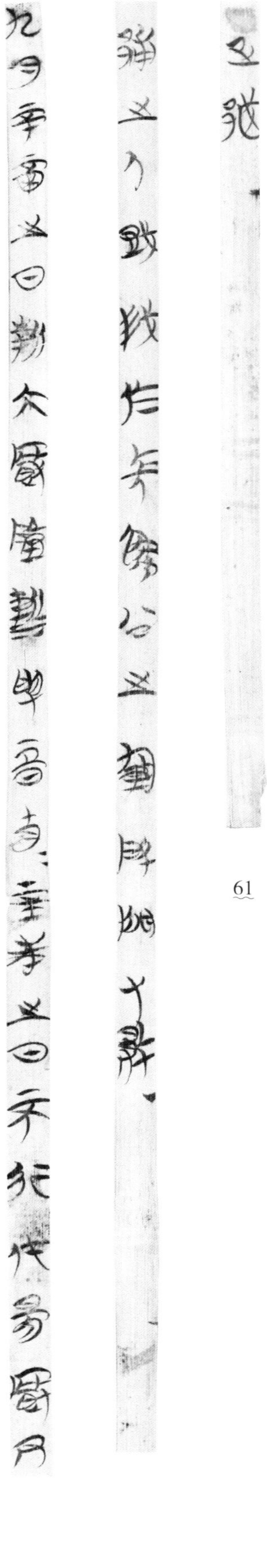

61

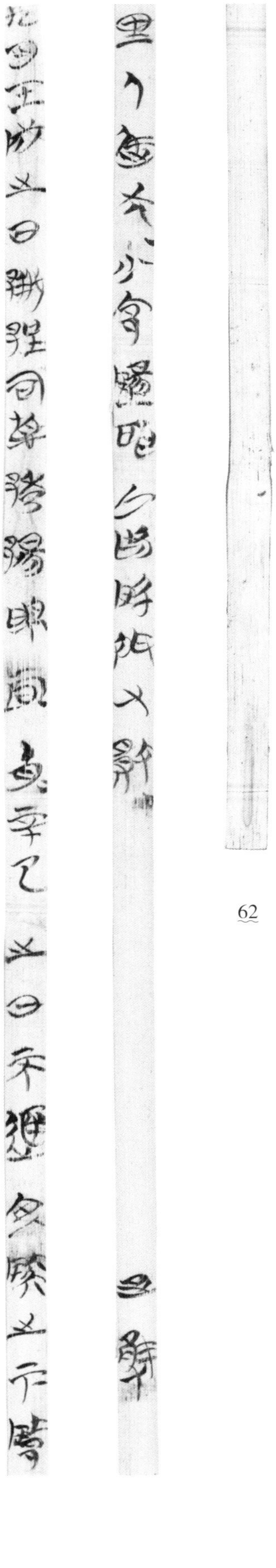

62

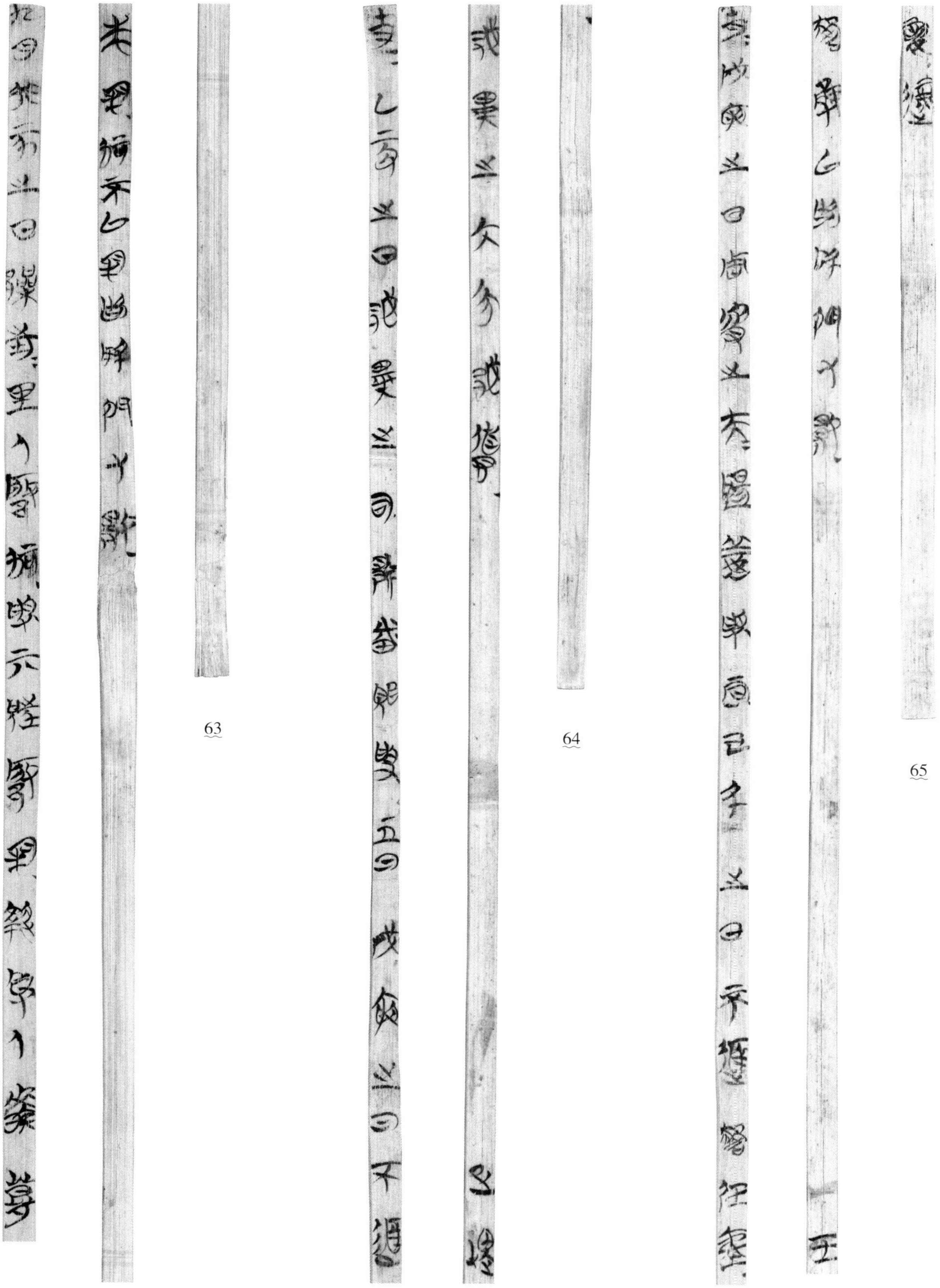

63

64

65

66

67

67

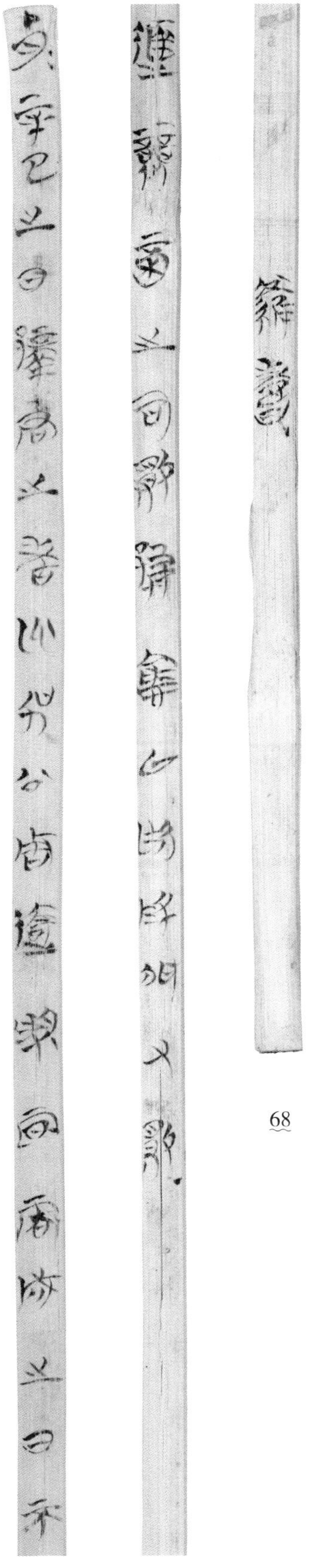

68

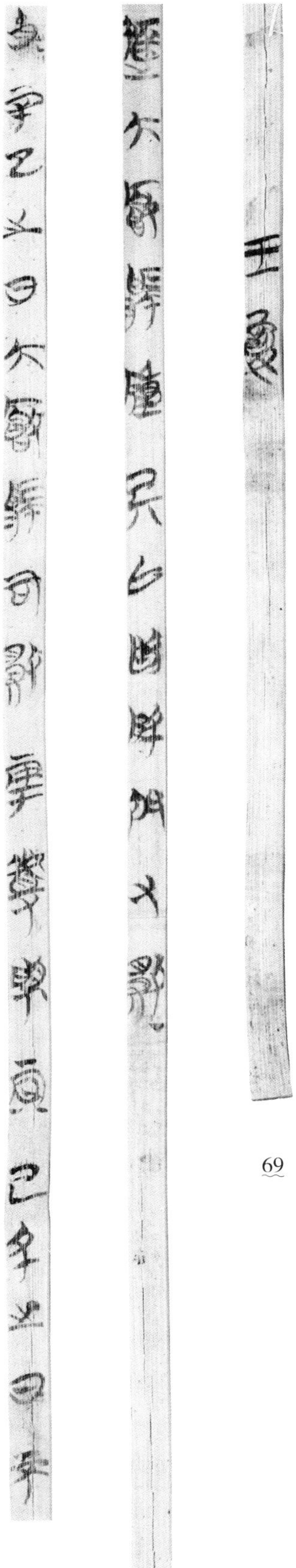

69

70

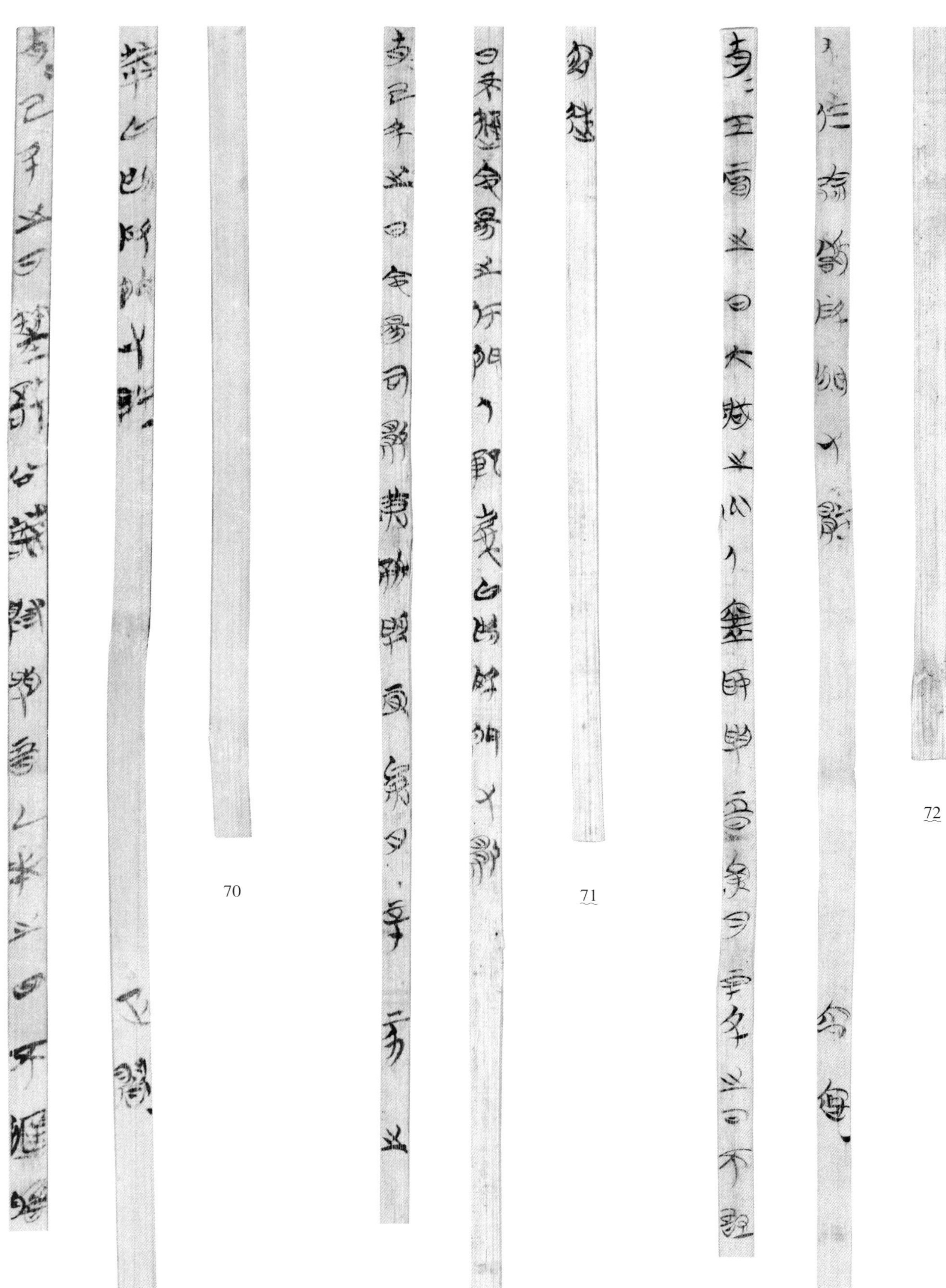

70 71 72

73

74

75

76

77

78

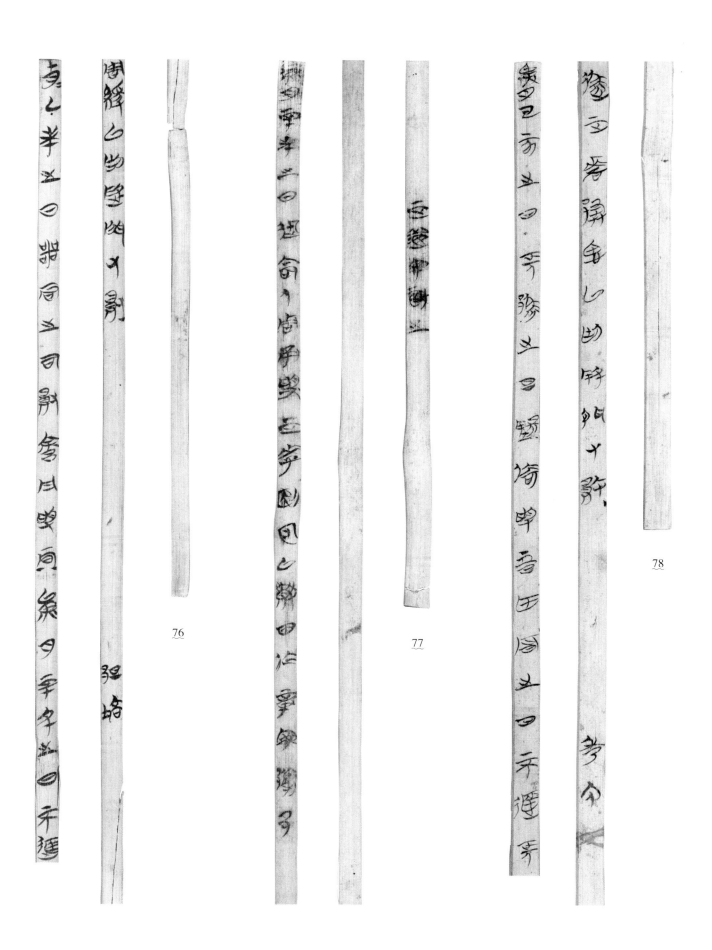

79

84背

80

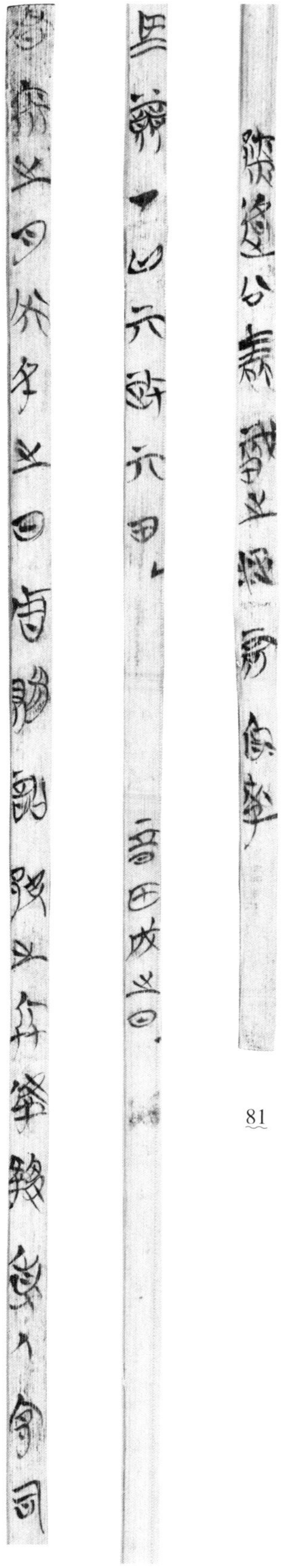

81

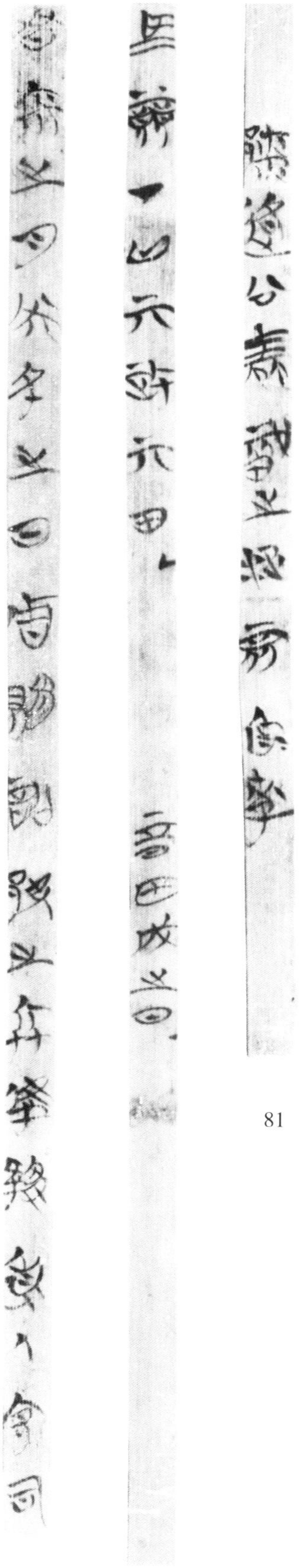

81

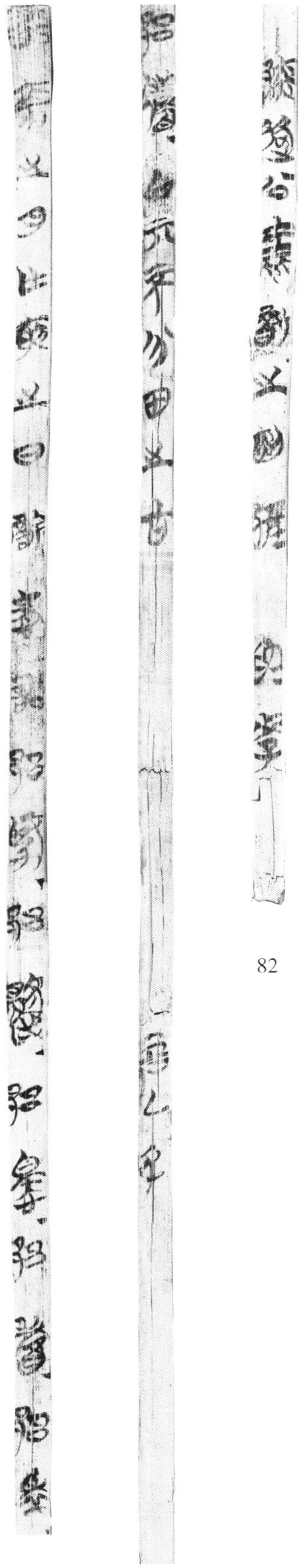

82

82

83

83

84

85

85

87

86

85背

87

88

89

90

90

91

92

92

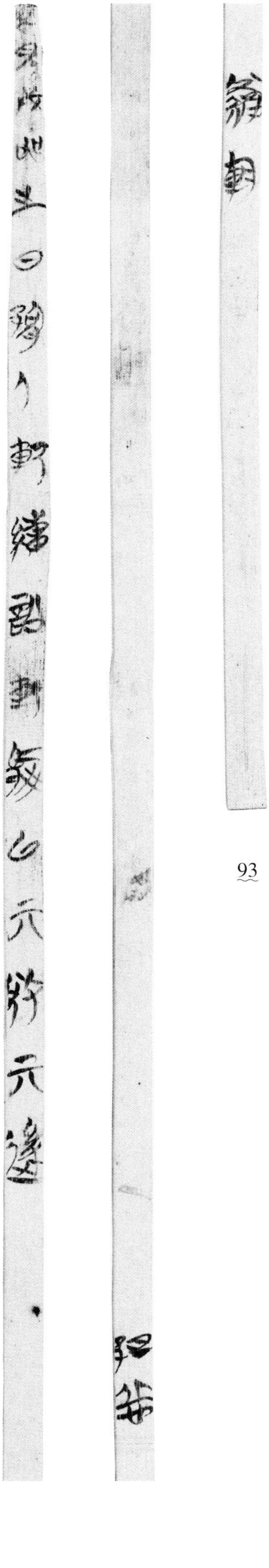

93

94

95

95

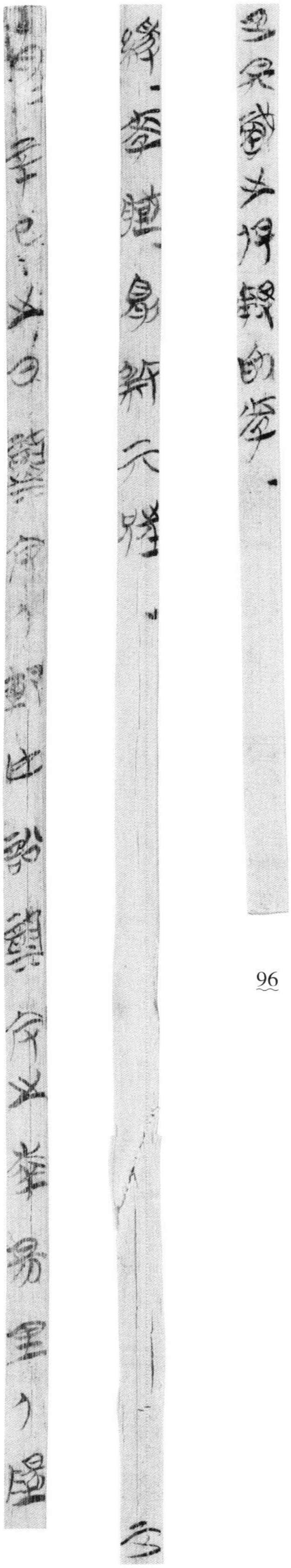

96

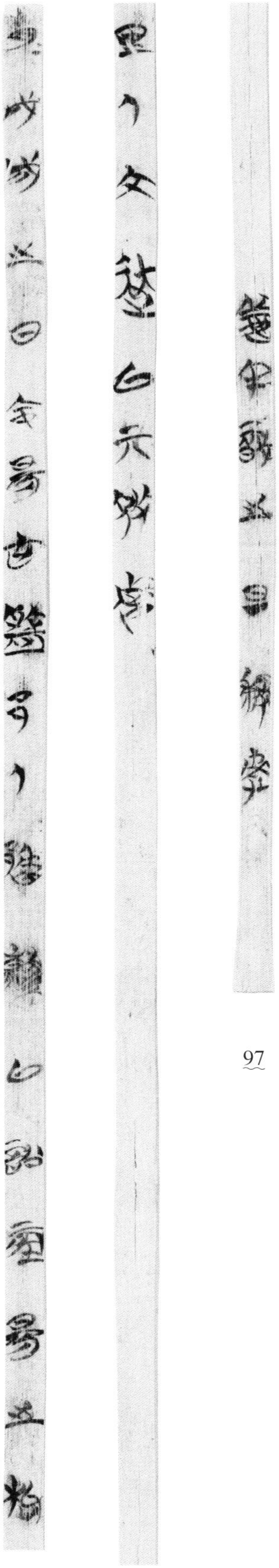

97

98

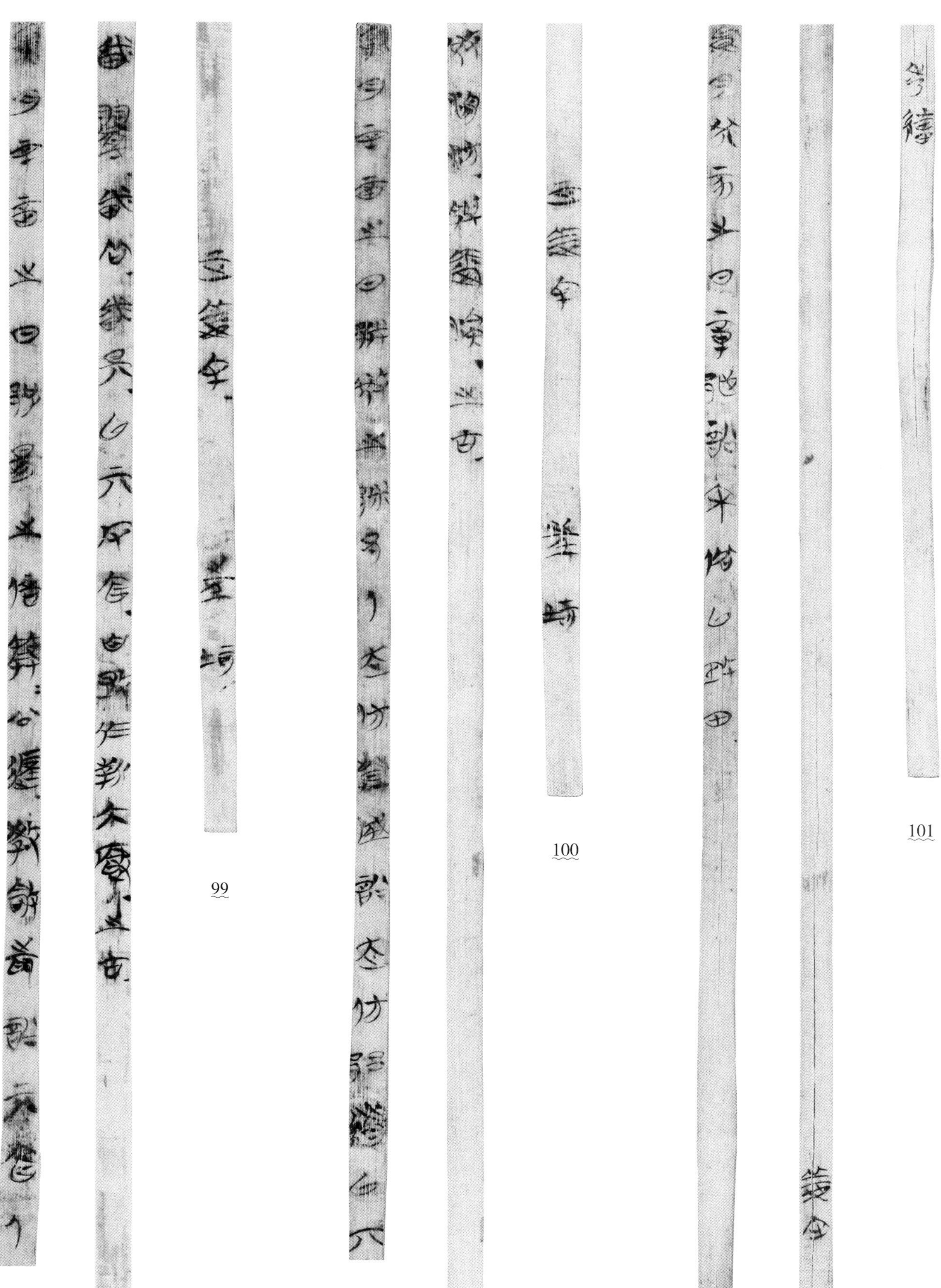

99

100

101

101

102

102背

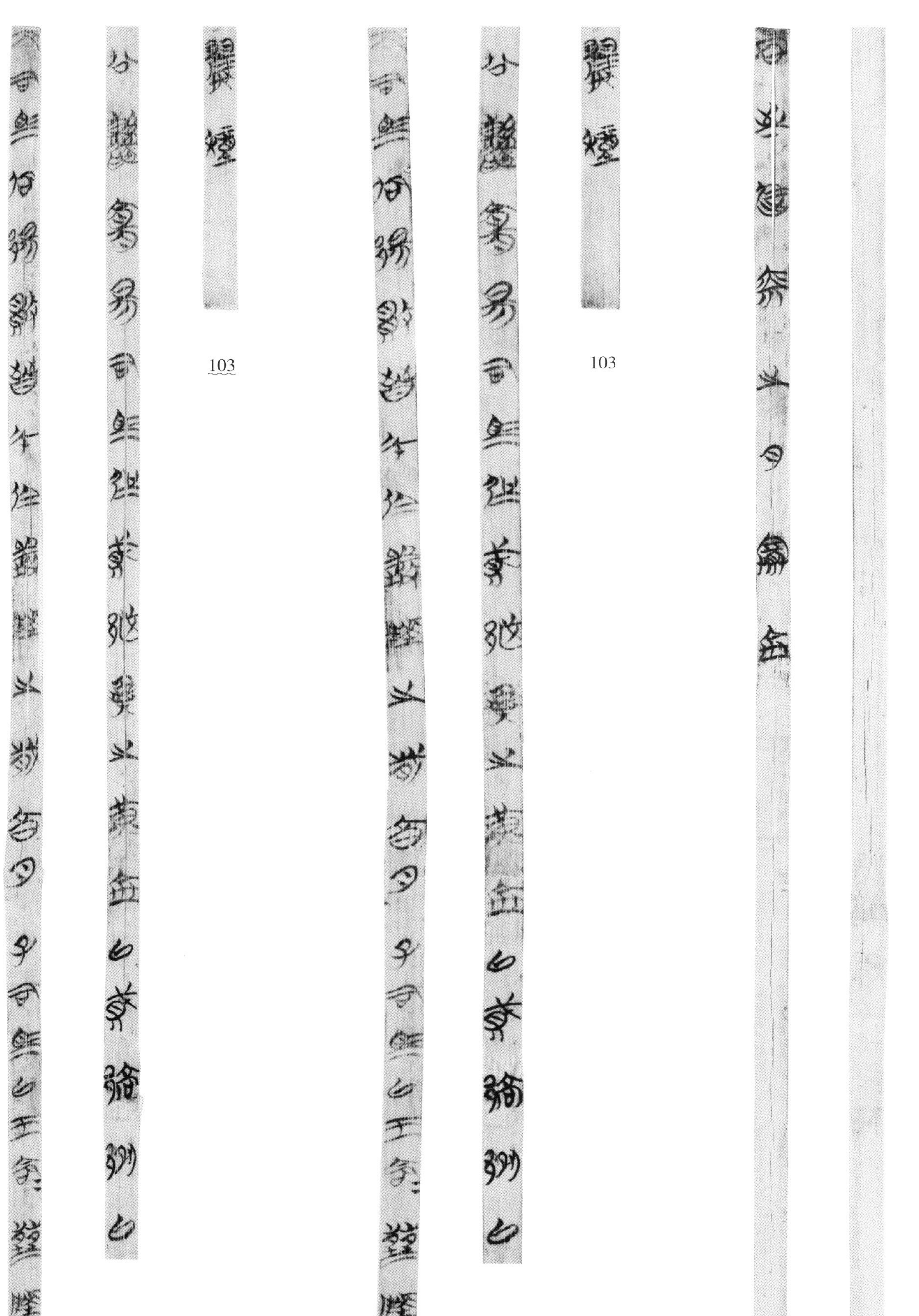
103

103

104

105

106

107

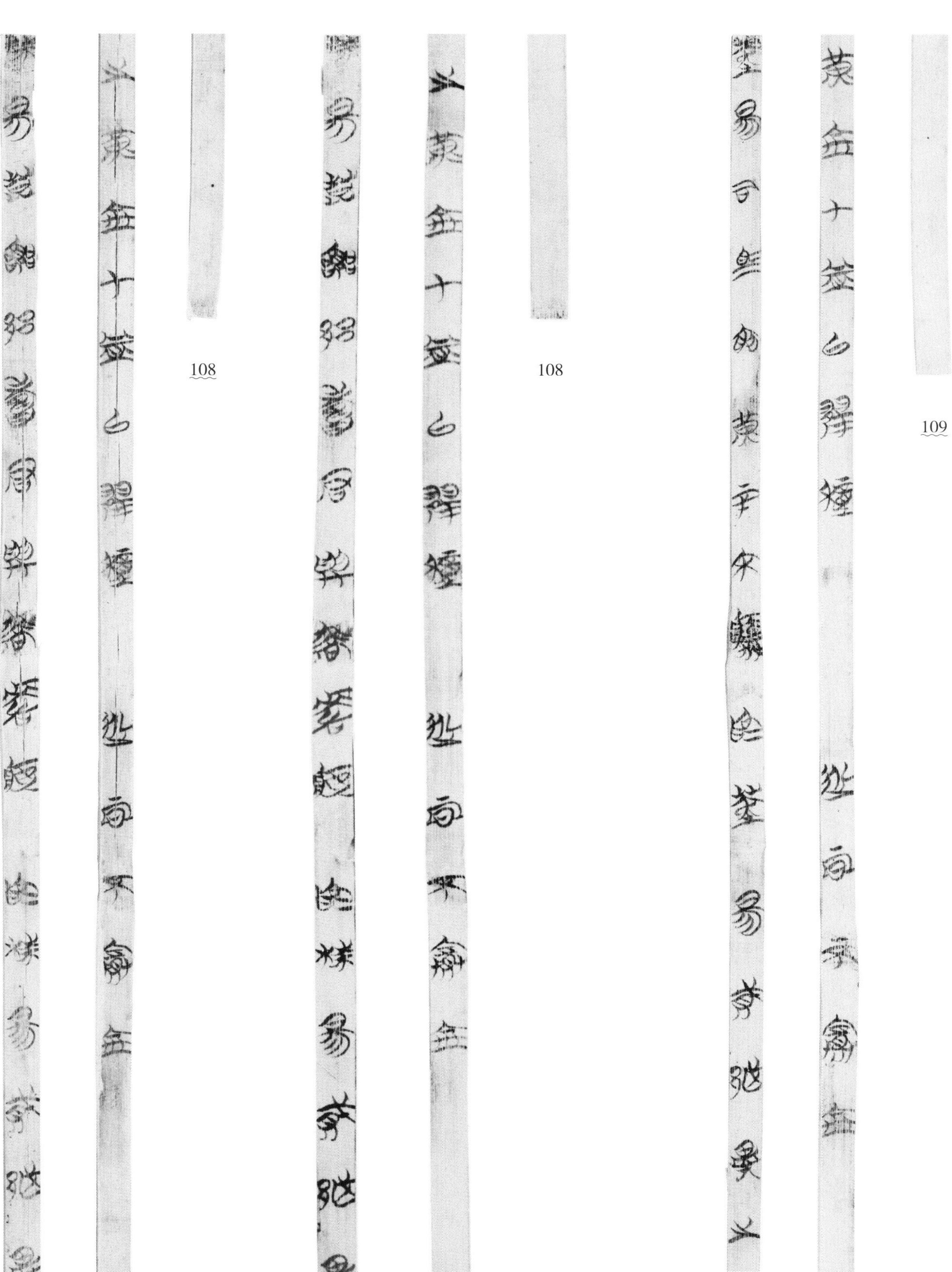
108
108
109

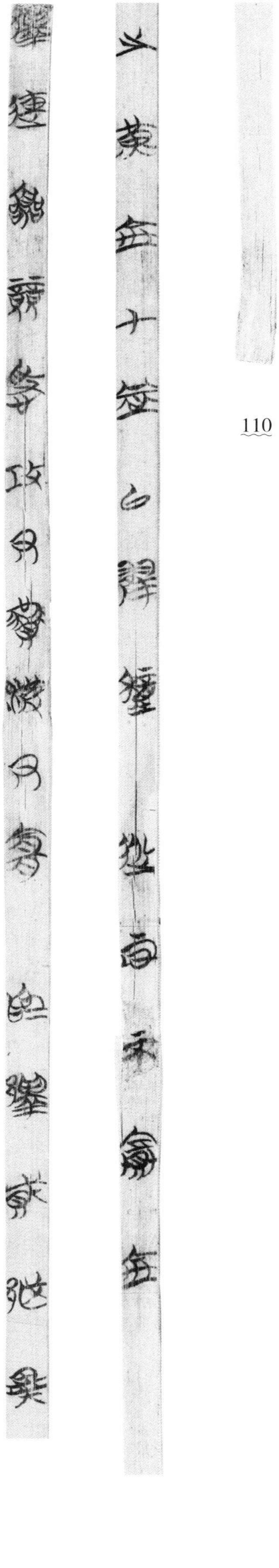

110

110

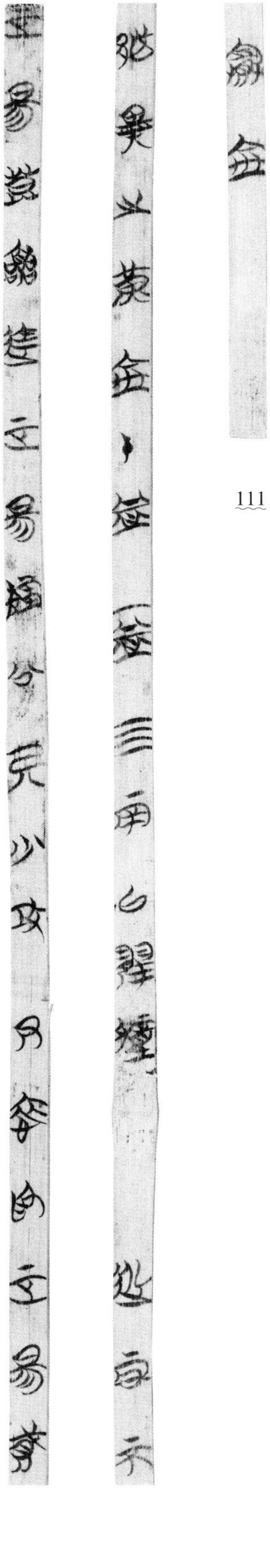

111

112

113

114

103背

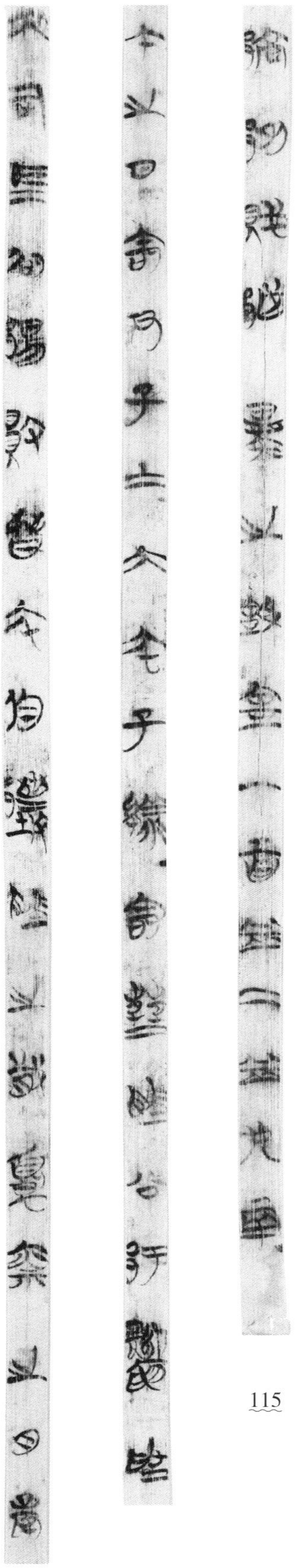

115

116

116

117

118

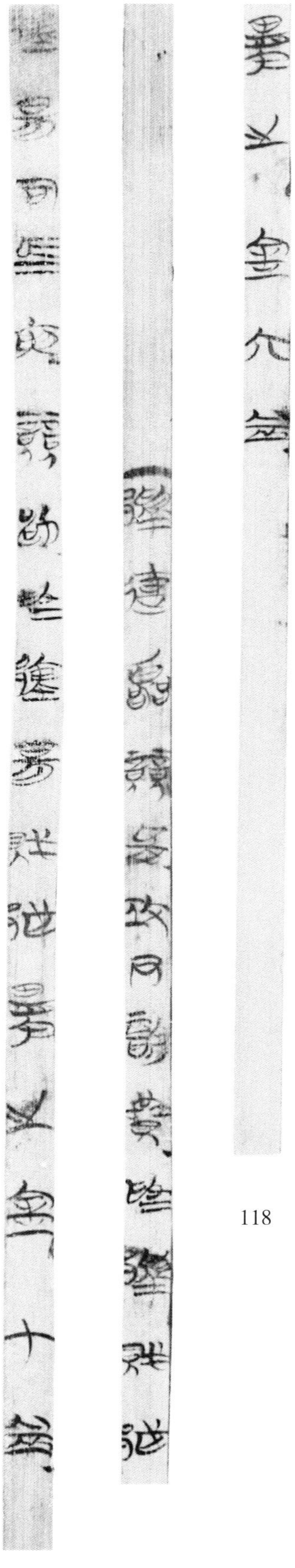

118

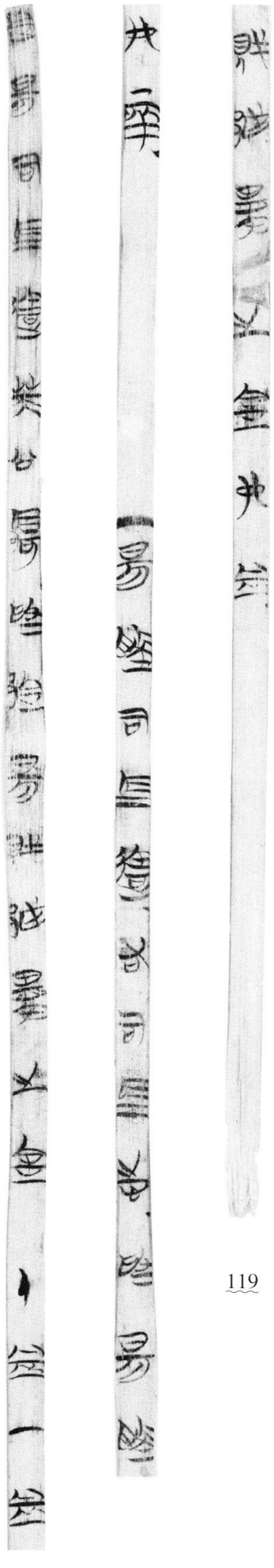

119

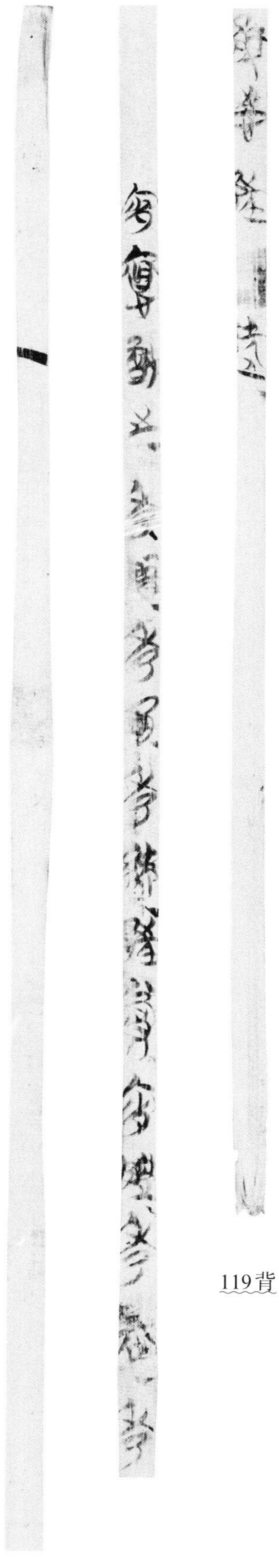

119背

120

120

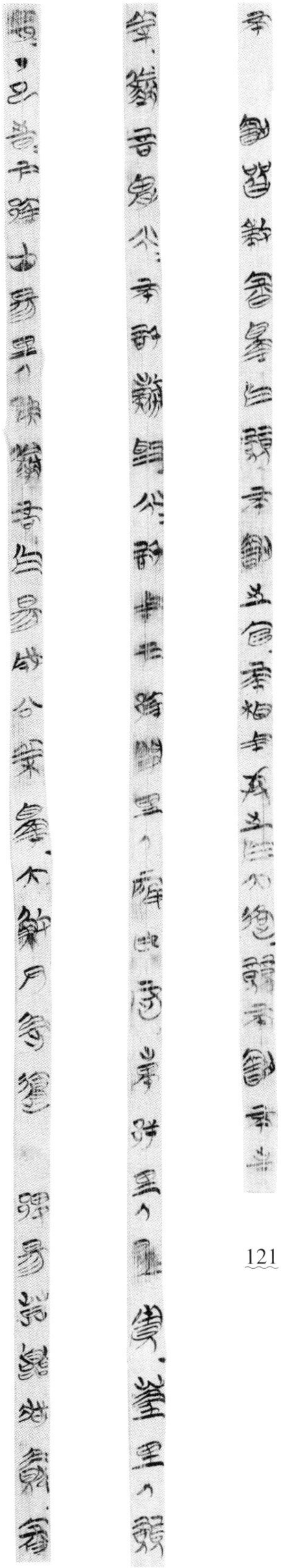

121

122

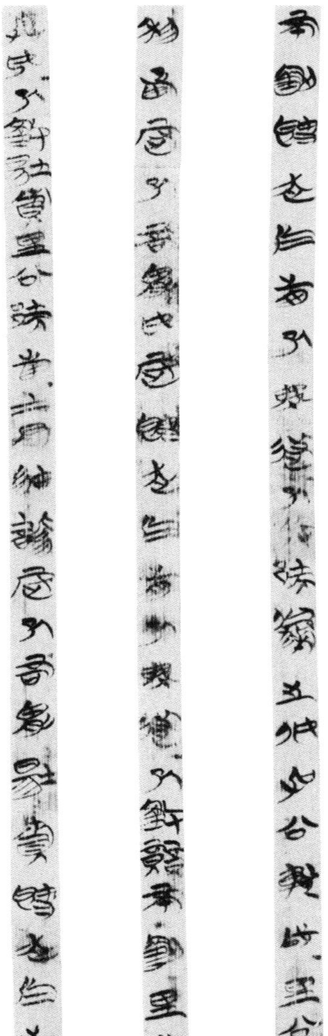

122

123

123

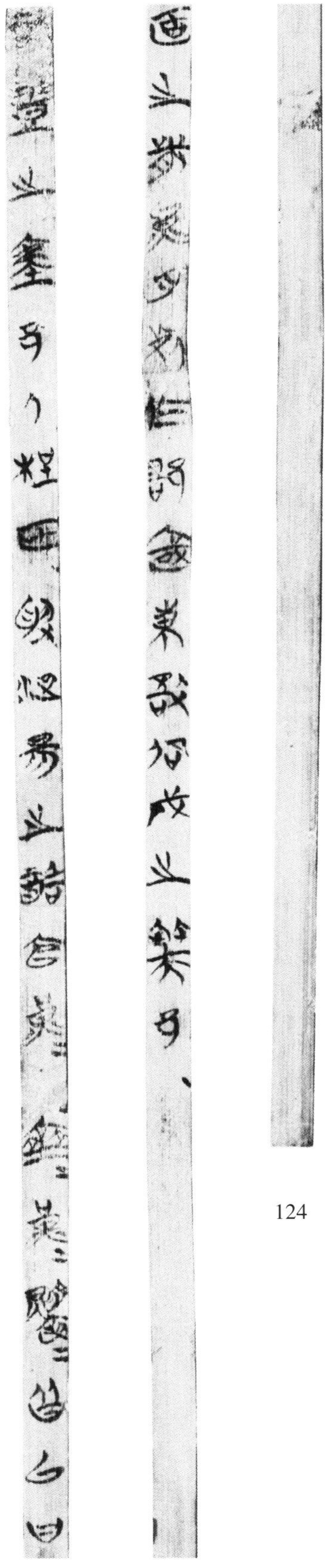

124

125

125背

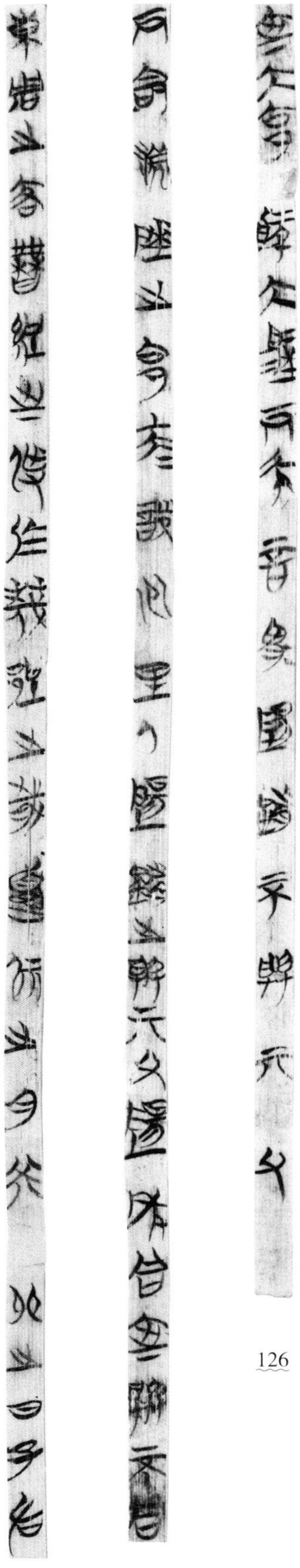

126

127

128

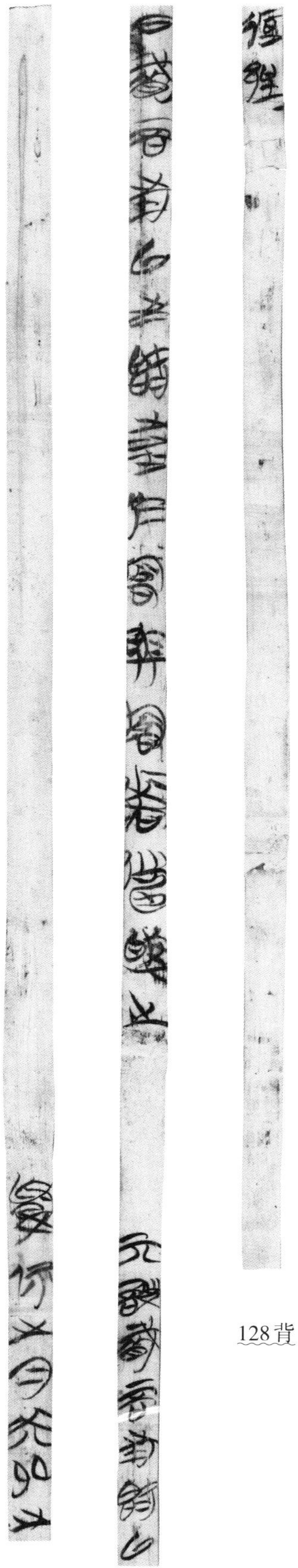

128背

129

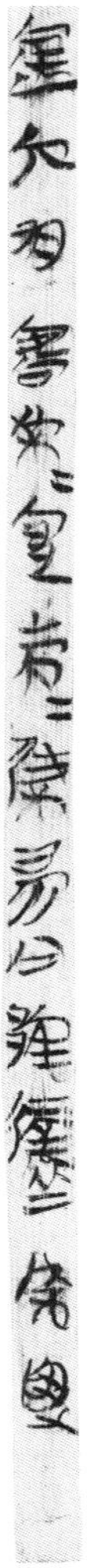

132

130背

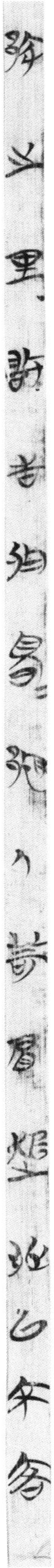

130

133

134

135

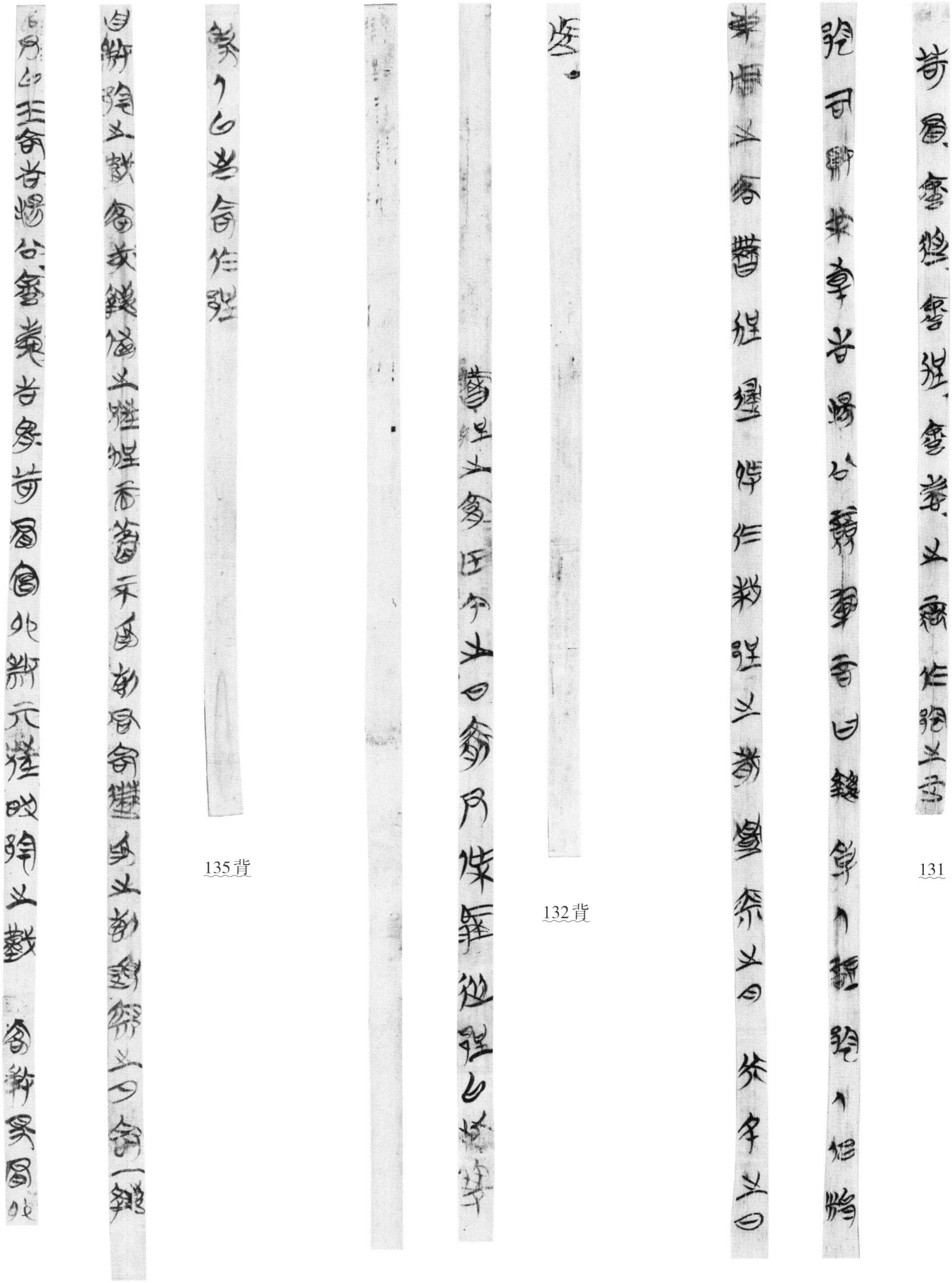

131

132背

135背

137

136

136

137背

138

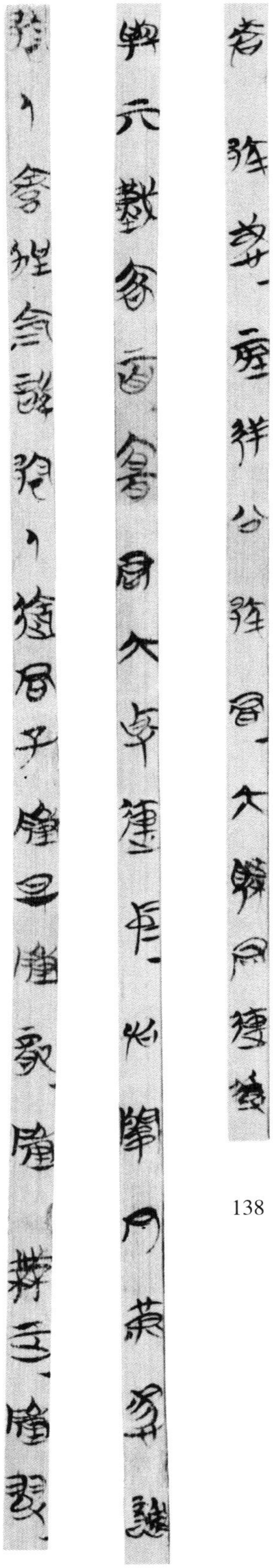

138

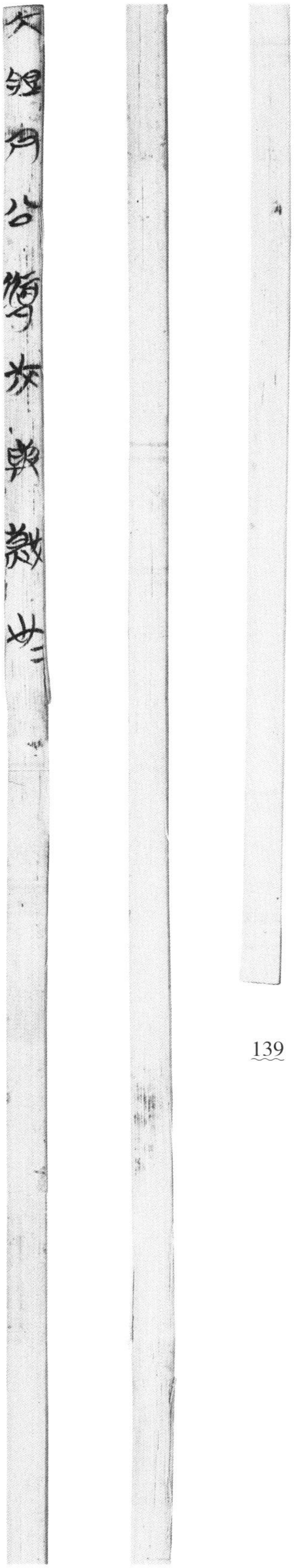

139

139背

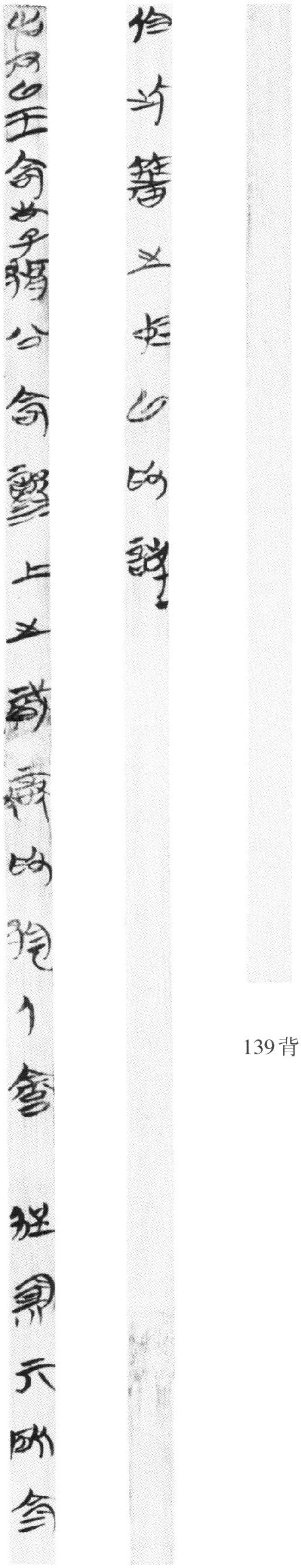

139背

138背

140

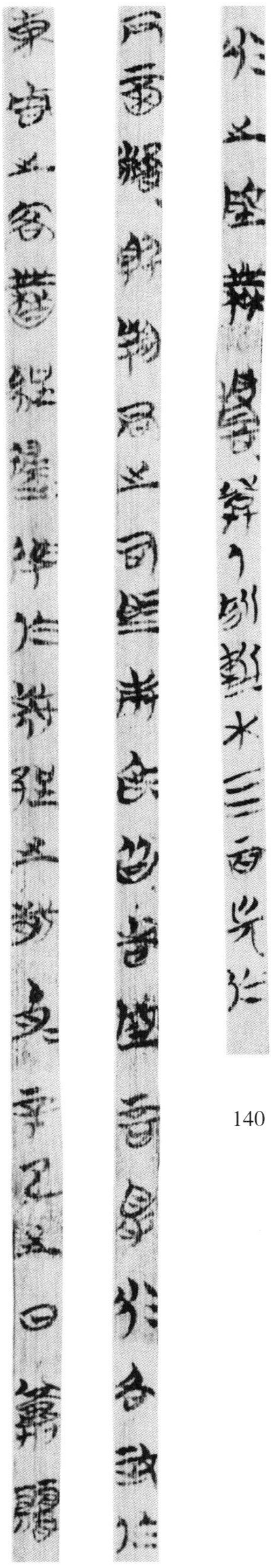

140

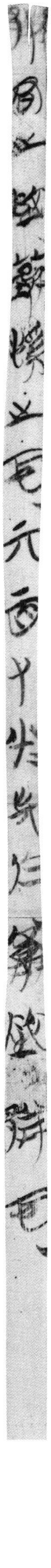

140背

140背

141

141

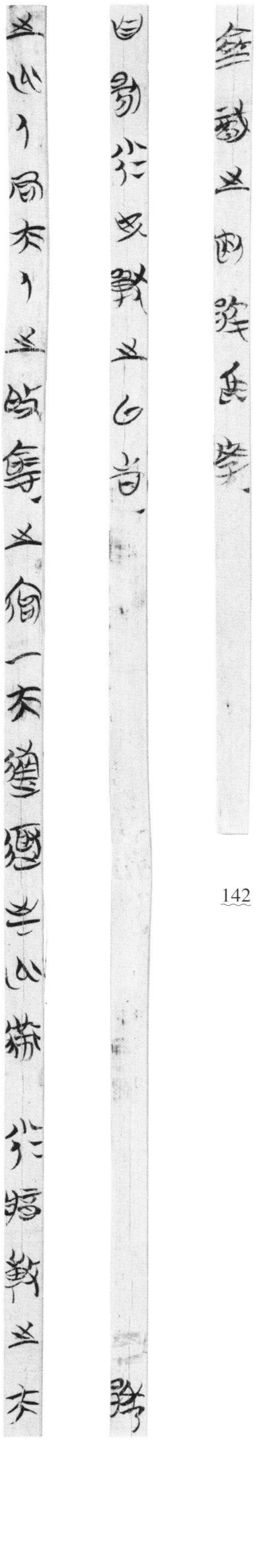

142

143

144

145

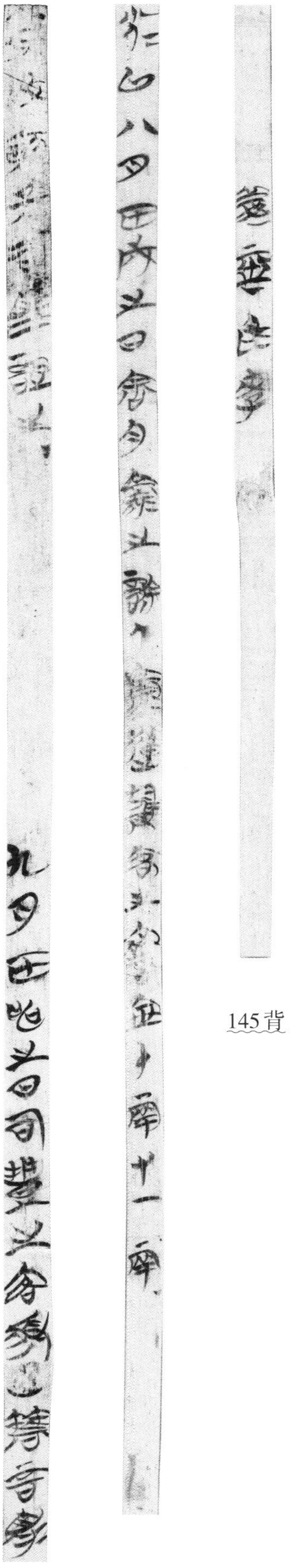

145背

146

146

147

147

148

149

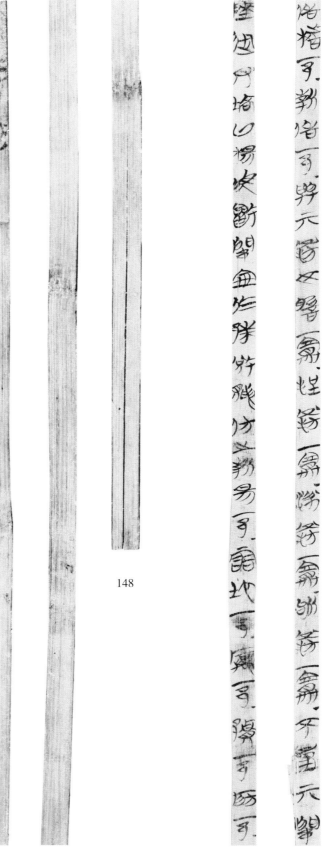

149

150

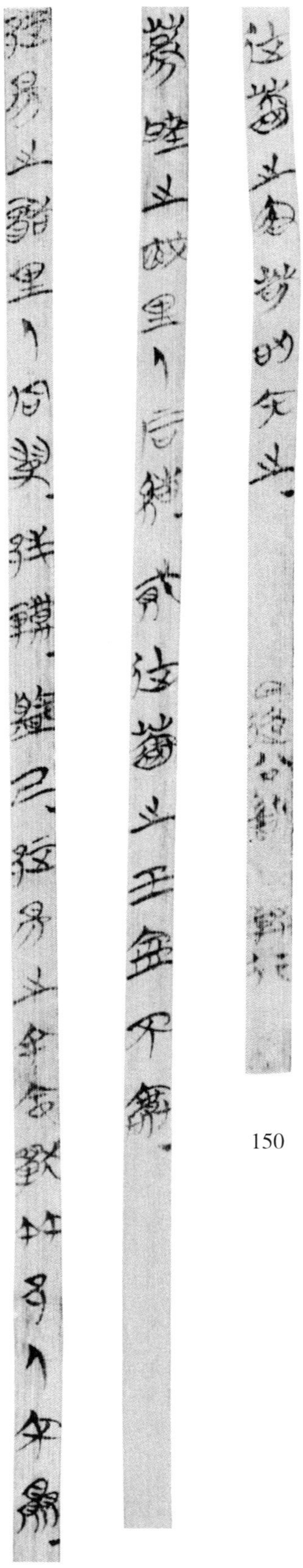

150

150背
151
151

152

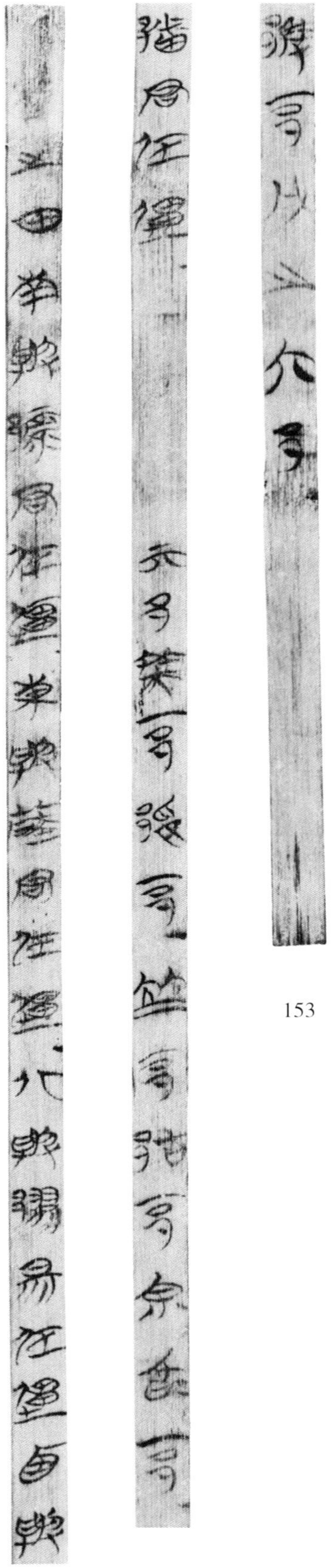

153

154

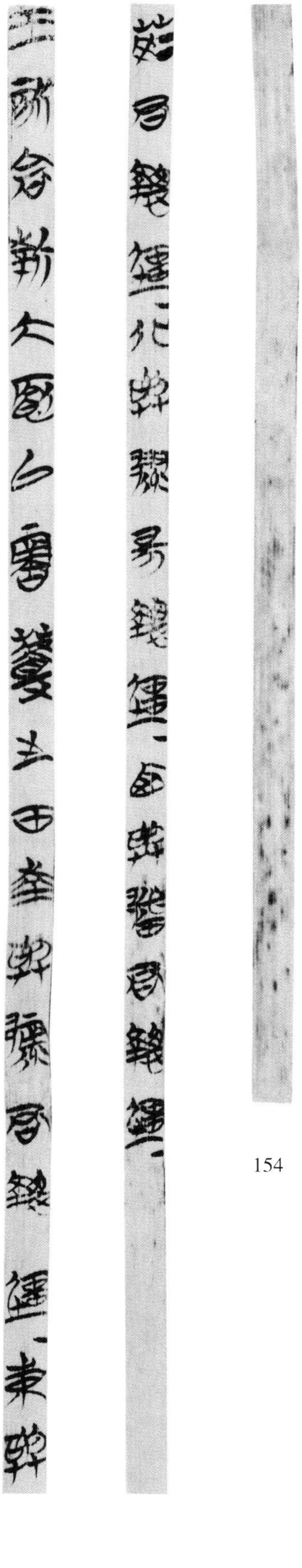

154

155

155背

156

157

157背

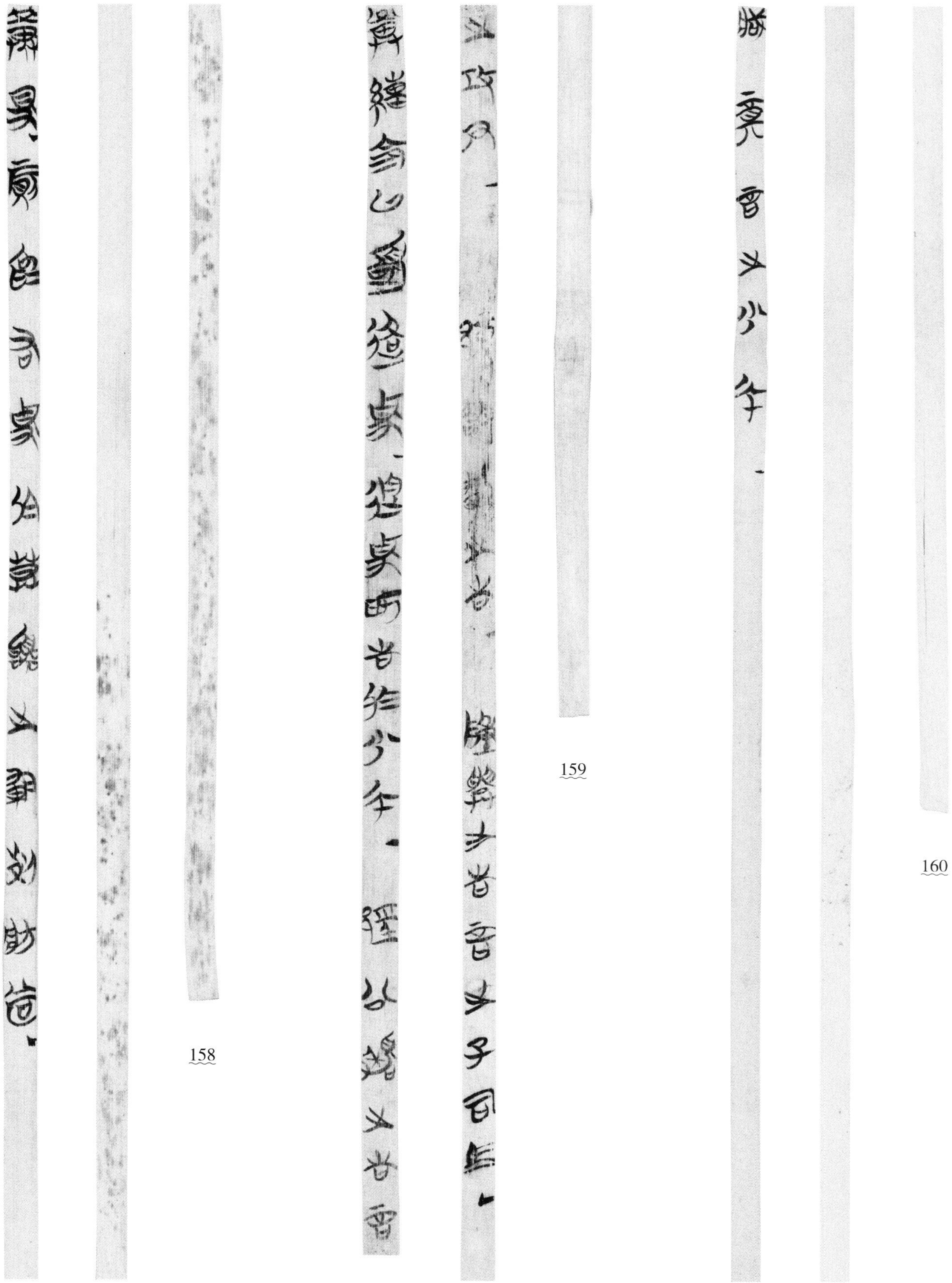

158

159

160

161

161

278背

162

163

164

165

165

184

185

186

163背

171

172

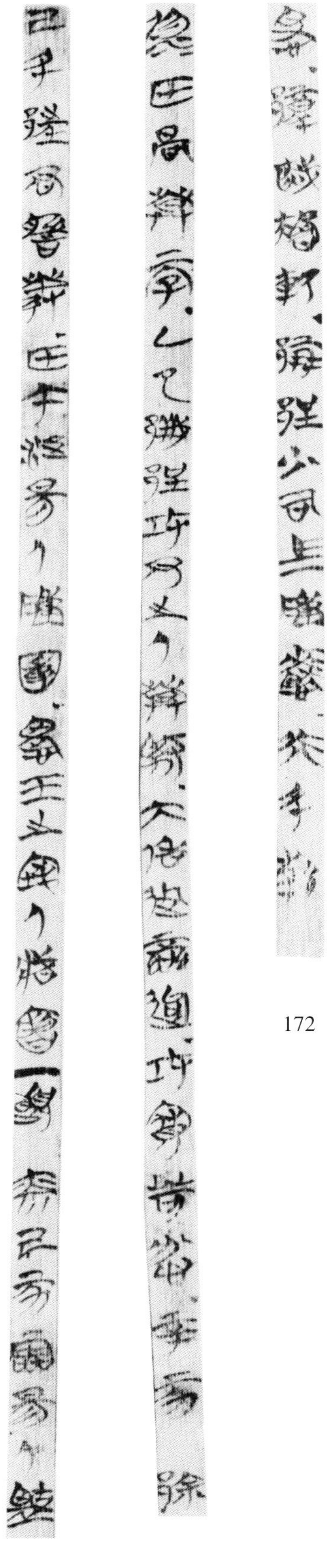

172

175

174

173

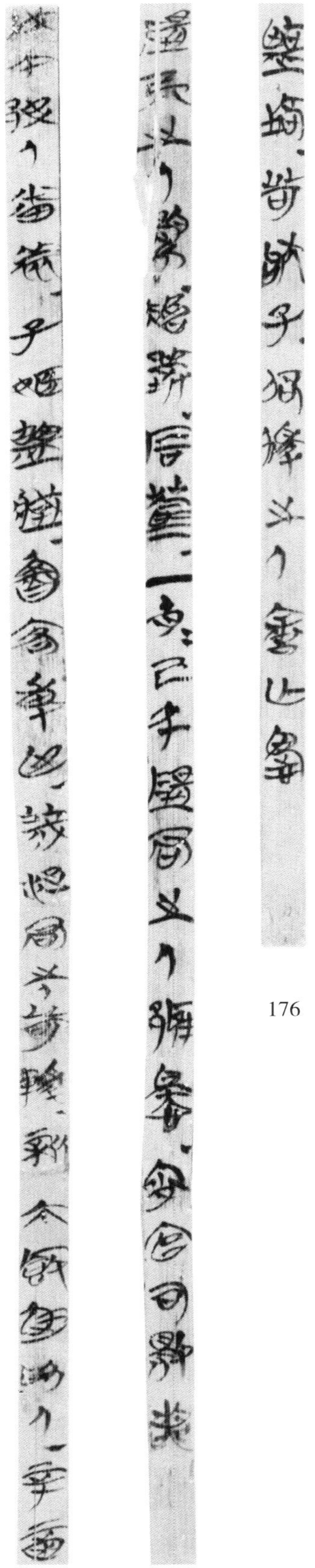

176

177

178

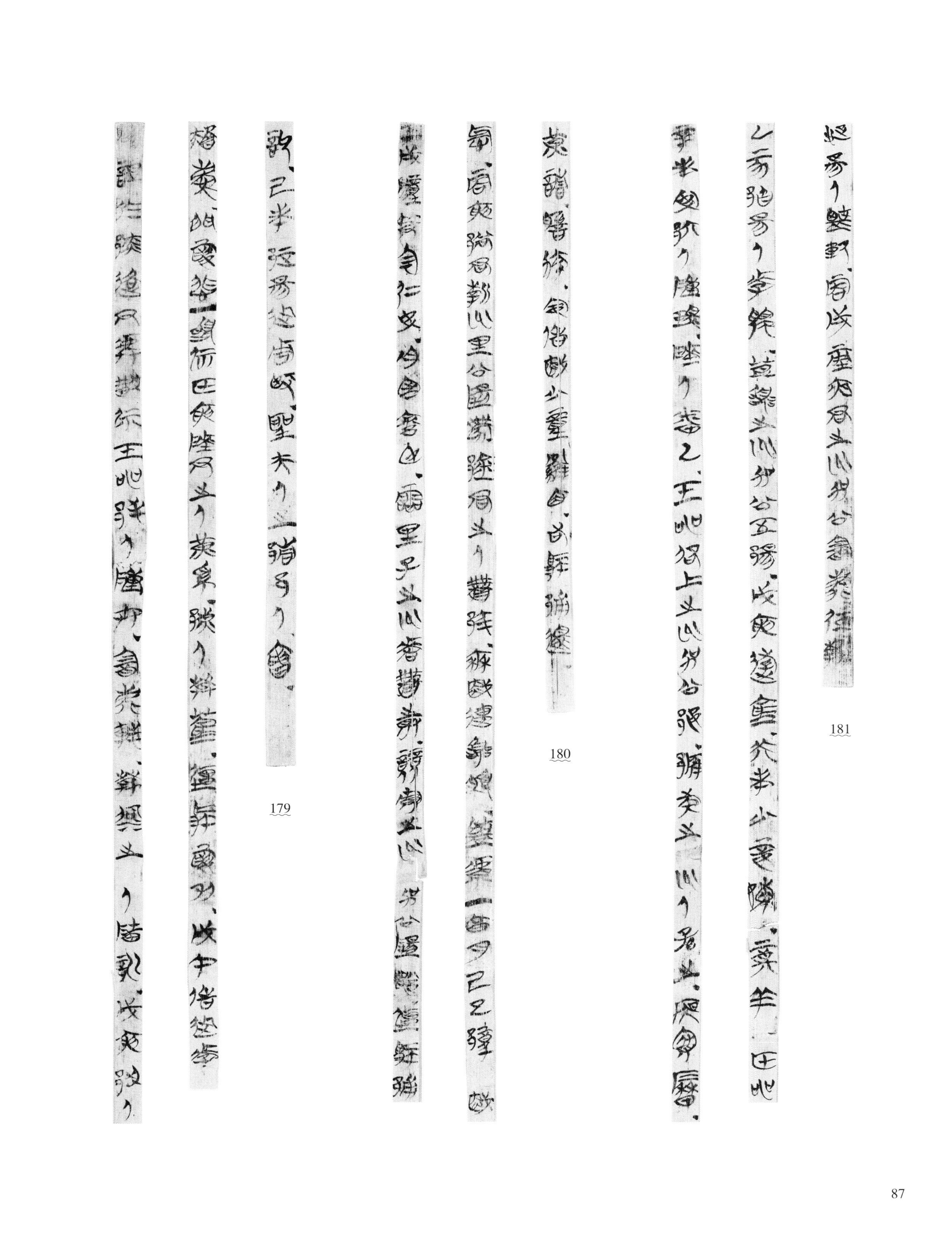

179

180

181

166

183

182

168

167

167

187

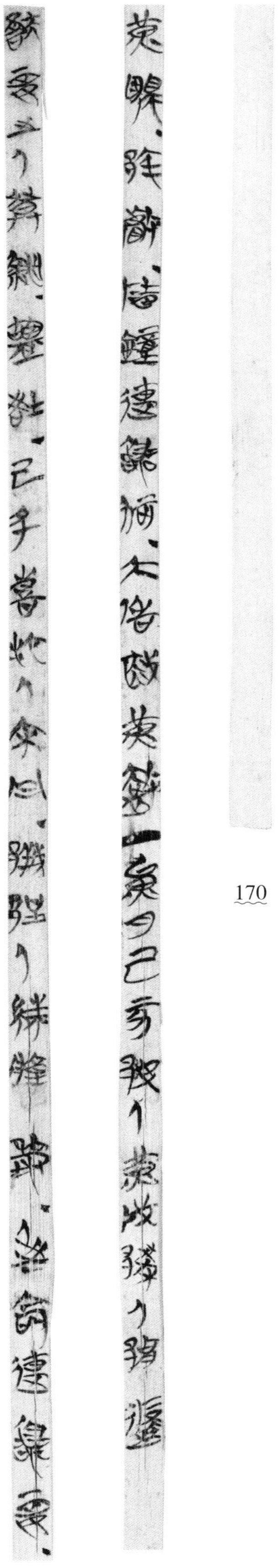

170

169

188

188

189

190

191

192

193

194

194

195

196

二　卜筮禱祠圖版

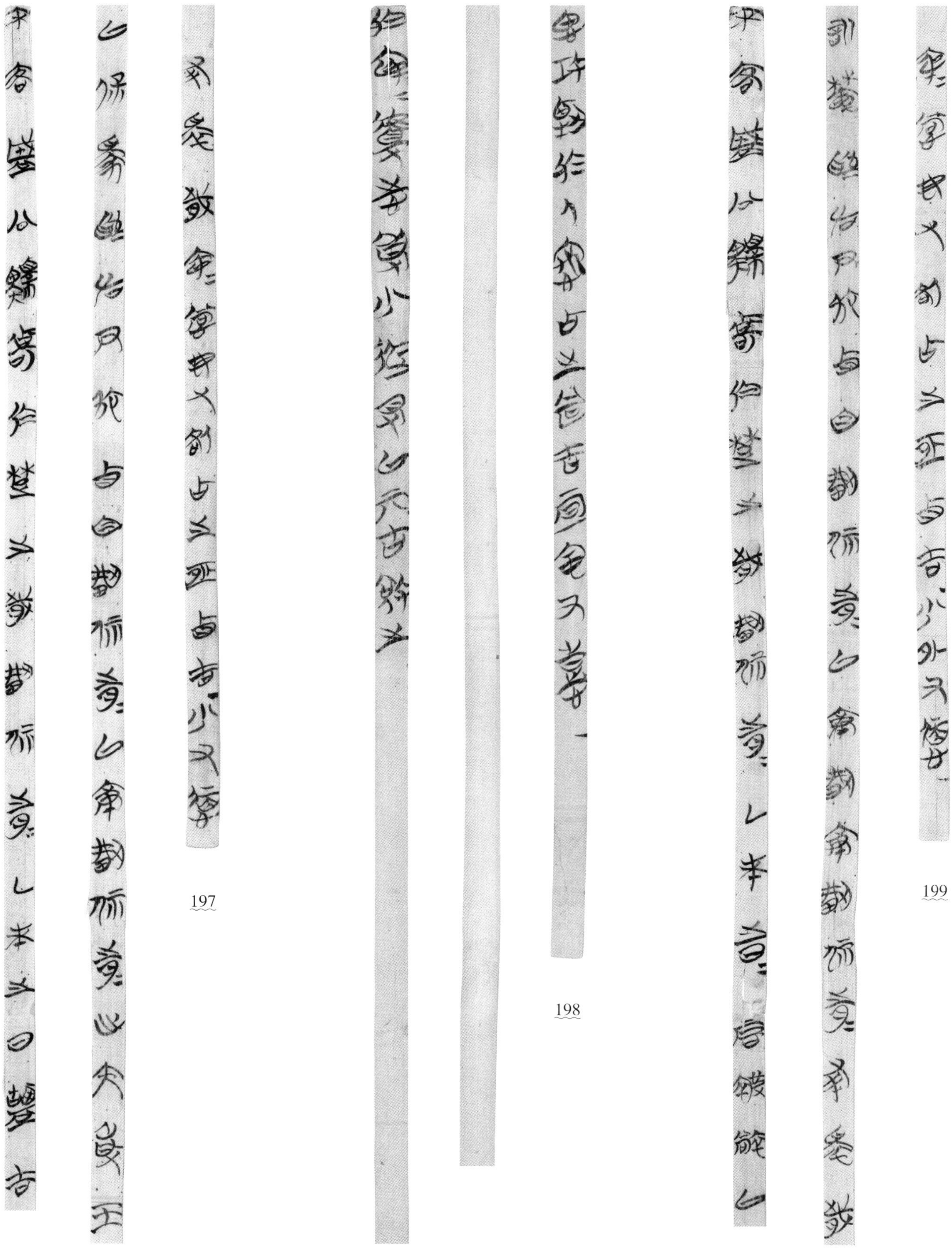

197

198

199

202

201

200

202

203

204

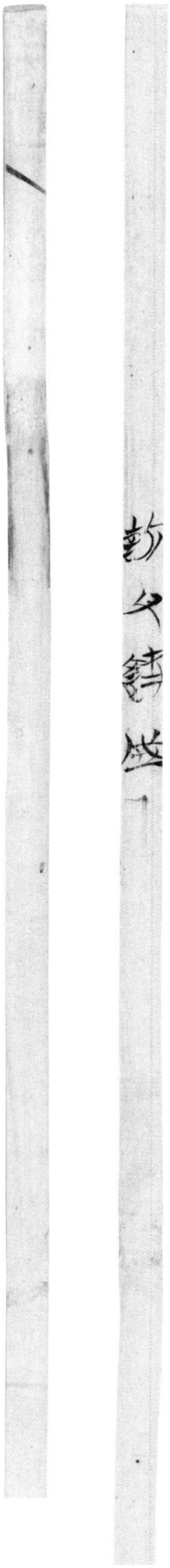

202背

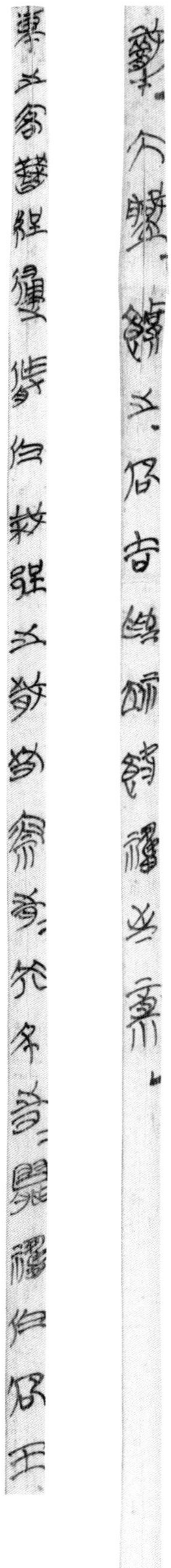

205

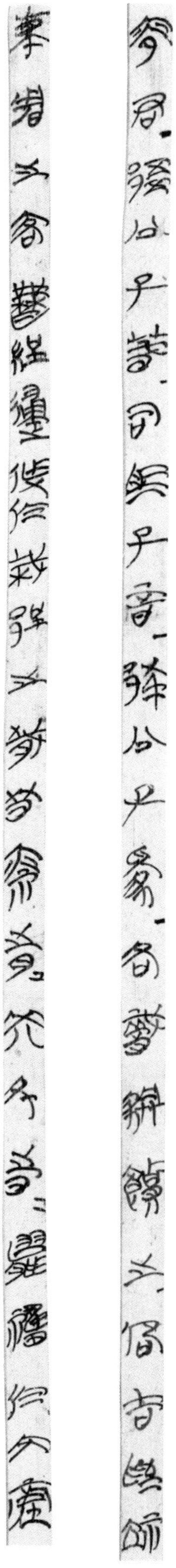

206

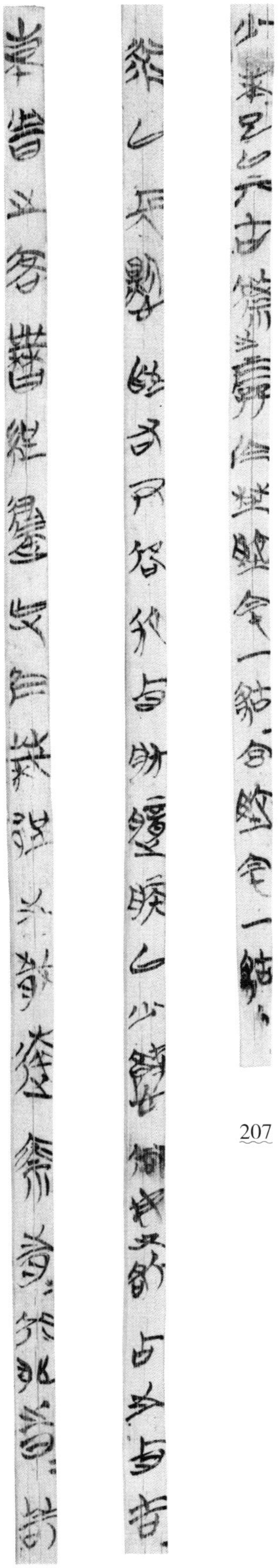

207

208

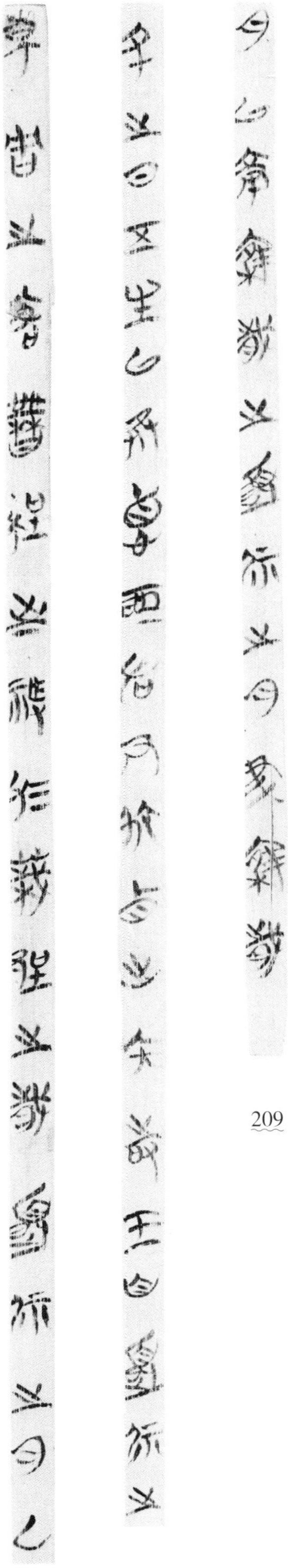

209

212

211

210

213

214

215

216

217

218

218

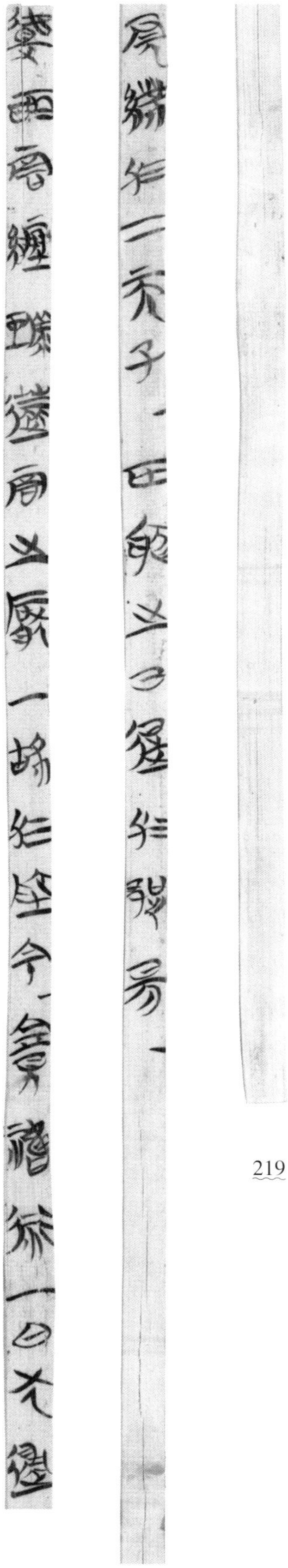

219

220

222

221

221

225

224

223

225

226

226

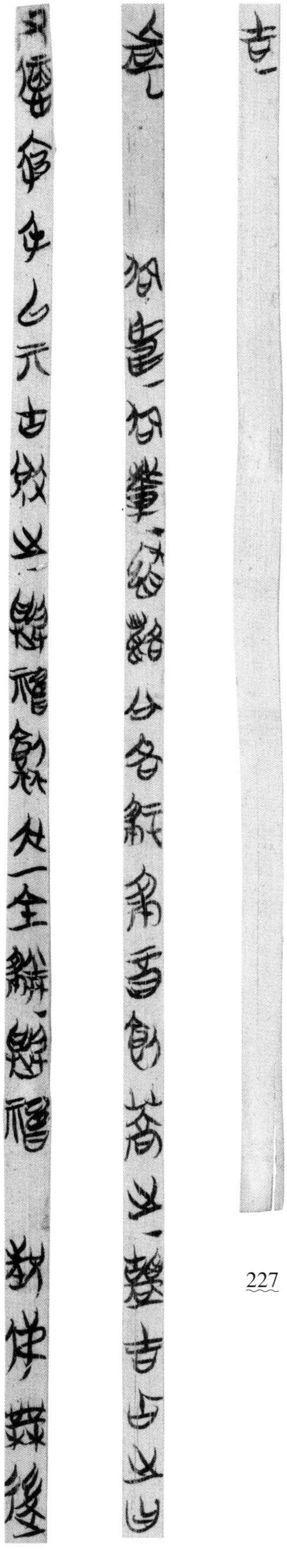

227

228

229

230

231

232

233

234

235

236

237

238

240

240

239

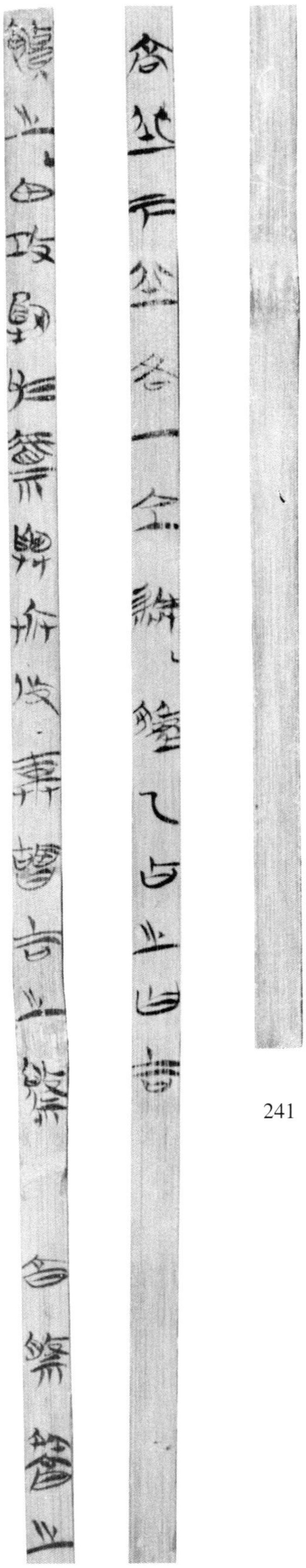

241

242

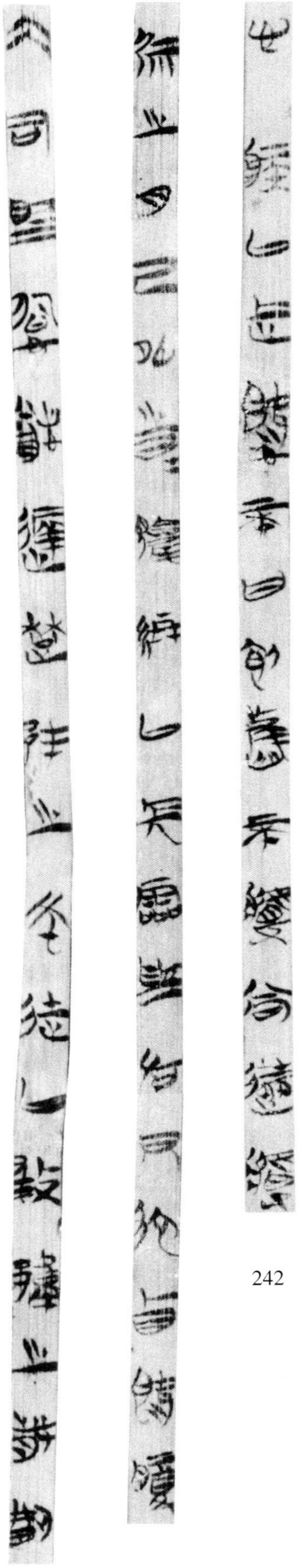

242

243

243

244

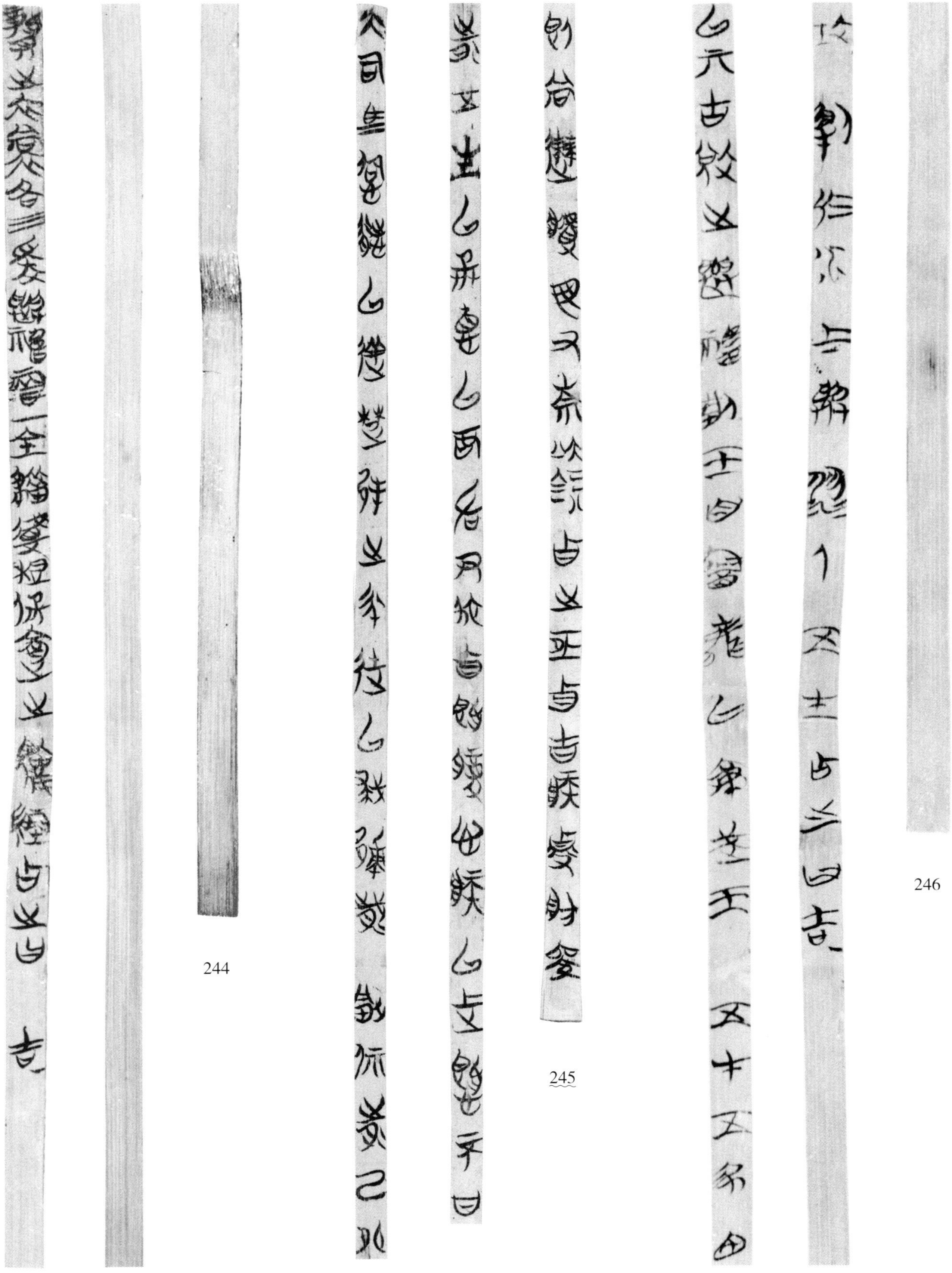

244

245

246

247

248

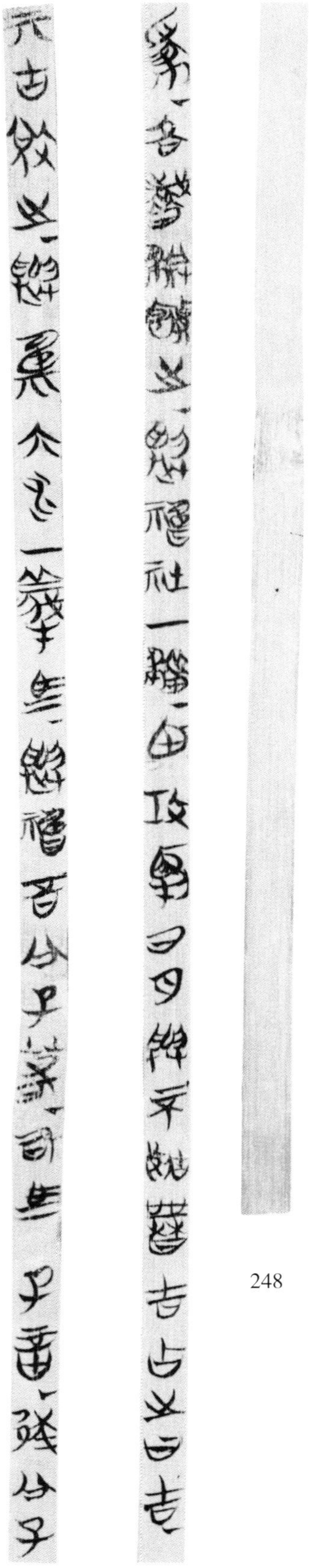

248

250

249

249

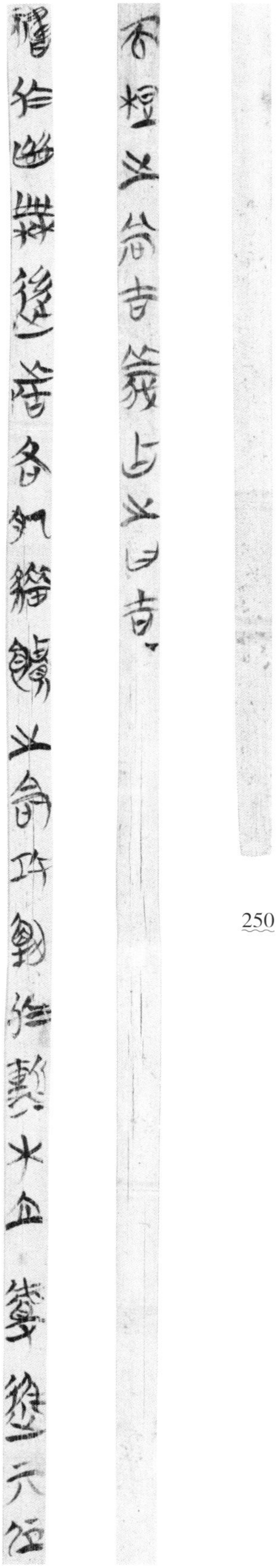

249背

三　遣策賵書圖版

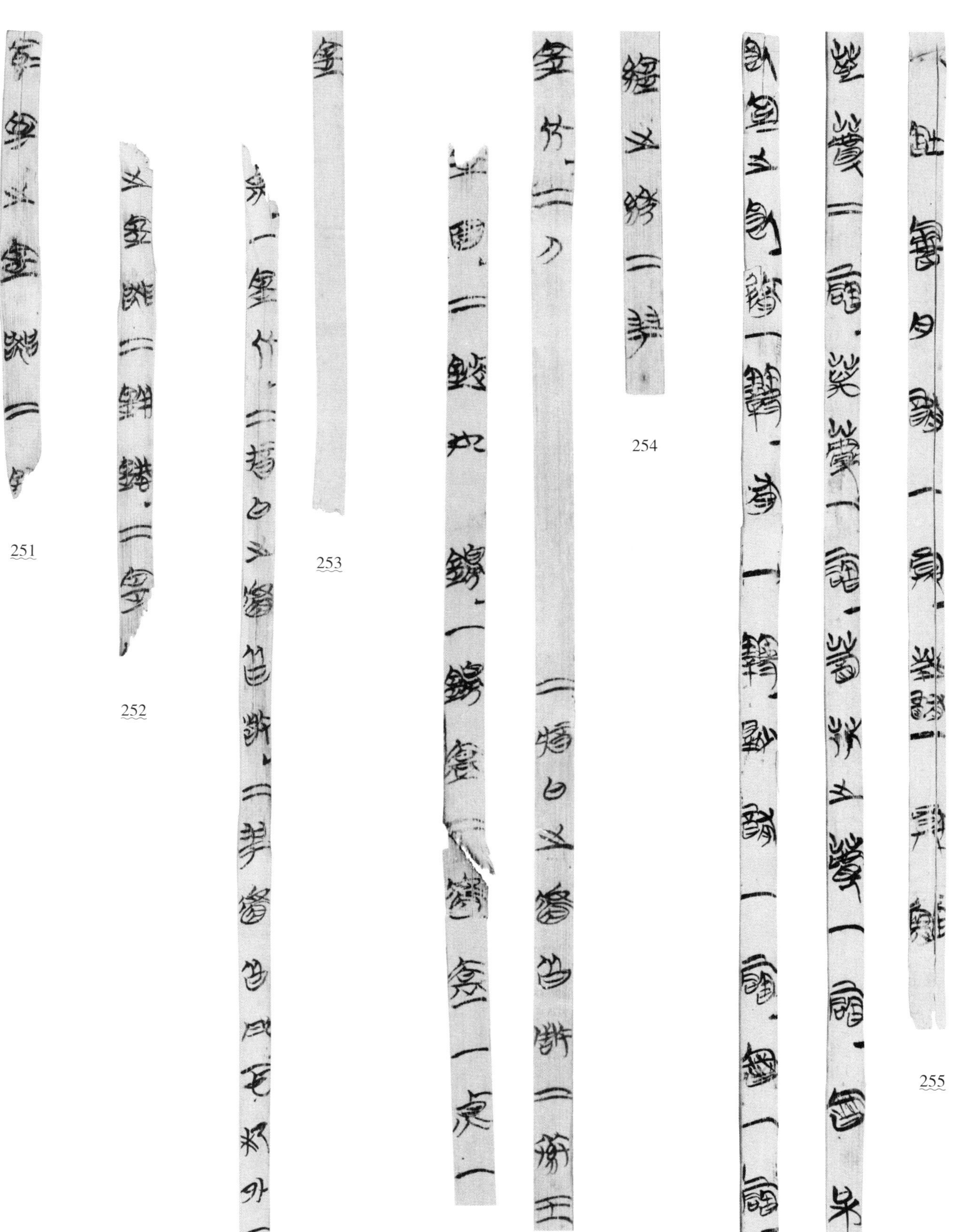

251

252

253

254

255

255
256
257

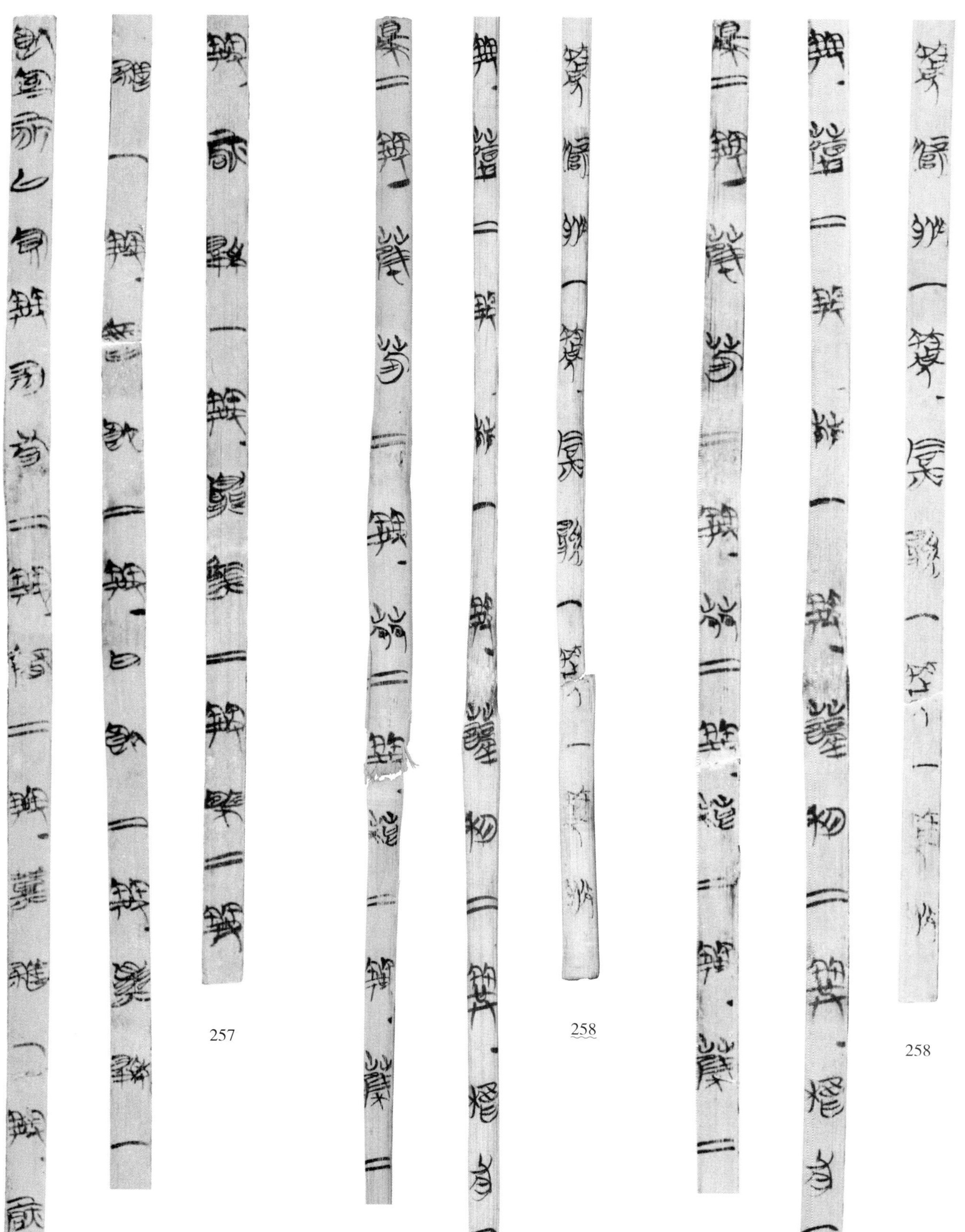
257

258

258

259

260上

260上

260下

261

262

263

264上

264下

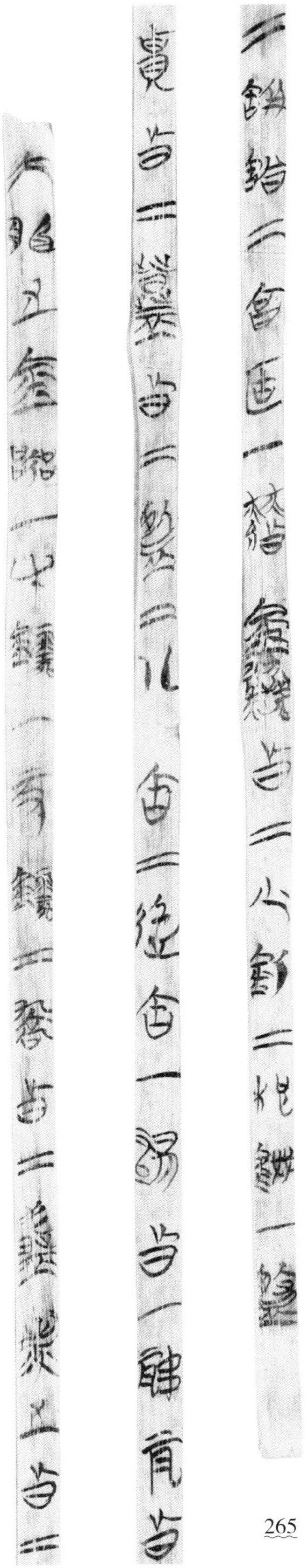

265

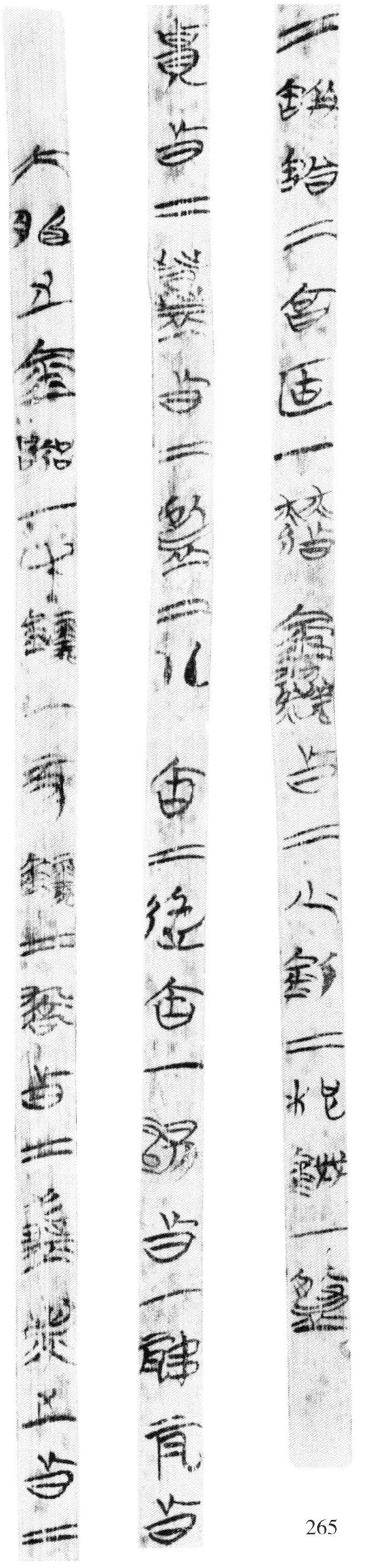

265

266

267

268

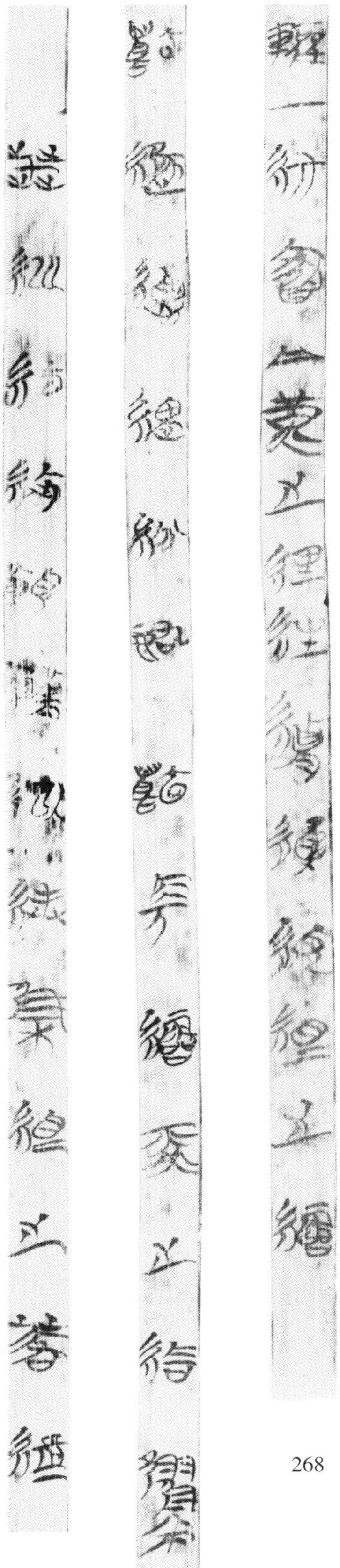

268

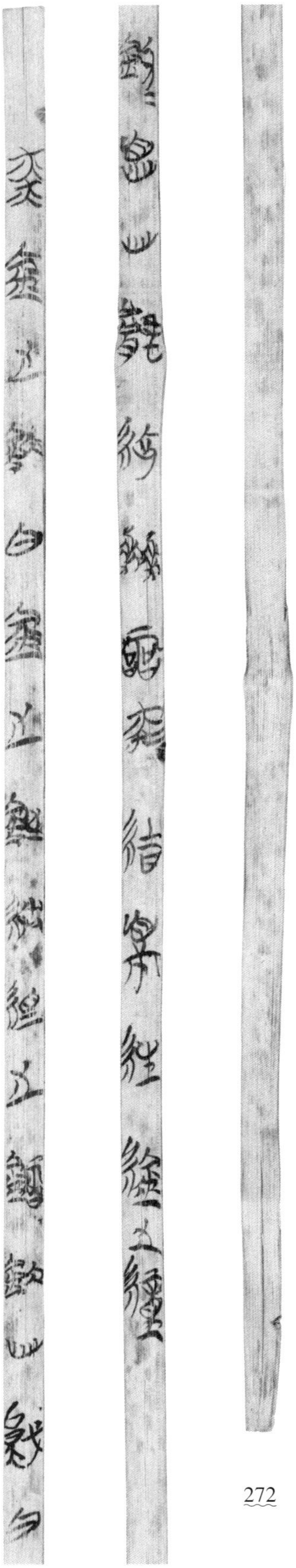

276

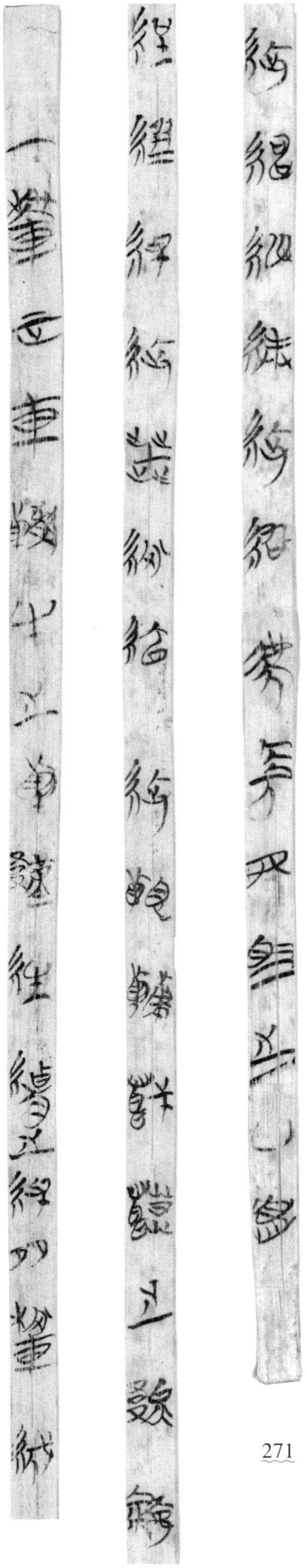

271

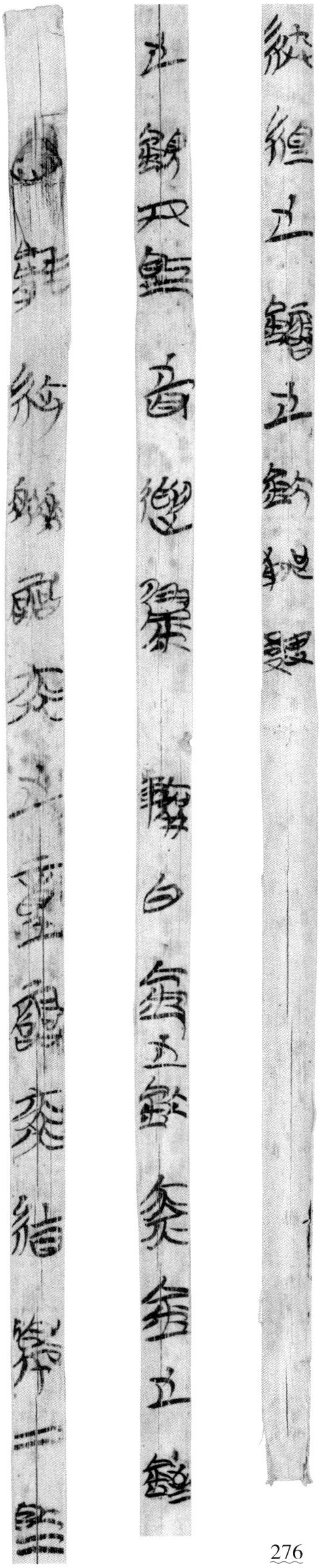

272

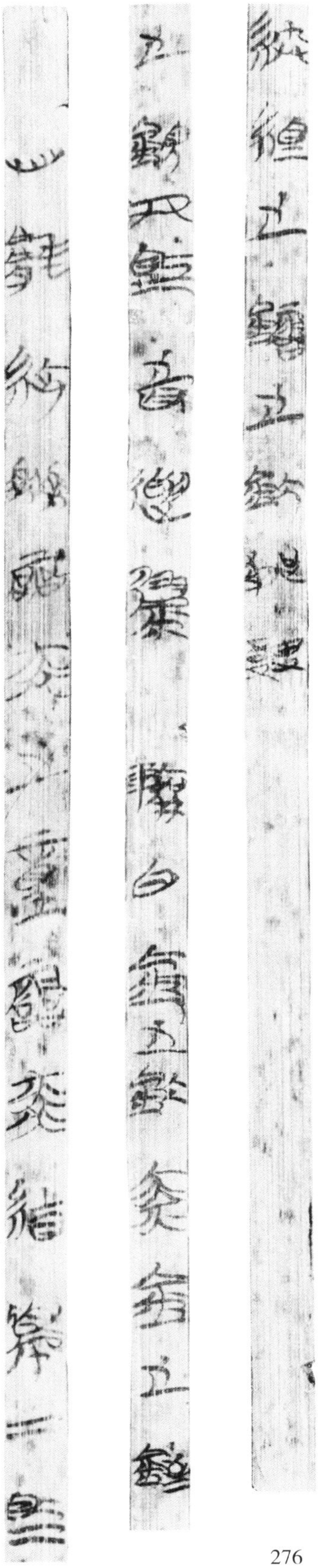

270

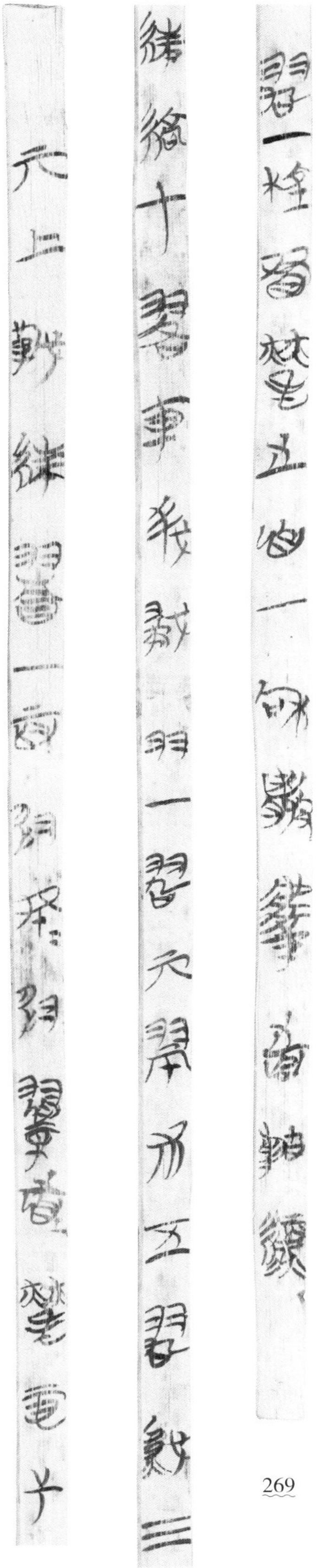

269

276

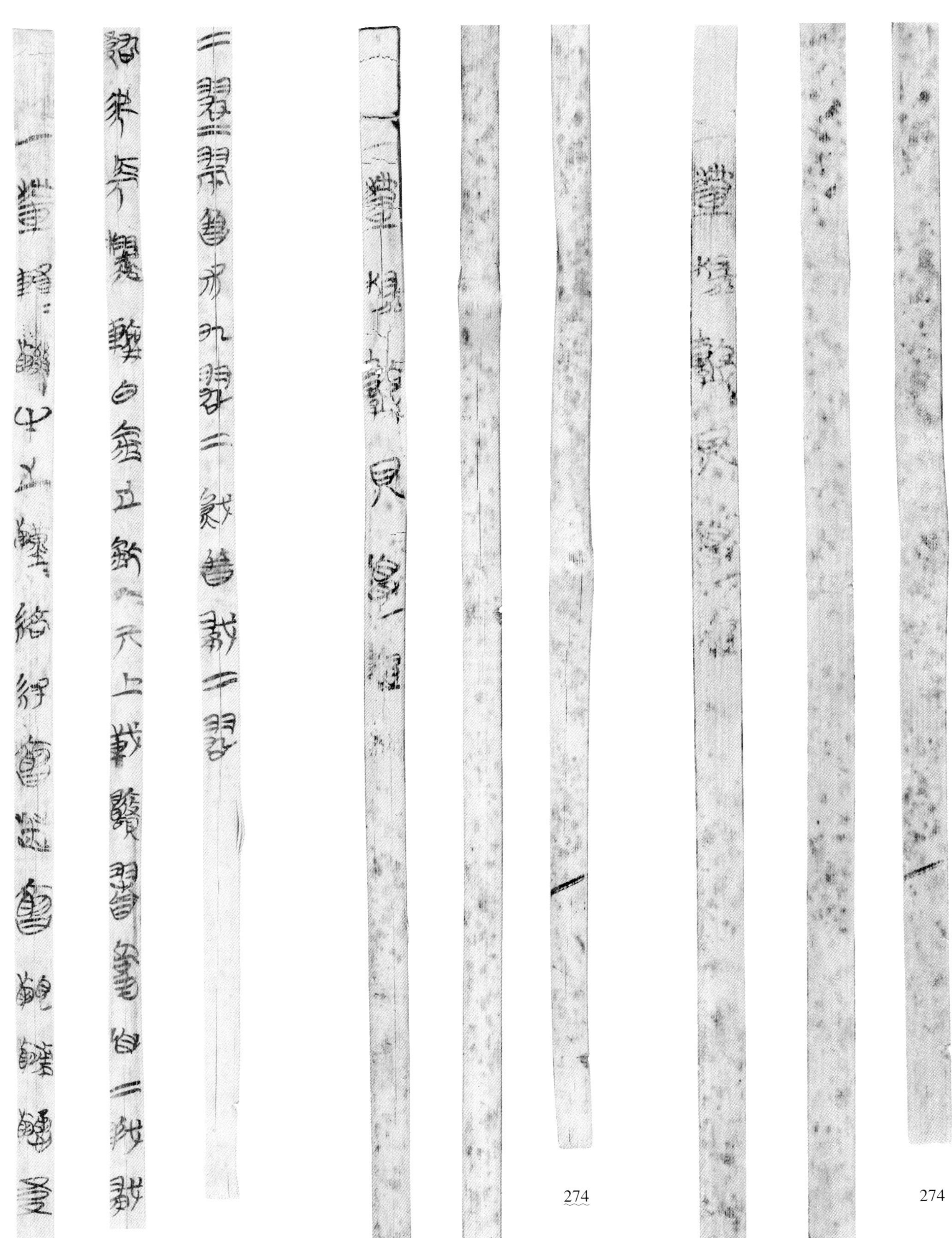
273
274
274

275
277

牘1

牘1背上

牘1背下

四　簽牌圖版

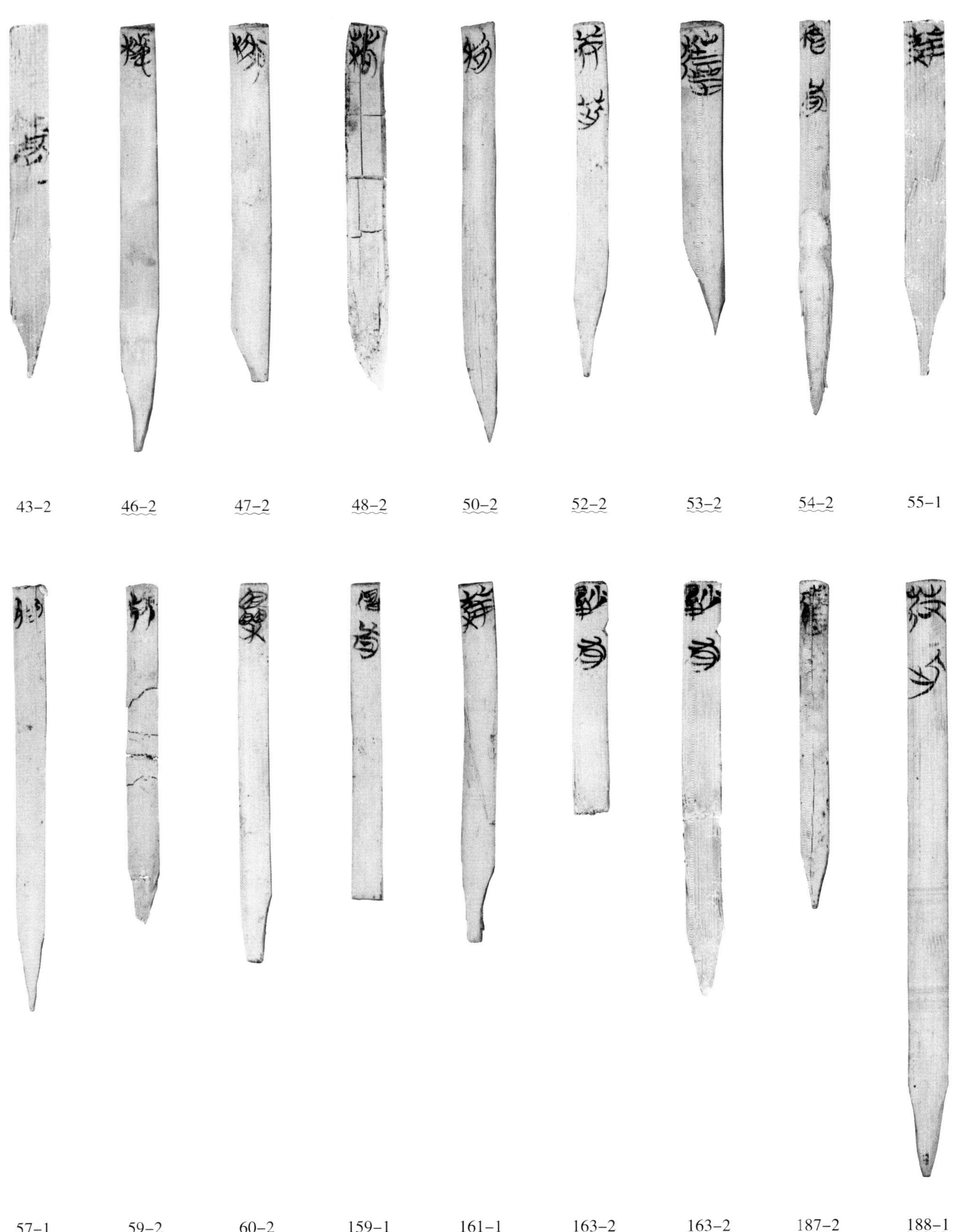
43-2 46-2 47-2 48-2 50-2 52-2 53-2 54-2 55-1
57-1 59-2 60-2 159-1 161-1 163-2 163-2 187-2 188-1

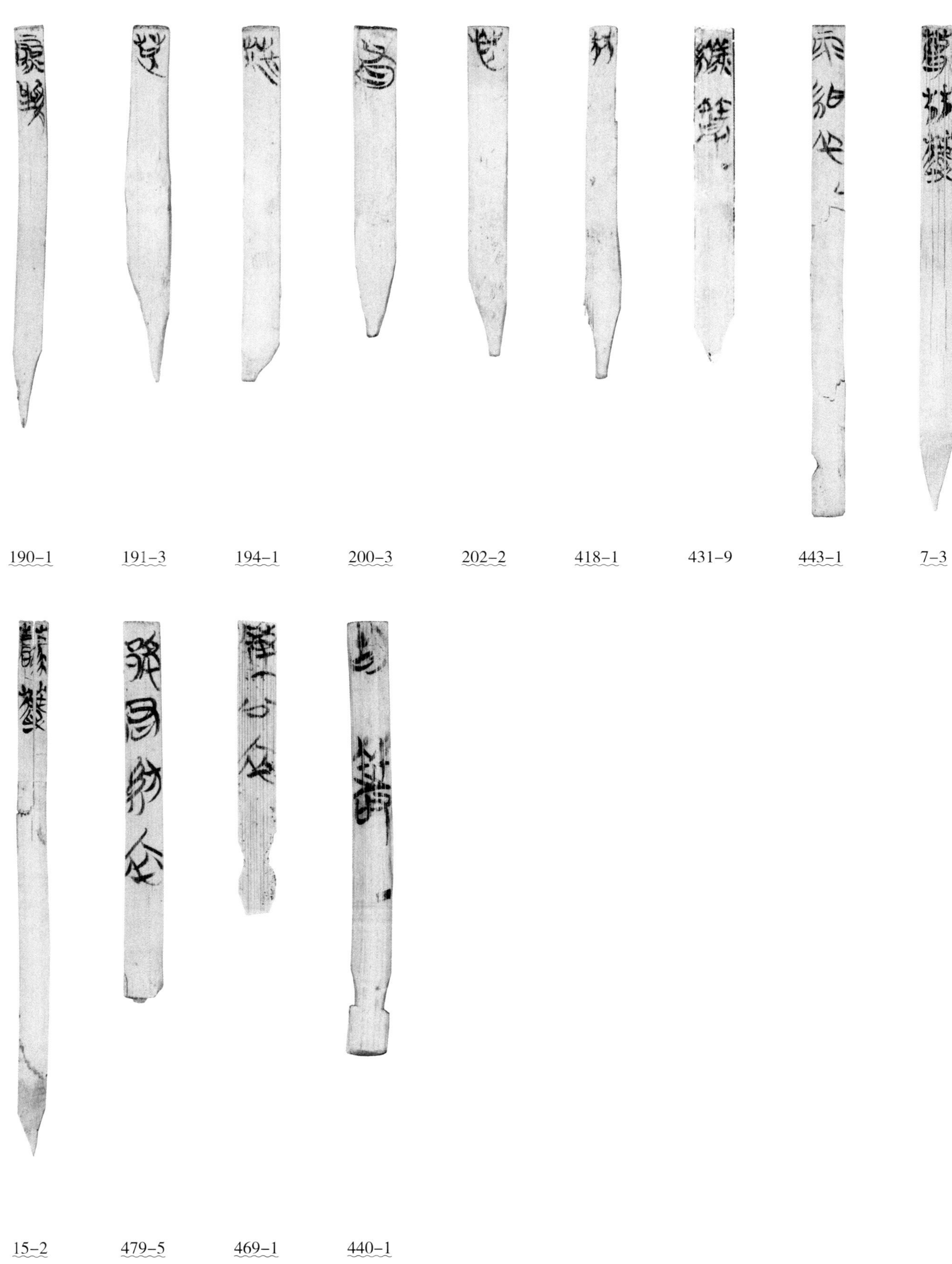

190-1　191-3　194-1　200-3　202-2　418-1　431-9　443-1　7-3

15-2　479-5　469-1　440-1